KB269212

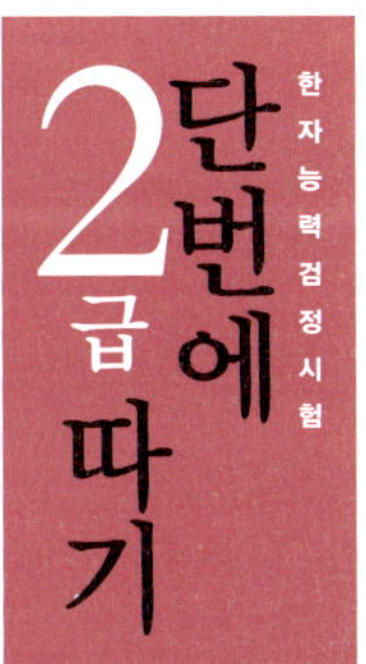
한 자 능 력 검 정 시 험
2
단번에
급 따기

**한자능력검정시험 단번에 2급 따기**

저　자 이래현
펴낸이 임준현
펴낸곳 넥서스

초판　1쇄 발행 2005년 4월 15일
초판 14쇄 발행 2012년 8월 15일

출판신고 2001년 12월 5일 제313-2005-000004호
122-040 서울시 은평구 통일로82길 17
Tel (02)330-5500  Fax (02)330-5555

ISBN  89-91333-09-5  13710
　　　89-91333-04-4  (세트)



www.nexusbook.com
넥서스ACADEMY는 (주)넥서스의 한자 · 수험서 전문 브랜드입니다.

이래현 급수 한자 시리즈

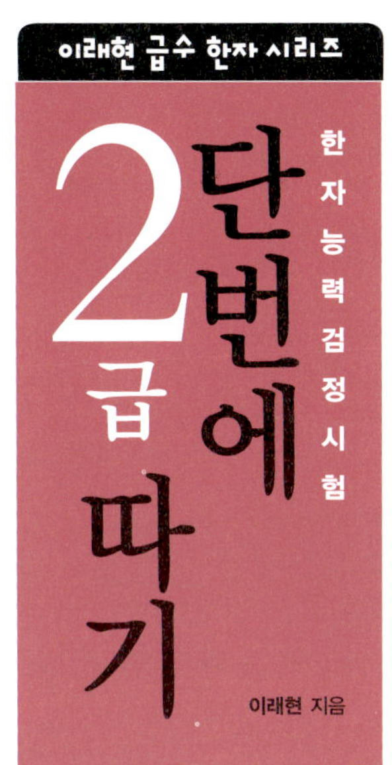

# 단번에 따기 2급

한자능력검정시험

이래현 지음

넥서스 ACADEMY

# 머리말

한자 공부 어떻게 하세요?
중요하다고 하니 무작정 외우시나요? 그리고는 어렵다고 금방 포기하지는 않는지요?
요즘 어린이들이 한자의 숲에서 헤매는 모습을 보면 참 안타깝습니다.

다들 한자는 외우는 수밖에 달리 왕도가 없다고들 하지만 그렇다고 무작정 외워서 될 일이 아닙니다.
하루만 지나면 가물가물하고, 일주일이 지나면 다시 생소한 글자로 보이는 것은 요령없이 무작정 외우기만 하는 잘못된 학습 방법 때문입니다.

한자가 어떻게 만들어졌는지, 어떤 모양을 본떠서 만든 글자인지, 무엇과 무엇이 합쳐져 이런 뜻을 갖게 되었는지 원리를 알고 나면 훨씬 쉽게 한자를 배울 수 있습니다.

이 교재는 한국어문회에서 주관하는 한자능력검정시험의 급수를 따기 위한 교재로 개발한 시리즈물입니다. 쉽고, 빨리, 정확하게 한자를 익혀 급수를 딸 수 있는 것은 물론이고, 전반적인 한자 기초 실력을 쌓는 데 최적의 교재로 활용할 수 있도록 본문과 별책부록 등을 구성하였습니다.

이 책에 20여 년 간의 본인의 교수법을 적극 활용한 한자 학습의 특별한 비법을 담아 여러분께 공개합니다.

이제 차근차근 한 단계씩 저와 함께 한자 실력을 쌓아가세요.

이 래 현

# 목차

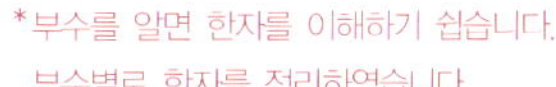

*부수를 알면 한자를 이해하기 쉽습니다.
부수별로 한자를 정리하였습니다.

# 이렇게 공부하세요

## 1

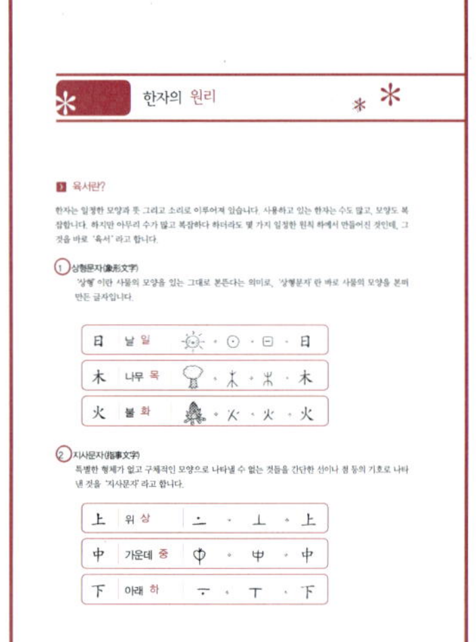

한자의 원리를 알면 한자를 이해하고 배우는 것이 훨씬 쉽습니다.

## 2

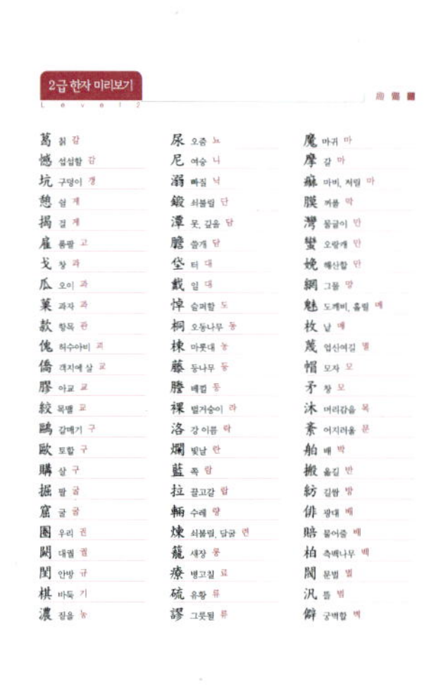

2급에서 새로 배우게 되는 한자입니다. 어떤 한자를 배우는지 한번 살펴보세요.

## 3

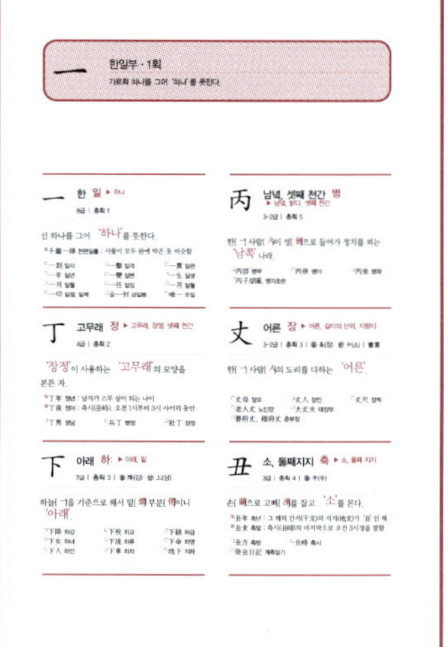

이래현 선생님의 독특한 연상 한자 학습 비법으로 한자가 쉽고 오래 기억됩니다. (한자를 기억하기 쉽게 하는 것에 중점을 두어서 실제 자원과는 차이가 있습니다)

## 4

丙 남녘, 셋째 천간 **병**
▶ 남녘, 밝다, 셋째 천간

3-2급 | 총획 5

한[一] 사람[人]이 성[冂]으로 들어가 정치를 펴는 '**남쪽**' 나라.

- 丙部 병부
- 丙夜 병야
- 丙坐 병좌
- 丙子胡亂 병자호란

丈 어른 **장** ▶ 어른, 길이의 단위, 지팡이

3-2급 | 총획 3 | 동 長(장) 반 少(소) | 會意

한[一] 사람[人]의 도리를 다하는 '**어른**'.

- 丈母 장모
- 丈人 장인
- 丈尺 장척
- 老人丈 노인장
- 大丈夫 대장부
- 春府丈, 椿府丈 춘부장

부수별, 비슷한 모양으로 배열하여, 헷갈리지 않고 정확하게 기억할 수 있도록 하였습니다.
- ㉕ : 반의자(상대자)
- ㉕ : 동의자(유사자)
- ㉕ : 약자(속자)

## 5

### **사자성어

주로 4자로 이루어져, 예전부터 흔히 인용되어 쓰이는 말들입니다.

| | | |
|---|---|---|
| 家家戶戶 | 가가호호 | 집집마다 |
| 加減乘除 | 가감승제 | 덧셈, 뺄셈, 곱셈, 나눗셈을 함께 이르는 말 |
| 街談巷說 | 가담항설 | 길거리나 마을에 떠도는 이야기로서, 근거없이 나도는 말들 |
| 苛斂誅求 | 가렴주구 | 관리가 세금 등을 가혹하게 빼앗아 백성을 못살게 구는 정치를 이르는 말 |
| 家書萬金 | 가서만금 | 자기 집에서 온 편지가 반갑고 소중함을 빗대어 이르는 말 |
| 佳人薄命 | 가인박명 | 아름다운 여자는 수명이 짧음 |
| 家和萬事成 | 가화만사성 | 집안이 화목하면 모든 일이 잘 됨 |
| 刻骨難忘 | 각골난망 | 입은 은혜에 대한 고마운 마음이 뼈에까지 사무쳐 잊혀지지 않음 |
| 各自圖生 | 각자도생 | 사람은 제각기 살아갈 방법을 도모함 |

별책부록은 사자성어, 유의결합어, 반의결합어, 장음한자, 장·단음한자, 약자(속자), 배정 한자 보기로 꾸며져 있습니다. 휴대하고 다니며 자주 반복해서 읽어 실력을 쌓으세요.

## 6

漢字能力檢定試驗 2級 실전테스트 1회

**1** 다음 漢字語의 讀音을 쓰시오.

**2** 다음 漢字의 訓과 音을 쓰시오.

본문과 별책부록으로 공부한 후, 실전테스트를 풀어 보세요. 최신 문제유형을 완벽 분석하여 시험에 대한 자신감을 갖게 됩니다.

 # 한자능력검정시험 

## 〉 한자능력검정시험이란?

한자능력검정시험은 사단법인 한국어문회가 주관하고 한국한자능력검정회가 시행하는 한자 활용 능력 검정시험입니다.

이 시험은 개인별 한자 습득 정도에 대한 객관적인 검정과 한자 습득 의욕을 증진시켜 사회적으로 한자 활용 능력을 인정받는 우수한 인재를 양성함을 목적으로 합니다.

8급에서 4급까지는 교육급수로, 3급 II에서 1급까지는 공인급수로 구분하고 있으며, 대체적으로 초등학교에서 1000자, 중·고등학교에서 1000자, 대학교에서 1500여 자 정도로 전체 3500자의 한자를 배정하였습니다.

## 〉 합격자 우대사항

합격자 우대사항은 추가·변경되는 단체 및 우대사항이 적용될 수 있으므로 항시 해당 단체에서 자세한 사항을 확인하시기 바랍니다.

■ 초등·중·고등학생 생활기록부 등재

| 급수 | 효력 | 생활기록부 | 기재란 관련 규정 |
|---|---|---|---|
| 1~3급 II | 국가공인자격증 | '자격증' 란 | 교육부 훈령 제616호 11조 |
| 4급~8급 | 민간자격증 | '세부사항' 란 | 교육부 훈령 제616호 18조 |

■ 육군 간부 승진고과에 반영(부사관 5급, 위관장교 4급, 영관장교 3급 이상)
■ 기업체의 입사, 승진, 인사고과 반영
■ 2005학년도 대학수학능력시험부터 '漢文'이 선택과목으로 채택
■ 전국한자능력검정시험의 한자능력급수 취득시 대입 면접 가산점, 학점, 졸업인증에 반영

| | |
|---|---|
| **讀音** 독음 | 한자의 소리를 묻는 문제입니다. 독음은 두음법칙, 속음현상, 장단음과도 관련이 있습니다. |
| **訓音** 훈음 | 한자의 뜻과 소리를 동시에 묻는 문제입니다. 특히 대표 훈음을 익히시기 바랍니다. |
| **漢字** 한자쓰기 | 제시된 뜻, 소리, 단어 등에 해당하는 한자를 쓸 수 있는가를 확인하는 문제입니다. |
| **部首** 부수 | 한자의 부수를 묻는 문제입니다. 부수는 한자의 뜻을 짐작할 수 있는 중요한 부분입니다. |
| **筆順** 필순 | 한 획 한 획 쓰는 순서를 알고 있는가를 묻는 문제입니다. 글자를 바르게 쓰기 위해 필요합니다. |
| **長短音** 장단음 | 한자 단어의 첫소리 발음이 길고 짧음을 구분하고 있는가를 묻는 문제입니다. 4급 이상에서만 출제됩니다. |
| **反義語/反意語** 반의어 · **相對語** 상대어 | 어떤 글자(단어)와 반대 또는 상대되는 글자(단어)를 알고 있는가를 묻는 문제입니다. |
| **同義語/同意語** 동의어 · **類義語** 유의어 | 어떤 글자(단어)와 뜻이 같거나 유사한 글자(단어)를 알고 있는가를 묻는 문제입니다. |
| **同音異義語** 동음이의어 | 소리는 같고, 뜻은 다른 단어를 알고 있는가를 묻는 문제입니다. |
| **뜻풀이** | 고사성어나 단어의 뜻을 제대로 알고 있는가를 묻는 문제입니다. |
| **略字** 약자 | 한자의 획을 줄여서 만든 略字를 알고 있는가를 묻는 문제입니다. |
| **完成型** 완성형 | 고사성어나 단어의 빈칸을 채우도록 하여 단어와 성어의 이해력 및 조어력을 묻는 문제입니다. |

# 한자능력검정시험

## 출제기준

| 구분 | 1급 | 2급 | 3급 | 3급II | 4급 | 4급II | 5급 | 6급 | 6급II | 7급 | 8급 |
|---|---|---|---|---|---|---|---|---|---|---|---|
| 독음 | 50 | 45 | 45 | 45 | 30 | 35 | 35 | 33 | 32 | 32 | 24 |
| 한자쓰기 | 40 | 30 | 30 | 30 | 20 | 20 | 20 | 20 | 10 | 0 | 0 |
| 훈음 | 32 | 27 | 27 | 27 | 22 | 22 | 23 | 22 | 29 | 30 | 24 |
| 완성형 | 15 | 10 | 10 | 10 | 5 | 5 | 4 | 3 | 2 | 2 | 0 |
| 반의어 | 10 | 10 | 10 | 10 | 3 | 3 | 3 | 3 | 2 | 2 | 0 |
| 뜻풀이 | 10 | 5 | 5 | 5 | 3 | 3 | 3 | 2 | 2 | 2 | 0 |
| 동음이의어 | 10 | 5 | 5 | 5 | 3 | 3 | 3 | 2 | 0 | 0 | 0 |
| 부수 | 10 | 5 | 5 | 5 | 3 | 3 | 0 | 0 | 0 | 0 | 0 |
| 동의어 | 10 | 5 | 5 | 5 | 3 | 3 | 3 | 2 | 0 | 0 | 0 |
| 장단음 | 10 | 5 | 5 | 5 | 5 | 0 | 0 | 0 | 0 | 0 | 0 |
| 약자/속자 | 3 | 3 | 3 | 3 | 3 | 3 | 3 | 0 | 0 | 0 | 0 |
| 필순 | 0 | 0 | 0 | 0 | 0 | 0 | 3 | 3 | 3 | 2 | 2 |
| 출제문항(계) | 200 | 150 | 150 | 150 | 100 | 100 | 100 | 90 | 80 | 70 | 50 |

》 출제기준표는 기본 지침자료로서, 출제자의 의도에 따라 차이가 있을 수 있습니다.

## ❯ 한자능력검정시험 급수 배정

》 전체 배정한자

| 구분 | 급수 | 읽기배정 | 쓰기배정 | 수준 및 특성 | 대상 |
|---|---|---|---|---|---|
| 공인급수 | 1급 | 3,500 | 2,005 | 국한 혼용 고전을 불편없이 읽고, 공부할 수 있는 수준 | 전문가 · 일반인 |
| | 2급 | 2,355 | 1,817 | 일상 한자어를 구사할 수 있는 수준 | 대학생 · 일반인 |
| | 3급 | 1,817 | 1,000 | 신문 또는 일반 교양어를 읽을 수 있는 수준 | 고등학생 |
| | 3급II | 1,500 | 750 | 4급과 3급의 격차를 해소하기 위한 급수 | 중학생 |
| 교육급수 | 4급 | 1,000 | 500 | 초급에서 중급으로 올라가는 급수 | 초등학교 6학년 |
| | 4급II | 750 | 400 | 5급과 4급의 격차를 해소하기 위한 급수 | 초등학교 5학년 |
| | 5급 | 500 | 300 | 학습용 한자쓰기를 시작하는 급수 | 초등학교 4학년 |
| | 6급 | 300 | 150 | 기초 한자쓰기를 시작하는 급수 | 초등학교 3학년 |
| | 6급II | 300 | 50 | 한자쓰기를 시작하는 첫 급수 | 초등학교 3학년 |
| | 7급 | 150 | – | 한자 공부를 처음 시작하는 분을 위한 초급 단계 | 초등학교 2학년 |
| | 8급 | 50 | – | 미취학생 또는 초등학생의 학습 동기 부여를 위한 급수 | 초등학교 1학년 |

》 상위급수 한자는 하위급수 한자를 모두 포함하고 있습니다.

》 쓰기 배정한자는 한두 급수 아래의 읽기 배정한자이거나 그 범위 내에 있습니다.

》 초등학생은 4급, 중 · 고등학생은 3급, 대학생은 2급과 1급 취득에 목표를 두고, 학습하길 권해 드립니다.

# 한자의 원리



한자는 일정한 모양과 뜻 그리고 소리로 이루어져 있습니다. 사용하고 있는 한자는 수도 많고, 모양도 복잡합니다. 하지만 아무리 수가 많고 복잡하다 하더라도 몇 가지 일정한 원칙 하에서 만들어진 것인데, 그것을 바로 '육서'라고 합니다.

## ① 상형문자(象形文字)

'상형'이란 사물의 모양을 있는 그대로 본뜬다는 의미로, '상형문자'란 바로 사물의 모양을 본떠 만든 글자입니다.

| 日 | 날 일 | ☀ → ⊙ → ⊟ → 日 |
|---|---|---|
| 木 | 나무 목 | 🌳 → 朳 → 朳 → 木 |
| 火 | 불 화 | 🔥 → 火 → 火 → 火 |

## ② 지사문자(指事文字)

특별한 형체가 없고 구체적인 모양으로 나타낼 수 없는 것들을 간단한 선이나 점 등의 기호로 나타낸 것을 '지사문자'라고 합니다.

| 上 | 위 상 | ᅩ → 丄 → 上 |
|---|---|---|
| 中 | 가운데 중 | φ → 中 → 中 |
| 下 | 아래 하 | ᅮ → 丅 → 下 |

③ 회의문자(會意文字)

이미 만들어진 상형문자나 지사문자가 둘 이상 합쳐져 새로운 뜻을 나타내는 글자를 '회의문자'라고 합니다.

明　밝을 명　日(날 일) + 月(달 월)

　　　　　　해와 달이 있으면 밝기 때문에 '밝다'라는 의미

好　좋을 호　女(계집 녀) + 子(놈 자)

　　　　　　여자와 남자가 만나면 서로 기쁘다라는 의미에서 '좋다', '아름답다'는 의미

④ 형성문자(形聲文字)

뜻을 나타내는 부분과 음을 나타내는 부분이 합쳐져서 만들어진 글자를 '형성문자'라고 합니다.

聞　들을 문　耳(귀 이) + 門(문 문)

　　　　　　귀로 듣는다는 의미와 소리 부분인 門(문 문)이 합쳐진 글자

請　청할 청　言(말씀 언) + 靑(푸를 청)

　　　　　　말을 하다는 의미와 소리 부분인 靑(푸를 청)이 합쳐진 글자

⑤ 전주문자(轉注文字)

기존에 있는 글자를 다른 뜻으로 바꾸어 사용하는 것으로, 본래의 의미가 확대되어 다른 뜻과 음으로도 사용되는 글자를 '전주문자'라고 합니다.

樂　음악 악 (본래의 의미)　　　즐거울 락 / 좋아할 요 (전주된 의미)
說　말씀 설 (본래의 의미)　　　기쁠 열 / 달랠 세 (전주된 의미)

⑥ 가차문자(假借文字)

본래의 뜻과는 상관없이 비슷한 음의 글자를 임시로 빌려쓰는 글자를 '가차문자'라고 합니다.

印度 인도 ｜ 巴利 파리 ｜ 亞細亞 아세아(아시아)

# 부수의 위치와 명칭

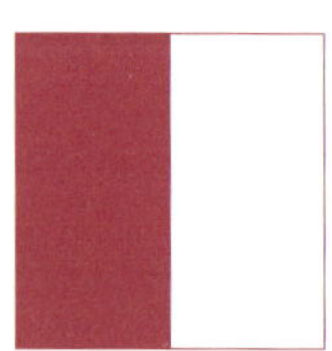

## 〉 변

부수가 글자 왼쪽에 위치

亻 **사람인변** : 仁 어질 인, 代 대신 대, 付 부칠 부
冫 **이수변** : 冷 찰 랭, 冬 얼 동, 凉 서늘할 량
示 **보일시변** : 祖 조상 조, 祝 빌 축, 福 복 복
言 **말씀언변** : 記 기록할 기, 訓 가르칠 훈, 訪 찾을 방

## 〉 방

부수가 글자 오른쪽에 위치

刂 **선칼도방** : 刊 책펴낼 간, 利 이로울 이, 別 나눌, 다를 별
卩 **병부절** : 卯 토끼 묘, 印 도장 인, 却 물리칠 각
欠 **하품흠** : 次 버금 차, 欲 하고자할 욕, 歌 노래 가
頁 **머리혈** : 順 순할 순, 項 목 항, 領 옷깃 령

## 〉 머리

부수가 글자 윗부분에 위치

亠 **돼지해머리** : 交 사귈 교, 亨 형통할 형, 京 서울 경
宀 **갓머리** : 宇 집 우, 安 편안할 안, 官 벼슬 관
艹 **초두머리** : 花 꽃 화, 苦 쓸 고, 英 꽃부리 영
竹 **대죽** : 笑 웃을 소, 答 대답 답, 第 차례 제

## 〉 발

부수가 글자 아랫부분에 위치

灬 **연화발** : 無 없을 무, 烈 세찰 렬, 烏 까마귀 오
儿 **어진사람인발** : 兄 맏 형, 光 빛 광, 元 으뜸 원
心 **마음심** : 忌 꺼릴 기, 忘 잊을 망, 忍 참을 인
皿 **그릇명** : 盜 훔칠 도, 益 더할 익, 盛 담을 성

> **엄**

부수가 글자 위와 왼쪽을 덮고 있는 부분에 위치

厂 **민엄호**　：　厚 두터울 후,　原 근원 원,　厄 액 액
广 **엄호**　：　度 법도 도/헤아릴 탁,　序 차례 서,　府 마을 부
尸 **주검시**　：　屋 집 옥,　局 판 국,　居 살 거
虍 **범호엄**　：　虎 범 호,　處 살 처,　虛 빌 허

> **받침**

부수가 글자의 왼쪽과 밑을 싸고 있는 부분에 위치

辶 **책받침**　：　近 가까울 근,　逆 거스릴 역,　追 쫓을 추
廴 **민책받침**　：　建 세울 건,　廷 조정 정,　延 끌 연

> **몸**

부수가 글자 둘레를 에워싸는 부분에 위치

凵 **위튼입구몸**　：　凹 오목할 요,　出 날 출,　凶 흉할 흉
匚 **감출혜몸**　：　區 지경 구,　匹 짝 필,　匿 숨길 닉
匚 **튼입구몸**　：　匠 장인 장,　匣 갑 갑,　匱 함 궤
囗 **큰입구몸**　：　四 넉 사,　國 나라 국,　困 곤할 곤

> **제부수**

부수가 그대로 한 글자로 구성

行 갈 행
見 볼 견
金 쇠 금
高 높을 고

# 한자 필순



> ## 한자 필순의 기본 규칙

한자의 필순(筆順)이란 빠르면서도 맵시 있는 글자를 쓰기 위해서 만들어졌습니다. 그러므로 처음부터 글자를 익힐 때 순서에 맞게 익혀야 합니다. 아래의 필순은 기본 필순을 따른 것입니다. 예외의 경우도 있으니, 본문에 나오는 각 한자의 필순을 주의해서 보세요.

**①** 왼쪽에서 오른쪽으로 씁니다.

丿 刂 川

**②** 위에서 아래로 씁니다.

一 二 三

**③** 가로획과 세로획이 교차될 때는 가로획을 먼저 쓰고 세로획을 씁니다.

一 十 土 圭 寺 寺

**④** 삐침과 파임이 만날 때는 삐침을 먼저 씁니다.

丿 八 分 父

**⑤** 서로 대칭인 경우, 가운데를 쓰고 좌우를 씁니다.

亅 小 小

**⑥** 안과 바깥 쪽이 있을 때는 바깥 쪽을 먼저 씁니다.

丨 冂 月 同 同 同

**⑦** 글자 전체를 꿰뚫는 획은 나중에 씁니다.

丨 冂 口 中

**⑧** 오른쪽 위의 점은 맨 나중에 찍습니다.

丿 亻 仁 代 代

| | | |
|---|---|---|
| 葛 칡 갈 | 尿 오줌 뇨 | 魔 마귀 마 |
| 憾 섭섭할 감 | 尼 여승 니 | 摩 갈 마 |
| 坑 구덩이 갱 | 溺 빠질 닉 | 痲 마비, 저릴 마 |
| 憩 쉴 게 | 鍛 쇠불릴 단 | 膜 꺼풀 막 |
| 揭 걸 게 | 潭 못, 깊을 담 | 灣 물굽이 만 |
| 雇 품팔 고 | 膽 쓸개 담 | 蠻 오랑캐 만 |
| 戈 창 과 | 垈 터 대 | 娩 해산할 만 |
| 瓜 오이 과 | 戴 일 대 | 網 그물 망 |
| 菓 과자 과 | 悼 슬퍼할 도 | 魅 도깨비, 홀릴 매 |
| 款 항목 관 | 桐 오동나무 동 | 枚 낱 매 |
| 傀 허수아비 괴 | 棟 마룻대 동 | 蔑 업신여길 멸 |
| 僑 객지에 살 교 | 藤 등나무 등 | 帽 모자 모 |
| 膠 아교 교 | 謄 베낄 등 | 矛 창 모 |
| 絞 목맬 교 | 裸 벌거숭이 라 | 沐 머리감을 목 |
| 鷗 갈매기 구 | 洛 강 이름 락 | 紊 어지러울 문 |
| 歐 토할 구 | 爛 빛날 란 | 舶 배 박 |
| 購 살 구 | 藍 쪽 람 | 搬 옮길 반 |
| 掘 팔 굴 | 拉 끌고갈 랍 | 紡 길쌈 방 |
| 窟 굴 굴 | 輛 수레 량 | 俳 광대 배 |
| 圈 우리 권 | 煉 쇠불릴, 달굴 련 | 賠 물어줄 배 |
| 闕 대궐 궐 | 籠 새장 롱 | 柏 측백나무 백 |
| 閨 안방 규 | 療 병고칠 료 | 閥 문벌 벌 |
| 棋 바둑 기 | 硫 유황 류 | 汎 뜰 범 |
| 濃 짙을 농 | 謬 그릇될 류 | 僻 궁벽할 벽 |

併 아우를 병

俸 봉급 봉

縫 꿰맬 봉

敷 펼 부

膚 살갗 부

弗 아닐 불

匪 도둑 비

唆 부추길 사

赦 용서할 사

飼 기를 사

傘 우산 산

酸 초, 실 산

蔘 인삼 삼

插 꽂을 삽

箱 상자 상

瑞 상서 서

碩 클 석

繕 기울 선

纖 가늘 섬

貰 세낼 세

紹 소개, 이을 소

盾 방패 순

升 되 승

屍 주검 시

殖 번식할 식

紳 큰 띠 신

腎 콩팥 신

握 잡을 악

癌 암 암

礙 거리낄 애

惹 이끌 야

孃 아가씨 양

硯 벼루 연

厭 싫어할 염

預 미리 예

梧 오동나무 오

穩 평온할 온

歪 비뚤 왜

妖 요사스러울 요

傭 품팔 용

熔 녹일 용

鬱 답답할 울

苑 동산 원

尉 벼슬 위

融 화할 융

貳 두 이

刃 칼날 인

壹 한 일

妊 아이밸 임

磁 자석 자

諮 물을 자

雌 암컷 자

蠶 누에 잠

沮 막을 저

呈 드릴 정

偵 염탐할 정

艇 거룻배 정

劑 약제 제

措 둘 조

釣 낚시 조

彫 새길 조

綜 모을 종

駐 머무를 주

准 승인할 준

旨 뜻 지

脂 비계 지

塵 먼지 진

診 진찰할 진

津 나루 진

窒 막을 질

輯 모을 집

遮 막을, 가릴 차

餐 먹을 찬

札 편지 찰

刹 절 찰

斬 벨 참

彰 밝을 창

滄 큰 바다 창

悽 슬퍼할 처

隻 하나 척

撤 거둘 철

諜 염탐할 첩

締 맺을 체

哨 망볼 초

焦 탈 초

趨 달아날 추

蹴 찰 축

軸 굴대 축

衷 정성, 속마음 충

炊 불땔 취

託 부탁할 탁

琢 쫄 탁

颱 태풍 태

胎 아이밸 태

霸 두목 패

坪 평, 땅 평

抛 던질 포

怖 두려워할 포

鋪 펼, 가게 포

虐 모질, 학대할 학

翰 붓, 편지 한

艦 싸움배 함

弦 활시위 현

峽 골짜기 협

型 거푸집 형

濠 해자 호

酷 독할 혹

靴 신 화

幻 헛보일 환

滑 미끄러울 활

廻 돌 회

喉 목구멍 후

勳 공 훈

姬 계집 희

熙 빛날 희

噫 한숨쉴 희 하품 애

| | | |
|---|---|---|
| 軻 수레, 사람이름 가 | 儆 경계할 경 | 騏 준마 기 |
| 賈 값 가 장사 고 | 璟 옥빛 경 | 驥 천리마 기 |
| 迦 부처이름 가 | 皐 언덕 고 | 冀 바랄 기 |
| 柯 가지 가 | 琯 옥피리 관 | 琪 옥이름 기 |
| 伽 절 가 | 串 꿸 관 땅이름 곶 | 湍 여울 단 |
| 珏 쌍옥 각 | 槐 홰나무 괴 | 塘 못 당 |
| 杆 몽둥이 간 | 邱 언덕 구 | 悳 큰 덕 |
| 艮 머무를, 괘이름 간 | 玖 옥돌 구 | 燾 비출 도 |
| 鞨 종족이름 갈 | 鞠 기를 국 | 燉 불빛 돈 |
| 鉀 갑옷 갑 | 珪 홀 규 | 惇 두터울 돈 |
| 岬 곶 갑 | 揆 헤아릴 규 | 頓 조아릴 돈 |
| 疆 지경 강 | 圭 홀 규 | 乭 이름 돌 |
| 彊 굳셀 강 | 奎 별이름 규 | 董 바로잡을 동 |
| 崗 언덕 강 | 槿 무궁화나무 근 | 杜 막을 두 |
| 岡 산등성이 강 | 瑾 아름다운 옥 근 | 鄧 나라이름 등 |
| 姜 성 강 | 兢 조심할 긍 | 萊 명아주 래 |
| 价 착할 개 | 箕 키 기 | 樑 들보 량 |
| 塏 높은땅 개 | 耆 늙은 기 | 亮 밝을 량 |
| 鍵 열쇠 건 | 琦 옥이름 기 | 礪 숫돌 려 |
| 桀 사나울, 걸임금 걸 | 沂 물이름 기 | 驪 검은말 려 |
| 杰 뛰어날 걸 | 岐 갈림길 기 | 廬 농막집 려 |
| 甄 질그릇 견 | 麒 기린 기 | 呂 음률 려 |
| 瓊 옥 경 | 淇 물이름 기 | 漣 잔물결 련 |
| 炅 빛날 경 | 璣 구슬 기 | 濂 물이름 렴 |

玲 금옥소리 령
醴 단술 례
魯 미련할, 노둔할 로
鷺 해오라기 로
蘆 갈대 로
盧 검을, 성 로
遼 멀 료
劉 죽일 류
崙 산이름 륜
楞 네모질 릉
麟 기린 린
靺 오랑캐이름 말
貊 오랑캐 맥
覓 찾을 멱
俛 머리숙일 면
沔 물이름 면
冕 면류관 면
謨 꾀 모
牟 성, 보리 모
茅 띠 모
穆 화목할 목
昴 별 이름 묘
汶 내 이름, 더럽힐 문
彌 오랠 미
玟 아름다운 돌 민
旼 온화할 민
閔 우환, 성 민

旻 하늘 민
珉 옥돌 민
潘 성, 뜨물 반
磻 반계, 강이름 반
渤 바다이름 발
鉢 바리때 발
龐 높은 집 방
旁 곁 방
裵 옷치렁치렁할, 성 배
筏 뗏목 벌
范 풀이름, 성 범
卞 조급할, 성 변
弁 고깔 변
昞 밝을 병
昺 밝을 병
秉 잡을 병
炳 밝을 병
柄 자루 병
甫 클 보
輔 도울 보
潽 물이름 보
馥 향기 복
蓬 쑥 봉
阜 언덕 부
傅 스승 부
釜 가마솥 부
芬 향내날 분

鵬 붕새 붕
毗 도울 비
毖 삼갈 비
泌 분비할 비 스며흐를 필
丕 클 비
彬 빛날 빈
泗 물이름 사
庠 학교 상
舒 펼 서
錫 주석 석
晳 밝을 석
奭 클 석
瑄 도리옥 선
璿 옥 선
璇 옥 선
薛 대쑥 설
卨 사람이름 설
陝 땅이름 섬
蟾 두꺼비 섬
暹 햇살치밀 섬
燮 화할, 불꽃 섭
晟 밝을 성
邵 고을이름, 성 소
巢 새집 소
沼 못 소
宋 송나라, 성 송
隋 수나라 수 떨어질 타

洙 물이름 수

銖 저울눈 수

舜 순임금 순

珣 옥이름 순

荀 풀이름 순

洵 참으로 순

淳 순박할 순

瑟 큰거문고 슬

繩 줄, 노승

柴 섶 시

軾 수레앞턱 가로나무 식

湜 물맑을 식

瀋 물이름 심

閼 막을 알

鴨 오리 압

艾 쑥 애

埃 티끌 애

倻 가야 야

襄 도울 양

彦 선비 언

衍 퍼질, 넘칠 연

淵 못 연

姸 고울 연

閻 마을 염

燁 빛날 엽

瑛 옥빛, 비칠 영

盈 찰 영

暎 비칠 영

瑩 밝을 영 옥빛 형

芮 물가, 성 예

睿 슬기로울, 밝을 예

濊 흐릴 예

墺 물가 오

吳 오나라 오

沃 기름질 옥

鈺 보배 옥

邕 막을, 화할 옹

雍 화할 옹

甕 항아리 옹

莞 왕골, 웃을 완

旺 왕성할 왕

汪 넓을 왕

倭 왜국 왜

耀 빛날 요

姚 예쁠 요

堯 요임금 요

溶 녹을 용

瑢 패옥소리 용

鎔 녹일, 거푸집 용

鏞 쇠북, 큰종 용

祐 도울 우

禹 성 우

佑 도울 우

旭 아침해 욱

煜 빛날, 불꽃 욱

頊 삼갈, 멍할 욱

郁 성할 욱

昱 빛날 욱

芸 향초 운

蔚 풀이름 울

熊 곰 웅

袁 옷 길 원

瑗 구슬 원

媛 예쁠 원

魏 높을, 나라이름 위

韋 다룸가죽 위

渭 물이름 위

庾 곳집 유

楡 느릅나무 유

兪 대답할 유

踰 넘을 유

鈗 병기 윤

胤 자손 윤

允 진실로 윤

尹 다스릴, 성 윤

誾 향기 은

殷 은나라 은

垠 땅끝 은

鷹 매 응

伊 저 이

珥 귀고리 이

怡 기쁠 이

翊 도울 익

佾 춤 일

鎰 중량 일

滋 불을 자

獐 노루 장

庄 전장, 농막 장

璋 홀 장

蔣 줄풀, 성 장

甸 경기, 다스릴 전

鼎 솥 정

珽 옥이름 정

鄭 나라 정

晶 맑을 정

禎 상서로울 정

旌 기 정

汀 물가 정

楨 광나무 정

趙 조나라 조

曺 성 조

祚 복조 조

琮 옥홀 종

疇 밭이랑 주

埈 높을 준

晙 밝을 준

浚 깊을 준

駿 준마 준

峻 높을 준

濬 깊을 준

芝 영지, 지초 지

址 터 지

稙 올벼 직

稷 기장 직

晋 진나라 진

秦 진나라 진

燦 빛날 찬

璨 옥빛 찬

鑽 뚫을 찬

瓚 옥잔 찬

昶 해길 창

敞 높을 창

蔡 풀숲, 성 채

采 캘 채

埰 사패땅 채

陟 오를 척

釧 팔찌 천

澈 맑을 철

喆 밝을 철

瞻 볼 첨

楚 초나라 초

蜀 나비애벌레, 나라 촉

崔 높을, 성 최

鄒 추나라 추

楸 가래나무 추

椿 참죽나무 춘

沖 화할 충

聚 모일 취

雉 꿩 치

峙 언덕 치

灘 여울 탄

耽 즐길 탐

台 별 태 나이

兌 바꿀 태

坡 고개 파

阪 산비탈 판

彭 성, 띵띵할 팽

扁 넓적할 편

鮑 절인 어물 포

葡 포도 포

杓 자루 표

馮 성(姓) 풍 탈 빙

弼 도울 필

邯 땅이름 한 사람이름 감

亢 목, 올라갈 항

沆 넓을 항

杏 살구 행

赫 붉을, 빛날 혁

爀 불빛 혁

峴 고개 현

炫 밝을, 빛날 현

鉉 솥귀고리 현

陜 좁을 협 땅이름 합

邢 성, 나라이름 형

炯 밝을, 빛날 형

馨 향기 형

瀅 물맑을 형

皓 흴, 밝을 호

澔 넓을 호

晧 밝을 호

昊 하늘 호

壕 해자 호

扈 따를 호

鎬 냄비 호

祜 복 호

泓 물깊을 홍

嬅 탐스러울 화

樺 자작나무 화

桓 굳셀 환

煥 빛날 환

晃 밝을 황

滉 깊을 황

檜 전나무 회

淮 물이름 회

后 임금 후

壎 질나팔 훈

熏 불길 훈

薰 향풀 훈

徽 아름다울 휘

烋 아름다울 휴

匈 오랑캐 흉

欽 공경할 흠

嬉 즐길 희

憙 기뻐할 희

熹 빛날, 성할 희

禧 복 희

羲 황제이름 희

재미있게 한자를 익혀보세요!

一 **한일 부 · 1획**

가로획 하나를 그어 '하나'를 뜻한다.

---

## 一 한 **일** ▶ 하나

8급 | 총획 1

선 하나를 그어 **'하나'**를 뜻한다.

- 千篇一律 천편일률 : 사물이 모두 판에 박은 듯 비슷함

- 一刻 일각
- 一擊 일격
- 一貫 일관
- 一年 일년
- 一變 일변
- 一生 일생
- 一月 일월
- 一任 일임
- 一月 일월
- 一切 일절, 일체
- 金一封 금일봉
- 唯一 유일

---

## 丁 고무래 **정** ▶ 고무래, 장정, 넷째 천간

4급 | 총획 2

**'장정'**이 사용하는 **'고무래'**의 모양을 본뜬 자.

- 丁年 정년 : 남자가 스무 살이 되는 나이
- 丁夜 정야 : 축시(丑時). 오전 1시부터 3시 사이의 동안

- 丁男 정남
- 兵丁 병정
- 壯丁 장정

---

## 下 아래 **하:** ▶ 아래, 밑

7급 | 총획 3 | 통 降(강) 반 上(상)

하늘[一]을 기준으로 해서 밑[丨] 부분[丶]이니 **'아래'**.

- 下降 하강
- 下校 하교
- 下級 하급
- 下女 하녀
- 下流 하류
- 下命 하명
- 下人 하인
- 下車 하차
- 地下 지하

---

## 丙 남녘, 셋째 천간 **병**
▶ 남녘, 밝다, 셋째 천간

3-2급 | 총획 5

한[一] 사람[人]이 성[冂]으로 들어가 정치를 펴는 **'남쪽'** 나라.

- 丙部 병부
- 丙夜 병야
- 丙坐 병좌
- 丙子胡亂 병자호란

---

## 丈 어른 **장** ▶ 어른, 길이의 단위, 지팡이

3-2급 | 총획 3 | 통 長(장) 반 少(소) | 會意

한[一] 사람[人]의 도리를 다하는 **'어른'**.

- 丈母 장모
- 丈人 장인
- 丈尺 장척
- 老人丈 노인장
- 大丈夫 대장부
- 春府丈, 椿府丈 춘부장

---

## 丑 소, 둘째지지 **축** ▶ 소, 둘째 지지

3급 | 총획 4 | 통 牛(우)

손[크]으로 고삐[丿]를 잡고 **'소'**를 본다.

- 丑年 축년 : 그 해의 간지(干支)의 지지(地支)가 '丑'인 해
- 丑末 축말 : 축시(丑時)의 마지막으로 오전 3시경

- 丑方 축방
- 丑時 축시
- 癸丑日記 계축일기

---

## 世 인간, 세대 세: ▶ 인간, 세대
7급 | 총획 5 | 약 丗

열[十]을 셋 합한 30년[卅]이
'인간'의 일세[一世], 한 '세대'.

- □ 世界 세계
- □ 世紀 세기
- □ 世代 세대
- □ 世俗 세속
- □ 世襲 세습
- □ 世子 세자
- □ 近世 근세
- □ 末世 말세
- □ 別世 별세

## 且 또 차 ▶ 또, 도마, 머뭇거리다, 삼가다
3급 | 총획 5 | 동 亦(역)

성[冂] 안에 세[三] 사람이 '또' 있다.

- ■ 且說 차설 : 화제를 돌려 말할 때, 문두에 쓰는 말
- ■ 苟且 구차 : 군색스럽고 구구함. 가난함
- □ 且置 차치
- □ 重且大 중차대

## 七 일곱 칠 ▶ 일곱, 7
8급 | 총획 2

하늘[一]을 나는 새[乚]가 '일곱'.

- ■ 七去 칠거 : 아내를 내쫓는 이유의 일곱 가지. 칠거지악 (七去之惡)
- □ 七寶 칠보
- □ 七步詩 칠보시
- □ 七夕 칠석
- □ 七十 칠십
- □ 七言詩 칠언시
- □ 七月 칠월
- □ 北斗七星 북두칠성

## 三 석 삼 ▶ 셋
8급 | 총획 3 | 갖은자 參(삼)

하나[一]의 나무를 두[二] 번 자르니 '세' 토막
이 되었다.

- ■ 孟母三遷 맹모삼천 : 맹자의 어머니가 맹자를 교육시키기 위해 세 번 이사했다는 고사
- ■ 朝三暮四 조삼모사 : 간사한 꾀로 남을 속여 희롱하는 것
- □ 三角形 삼각형
- □ 三流 삼류
- □ 三伏 삼복

## 上 위 상 ▶ 위, 임금
7급 | 총획 3 | 반 下(하)

땅[一]을 기준으로 위[丨]를 향한[丶] '위'에
있는 '임금'.

- ■ 雪上加霜 설상가상 : 어려운 일이 연이어 일어남
- □ 上京 상경
- □ 上官 상관
- □ 上級 상급
- □ 上納 상납
- □ 上陸 상륙
- □ 上席 상석
- □ 上下 상하
- □ 地上 지상
- □ 海上 해상

## 不 아닐 불(부) ▶ 아니다
7급 | 총획 4

하늘을 나는 한[一] 마리의 작은[小] 새가 다시
'아니' 돌아오다.

- □ 不動産 부동산
- □ 不貞 부정
- □ 不振 부진
- □ 不良輩 불량배
- □ 不眠 불면
- □ 不察 불찰
- □ 不便 불편
- □ 不平 불평
- □ 不許 불허

## 丘 언덕 구 ▶ 언덕, 무덤, 산, 마을
3-2급 | 총획 5 | 동 陵(릉), 岸(안)

한[一] 근[斤] 무게가 나가는 '언덕'.

- ■ 首丘初心 수구초심 : 여우는 죽을 때 자기가 살던 굴쪽으로 머리를 향한다는 뜻으로, 고향을 그리워하는 마음을 나타냄
- □ 丘陵 구릉
- □ 丘木 구목
- □ 丘墓 구묘
- □ 丘民 구민
- □ 丘墳 구분
- □ 砂丘 사구

## 中 가운데 중 ▶ 가운데

8급 | 총획 4 | 동 央(앙)  반 邊(변)

원[○]의 중심을 뚫고[ㅣ] 지나가니 **'가운데'**
가 되었다.

- 中間 중간
- 中堅 중견
- 中年 중년
- 中毒 중독
- 中媒 중매
- 中旬 중순
- 中心 중심
- 中湯 중탕
- 的中 적중
- 胸中 흉중

## 丶 점주 부 · 1획

등불의 불꽃 모양을 본뜬 글자로 '점', '심지', '불꽃'의 뜻이다.

---

### 丸 둥글 환 ▶ 둥글다, 알

3급 | 총획 3 | (동) 團(단), 圓(원) | 會意

아홉[丸] 명이 점[丶] 하나를 둘러싸고 '둥글게' 앉았다.

- 丸藥 환약
- 淸心丸 청심환
- 彈丸 탄환
- 砲丸 포환

---

### 主 임금, 주인 주 ▶ 임금, 주인

7급 | 총획 5 | (동) 王(왕) (반) 客(객), 賓(빈)

촛대[王]의 심지[丶]처럼 모든 중심이 되는 '임금', '주인'.

- 主幹 주간
- 主客 주객
- 主觀 주관
- 主導 주도
- 主力 주력
- 主婦 주부
- 主食 주식
- 主要 주요
- 主人 주인
- 主張 주장

---

### 丹 붉을 단 ▶ 붉다, 단사

3-2급 | 총획 4 | 指事

굴[冂] 속에서 불꽃[丶] 하나[一]가 '붉게' 탄다.

- 一片丹心 일편단심 : 변치 않는 참된 마음

- 丹木 단목
- 丹砂 단사
- 丹誠 단성
- 丹心 단심
- 丹藥 단약
- 丹粧 단장
- 丹靑 단청
- 丹楓 단풍

 **삐침 부 · 1획**

오른쪽 위에서 왼쪽 아래로 삐쳐 나간 모양이다.

---

**久** 오랠 **구**: ▶ 오래다, 변하지 않다

3-2급 | 총획 3

사람[人]이 등이 굽으니[] '오래' 살았다.

- 永久不變 영구불변: 길고 오랫동안 변하지 않음

- 久遠 구원
- 久疾 구질
- 耐久性 내구성
- 長久 장구
- 持久力 지구력

---

**乃** 이에 **내**: ▶ 이에

3급 | 총획 2 | 指事

숨이 가빠 세[ろ] 번에 한 번은 깊게 내리[丿]쉬니 '이에' 숨이 트인다.

- 乃祖 내조 : '너의 할아버지' 라는 뜻으로, 손자에게 자신을 이르는 말
- 人乃天 인내천 : 천도교의 근본 교의로, 사람이 곧 한울님이라는 뜻

---

**乎** 어조사 **호** ▶ 어조사, 그런가, 인가, 야!

3급 | 총획 5 | 指事

삐쳐서[丿] 뿔[⺊]이 난 이유를 열[十] 번을 생각한다고 알 수 '있는가'.

- 斷乎 단호 : 일단 결심한 것을 과단성있게 처리함
- 確乎 확호 : 든든하고 굳셈

---

**乘** 탈 **승** ▶ 타다, 오르다

3-2급 | 총획 10 | 약 乗 | 會意

나무[木]에 비스듬히[丿] 기대어 북쪽[北]을 향해 '올라' '타다'.

- 乘客 승객
- 乘馬 승마
- 乘法 승법
- 乘船 승선
- 乘車 승차
- 同乘 동승
- 分乘 분승
- 便乘 편승
- 合乘 합승

---

**之** 갈 **지** ▶ 가다, ~의

3-2급 | 총획 4 | 반 來(래) 동 往(왕)

술 취한 사람 하나[丶]가 이리저리[之] '가다'.

- 結者解之 결자해지 : 일을 저지른 사람이 그 일을 해결해야 함
- 莫逆之友 막역지우 : 허물없이 지내는 벗
- 晚時之歎 만시지탄 : 시기에 뒤늦었음을 원통해함
- 塞翁之馬 새옹지마 : 인생은 변화가 많아 길흉화복을 예측할 수 없음

## 乙

**새을 부 · 1획**

새의 앞가슴 모양, 또는 이른 봄 땅 속에서 구부리고 있는 싹의 모양이다.

---

### 乙 새 을 ▶ 새, 둘째 천간

3-2급 | 총획 1 | 동 鳥(조) | 象形

새의 앞가슴 모양으로 '새'.

※ 십간(十干) : 갑(甲) 을(乙) 병(丙) 정(丁) 무(戊) 기(己) 경(庚) 신(辛) 임(壬) 계(癸)

- 乙巳條約 을사조약 : 한국의 외교권을 빼앗는 다섯 조문으로 된 한국과 일본 간에 맺은 조약
- 甲男乙女 갑남을녀 : 신분이나 이름이 알려지지 않은 평범한 보통 사람들

### 九 아홉 구 ▶ 아홉, 9

8급 | 총획 2

십[十]에 미치지 못하고 굽은 '아홉'.

- 九死一生 구사일생 : 여러 차례 죽을 고비를 겪고 겨우 살아남
- 九泉 구천 : 죽은 뒤에 혼백이 돌아간다고 하는 곳

| | | |
|---|---|---|
| 九孔炭 구공탄 | 九官鳥 구관조 | 九月 구월 |
| 九節草 구절초 | 九井 구정 | 九州 구주 |

### 也 어조사 야 ▶ 어조사, 또

3급 | 총획 3 | 會意

'야' 하고 말을 끝맺으니 단정 종결사의 '어조사'로 쓰인다.

- 也帶 야대 : 문무과(文武科)의 방(榜)이 났을 때 급제한 사람이 매던 띠
- 及其也 급기야 : 마침내는. 결말에서는

### 乳 젖 유 ▶ 젖

4급 | 총획 8

손[爪]으로 아들[子]이 새[乚]를 만지듯 만지며 먹는 '젖'.

| | | |
|---|---|---|
| 乳母 유모 | 乳房 유방 | 乳兒 유아 |
| 乳製品 유제품 | 乳臭 유취 | 母乳 모유 |
| 粉乳 분유 | 授乳 수유 | 牛乳 우유 |

### 亂 어지러울 란 ▶ 어지럽다, 난리

4급 | 총획 13 | 약 乱

손톱[爪]을 버리고[丿] 나[厶]를 둘러싼[冂] 모든 것을 또[又] 버리니, 새[乚]의 '어지러움'도 정겹다.

| | | |
|---|---|---|
| 亂讀 난독 | 亂動 난동 | 亂世 난세 |
| 亂打 난타 | 亂鬪 난투 | 亂暴 난폭 |
| 散亂 산란 | 搖亂 요란 | 淫亂 음란 |

### 乾 하늘, 마를 건 ▶ 하늘, 마르다

3-2급 | 총획 11 | 동 燥(조) 반 坤(곤), 濕(습) | 會意

시월[十] 아침[早]에 사람[人]이 새[乙]를 '마른' '하늘'로 쫓는다.

| | | |
|---|---|---|
| 乾坤 건곤 | 乾期 건기 | 乾達 건달 |
| 乾杯 건배 | 乾性 건성 | 乾材 건재 |
| 乾燥 건조 | 乾草 건초 | |

## 빌 걸 ▶ 빌다, 빌어먹다, 구하다

3급 | 총획 3 | 동 求(구)

새[乙]가 사람[人]에게 모이를 달라고 '빈다'.

- 乞巧 걸교 : 칠석날 저녁에 부녀자들이 별을 보며 길쌈과 바느질을 잘할 수 있도록 비는 일
- 哀乞伏乞 애걸복걸 : 애처롭게 빌고 굽실거리며 또 빎

- 乞盟 걸맹
- 乞食 걸식
- 乞人 걸인
- 求乞 구걸

## ｜ 갈고리궐 부 · 1획
구부러진 갈고리의 모양이다.

---

### 了 마칠 료 ▶ 마치다, 깨닫다

3급 | 총획 2 | 통 終(종)

아이[子]의 팔[一]이 없어 더 이상 자라지 않으니,
성장을 '마쳤다'.

- 了解 요해
- 滿了 만료
- 明了 명료
- 修了 수료
- 完了 완료
- 終了 종료

---

### 事 일 사 ▶ 일, 섬기다

7급 | 총획 8

한[一] 식구[口]라도 더 먹여 살리기 위해 삽[ㅋ]
과 갈고리[丨]를 들고 '일' 하다.

- 事件 사건
- 事端 사단
- 事大 사대
- 事例 사례
- 事理 사리
- 事物 사물
- 事實 사실
- 事緣 사연
- 家事 가사
- 農事 농사

---

###  나 여 ▶ 나, 주다

3급 | 총획 4 | 통 我(아), 余(여) | 반 汝(여) | 象形

베틀의 북실을 손으로 주고받는 모습으로
'주는' 사람인 '나'.

- 予一人 여일인 : 나도 여느 사람과 다르지 않다는 뜻으로, 임
  금이 자기 자신을 겸손하게 이르는 말
- 予奪 여탈 : 주는 일과 빼앗는 일
- 付予 부여

## 二 두 이: ▶ 둘, 2

8급 | 총획 2

나무를 토막내니 '둘[二]'이 되었다.

- 二重人格 이중인격 : 한 사람이 전혀 다른 두 가지 성격을 지닌 병적 인격
- 一石二鳥 일석이조 : 한 가지 일로써 두 가지 이익을 얻음

- □ 二年 이년　□ 二等 이등　□ 二分 이분
- □ 二心 이심　□ 二十 이십　□ 二月 이월

## 于 어조사 우 ▶ 어조사, 아!, 탄식하다

3급 | 총획 3 | 통 也(야), 乎(호)

숨이 장애로 인해 막힘을 나타내며, 숨이 막히니 크게 '탄식하다'. (숨이 목에 차서 새어 나오는 모양)

- 于今 우금 : 지금까지
- 于歸 우귀 : 혼인한 신부가 처음으로 시집에 들어감
- 于先 우선 : 먼저. 아쉬운 대로

## 云 이를 운 ▶ 이르다, 말하다

3급 | 총획 4 | 통 謂(위) | 象形

두[二] 사람에게 내[厶]가 옛일을 '일러' '말하다'.

- 云云 운운 : 여러 가지 말. 인용한 말이나 문장을 생략할 때 쓰는 말
- 云爲 운위 : 일러 말함

## 井 우물 정(:) ▶ 우물, 마을

3-2급 | 총획 4 | 象形

나무를 엇갈려 만든 우물틀 모양으로, '우물'이 있는 '마을'.

- 坐井觀天 좌정관천 : 우물 속에 앉아 하늘을 본다는 뜻으로 견문이 좁음을 뜻함

- □ 井然 정연　□ 井田 정전　□ 井華水 정화수

## 五 다섯 오 ▶ 다섯, 5

8급 | 총획 4

하늘[ㅡ]과 땅[ㅡ]이 힘[力]을 겨루어 '오'행이 생겨났다.

- 五里霧中 오리무중 : 어디에 있는지 알 길이 없거나 갈피를 잡지 못함

- □ 五感 오감　□ 五穀 오곡　□ 五輪 오륜
- □ 五倫 오륜　□ 五萬相 오만상　□ 五福 오복

## 互 서로 호: ▶ 서로, 갈마들다

3급 | 총획 4 | 통 相(상)

두[二] 개의 막대기가 맞물린[크] 모양으로, '서로' '갈마들다'.

- 互角之勢 호각지세 : 서로 비슷한 실력

- □ 互市 호시　□ 互換 호환　□ 互惠 호혜
- □ 相互 상호

# 亞

**버금 아(:)** ▶ 버금, 누르다

3-2급 | 총획 8 | 동 副(부), 仲(중), 次(차)
약 亜 | 象形

---

두[二] 곱사등이[屮]가 마주 서서 '버금' 가는지 경쟁한다.

- 亞流 아류
- 亞聖 아성
- 亞細亞 아세아
- 亞麻 아마
- 亞鉛 아연

## 亡 망할 망 ▶ 망하다, 달아나다, 죽다

5급 | 총획 3 | 동 滅(멸), 敗(패) | 반 興(흥)

가장 한[丶] 사람이 숨어서[匚] '도망가니' '망한' 집안이다.

- 興亡盛衰 흥망성쇠 : 흥하고 망하고 성하고 쇠함

- 亡德 망덕
- 亡靈 망령
- 亡命 망명
- 亡失 망실
- 亡人 망인
- 亡者 망자
- 死亡 사망
- 敗亡 패망

## 亦 또 역 ▶ 또, 모두, 크게

3-2급 | 총획 6 | 동 又(우)

그 사람은 '또' '크게' 성공하리라.

- 亦是 역시 : 또한. 전에 생각했던 대로
- 亦然 역연 : 또한 그러함. 역시 같음

## 亥 돼지 해 ▶ 돼지, 열두째 지지

3급 | 총획 6 | 동 豚(돈), 豕(시) | 象形

돼지 모양으로 '돼지' 는 '열두째 지지' 를 뜻한다.

- 亥時 해시 : 십이시의 열두째 시로 저녁 9시에서 11시까지
- 亥生 해생
- 乙亥年 을해년

## 交 사귈 교 ▶ 사귀다

6급 | 총획 6

아버지[父]가 갓[亠]을 쓰고 나가 친구들과 '사귀다'.

- 交感 교감
- 交代 교대
- 交流 교류
- 交尾 교미
- 交付 교부
- 交戰 교전
- 交通 교통
- 交換 교환
- 國交 국교
- 性交 성교

## 京 서울 경 ▶ 서울

6급 | 총획 8 | 반 村(촌), 鄕(향)

갓[亠]을 쓴 입[口]이 작은[小] 선비가 '서울' 에 왔다.

- 京劇 경극
- 京畿 경기
- 京城 경성
- 京鄕 경향
- 北京 북경
- 上京 상경
- 入京 입경
- 在京 재경

## 亭 정자 정 ▶ 정자, 역참

3-2급 | 총획 9 | 形聲

높게[高] 고무래[丁]로 지은 '정자'.

- 亭子 정자 : 경치 좋은 곳에 쉬기 위하여 지은 집
- 亭亭 정정 : 나무가 곧게 우뚝 서 있는 모양. 늙은 몸이 건강한 모양

## 亨 형통할 형 ▶ 형통하다, 제사

3급 | 총획 7 | 會意

높은 제단 위[亠]에 음식을 차리고 입[口]으로
축원하는 것을 마치니[了] 만사가 '형통하다'.

■ 萬事亨通 만사형통 : 모든 일이 뜻한 바대로 잘 이루어짐

## 享 누릴 향 ▶ 누리다, 드리다

3급 | 총획 8 | 會意

제단 위[亠]에 아들[子]이 음식을 차리고
입[口]으로 축원하면 복을 '누릴' 수 있다.

- 享年 향년
- 享樂 향락
- 享福 향복
- 享祀 향사
- 享受 향수
- 享有 향유

## 人 사람 인 ▶ 사람, 백성, 남

8급 | 총획 2

정신[丿]과 육체[乀]가 합쳐지니 '사람'이 되었다.

- □ 人格 인격
- □ 人權 인권
- □ 人道 인도
- □ 人力 인력
- □ 人倫 인륜
- □ 人生 인생
- □ 人心 인심
- □ 佳人 가인
- □ 凡人 범인
- □ 哲人 철인

## 令 하여금 령(:) ▶ 하여금, 명령하다

5급 | 총획 5 | 동 使(사)

신하[卩]들로 '하여금' 일[一]렬로 무릎[卩]을 꿇고 '명령'에 복종하게 한다.

- □ 令夫人 영부인
- □ 令愛 영애
- □ 口令 구령
- □ 待令 대령
- □ 命令 명령
- □ 發令 발령
- □ 法令 법령
- □ 司令官 사령관
- □ 設令 설령

##  介 낄 개: ▶ 끼다, 소개하다

3-2급 | 총획 4 | 會意

사람[人]들을 두[刂] 무리로 나누고 그 사이에 '껴' 있다.

- □ 介意 개의
- □ 介入 개입
- □ 介在 개재
- □ 媒介 매개
- □ 仲介 중개

## 企 꾀할 기 ▶ 꾀하다, 발돋음하다

3-2급 | 총획 6 | 동 圖(도) | 形聲

사람[人]이 발끝으로 서서[止] 먼 곳을 보며, 앞날을 '꾀하다'.

- □ 企圖 기도
- □ 企望 기망
- □ 企業 기업
- □ 企劃 기획
- □ 公企業 공기업
- □ 大企業 대기업

##  今 이제 금 ▶ 이제

6급 | 총획 4 | 반 古(고), 昔(석)

사람[人]이 점점[丶] 많이 모여 줄이 기역자[ㄱ]로 되었으니, '이제' 시작하자.

- ■ 今昔之感 금석지감 : 지금과 옛날이 차이가 심하여 생기는 느낌
- ■ 今始初聞 금시초문 : 이제서야 처음으로 들음

- □ 今年 금년
- □ 今方 금방
- □ 今後 금후

##  余 나 여 ▶ 나, 나머지

3급 | 총획 7 | 동 我(아), 予(여) | 반 汝(여) | 假借

다른 사람[人]이 사방팔방[八] 소리치니, 이에[亇] '나'는 '나머지' 일을 그만두었다.

- ■ 余等 여등 : 우리들
- ■ 余月 여월 : 음력 4월
- ■ 殘余 잔여 : 나머지

# 倉 곳집 창(:) ▶ 곳집, 슬퍼하다

3-2급 | 총획 10 | 동 庫(고) | 象形

사람[人]이 사는 집[戶] 하나[一]에 식구[口]들이 먹을 곡식을 쌓아두는 '곳집'.

- 倉庫 창고
- 倉米 창미
- 營倉 영창
- 倉卒間 창졸간

# 仁 어질 인 ▶ 어질다, 인자하다

4급 | 총획 4 | 동 良(량), 賢(현)

두[二] 사람[亻]이 서로 대하는 마음이 '어질다'.

- 殺身成仁 살신성인 : 옳은 일을 위하여 자기의 몸을 희생함

- 仁德 인덕
- 仁術 인술
- 仁慈 인자
- 仁政 인정
- 仁厚 인후

# 傘 우산 산 ▶ 우산, 양산

2급 | 총획 12

사람[人]들이 하나[一]같이 비만 오면 쓰고 다니는 '우산'.

- 落下傘 낙하산
- 陽傘 양산
- 洋傘 양산
- 雨傘 우산

# 付 부칠 부: ▶ 부치다, 주다, 청하다

3-2급 | 총획 5

가까운 사람[亻]인 삼촌[寸]에게 선물을 '부치다'.

- 申申當付 신신당부 : 남에게 의뢰함. 남에게 당부하여 맡김

- 付送 부송
- 付託 부탁
- 結付 결부
- 交付 교부
- 發付 발부
- 配付 배부
- 分付 분부
- 送付 송부

# 來 올 래(:) ▶ 오다

7급 | 총획 8 | 반 去(거), 往(왕) | 약 来

나무[木] 밑으로 두 사람[人人]이 '오다'.

- 來年 내년
- 來訪 내방
- 來世 내세
- 來往 내왕
- 來日 내일
- 來韓 내한
- 去來 거래
- 未來 미래
- 本來 본래
- 往來 왕래

# 仕 섬길, 벼슬 사(:) ▶ 섬기다, 벼슬

5급 | 총획 5 | 동 奉(봉)

선비[士]된 사람[亻]은 바른 글로써 임금을 '섬기고' '벼슬'을 한다.

- 仕路 사로
- 給仕 급사
- 奉仕 봉사
- 出仕 출사

# 以 써 이: ▶ 써, 까닭

5급 | 총획 5

내[厶] 욕심이 사람[人]으로서의 한계를 넘으면 매로 '써' 다스린다.

- 以實直告 이실직고 : 사실 그대로 고함
- 以心傳心 이심전심 : 마음에서 마음으로 전함

- 以內 이내
- 以上 이상
- 以外 이외
- 以前 이전
- 以下 이하
- 以後 이후

# 仙 신선 선 ▶ 신선

5급 | 총획 5

사람[亻]이 산[山] 속에 들어가 '신선'이 되었다.

- 仙家 선가
- 仙境 선경
- 仙女 선녀
- 仙人 선인
- 仙人掌 선인장
- 詩仙 시선
- 神仙 신선
- 水仙花 수선화

# 伏

**엎드릴 복** ▶ 엎드리다, 따르다

4급 | 총획 6 | 동 屈(굴) 반 起(기)

사람[亻] 옆에 개[犬]가 '엎드려' 있다.

- 伏兵 복병
- 伏線 복선
- 伏中 복중
- 屈伏 굴복
- 起伏 기복
- 三伏 삼복
- 潛伏 잠복
- 降伏 항복

# 依

**의지할 의** ▶ 의지하다

4급 | 총획 8 | 동 賴(뢰)

사람[亻]은 옷[衣]에 '의지할' 수밖에 없다.

- 舊態依然 구태의연 : 변하거나 발전하지 않고 옛 모습 그대로임

- 依據 의거
- 依舊 의구
- 依例 의례
- 依賴 의뢰
- 依存 의존
- 依支 의지
- 依他心 의타심

# 位

**자리 위** ▶ 자리, 지위

5급 | 총획 7 | 동 席(석)

사람[亻]이 서[立] 있는 '자리'.

- 位階 위계
- 位置 위치
- 高位 고위
- 方位 방위
- 本位 본위
- 水位 수위
- 優位 우위
- 卽位 즉위
- 地位 지위
- 品位 품위

# 信

**믿을 신:** ▶ 믿다, 편지

6급 | 총획 9 | 동 仰(앙)

사람[亻]이 하는 말[言]은 '믿어야' 한다.

- 信念 신념
- 信徒 신도
- 信賴 신뢰
- 信望 신망
- 信俸 신봉
- 信仰 신앙
- 信用 신용
- 信義 신의
- 信條 신조

# 俗

**풍속 속** ▶ 풍속, 풍습

4-2급 | 총획 9

골짜기[谷]에 사는 사람[亻]의 독특한 '풍속'.

- 俗物 속물
- 俗世 속세
- 俗語 속어
- 俗謠 속요
- 俗字 속자
- 俗稱 속칭
- 民俗 민속
- 習俗 습속
- 野俗 야속
- 土俗 토속

# 佛

**부처 불** ▶ 부처

4급 | 총획 7 | 약 仏

사람[亻]이 아닌[弗] '부처'.

- 佛家 불가
- 佛經 불경
- 佛教 불교
- 佛國寺 불국사
- 佛堂 불당
- 佛心 불심
- 佛子 불자

# 任

**맡길 임(:)** ▶ 맡기다, 위임하다

5급 | 총획 6 | 동 擔(담), 寵(위) 반 免(면)

사람[亻]에게 짐을 짊어지게[壬] '맡긴다'.

- 任期 임기
- 任命 임명
- 任務 임무
- 任員 임원
- 任意 임의
- 擔任 담임
- 放任 방임
- 赴任 부임

# 侯

**제후 후** ▶ 제후, 과녁

3급 | 총획 9 | 會意

화살[矢]을 잘 쏘는 사람[亻]인 그[㡿]가 '제후'.

- 王侯將相 왕후장상 : 임금과 제후와 장군과 재상

- 諸侯 제후

## 候 기후 후: ▶ 기후, 기다리다, 때

4급 | 총획 10

과녁[侯]을 향해 활을 쏠[ㅣ] 때는 '기후'를 잘 살펴야 한다.

- □ 候補 후보
- □ 氣候 기후
- □ 問候 문후
- □ 惡天候 악천후
- □ 全天候 전천후
- □ 症候 증후
- □ 徵候 징후

## 伯 맏 백 ▶ 맏, 우두머리

3-2급 | 총획 7 | 동 孟(맹), 兄(형) | 形聲

흰[白] 옷을 입은 분[亻]이 집안의 '맏이'이다.

- □ 伯母 백모
- □ 伯父 백부
- □ 伯仲 백중
- □ 伯兄 백형
- □ 方伯 방백
- □ 畫伯 화백

## 僧 중 승 ▶ 중

3-2급 | 총획 14 | 形聲

사람[亻]이 일찍이[曾] 속세를 벗어나 출가한 '중'.

- □ 僧家 승가
- □ 僧軍 승군
- □ 僧舞 승무
- □ 僧門 승문
- □ 僧服 승복
- □ 高僧 고승
- □ 女僧 여승

## 促 재촉할 촉 ▶ 재촉하다

3-2급 | 총획 9 | 동 急(급), 迫(박), 催(최)

사람[亻]이 발[足]을 동동 구르며 '재촉하다'.

- □ 促求 촉구
- □ 促急 촉급
- □ 促迫 촉박
- □ 促進 촉진
- □ 督促 독촉
- □ 販促 판촉

## 偉 클 위 ▶ 크다, 위대하다, 훌륭하다

5급 | 총획 11 | 반 小(소) 동 大(대), 太(태)

가죽[韋] 옷을 입은 사람[亻]의 키가 참 '크다'.

- □ 偉大 위대
- □ 偉力 위력
- □ 偉業 위업
- □ 偉容 위용
- □ 偉人 위인

## 侮 업신여길 모: ▶ 업신여기다

3급 | 총획 9 | 반 敬(경), 恭(공)

사람[亻]이 매일[每] 구걸을 일삼으니 '업신여길' 만하다.

- □ 侮弄 모롱
- □ 侮慢 모만
- □ 侮笑 모소
- □ 侮辱 모욕
- □ 受侮 수모

## 件 물건 건 ▶ 물건, 사건

5급 | 총획 6 | 동 物(물)

사람[亻]이 소[牛]를 '물건' 취급하다.

- □ 件名 건명
- □ 件數 건수
- □ 事件 사건
- □ 案件 안건
- □ 與件 여건
- □ 要件 요건
- □ 用件 용건
- □ 條件 조건

## 休 쉴 휴 ▶ 쉬다

7급 | 총획 6 | 동 息(식) | 會意

사람[亻]이 나무[木]에 기대어 '쉬다'.

- □ 休暇 휴가
- □ 休校 휴교
- □ 休業 휴업
- □ 休日 휴일
- □ 休戰 휴전
- □ 休紙 휴지
- □ 休職 휴직
- □ 無休 무휴

## 停

**머무를 정 ▶ 머무르다**

5급 | 총획 11 | 동 止(지) | 形聲

사람[亻]이 정자[亭]에 잠시 '머무른다'.

- 停刊 정간
- 停車場 정거장
- 停年 정년
- 停頓 정돈
- 停留場 정류장
- 停止 정지
- 停會 정회
- 急停車 급정거

## 代

**대신 대: ▶ 대신**

6급 | 총획 5

하인[亻]이 주살[弋]을 들고 주인 '대신' 전쟁에 나간다.

- 代價 대가
- 代金 대금
- 代理 대리
- 代名詞 대명사
- 代身 대신
- 代役 대역
- 代用 대용
- 代打 대타
- 代表 대표
- 代行 대행

## 伐

**칠 벌 ▶ 치다**

4-2급 | 총획 6 | 동 擊(격), 攻(공) | 반 防(방), 守(수)

사람[亻]이 창[戈]으로 '친다'.

- 伐木 벌목
- 伐採 벌채
- 伐草 벌초
- 北伐 북벌
- 殺伐 살벌
- 討伐 토벌

## 他

**다를 타 ▶ 다르다, 남**

5급 | 총획 5 | 반 自(자) | 동 別(별)

사람[亻]은 또한[也] '남'과 '다르다'.

- 他界 타계
- 他國 타국
- 他殺 타살
- 他姓 타성
- 他意 타의
- 他人 타인
- 他鄕 타향
- 出他 출타

## 價

**값 가 ▶ 값**

5급 | 총획 15 | 동 値(치) | 약 価

그[亻]가 덮어서[襾] 보관한 재물[貝]은 '값'이 대단하다.

- 稀少價值 희소가치 : 드물고 적어서 인정되는 가치

- 價格 가격
- 價值 가치
- 高價 고가
- 單價 단가
- 代價 대가
- 定價 정가
- 株價 주가
- 呼價 호가

## 値

**값 치 ▶ 값, 가치**

3-2급 | 총획 10 | 동 價(가)

사람[人]이 곧게[直] 마음을 쓰니 사람으로서 '값(가치)'이 있다.

- 價值 가치
- 價值觀 가치관
- 數值 수치
- 絶對值 절대치
- 平均值 평균치

## 假

**거짓 가: ▶ 거짓, 임시적인**

5급 | 총획 11 | 동 僞(위) | 반 眞(진) | 약 仮

사람[亻]이 물건을 빌릴[叚] 때에는 '거짓'이 있어서는 안 된다.

- 假橋 가교
- 假令 가령
- 假面 가면
- 假名 가명
- 假髮 가발
- 假想 가상
- 假說 가설
- 假作 가작
- 假定 가정

## 僞

**거짓 위 ▶ 거짓, 잘못**

3-2급 | 총획 14 | 동 假(가) | 반 眞(진) | 약 偽 | 形聲

사람[亻]이 행하는[爲] 것에는 '거짓'이나 '잘못'이 있어서는 안 된다.

- 僞善 위선
- 僞裝 위장
- 僞造 위조
- 眞僞 진위
- 僞證 위증
- 虛僞 허위

## 仲

**버금 중(:)** ▶ 버금, 가운데

3-2급 | 총획 6 | 동 副(부), 亞(아), 次(차) | 形聲

형제 셋 중에 가운데[中] 사람[亻]이니
'둘째(버금)'이다.

※ 삼형제의 맏이는 伯(백), 막내는 季(계), 사형제 중 셋째는 叔(숙)

■ 伯仲之勢 백중지세 : 서로 엇비슷하여 우열을 가리기 힘든 형세

□ 仲介 중개　　　□ 仲媒 중매　　　□ 仲裁 중재

---

## 仰

**우러를 앙:** ▶ 우러르다, 믿다

3-2급 | 총획 6 | 동 崇(숭), 信(신) | 形聲

사람[亻]이 나[卬]를 '우러러보니' '믿는' 것이다.

□ 仰望 앙망　　　□ 仰天 앙천　　　信仰 신앙
□ 推仰 추앙

---

## 何

**어찌 하** ▶ 어찌

3-2급 | 총획 7 | 동 那(나), 奚(해) | 形聲

사람[亻]이거늘 옳은[可] 일을 '어찌' 못할까?

□ 何等 하등　　　□ 何如間 하여간　　　□ 下處 하처
□ 何必 하필　　　□ 如何 여하

---

## 但

**다만 단:** ▶ 다만

3-2급 | 총획 7 | 동 唯(유), 只(지)

사람[亻]이 아침[旦]에 일터에 나가는 것은 ,
'다만' 일하기 위해서다.

□ 但只 단지　　　□ 非但 비단

---

## 供

**이바지할 공:** ▶ 이바지하다

3-2급 | 총획 8 | 形聲

여러 사람[亻]과 같이[共] 쓰는 것이 사회에
'이바지하는' 것이다.

□ 供給 공급　　　□ 供養 공양　　　□ 供與 공여
□ 供出 공출　　　□ 供託 공탁　　　□ 佛供 불공
□ 提供 제공

---

## 侍

**모실 시:** ▶ 모시다

3-2급 | 총획 8 | 形聲

사람[亻]이 절[寺]에서 부처님을 '모시다'.

■ 層層侍下 층층시하 : 부모와 조부모를 다 모시고 있는 처지

□ 侍女 시녀　　　□ 侍衛 시위　　　□ 侍從 시종
□ 內侍 내시

---

## 修

**닦을 수** ▶ 닦다

4-2급 | 총획 10

사람[亻] 하나[丨]가 몸을 치며[攵] 열심히
머리[彡]를 '닦아' 공부한다.

□ 修交 수교　　　□ 修女 수녀　　　□ 修道 수도
□ 修理 수리　　　□ 修養 수양　　　□ 修正 수정
□ 修學 수학　　　□ 嚴修 엄수　　　□ 硏修 연수

---

## 健

**굳셀 건:** ▶ 굳세다, 건강하다

5급 | 총획 11 | 동 剛(강) | 반 崩(붕)

사람[亻]이 꼿꼿하게 서[建] 있으니
'건강하고' '굳세다'.

□ 健康 건강　　　□ 健忘症 건망증　　　□ 健勝 건승
□ 健實 건실　　　□ 健兒 건아　　　　　□ 健全 건전
□ 健鬪 건투　　　□ 保健 보건

## 倫

**인륜 륜** ▶ 인륜

3-2급 | 총획 10

인간[亻] 사이의 질서[侖]가 '**인륜**'이다.

- □ 倫理 윤리
- □ 人倫 인륜
- □ 天倫 천륜

## 傲

**거만할 오:** ▶ 거만하다

3급 | 총획 13 | 동 慢(만) | 形聲

사람[亻]이 돈푼이나 있다고 노는[敖] 것만 좋아하니 '**거만할**' 밖에.

- □ 傲氣 오기
- □ 傲慢 오만
- □ 傲視 오시

## 儒

**선비 유** ▶ 선비, 유교

4급 | 총획 16 | 동 士(사)

사람[亻]에게 비[雨]처럼 도움이 되는, 수염[而] 기른 '**선비**'.

- □ 儒家 유가
- □ 儒敎 유교
- □ 儒林 유림
- □ 儒生 유생
- □ 儒學 유학

## 俊

**준걸 준:** ▶ 준걸, 뛰어나다

3급 | 총획 9 | 동 傑(걸), 秀(수) | 形聲

사람[亻]을 믿고[允] 앞으로 가는[夂] '**뛰어난**' '**준걸**'.

- □ 俊傑 준걸
- □ 俊骨 준골
- □ 俊德 준덕
- □ 俊秀 준수
- □ 俊才 준재
- □ 英俊 영준

## 便

**편할 편(:) 똥오줌 변**
▶ 편하다, 똥오줌

7급 | 총획 9 | 동 寧(녕), 安(안)

사람[亻]은 불편한 것을 고쳐서[更] '**편하게**' 할 줄 안다.

- □ 便器 변기
- □ 便祕 변비
- □ 便所 변소
- □ 便易 편이
- □ 便安 편안
- □ 便紙 편지
- □ 簡便 간편
- □ 方便 방편
- □ 人便 인편

## 傑

**뛰어날 걸** ▶ 뛰어나다

4급 | 총획 12 | 반 劣(렬), 拙(졸) | 약 杰

사람[亻]을 배반한[舛] 자를 나무[木]에 매달아 혼내는 '**뛰어난**' 영웅.

- □ 傑觀 걸관
- □ 傑物 걸물
- □ 傑作 걸작
- □ 傑出 걸출
- □ 怪傑 괴걸
- □ 女傑 여걸
- □ 英傑 영걸
- □ 人傑 인걸
- □ 豪傑 호걸

## 儉

**검소할 검:** ▶ 검소하다

4급 | 총획 15 | 약 俭

물건이 다[僉] 해질 때까지 쓰는 사람[亻]이니 '**검소하다**'.

- ■ 勤儉節約 근검절약 : 부지런하고 검소하게 재물을 아낌

- □ 儉德 검덕
- □ 儉素 검소
- □ 勤儉 근검
- □ 儉約 검약

## 億

**억 억** ▶ 억

5급 | 총획 15

사람[亻]이 뜻[意]을 모으면 수 '**억**'의 일도 할 수 있다.

- ■ 億非蒼生 억비창생 : 수많은 백성. 온 세상 사람

- □ 億萬 억만
- □ 數億 수억
- □ 億丈 억장

## 使 하여금, 사신 사: ▶ 하여금, 사신

6급 | 총획 8

군졸[亻]은 '사신' 어른[丈]의 입[口]에서
나오는 말로 '하여금' 따르게 된다.

- 使童 사동
- 使命 사명
- 使臣 사신
- 使用 사용
- 使節團 사절단
- 大使 대사
- 密使 밀사
- 天使 천사
- 特使 특사

## 儀 거동 의 ▶ 거동, 본받다

4급 | 총획 15

사람[亻]은 옳게[義] '거동' 해야 한다.

- 儀禮 의례
- 儀範 의범
- 儀式 의식
- 儀仗 의장
- 儀表 의표
- 禮儀 예의
- 葬儀 장의

## 保 지킬 보(:) ▶ 지키다, 보호하다

4-2급 | 총획 9

사람[亻]이 자기 식구[口]를 위해 과일 나무[木]를
심고 잘 '지키다'.

- 保健 보건
- 保管 보관
- 保留 보류
- 保守 보수
- 保安 보안
- 保溫 보온
- 保全 보전
- 保存 보존
- 留保 유보

## 侵 침노할 침 ▶ 침노하다

4-2급 | 총획 9 | 동 掠(략), 犯(범) | 形聲

사람[亻]들이 손[크]에 수건을 덮고[冖] 또[又]
'침노하는' 적과 싸운다.

- 侵攻 침공
- 侵略 침략
- 侵犯 침범
- 侵入 침입
- 侵害 침해
- 南侵 남침
- 再侵 재침

## 個 낱 개(:) ▶ 낱, 낱개

4-2급 | 총획 10

사람[亻]이 딱딱한[固] 물건을 '낱개' 로 센다.

- 個物 개물
- 個別 개별
- 個性 개성
- 個人 개인
- 個人技 개인기
- 個體 개체
- 別個 별개

## 佐 도울 좌: ▶ 돕다

3급 | 총획 7 | 동 補(보), 援(원) | 形聲

사람[亻]이 왼쪽[左]에서 '돕다'.

- 補佐 보좌
- 補佐官 보좌관
- 上佐 상좌

## 倣 본뜰 방 ▶ 본뜨다, 흉내내다

3급 | 총획 10 | 동 模(모)

사람[亻]이 놓아둔[放] 것을 '흉내내'
'본뜨다'.

- 倣似 방사
- 模倣 모방

## 償 갚을 상 ▶ 갚다, 보상

3-2급 | 총획 17 | 동 報(보) | 形聲

다른 사람[亻]이 손해본 것을 상[賞]으로
'갚다'.

- 償還 상환
- 辨償 변상
- 報償 보상
- 補償 보상
- 有償增資 유상증자

## 住

**살 주:** ▶ 살다, 머무르다

7급 | 총획 7 | 동 居(거)

사람[亻]이 주인[主]이 되어 한곳에 머물러 '산다'.

- 住居 주거
- 住民 주민
- 住所 주소
- 住宅 주택
- 安住 안주
- 入住 입주

## 俱

**함께 구** ▶ 함께, 갖추다

3급 | 총획 10 | 동 皆(개), 同(동), 咸(함)

사람[亻]이 덕을 갖추어[具] '함께' 사는 사회.

- 俱存 구존 : 부모님이 모두 살아 계심
- 俱沒 구몰 : 부모님이 모두 세상을 떠남

- 俱現 구현

## 係

**맬, 이을 계:** ▶ 매다, 잇다, 관계되다

4-2급 | 총획 9

사람[亻]과 사람을 이어[系] 준다 하여 '매다', '잇다'.

- 係數 계수
- 係員 계원
- 係長 계장
- 關係 관계

## 傳

**전할 전** ▶ 전하다

5급 | 총획 13 | 약 伝

오로지[專] 사람[亻]만이 마음을 '전할' 수 있다.

- 傳記 전기
- 傳達 전달
- 傳道 전도
- 傳來 전래
- 傳說 전설
- 傳送 전송
- 傳受 전수
- 傳統 전통
- 口傳 구전
- 列傳 열전

## 借

**빌 차:** ▶ 빌리다

3-2급 | 총획 10 | 形聲

옛날[昔]부터 알았던 사람[亻]에게 돈을 '빌리다'.

- 借名 차명
- 借邊 차변
- 借用 차용
- 借入 차입
- 假借 가차
- 賃借 임차
- 租借 조차

## 優

**넉넉할 우** ▶ 넉넉하다, 뛰어나다

4급 | 총획 17 | 반 劣(렬)

사람[亻]은 근심[憂]이 없어야 마음이 '넉넉하다'.

- 優待 우대
- 優等 우등
- 優良 우량
- 優勢 우세
- 優秀 우수
- 優勝 우승
- 優雅 우아
- 優位 우위

## 債

**빚 채** ▶ 빚, 빌리다

3-2급 | 총획 13

사람[亻]이 책임[責]지고 갚아야 하는 '빚'.

- 債權 채권
- 債務 채무
- 公債 공채
- 國債 국채
- 負債 부채
- 私債 사채
- 外債 외채

## 低

**낮을 저:** ▶ 낮다

4-2급 | 총획 7 | 반 高(고)

사람[亻]의 성[氏]은 하나[一]로 같으나 서열은 '낮다'.

- 低級 저급
- 低廉 저렴
- 低利 저리
- 低俗 저속
- 低潮 저조
- 低地 저지
- 低質 저질
- 低下 저하
- 低血壓 저혈압
- 最低 최저

## 佳 아름다울 가:  ▶ 아름답다, 좋다

3-2급 | 총획 8 | 동 麗(려), 美(미) | 반 醜(추) | 形聲

사람[亻]은 흙[圭]에서 뒹굴어도 '아름답다'.

- 佳器 가기
- 佳名 가명
- 佳詩 가시
- 佳約 가약
- 佳月 가월
- 佳人 가인
- 佳作 가작
- 佳節 가절
- 佳品 가품
- 佳話 가화

## 作 지을 작 ▶ 짓다, 만들다

6급 | 총획 7 | 동 著(저), 造(조), 創(창)

그 사람[亻]은 잠깐[乍] 만지기만 해도 훌륭한 작품을 '짓는다'.

- 作心三日 작심삼일 : 결심이 견고하지 못함

- 作家 작가
- 作曲 작곡
- 作動 작동
- 作文 작문
- 作別 작별
- 作詞 작사
- 作成 작성
- 作業 작업
- 佳作 가작

## 似 닮을 사:  ▶ 닮다, 같다

3급 | 총획 7 | 동 肖(초) | 반 異(이) | 形聲

사람[亻]이 도구를 써[以] 일을 하면 '닮은(같은)' 결과가 나온다.

- 非夢似夢 비몽사몽 : 꿈속 같기도 하고 현실 같기도 함

- 似而非 사이비
- 近似 근사
- 類似 유사

## 倍 곱 배(:) ▶ 갑절, 곱

5급 | 총획 10

사람[亻]이 자꾸 모이니[咅] 인구[口]가 '곱'이 되었다.

- 倍達民族 배달민족 : 우리 겨레를 이르는 말

- 倍加 배가
- 倍數 배수
- 倍勝 배승
- 倍額 배액
- 倍率 배율
- 倍前 배전
- 公倍數 공배수

## 傷 상할 상 ▶ 상하다, 다치다, 상처

4급 | 총획 13 | 동 害(해)

사람들[人人]의 얼굴이 햇빛[日]에 타서 피부가 하나[一]도 없이[勿] 벗겨져 '상했다'.

- 傷心 상심
- 傷處 상처
- 傷害 상해
- 負傷 부상
- 損傷 손상
- 外傷 외상
- 銃傷 총상
- 破傷風 파상풍
- 火傷 화상

## 備 갖출 비 ▶ 준비하다, 갖추다

4-2급 | 총획 12 | 동 具(구), 該(해)

사람[亻]이 바위[厂] 밑에 풀[艹]을 쓸[用] 때를 대비하여 '갖춰' 놓다.

- 備考 비고
- 備蓄 비축
- 備品 비품
- 兼備 겸비
- 具備 구비
- 對備 대비
- 無防備 무방비
- 未備 미비
- 豫備 예비
- 準備 준비

## 像 모양 상 ▶ 모양, 형상, 닮다

3-2급 | 총획 14 | 동 態(태), 形(형)

사람[亻]의 형상[象]을 그린 '모양'.

- 假像 가상
- 銅像 동상
- 佛像 불상
- 石像 석상
- 映像 영상
- 偶像 우상
- 坐像 좌상
- 肖像 초상
- 虛像 허상

## 例 법식 례:  ▶ 법식

6급 | 총획 8 | 동 法(법), 式(식)

사람[人]이 줄[列]을 서는 것은 좋은 '법식(관습)'이다.

- 例文 예문
- 例示 예시
- 例外 예외
- 例題 예제
- 事例 사례
- 用例 용례
- 月例 월례
- 前例 전례
- 次例 차례
- 判例 판례

# 側

**곁 측** ▶ 곁, 옆

3-2급 | 총획 11 | 통 傍(방)

높은 사람[亻]을 모시는 법[則]은 늘 '곁'에 있는 것이다.

- 側近 측근
- 側面 측면
- 側目 측목
- 貴側 귀측
- 反側 반측
- 兩側 양측
- 外側 외측
- 右側 우측
- 左側 좌측

# 倒

**넘어질 도:** ▶ 넘어지다, 거꾸로

3-2급 | 총획 10 | 반 立(립)

사람[亻]이 빨리 도착하려[到] 서두르다 '넘어지다'.

- 倒影 도영 : 거꾸로 촬영한 것. 해질 무렵의 그림자. 거꾸로 비친 그림자
- 倒立 도립
- 倒産 도산
- 倒置 도치
- 卒倒 졸도
- 打倒 타도

# 傾

**기울 경** ▶ 기울다

4급 | 총획 13 | 통 斜(사)

나이가 들면 머리[頁]가 희게 변하고[化], 인생도 '기운다'.

- 傾國之色 경국지색 : 임금이 반하여 나라가 망해도 모를 정도로 뛰어난 미인
- 傾度 경도
- 傾斜 경사
- 傾聽 경청
- 傾向 경향
- 半傾 반경
- 左傾 좌경

# 偶

**짝 우:** ▶ 짝, 허수아비

3-2급 | 총획 11 | 통 配(배), 匹(필)

원숭이[禺] 모양을 한 사람[亻] 같은 '허수아비'가 '짝'도 없이 홀로 서 있다.

- 偶發 우발
- 偶像 우상
- 偶然 우연
- 配偶 배우
- 配偶者 배우자

# 伴

**짝 반** ▶ 짝, 따르다

3급 | 총획 7 | 동 配(배), 동 偶(우)

절반[半]이 되는 나의 사람[亻]이니 '짝'.

- 伴侶者 반려자
- 伴奏 반주
- 同伴 동반
- 隨伴 수반

# 伸

**펼 신** ▶ 펴다, 펼치다

3급 | 총획 7

밭에서 싹이 위 아래로 뻗어[申] 가듯 사람[亻]이 몸을 쭉 '펴다'.

- 伸縮 신축
- 國力伸張 국력신장

# 倂

**아우를 병** ▶ 아우르다, 나란히 하다

2급 | 총획 10 | 약 併

사람[亻]들이 방패와 방패를 들고 나란히[幷] '아울러' 서 있다.

- 倂用 병용
- 倂合 병합
- 合倂症 합병증

# 俳

**광대 배** ▶ 광대, 배우

2급 | 총획 10

탈을 쓰고 사람[亻] 같지 아니한[非] 행동을 하는 '광대'.

- 俳優 배우

## 俸

**봉급 봉:** ▶ 봉급, 녹

2급 | 총획 10

노동의 대가로 사람[人]들에게 받들어[奉] 주는
'봉급'.

▫ 俸給 봉급

## 僑

**객지에 살 교** ▶ 객지에 살다, 높다

2급 | 총획 14

먹고 살기 위해 높은[喬] 사람 집에 붙어
사람[亻]이 '객지에 산다'.

▫ 僑胞 교포

## 偵

**염탐할 정** ▶ 염탐하다, 묻다

2급 | 총획 11

사람[亻]들이 곧게[貞] 사는지 살핀다 하여
'염탐하다'.

▫ 偵察 정찰    ▫ 偵探 정탐    ▫ 密偵 밀정
▫ 探偵 탐정

## 僻

**궁벽할 벽** ▶ 궁벽하다, 치우치다

2급 | 총획 15

죽을[尸] 죄[辛]를 지은 식구[口]와 사람[亻]은
삶이 '궁벽하다'.

▫ 僻地 벽지    ▫ 僻村 벽촌    ▫ 僻港 벽항

## 傀

**허수아비 괴:** ▶ 허수아비, 꼭두각시

2급 | 총획 12

귀신[鬼] 같은 사람[亻]의 형상이니
'허수아비'.

## 偏

**치우칠 편** ▶ 치우치다

3-2급 | 총획 11

작은[扁] 이익에 사람[亻]들이 '치우친다'.

▫ 偏見 편견    ▫ 偏母 편모    ▫ 偏食 편식
▫ 偏愛 편애    ▫ 偏向 편향

## 傭

**품팔 용** ▶ 품팔다

2급 | 총획 13

떳떳하게[庸] 살기 위해 다른 사람[亻]의 일을
해 주며 '품팔다'.

▫ 傭兵 용병    ▫ 雇傭 고용    ▫ 日傭 일용

## 傍

**곁 방:** ▶ 곁, 기대다

3급 | 총획 12 | ⑧ 側(측)

사람[亻]이 두루[旁] 기댈 수 있게 '곁'에 앉아.

■ 傍若無人 방약무인 : 곁에 아무도 없는 것처럼 함부로 행
　　　　　　　　동하는 태도

▫ 傍系 방계    ▫ 傍觀 방관    ▫ 傍證 방증
▫ 傍聽客 방청객

僅 **겨우 근:** ▶ 겨우, 조금

3급 | 총획 13

사람[亻]이 진흙[菫] 밭에 빠지면 '**겨우**' '**조금**' 발을 뗄 수 있다.

- 僅僅得生 근근득생 : 겨우 살아감
- 僅僅 근근　　　僅少 근소

---

僚 **동료 료** ▶ 동료, 예쁘다

3급 | 총획 14

사람[亻]들이 매일[日] 조금씩[小] 걸으며[大] '**동료**'와 운동한다.

- 閣僚 각료　　　同僚 동료

---

催 **재촉할 최:** ▶ 재촉하다

3급 | 총획 13 | 통 迫(박), 促(촉)

사람[亻]이 산[山] 속의 새[隹]들이 알을 낳기를 '**재촉하다**'.

- 催告 최고　　催淚彈 최루탄　　催眠 최면
- 催促 최촉　　主催 주최

# 儿 어진사람인발 부 · 2획

'人'자의 다른 형태이다. 글자 아래에 사용할 때에만 쓰인다.

---

## 元 으뜸 원 ▶ 으뜸

5급 | 총획 4

하늘과 땅 둘[二]보다 사람[儿]이 '으뜸'이다.

- □ 元氣 원기
- □ 元年 원년
- □ 元旦 원단
- □ 元來 원래
- □ 元老 원로
- □ 元利 원리
- □ 元素 원소
- □ 元祖 원조
- □ 單元 단원
- □ 復元 복원

---

## 充 가득할 충 ▶ 가득하다, 채우다, 차다

5급 | 총획 5 | 동 滿(만) 약 充

내[厶] 머리[亠]에는 사람들[儿]과의 추억이 '가득하다'.

※ 속자인 充 6획이 본자보다 더 많이 쓰이니 둘 다 알아두어야 함

- □ 充當 충당
- □ 充滿 충만
- □ 充分 충분
- □ 充實 충실
- □ 充員 충원
- □ 充足 충족
- □ 充血 충혈
- □ 補充 보충
- □ 擴充 확충

---

## 兄 맏, 형 형 ▶ 맏, 형

8급 | 총획 5 | 동 伯(백) 반 弟(제)

어진[儿] 말[口]로 타이르는 사람이니 '맏이'요, '형'이다.

■ 呼兄呼弟 호형호제 : 친형제처럼 가깝게 지냄

- □ 兄夫 형부
- □ 兄弟 형제
- □ 老兄 노형
- □ 妹兄 매형
- □ 雅兄 아형
- □ 妻兄 처형
- □ 學兄 학형

---

## 兒 아이 아 ▶ 아이

5급 | 총획 8 | 동 童(동) 반 長(장) 약 児

머리가 절구[臼]처럼 큰 사람[儿]은 '아이'.

- □ 兒女子 아녀자
- □ 兒童 아동
- □ 兒名 아명
- □ 健兒 건아
- □ 優良兒 우량아
- □ 育兒 육아
- □ 幸運兒 행운아

---

## 先 먼저 선 ▶ 먼저

8급 | 총획 6 | 동 前(전) 반 後(후)

소[牛]보다 한[一] 사람[儿]이 모든 면에서 '먼저', '앞선다'.

- □ 先覺 선각
- □ 先決 선결
- □ 先金 선금
- □ 先納 선납
- □ 先導 선도
- □ 先拂 선불
- □ 先山 선산
- □ 先生 선생
- □ 先約 선약
- □ 先人 선인

---

## 光 빛 광 ▶ 빛, 빛나다

6급 | 총획 6

사람[儿]이 작은[小] 불을 들고 주위를 밝혀 '빛'을 낸다.

- □ 光景 광경
- □ 光度 광도
- □ 光明 광명
- □ 光線 광선
- □ 光速 광속
- □ 光彩 광채
- □ 觀光 관광
- □ 發光 발광
- □ 夜光 야광
- □ 螢光燈 형광등

## 克

**이길 극 ▶** 이기다

3-2급 | 총획 7 | 會意

---

열[十] 명의 형[兄]이 협력하면 **'이긴다'**.

- 克己復禮 극기복례 : 지나친 욕심을 누르고 예의범절을 좇음

- 克己 극기
- 克明 극명
- 克服 극복

## 免

**면할 면: ▶** 면하다, 벗다

3-2급 | 총획 7 | 會意

---

토끼[兔]가 꽁지[丶] 빠지게 도망가니 간신히 죽음을 **'면했다'**.

- 免稅 면세
- 免疫 면역
- 免除 면제
- 免罪 면죄
- 免責 면책
- 免許 면허
- 減免 감면
- 謀免 모면
- 放免 방면
- 罷免 파면

## 兔

**토끼 토 ▶** 토끼

3-2급 | 총획 8 | 동 卯(묘) 약 兎(토) | 象形

---

**'토끼'**의 모양을 본뜬 자.

- 守株待兔 수주대토 : 융통성이 없이 어리석고, 하나만을 고집하는 것
- 兔月 토월 : '달'의 딴이름

- 兔眼 토안
- 家兔 가토
- 野兔 야토

## 兆

**억조, 조짐 조 ▶** 억조, 조짐

3-2급 | 총획 6 | 象形

---

거북이 등의 갈라진 모양으로, **'억조'**년 후의 **'조짐'**을 살핀다.

- 吉兆 길조
- 前兆 전조
- 徵兆 징조
- 凶兆 흉조

# 入 들입 부 · 2획

'들어가다' 는 뜻이다.

---

## 入 들 입 ▶ 들다, 들이다

7급 | 총획 2 | 동 納(납) 반 出(출)

집안으로 허리를 구부리고 '들어가다'.

- 入口 입구
- 入國 입국
- 入金 입금
- 入力 입력
- 入門 입문
- 入社 입사
- 入室 입실
- 入養 입양
- 入學 입학
- 沒入 몰입

---

## 全 온전할 전 ▶ 온전하다, 완전하다, 모두, 다

7급 | 총획 6 | 동 完(완)

왕[王]이 제 자리로 들어가[入] 정치를 하니, 나라가 '온전하다'.

- 全國 전국
- 全權 전권
- 全力 전력
- 全面 전면
- 全文 전문
- 全般 전반
- 全勝 전승
- 全員 전원
- 保全 보전
- 完全 완전

---

## 內 안 내: ▶ 안

7급 | 총획 4 | 반 外(외)

밖에서 성[冂] 문 안으로 들어[入]갔으니 '안'.

- 內閣 내각
- 內科 내과
- 內陸 내륙
- 內面 내면
- 內服 내복
- 內部 내부
- 內紛 내분
- 內心 내심
- 內外 내외

---

## 兩 두 량 ▶ 둘, 2

4-2급 | 총획 8 | 약 両

하나[一]씩 수건[巾]을 쓰고 안으로 들어간[入] 사람이 '둘'.

- 兩者擇一 양자택일 : 둘 가운데서 하나를 택함
- 進退兩難 진퇴양난 : 이러기도 저러기도 어려운 상황

- 兩家 양가
- 兩極 양극
- 兩立 양립
- 兩面 양면
- 兩班 양반
- 兩分 양분

# 八 여덟팔 부 · 2획

'등지다', '여덟', '나누다' 의 뜻이다.

---

## 八 여덟 팔 ▶ 여덟, 8

8급 | 총획 2

네 손가락씩 펴고 있는 모양에서 '여덟'.

■ 八方美人 팔방미인 : 여러 방면에 능통한 사람

- □ 八道 팔도
- □ 八等身 팔등신
- □ 八面 팔면
- □ 八十 팔십
- □ 八月 팔월

---

## 兼 겸할 겸 ▶ 겸하다, 아울러

3-2급 | 총획 10

한[一] 손에 삽[⺕]과 벼 [禾] 두 [二] 개를 쥐고 장사와 농사 둘을 '겸하다'.

■ 兼人之勇 겸인지용 : 혼자서 몇 명을 당해낼 만한 용기

- □ 兼備 겸비
- □ 兼床 겸상
- □ 兼業 겸업
- □ 兼用 겸용
- □ 兼任 겸임
- □ 兼職 겸직

---

##  公 공평할 공 ▶ 공평하다, 공변되다

6급 | 총획 4 | 반 私(사)

팔팔[八]하게 젊은 관리는 사사로운[厶] 이익은 생각하지 않고 '공평하게' 처리한다.

- □ 公開 공개
- □ 公金 공금
- □ 公論 공론
- □ 公法 공법
- □ 公式 공식
- □ 公約 공약
- □ 公言 공언
- □ 公人 공인
- □ 公正 공정

---

## 六 여섯 륙 ▶ 여섯, 6

8급 | 총획 4

갓[亠]을 쓴 팔팔[八]한 젊은이가 '여섯'.

■ 三十六計 삼십육계 : 불리할 때 달아나는 것을 속되게 표현하는 말

- □ 六月 유월
- □ 六甲 육갑
- □ 六書 육서
- □ 六十 육십
- □ 死六臣 사육신

---

##  兮 어조사 혜 ▶ 어조사

3급 | 총획 4

팔팔[八]하던 기운이 한낱 감기 정도로 꺾이니[丂] 어찌 할까나!

※ 감동을 나타내는 어조사로, 소리의 가락을 돕거나 어세를 높이게 하는 구실을 한다.

---

##  共 함께 공: ▶ 함께, 한가지

6급 | 총획 6 | 동 同(동) 반 異(이)

스물[廾]여덟[八] 명이 한[一] 집에서 '함께' 생활한다.

- □ 共感 공감
- □ 共同 공동
- □ 共犯 공범
- □ 共生 공생
- □ 共用 공용
- □ 共有 공유
- □ 共著 공저
- □ 共存 공존
- □ 反共 반공
- □ 滅共 멸공

---

## 兵 병사 병 ▶ 병사, 군사

5급 | 총획 7 | 동 軍(군), 卒(졸) | 반 帥(수), 將(장)

언덕[丘] 아래에 있는 여덟[八] 명의 '병사'.

- 兵車 병거
- 兵亂 병란
- 兵法 병법
- 兵士 병사
- 兵役 병역
- 兵營 병영
- 兵卒 병졸

## 其 그 기 ▶ 그

3-2급 | 총획 8 | 반 是(시)

탁자 위의 키 모양으로, 말하지 않아도 '그' 것인지 안다.

■ 不知其數 부지기수 : 매우 많아서 그 수를 알지 못함

- 其實 기실
- 其人 기인
- 其他 기타
- 各其 각기

## 具 갖출 구(:) ▶ 갖추다

5급 | 총획 8 | 동 備(비)

한[一] 눈[目]에 볼 수 있게 여덟[八] 개의 연장을 '갖춰' 놓다.

- 具備 구비
- 具色 구색
- 具體 구체
- 具現 구현
- 家具 가구
- 器具 기구
- 道具 도구
- 筆記具 필기구

## 典 법 전: ▶ 법, 책

5급 | 총획 8 | 동 規(규), 度(도), 例(례), 法(법), 式(식), 則(칙)

굽지[曲] 않게 여덟[八] 권의 '법전'을 꽂았다.

- 典當 전당
- 典例 전례
- 典型 전형
- 法典 법전
- 字典 자전
- 出典 출전

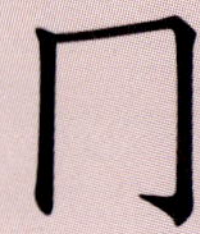

## 冂 멀경몸 부 · 2획

'멀다'는 뜻을 나타낸다. 멀리 떨어져 있는 성곽 모양이라고 보기도 한다.

---

### 冊 책 **책** ▶ 책

4급 | 총획 5

---

옛날 대나무로 만든 죽간[冊]이 **'책'**이다.

- □ 冊名 책명
- □ 冊房 책방
- □ 冊床 책상
- □ 冊子 책자
- □ 冊張 책장
- □ 空冊 공책
- □ 別冊 별책
- □ 分冊 분책
- □ 書冊 서책

---

### 冒 무릅쓸 **모** ▶ 무릅쓰다, 덮다

3급 | 총획 9

---

말[曰]로 타일러도 눈[目]앞의 위험을
**'무릅쓰고'** 달려나간다.

- □ 冒頭 모두
- □ 冒犯 모범
- □ 冒稱 모칭
- □ 冒險 모험
- □ 僞冒 위모

---

### 再 두 **재**: ▶ 두(둘), 거듭

5급 | 총획 6 | 통 兩(량), 二(이)

---

성[冂] 하나[一]를 흙[土]으로 **'두'** 번씩 쌓아서
만들었다.

- □ 再開發 재개발
- □ 再建 재건
- □ 再考 재고
- □ 再修 재수
- □ 再演 재연
- □ 再唱 재창
- □ 再湯 재탕
- □ 再版 재판
- □ 再活 재활
- □ 再會 재회

## 凵 위튼입구몸 부 · 2획

빈 그릇, 또는 입을 벌리고 있는 모양이다.

---

**흉할 흉** ▶ 흉하다, 흉년들다

5급 | 총획 4 | 동 災(재), 禍(화) 반 吉(길), 福(복)

---

여기저기 금간[乂] 네모난[凵] 병이 보기에 '**흉하다**'.

- 凶家 흉가
- 凶計 흉계
- 凶器 흉기
- 凶年 흉년
- 凶物 흉물
- 凶惡 흉악
- 凶作 흉작
- 凶兆 흉조
- 吉凶 길흉
- 陰凶 음흉

---

**날 출** ▶ 나다, 나가다

7급 | 총획 5 | 동 進(진) 반 入(입)

---

싹[屮]이 입을 벌리고[凵] 흙 밖으로 '**나가다**'.

- 出家 출가
- 出刊 출간
- 出口 출구
- 出國 출국
- 出發 출발
- 出産 출산
- 出生 출생
- 出身 출신
- 日出 일출

## 冠 갓 관 ▶ 갓, 벼슬

3-2급 | 총획 9

으뜸[元]인 우두머리가 덮어[冖] 쓴 법도[寸] 있는
모자니 '갓'.

- 冠禮 관례
- 冠名 관명
- 冠絶 관절
- 金冠 금관
- 弱冠 약관
- 王冠 왕관
- 月桂冠 월계관
- 衣冠 의관

## 冥 어두울 명 ▶ 어둡다

3급 | 총획 10 | 동 暗(암), 昏(혼) 반 朗(랑), 明
(명), 昭(소) | 會意

유[六]월의 태양[日]도 구름에 덮히면[冖]
'어둡다'.

- 冥想 명상 : 눈을 감고 고요히 생각함
- 冥福 명복 : 죽은 후에 저승에서 받는 행복
- 冥府 명부
- 冥王星 명왕성

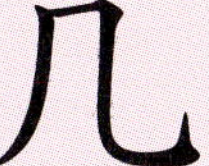

# 几 안석궤 부 · 2획
책상의 모양이다.

---

## 凡 무릇 범(:) ▶ 무릇, 모두

3-2급 | 총획 3 | 象形

---

책상[几] 위의 불꽃[丶]이 '무릇' 온 방을
'모두' 비춘다.

- 凡例 범례
- 凡夫 범부
- 凡常 범상
- 凡失 범실
- 凡人 범인
- 凡節 범절
- 大凡 대범
- 平凡 평범

## 이수변 부 · 2획

물이 얼어 얼음이 된 모양이다. 이 부수가 붙은 글자는 '얼음'이나 '차다'는 의미를 나타낸다.

---

### 凍 얼 동: ▶ 얼다, 춥다

3-2급 | 총획 10 | 동 冷(랭)

동쪽[東] 마을은 벌써 얼음[冫]이 '얼었다'.

- 凍結 동결
- 凍死 동사
- 凍傷 동상
- 凍土 동토
- 凍破 동파
- 冷凍 냉동
- 解凍 해동

---

### 凝 엉길 응 ▶ 엉기다, 괸 물

3급 | 총획 16 | 동 結(동)

얼음[冫]이 꽁꽁 얼었는지 의심[疑]이 되지만 '괸 물'이 '엉겨' 있긴 하다.

- 凝結 응결
- 凝固 응고
- 凝視 응시
- 凝滯 응체
- 凝縮 응축
- 凝血 응혈

---

### 冷 찰 랭: ▶ 차다, 얼다

5급 | 총획 7 | 동 涼(량), 寒(한) 반 熱(열), 溫(온)

그의 명령[令]은 얼음[冫]처럼 '차다'.

- 冷却 냉각
- 冷氣 냉기
- 冷淡 냉담
- 冷待 냉대
- 冷冷 냉랭
- 冷戰 냉전
- 冷徹 냉철
- 冷湯 냉탕
- 冷血 냉혈

---

### 冬 겨울 동(:) ▶ 겨울

7급 | 총획 5 | 반 夏(하)

사계절 중에서 가장 늦게[夂] 얼음[冫]이 어는 계절이니 '겨울'.

- **嚴冬雪寒** 엄동설한 : 몹시 심한 추위
- **春夏秋冬** 춘하추동 : 봄 · 여름 · 가을 · 겨울

- 冬季 동계
- 冬眠 동면
- 冬節 동절
- 冬至 동지
- 入冬 입동

---

### 准 승인할 준: ▶ 승인하다, 허락하다

2급 | 총획 10

얼음[冫] 얼기 시작할 때 새[隹]들이 남쪽으로 가는 것을 '승인한다'.

- 准將 준장
- 認准 인준

# 刀 칼도 부 · 2획

칼의 모양을 본뜬 글자이다. 변형 글자는 '刂'이다.

---

## 刀 칼 도 ▶ 칼

3-2급 | 총획 2 | 동 劍(검)

'칼' 모양을 본뜬 자.

■ 單刀直入 단도직입 : 말을 하거나 글을 쓸 때, 군말이나 허두를 빼고 곧장 요지를 말함

- □ 刀劍 도검
- □ 短刀 단도
- □ 面刀 면도
- □ 銀粧刀 은장도
- □ 竹刀 죽도
- □ 執刀 집도

---

## 切 끊을 절 온통 체 ▶ 끊다, 온통

5급 | 총획 4

일곱[七] 명의 의사가 칼[刀]을 들고 실을 '끊어' 수술을 하니 '온통' 피다.

- □ 切感 절감
- □ 切開 절개
- □ 切斷 절단
- □ 切望 절망
- □ 切實 절실
- □ 切除 절제
- □ 一切 일절, 일체
- □ 親切 친절
- □ 品切 품절

---

## 分 나눌 분(:) ▶ 나누다

6급 | 총획 4 | 반 合(합) 동 區(구), 配(배), 別(별), 割(할)

여덟[八] 조각이 되도록 칼[刀]로 '나누다'.

- □ 分家 분가
- □ 分納 분납
- □ 分擔 분담
- □ 分量 분량
- □ 分析 분석
- □ 分裂 분열
- □ 成分 성분

---

## 初 처음 초 ▶ 처음

5급 | 총획 7 | 반 末(말) 동 始(시)

옷[衤]을 만들기 위해 칼[刀]로 자르는 과정이 '처음'이다.

- □ 初期 초기
- □ 初級 초급
- □ 初代 초대
- □ 初等 초등
- □ 初面 초면
- □ 初步 초보
- □ 初選 초선
- □ 初版 초판
- □ 始初 시초

---

## 券 문서 권 ▶ 문서

4급 | 총획 8 | 동 籍(적)

사내[夫] 여덟[八] 명이 칼[刀]로 나무에 새겨 만든 '문서'.

- □ 福券 복권
- □ 旅券 여권
- □ 株券 주권
- □ 證券 증권
- □ 債券 채권
- □ 入場券 입장권
- □ 割引券 할인권

---

## 前 앞 전 ▶ 앞, 먼저

7급 | 총획 9 | 반 後(후)

우두머리[首→丷]가 몸[月]에 칼[刂]로 무장을 하고 '앞' 서 나간다.

- □ 前科 전과
- □ 前歷 전력
- □ 前面 전면
- □ 前方 전방
- □ 前生 전생
- □ 前夜 전야
- □ 前程 전정
- □ 前者 전자
- □ 前進 전진
- □ 前後 전후

# 刊
### 새길 간 ▶ 새기다, 책을 펴내다, 깎다
3-2급 | 총획 5 | 동 刻(각), 銘(명)

방패[干] 같은 긴 목판에 칼[刂]로 '새겨'
'책을 펴내다'.

- 刊行 간행
- 發刊 발간
- 新刊 신간
- 月刊 월간
- 終刊 종간
- 週刊 주간
- 創刊 창간
- 出刊 출간
- 廢刊 폐간
- 休刊 휴간

# 刻
### 새길 각 ▶ 새기다, 심하다
4급 | 총획 8

돼지[亥]를 잡아 칼[刂]로 모양을 '새기다'.

- 刻骨難忘 각골난망 : 입은 은혜의 고마움이 뼈에 새겨져 잊혀지지 아니함

- 刻苦 각고
- 刻骨 각골
- 刻薄 각박
- 刻印 각인
- 時刻 시각
- 深刻 심각
- 正刻 정각

# 列
### 벌일 렬 ▶ 벌이다, 줄
4-2급 | 총획 6

뼈[歹]를 칼[刂]로 조각하여 작품을
'벌여' 놓다.

- 列強 열강
- 列擧 열거
- 列島 열도
- 羅列 나열
- 配列 배열
- 分裂 분열
- 序列 서열
- 行列 행렬

# 別
### 나눌, 다를 별 ▶ 나누다, 다르다
6급 | 총획 7 | 동 分(분)

입[口]이 작아서 음식을 칼[刀, 刂]로 '나누어'
먹으니 맛도 '다르다'.

- 別居 별거
- 別名 별명
- 別味 별미
- 分別 분별
- 作別 작별

# 利
### 날카로울, 이로울 리:
▶ 이롭다, 날카롭다
6급 | 총획 7 | 동 銳(예)

벼[禾]를 '날카로운' 칼[刂]로 베니,
그 열매가 사람에게 '이롭다'.

- 利潤 이윤
- 利率 이율
- 利益 이익
- 利子 이자
- 公利 공리
- 謀利輩 모리배
- 勝利 승리

# 判
### 판단할 판 ▶ 판단하다, 가르다
4급 | 총획 7

칼[刂]로 확실하게 반[半]을 쪼개야 신선한지
'판단할' 수 있다.

- 判決 판결
- 判斷 판단
- 判讀 판독
- 判例 판례
- 判明 판명
- 判事 판사
- 判書 판서
- 判定 판정
- 談判 담판

# 刑
### 형벌 형 ▶ 형벌
4급 | 총획 6 | 동 罰(벌)

한[一] 사람을 두 손을 들게[廾] 하고 칼[刂]로
위협하는 '형벌'.

- 刑務所 형무소
- 刑罰 형벌
- 刑法 형법
- 刑事 형사
- 減刑 감형
- 極刑 극형
- 死刑 사형
- 實刑 실형
- 重刑 중형

# 到
### 이를 도: ▶ 이르다, 다다르다
5급 | 총획 8 | 동 達(달), 至(지), 着(착)

칼[刂]을 들고 목적지에 이르러[至] 다음
'이를' 곳을 정한다.

- 周到綿密 주도면밀 : 주의가 두루 미쳐 자세하고 빈틈이 없음

- 到來 도래
- 到處 도처
- 來到 내도
- 當到 당도
- 殺到 쇄도

# 刺

**찌를 자: 찌를 척** ▶ 찌르다, 가시

3-2급 | 총획 8 | 形聲

가시[朿] 같은 칼[刂]로 '**찌르다**'.

- 刺殺 척살 : 찔러 죽임
- 刺客 자객
- 亂刺 난자

# 劍

**칼 검:** ▶ 칼, 검

3-2급 | 총획 15 | 약 剣 | 形聲

여럿[僉]을 치는 칼[刂]이니 병기로 쓰는 큰 '**칼**'.

- 刻舟求劍 각주구검 : '어리석고 미련하여 융통성이 없음'을 비유하여 이르는 말
- 劍客 검객
- 劍道 검도
- 劍術 검술
- 短劍 단검
- 銃劍術 총검술

# 刷

**인쇄할 쇄:** ▶ 인쇄하다, 박다

3-2급 | 총획 8 | 形聲

집[尸]에서 칼[刂]로 새긴 글자를 천[巾]에 '**인쇄하다**'.

- 刷新 쇄신
- 印刷 인쇄

# 剛

**굳셀 강** ▶ 굳세다, 굳다

3-2급 | 총획 10 | 동 強(강), 健(건) 반 弱(약), 柔(유) | 形聲

산[岡] 속에서 칼[刂]로 적과 싸우니 그 힘이 '**굳세다**'.

- 外柔內剛 외유내강 : 겉으로는 부드럽고 순하게 보이나 마음속은 단단하고 굳셈
- 剛健 강건
- 剛斷 강단
- 剛直 강직

# 削

**깎을 삭** ▶ 깎다

3-2급 | 총획 9 | 동 減(감), 除(제) 반 加(가), 添(첨) | 會意

어떤 모양과 닮은[肖] 모양으로 칼[刂]로 '**깎는다**'.

- 削減 삭감
- 削髮 삭발
- 削除 삭제
- 添削 첨삭

# 劃

**그을 획** ▶ 긋다, 쪼개다

3-2급 | 총획 14

붓[聿]을 이용하여 밭[田]의 경계선[一]을 칼[刂]로 '**쪼개듯**' '**긋다**'

- 劃期的 획기적
- 劃一的 획일적
- 計劃 계획
- 區劃 구획
- 企劃 기획
- 劃數 획수

# 則

**법칙 칙 곧 즉** ▶ 법칙, 곧

5급 | 총획 9 | 동 規(규), 度(도), 例(례), 法(법), 式(식), 典(전)

재물[貝]을 칼[刂]로 나눈 듯 정확하게 나누려면 '**곧**' '**법칙**'이 있어야 한다.

- 校則 교칙
- 規則 규칙
- 反則 반칙
- 法則 법칙
- 附則 부칙
- 然則 연즉
- 原則 원칙
- 鐵則 철칙
- 總則 총칙

# 劇

**심할 극** ▶ 심하다, 연극

4급 | 총획 15

호랑이[虍]와 돼지[豕]를 칼[刂]로 '**심하게**' 공격하다.

- 劇團 극단
- 劇本 극본
- 劇藥 극약
- 劇場 극장
- 悲劇 비극
- 演劇 연극
- 喜劇 희극

割 벨 **할** ▶ 베다, 나누다, 쪼개다

3-2급 | 총획 12 | 동 分(분) | 形聲

칼[刂]로 해쳐서[害] '베다'.

- 割當 할당
- 割愛 할애
- 割引 할인
- 割增 할증
- 分割 분할

齊 약 지을 **제** ▶ 약을 짓다

2급 | 총획 16 | 약 剤

칼[刂]로 약초를 가지런하게[齊] 잘라 '약을 짓는다'.

- 調劑 조제
- 洗劑 세제
- 藥劑 약제
- 湯劑 탕제

制 마를 **제:**
▶ 마르다, 다스리다, 만들다, 절제하다

4-2급 | 총획 8

이 수건[巾]은 소[牛]가죽을 칼[刂]로 '마름질' 한 거야.

- 制度 제도
- 制服 제복
- 制定 제정
- 制止 제지
- 制限 제한
- 法制 법제

副 버금 **부:** ▶ 버금

4-2급 | 총획 11

한[一] 식구[口]에게 밭[田]과 칼[刂]은 목숨에 '버금' 가는 것이다.

- 副産物 부산물
- 副賞 부상
- 副業 부업
- 副作用 부작용
- 副長 부장
- 副題 부제

創 비롯할 **창:** ▶ 비롯하다, 만들다

4-2급 | 총획 12

칼[刂]로 창고[倉]를 '비롯한' 여러 물건을 '만든다'.

- 創刊 창간
- 創建 창건
- 創黨 창당
- 創立 창립
- 創設 창설
- 創業 창업
- 創意 창의
- 創作 창작
- 創造 창조
- 獨創 독창

刃 칼날 **인:** ▶ 칼날

2급 | 총획 3

칼[刀]에서 불똥[丶] 처럼 빛나는 부분이 '칼날'.

- 刃傷 인상 : 칼날로 사람을 상하게 함, 또는 그 상처
- 自刃 자인

刹 절 **찰** ▶ 절

2급 | 총획 8

칼[刀]로 나무[木]를 하나[丶]씩 잘라 지은 '절'.

- 刹那 찰나
- 古刹 고찰
- 寺刹 사찰

# 力

## 힘력 부 · 2획

무거운 물건을 한손으로 들고 있는 모양, 혹은 사람이 힘을 쓸 때 근육이 볼록해진 모양을 본뜬 글자이다.

---

## 力 힘 력 ▶ 힘

7급 | 총획 2

몸[丿]의 오른[コ]팔은 가장 '힘'이 세다.

- 力量 역량
- 力說 역설
- 力行 역행
- 國力 국력
- 能力 능력
- 兵力 병력
- 人力 인력
- 電力 전력
- 全力 전력
- 學力 학력

---

## 努 힘쓸 노 ▶ 힘쓰다

4-2급 | 총획 7 | 동 勉(면)

종[奴]이 힘[力] 들여 '힘써' 일한다.

- 努力 노력 : 힘을 씀. 힘을 다함
- 努肉 노육 : 굳은살

---

## 加 더할 가 ▶ 더하다

5급 | 총획 5 | 반 削(삭), 省(생) | 동 增(증), 添(첨)

입[口]으로 응원하여, 힘[力]을 '더하다'.

- 加減 가감
- 加工 가공
- 加算 가산
- 加速 가속
- 加速度 가속도
- 加熱 가열
- 加重 가중
- 加增 가증
- 加恩 가은

---

## 勞 일할 로 ▶ 일하다, 수고하다

5급 | 총획 12 | 반 使(사) | 약 労

불길[火火]에 덮히자[冖] 힘[力]써 불을 끄며 열심히 '일하다'.

- 勞苦 노고
- 勞動 노동
- 勞使 노사
- 勞賃 노임
- 勞役 노역
- 功勞 공로
- 勤勞 근로
- 疲勞 피로
- 勞動者 노동자
- 勞動組合 노동조합

---

## 劣 못할 렬 ▶ 못하다, 적다

3급 | 총획 6 | 會意

힘[力]이 적으니[少] 너만 '못하다'.

- 劣等 열등
- 劣性 열성
- 劣勢 열세
- 劣惡 열악
- 卑劣 비열
- 庸劣 용렬
- 拙劣 졸렬

---

## 勇 날랠 용: ▶ 날래다, 날쌔다, 용감하다

6급 | 총획 9 | 동 猛(맹)

힘[力]이 솟으니[甬] 행동도 '날래다'.

- 勇敢 용감
- 勇氣 용기
- 勇力 용력
- 勇猛 용맹
- 勇名 용명
- 勇將 용장
- 勇退 용퇴
- 武勇談 무용담
- 義勇軍 의용군

# 募

**모을, 뽑을 모** ▶ 모으다, 뽑다

3급 | 총획 13 | 동 拔(발) | 形聲

어둠[莫]속에서 희망을 힘써[力] '모아'
사람을 '뽑다'.

- □ 募金 모금
- □ 募集 모집
- □ 公募 공모
- □ 急募 급모
- □ 應募 응모

# 勉

**힘쓸 면:** ▶ 힘쓰다

4급 | 총획 9 | 동 勵(려), 勞(로), 務(무)

어려운 일을 면하기[免] 위해 '힘[力] 쓰다'.

- □ 勉學 면학
- □ 勉行 면행
- □ 勸勉 권면
- □ 勤勉 근면

# 勢

**형세 세:** ▶ 형세, 세력

4-2급 | 총획 13 | 동 權(권)

흙덩이[土土]에서 여덟[八] 개의 둥근[丸] 씨가
힘차게[力] 자라는 '형세'.

- □ 勢力 세력
- □ 加勢 가세
- □ 去勢 거세
- □ 氣勢 기세
- □ 得勢 득세
- □ 劣勢 열세
- □ 優勢 우세
- □ 威勢 위세
- □ 症勢 증세

# 動

**움직일 동:** ▶ 움직이다

7급 | 총획 11

중력[重力]이 지표 부근의 물체를 지구의 중심 방
향으로 끌어당기니 물건이 '움직이다'.

- □ 動機 동기
- □ 動力 동력
- □ 自動 자동
- □ 行動 행동

# 功

**공 공** ▶ 공

6급 | 총획 5 | 반 過(과)

힘[力]써 만든[工] '공' 든 탑.

- □ 功過 공과
- □ 功德 공덕
- □ 功勞 공로
- □ 功名 공명
- □ 功臣 공신
- □ 成功 성공
- □ 恩功 은공
- □ 戰功 전공

# 勤

**부지런할 근(:)** ▶ 부지런하다

4급 | 총획 13

가죽[革] 옷이 흙[土]으로 뒤덮일 때까지 힘[力]써
일하니 '부지런하다'.

- □ 勤勞 근로
- □ 勤勞者 근로자
- □ 勤勉 근면
- □ 勤務 근무
- □ 缺勤 결근
- □ 轉勤 전근

# 助

**도울 조:** ▶ 돕다

4-2급 | 총획 7 | 동 援(원)

남의 일도 또한[且] 힘껏[力] '돕는다'.

- □ 助力 조력
- □ 助手 조수
- □ 助言 조언
- □ 助長 조장
- □ 共助 공조
- □ 援助 원조
- □ 協助 협조

# 勸

**권할 권:** ▶ 권하다

4급 | 총획 20 | 동 勉(면), 獎(장) | 약 劝, 勧

풀[艹]숲에서 구구[口口] 울며 힘[力]써 먹이를
구해 서로 '권한다'.

- □ 勸告 권고
- □ 勸勉 권면
- □ 勸善 권선
- □ 勸誘 권유
- □ 勸獎 권장
- □ 勸酒 권주
- □ 勸學 권학
- □ 強勸 강권

## 勵 힘쓸 려: ▶ 힘쓰다, 권장하다

3-2급 | 총획 17 | 약 励 | 形聲

바위[厂]는 만[萬] 명의 장정이 '힘쓰면[力]' 움직인다.

- 激勵 격려
- 督勵 독려
- 勉勵 면려
- 獎勵 장려

## 務 힘쓸 무: ▶ 힘쓰다, 일

4-2급 | 총획 11

창[矛]으로 치니[夂] '힘[力] 써' 막는다.

- 務望 무망
- 激務 격무
- 急先務 급선무
- 勞務 노무
- 服務 복무
- 實務 실무
- 業務 업무
- 用務 용무
- 義務 의무
- 任務 임무

## 勳 공 훈 ▶ 공, 공로

2급 | 총획 16

힘[力]써 일한 것이 불길[熏]처럼 빛나는 '공'.

- 勳功 훈공
- 勳章 훈장
- 功勳 공훈
- 武勳 무훈

## 勝 이길 승 ▶ 이기다

6급 | 총획 12 | 반 敗(패)

기운이 팔팔[八]한 사내[朕]는 몸[月]에 힘[力]이 넘치니, 싸우기만 하면 '이긴다'.

- 勝利 승리
- 勝算 승산
- 勝者 승자
- 勝戰 승전
- 勝敗 승패
- 決勝 결승
- 完勝 완승
- 優勝 우승
- 全勝 전승

 **쌀포 부 · 2획**

사람이 앞으로 허리를 구부려 보따리 같은 것을 싸서 품고 있는 모양이다.

---

## 包 쌀 포(:) ▶ 싸다, 꾸리다

4-2급 | 총획 5 | 동 圍(위)

이미[己] 싸여진[勹] 물건은 다시 '쌀' 필요가 없다.

- 包攝 포섭
- 包容 포용
- 包裝 포장
- 包含 포함
- 內包 내포
- 小包 소포

## 勿 말 물 ▶ 말다, 아니다

3-2급 | 총획 4 | 동 莫(막), 無(무) | 象形

천을 싼[勹] 깃에 술[//]이 달린 깃발은 급한 일을 알리는 것이니, 막지 '말라'.

- 勿驚 물경 : 엄청난 것을 말할 때 앞세워 이르는 말
- 勿禁 물금 : 지난날, 관청에서 금지한 일을 특별히 풀어 주던 일

- 勿論 물론

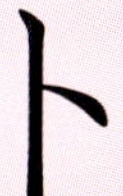

## 卜 점복 부 · 2획

거북이 모양을 본뜬 글자이다. 고대 사람들은 거북이의 등을 태워 갈라진 모양을 보고 길흉을 점쳤다고 한다.

---

### 卜 점 복 ▶ 점, 점치다

3급 | 총획 2 | 동 占(점) | 象形

거북 껍데기[丨]를 불로 지져서 금[丶]이 가는 것을 보고 '점'을 쳤다.

- 卜債 복채 : 점을 친 대가로 점쟁이에게 주는 돈

---

### 占 점령할 점: 점칠 점
▶ 점령하다, 점치다

4급 | 총획 5

입[口]으로 점괘[卜]를 말하는데, 큰 땅을 '점령할' 것이라고 '점치다'.

- 占術 점술
- 占有 점유

## 十 열 십 ▶ 열, 10
8급 | 총획 2

하나[一], 둘, 셋 계속 위[丨]로 늘어나 한 지점에 이른 숫자인 '열'.

- 十誡命 십계명
- 十月 시월
- 十干 십간
- 十分 십분
- 十二支 십이지
- 十日 십일
- 十長生 십장생
- 十進法 십진법
- 二十 이십

## 午 낮 오: ▶ 낮, 일곱째 지지
7급 | 총획 4 | 반 夜(야)

음기가 솟아[丿] 양기와 교차[十]하는 때인 '낮'.

- 午睡 오수
- 午前 오전
- 午餐 오찬
- 午後 오후
- 端午 단오
- 上午 상오
- 子午線 자오선
- 正午 정오
- 下午 하오

## 千 일천 천 ▶ 일천

7급 | 총획 3

가로[一]로 사람[亻]이 죽 늘어서니 그 수가 '일천'이다.

- 千里眼 천리안 : 천리의 밖의 것을 볼 수 있는 안력
- 千載一遇 천재일우 : 천년에 한번 만남. 좀처럼 얻기 어려운 기회

## 半 절반 반: ▶ 절반, 반
6급 | 총획 5

부부였던 두[二] 사람[人]이 갈라[丨] 서니, 재산도 '절반'이 되었다.

- 半信半疑 반신반의 : 반쯤은 믿고 반쯤은 의심함

- 半球 반구
- 半年 반년
- 半島 반도
- 半生 반생
- 半信 반신
- 半月 반월
- 半折 반절

## 升 되 승 ▶ 되

2급 | 총획 4

곡식이나 액체의 분량을 재는 그릇인 '되'.

- 升斗之利 승두지리 : 대수롭지 않은 이익

## 南 남녘 남 ▶ 남녘, 남쪽
8급 | 총획 9

열[十]여덟[八] 명의 병사가 방패[干]를 들고 성[冂]을 지키는 '남녘(남쪽)' 나라.

- 南男北女 남남북녀 : 우리 나라에서 남쪽 지방은 남자가, 북쪽 지방은 여자가 아름답다는 말

- 南極 남극
- 南部 남부
- 南山 남산
- 南海 남해

## 卑 낮을 비: ▶ 낮다, 천하다

3-2급 | 총획 8 | 반 崇(숭), 尊(존)  동 劣(렬), 賤(천)

밭[田]에서 일하는 열[十] 명의 사람은 신분이 '낮다'.

■ 男尊女卑 남존여비 : 남성을 존중하고 여성을 비천하게 여김

- 卑屈 비굴
- 卑小 비소
- 卑俗 비속
- 卑劣 비열
- 卑賤 비천
- 卑下 비하
- 野卑 야비

## 卒 마칠 졸 ▶ 마치다, 군사

5급 | 총획 8 | 반 始(시), 初(초)  동 末(말), 終(종)

머리[亠]에 갓을 쓴 두[人人] 명의 '군사'가 십[十]일 만에 훈련을 '마쳤다'.

- 卒倒 졸도
- 卒兵 졸병
- 卒業 졸업
- 高卒 고졸
- 軍卒 군졸
- 倉卒間 창졸간

## 卓 높을 탁 ▶ 높다, 뛰어나다

5급 | 총획 8 | 동 高(고), 尙(상), 越(월)  반 低(저)

지평선[一] 위[丨]로 아침[早] 해가 '높게' 솟았다.

■ 卓上空論 탁상공론 : 실현성이 없는 헛된 이론

- 卓見 탁견
- 卓球 탁구
- 卓上 탁상
- 卓越 탁월
- 卓子 탁자
- 食卓 식탁
- 圓卓 원탁

## 協 합할 협 ▶ 합하다, 맞다, 화합하다

4-2급 | 총획 8 | 동 和(화)  반 爭(쟁), 鬪(투)

열[十] 사람 중 세 명의 힘[力力力]만 '합해'도 성공한다.

- 協同 협동
- 協力 협력
- 協商 협상
- 協調 협조
- 協奏 협주
- 協會 협회
- 農協 농협

## 博 넓을 박 ▶ 넓다

4-2급 | 총획 12 | 동 廣(광), 普(보)

열[十] 가지를 넓게[甫] 마디[寸]마디 자세히 아는 학식이 '넓은' 박사.

■ 博愛主義 박애주의 : 인류는 모두 평등하며 널리 서로 사랑해야 한다는 주의
■ 博學多識 박학다식 : 학식이 넓고 많음

- 博物館 박물관
- 博士 박사
- 博識 박식

## 匕

**비수비 부 · 2획**

사람이 허리를 구부리고 앉아 있는 모양, 또는 숟가락이나 비수의 모양이다.

---

### 化 될 **화(:)** ▶ 되다, 변하다

5급 | 총획 4 | 동 變(변)

사람[亻]은 나이가 들면 허리가 구부러지게[匕] **'된다'**.

- 化力 화력
- 化石 화석
- 化粧 화장
- 化學 화학
- 化合 화합
- 教化 교화
- 綠化 녹화
- 同化 동화
- 文化 문화
- 消化 소화

---

### 北 북녘 **북** 달아날 **배** ▶ 북녘, 달아나다

8급 | 총획 5

두 사람이 서로 싫어해서 **'북쪽'**을 향해 등지고 앉으니 우정이 **'달아날'**까 두렵다.

- 北極 북극
- 北緯 북위
- 北韓 북한
- 南北 남북
- 敗北 패배

## 터진입구변 부 · 2획

네모난 상자 또는 여물통의 모습이다.

---

### 도둑 비: ▶ 도둑, 비적, 아니다

2급 | 총획 10

---

그릇된[非] 행위로 상자[匚] 속에 숨겨둔 보물을
훔친 도둑.

▢ 匪賊 비적　　　　▢ 共匪 공비

## 터진에운담 부 · 2획

감춘다는 의미로 쓰인다.

---

### 匹  짝 필 ▶짝, 필

3급 | 총획 4| 指事

음과 양을 감추듯이[匚] 묶어 놓은 것이니 한 쌍이요, '짝' 이다. ※ 포목 40자를 匹이라 한다.

■ 匹馬單騎 필마단기 : 홀로 한 필의 말을 탄 차림, 또는 그 사람

□ 匹馬 필마　　□ 匹夫 필부　　□ 配匹 배필
□ 匹敵 필적

---

### 區  구분할, 나눌 구
▶ 구분하다, 나누다, 지경

6급 | 총획 11 | 동 別(별)  약 区

감추듯이[匚] 물건[品]을 '구분하여' '나누어' 넣다.

□ 區間 구간　　□ 區內 구내　　□ 區別 구별
□ 區分 구분　　□ 區域 구역　　□ 區廳 구청
□ 地區 지구

---

## 卩 병부절 부 · 2획

사람이 무릎을 꿇고 앉아 있는 모양이다. 병부절이라 하는 이유는, 옛날 천자가 관리를 임명할 때 증거로 준 신표, 즉 부절(符節)의 반쪽을 본뜬 것이기 때문이다. 변형자는 '㔾'이다.

---

### 卯 토끼 묘: ▶ 토끼, 넷째 지지, 무성하다

3급 | 총획 5 | 象形

'토끼'의 모양을 본뜬 자.

- 卯方 묘방 : 이십사 방위의 하나로 정동을 중심으로 한 방위
- 乙卯 을묘 : 육십갑자의 쉰두째

- 卯時 묘시
- 卯日 묘일

---

### 卵 알 란: ▶ 알

4급 | 총획 7

토끼[卵] 두[丶丶] 마리가 '알'을 밴 것처럼 배가 불룩하다.

- 鷄卵有骨 계란유골 : 일이 잘 안 되는 사람은 좋은 기회를 만나도 역시 잘 안 됨

- 卵生 난생
- 卵黃 난황
- 鷄卵 계란
- 排卵 배란
- 産卵 산란

---

### 印 도장 인 ▶ 도장

4-2급 | 총획 6

무릎[卩] 꿇고 앉아 손[爪]으로 찍는 '도장'.

- 印象 인상
- 印刷 인쇄
- 印章 인장
- 印朱 인주
- 刻印 각인
- 職印 직인

---

### 卽 곧 즉 ▶ 곧, 가깝다

3-2급 | 총획 9 | 形聲

하얀[白] 쌀밥을 보고는 숟가락[匕]을 들고 무릎[卩]을 구부리고 앉자마자 '곧' 먹는다.

- 一觸卽發 일촉즉발 : 금방이라도 일이 크게 터질 듯한 긴장 상태

- 卽刻 즉각
- 卽死 즉사
- 卽席 즉석
- 卽時 즉시
- 卽位 즉위
- 卽興 즉흥

---

### 却 물리칠 각 ▶ 물리치다, 물러나다

3급 | 총획 7 | 동 退(퇴) | 會意

적이 무릎[卩]을 꿇고 가도록[去] '물리치다'.

- 却說 각설
- 却下 각하
- 棄却 기각
- 冷却 냉각
- 忘却 망각
- 賣却 매각
- 消却 소각
- 燒却 소각
- 退却 퇴각

---

### 卿 벼슬 경 ▶ 벼슬, 경

3급 | 총획 12 | 동 官(관), 爵(작) | 會意

흰[白] 토끼[卯] 두[二] 마리를 잡아 연회를 베푸는 '벼슬'한 사람.

- 卿相 경상 : 재상

危 **위태할 위** ▶ 위태하다, 위험

4급 | 총획 6 | 반 安(안)

바위[厂]가 잔뜩 쌓여[屮] 있어 무릎을
구부리기도[㔾] '**위태하다**'.

- □ 危急 위급
- □ 危機 위기
- □ 危重 위중
- □ 危險 위험
- □ 危害 위해
- □ 安危 안위

卷 **책 권(:)** ▶ 책, 굽다

4급 | 총획 8 | 동 冊(책)

여덟[八] 명의 사내[夫]가 구부리고[㔾] 앉아
'**책**'을 읽는다.

- 卷頭 권두 : 책의 첫머리
- 單卷 단권 : 한 권으로 완결된 책

## 又 · 또우 부 · 2획

오른손 모양을 본뜬 글자이다. 오른손은 자주 쓰니 '또' 라는 뜻이다.

---

### 又 또 우: ▶ 또

3급 | 총획 2 | 동 亦(역), 且(차) | 象形

오른손은 자주자주 '又' 쓰인다.

---

### 友 벗 우: ▶ 벗

5급 | 총획 4 | 동 朋(붕)

한[一] 사람[丿]씩 엇갈려 또[又] 손을 잡고 서로 악수하는 '벗'.

- 竹馬故友 죽마고우 : 어릴 때부터 같이 놀던 친구

- 友愛 우애
- 友人 우인
- 友情 우정
- 交友 교우
- 敎友 교우
- 朋友 붕우
- 戰友 전우
- 學友 학우

---

### 及 미칠 급 ▶ 미치다, 미치게 하다

3-2급 | 총획 4 | 會意

달아나는 사람[人]은 또[又] 뒷사람에게 영향을 '미치다'.

- 後悔莫及 후회막급 : 일이 잘못된 뒤라 후회해도 어쩔 수 없음

- 及其也 급기야
- 及落 급락
- 及第 급제
- 可及的 가급적
- 未及 미급
- 普及 보급
- 言及 언급

---

### 叛 배반할 반: ▶ 배반하다, 떨어지다

3급 | 총획 9 | 形聲

한 팀에서 반[半]이 반대[反]하는 것이니 '배반하다'.

- 叛軍 반군
- 叛起 반기
- 叛徒 반도
- 叛亂 반란
- 叛逆 반역

---

### 反 돌이킬 반: ▶ 돌이키다, 돌아오다, 반대

6급 | 총획 4

바위[厂]를 또[又] 손으로 밀어 '돌이켜' 놓았다.

- 反感 반감
- 反擊 반격
- 反旗 반기
- 反對 반대
- 反面 반면
- 反論 반론
- 反復 반복
- 反省 반성
- 違反 위반

---

### 取 가질 취: ▶ 가지다, 취하다

4-2급 | 총획 8

귀[耳]를 또[又] '가질' 필요가 있니?

- 取得 취득
- 取消 취소
- 取材 취재
- 受取 수취
- 採取 채취
- 奪取 탈취

## 叔

**아재비 숙** ▶ 아재비, 작은아버지

4급 | 총획 8

나보다 높고[上] 또[又] 아버지보다 작은[小]
사람은 '아재비'.

- □ 叔母 숙모
- □ 叔父 숙부
- □ 叔姪 숙질
- □ 堂叔 당숙
- □ 外叔母 외숙모
- □ 外叔父 외숙부

## 受

**받을 수(:)** ▶ 받다

4-2급 | 총획 8 | 빤 授(수)

손톱[爪]으로 덮으니[冖] 또[又] '받을' 수 있다.

- □ 受講 수강
- □ 受難 수난
- □ 受諾 수락
- □ 受領 수령
- □ 受信 수신
- □ 受益 수익
- □ 受取 수취
- □ 受惠 수혜
- □ 甘受 감수
- □ 接受 접수

# 厂

**민엄호 부 · 2획**

바위가 튀어나와 그 밑에 사람이 살 수 있는 굴 모양을 본뜬 글자이다.

---

## 厄 재앙 **액** ▶ 재앙, 불행, 액, 어려움

3급 | 총획 4 | 동 殃(앙), 災(재), 禍(화)
반 福(복) | 會意

바위[厂] 아래 무릎을 꿇고[민] '재앙'이 없기를 기도한다.

- 厄運 액운 : 액을 당할 모질고 사나운 운수. 악운
- 橫來之厄 횡래지액 : 뜻밖에 닥쳐오는 재액

- 厄年 액년　　　　　□ 橫厄 횡액

---

## 厚 두터울 **후:** ▶ 두텁다

4급 | 총획 9

햇빛[日]을 받으며 자란 아들[子]은 피부가 바위[厂]처럼 '두텁다'.

- 厚待 후대　　　□ 厚德 후덕　　　□ 厚謝 후사
- 厚意 후의　　　□ 濃厚 농후　　　□ 重厚 중후

---

## 厥 그 **궐** ▶ 그, 그것

3급 | 총획 12 | 동 其(기) | 會意

집[厂]에서 숨차게[欮] 뛰어다니는 '그' 이유가 뭐니?

- 厥女 궐녀 : 그 여자. 그녀
- 厥尾 궐미 : 짧은 꼬리

- 突厥 돌궐

---

## 厭 싫어할 **염:** ▶ 싫어하다, 미워하다

2급 | 총획 14

햇[日]빛과 달[月]빛도 굴[厂]속에서 개[犬]처럼 구속 생활함을 '싫어한다'.

- 厭忌 염기　　　□ 厭世 염세　　　□ 厭症 염증

---

## 原 언덕 **원** ▶ 언덕, 벌판, 근원

5급 | 총획 10 | 동 岸(안), 厓(애)

바위[厂] 아래 희고[白] 작은[小] 물이 솟는 '언덕'.

- 原告 원고　　　□ 原動力 원동력　　□ 原本 원본
- 原來 원래　　　□ 原料 원료　　　　□ 原理 원리
- 原色 원색　　　□ 原書 원서　　　　□ 原音 원음
- 平原 평원

**去** 갈 **거**: ▶ 가다, 예전, 과거

5급 | 총획 5 | 반 來(래)  동 過(과), 失(실)

나는[厶] 흙[土] 길을 따라 ‘간다’.

- 去年 거년
- 去處 거처
- 收去 수거
- 去來 거래
- 去就 거취
- 除去 제거
- 去勢 거세
- 過去 과거
- 退去 퇴거

**參** 참여할 **참** 석 **삼** ▶ 참여하다, 석(셋)

5급 | 총획 11 | 동 三(삼), 與(여)  약 参

나[厶]는 예쁜 사람[人]으로 보이기 위해
머리[彡]를 잘 빗고 친구 ‘세’ 명과 함께 행사에
‘참여했다’.

- 參加 참가
- 參謀 참모
- 參照 참조
- 參見 참견
- 參拜 참배
- 不參 불참
- 參考 참고
- 參席 참석
- 持參 지참

## 口　입구 부 · 3획

사람의 입모양으로 '말하다' '먹다' '맛보다' 의 뜻이다.

---

### 口　입 구(:) ▶ 입
7급 | 총획 3

사람이 미소지으니 '입[口]' 이 아름답다.

- 有口無言 유구무언 : '입은 있으나 할 말이 없다' 는 뜻으로, 변명할 말이 없음을 나타냄

□ 口腔 구강　　□ 口頭 구두　　□ 口文 구문
□ 口舌數 구설수　□ 口實 구실　　□ 口語 구어
□ 口傳 구전　　□ 人口 인구

---

### 句　글귀 구 ▶ 글귀, 구절
4-2급 | 총획 5

입[口]으로 읽기 좋게 박스로 싼[勹] '글귀'.

- 美辭麗句 미사여구 : 듣기 좋게 아름답게 꾸민 말과 글

□ 句管 구관　　□ 句文 구문　　□ 句節 구절
□ 結句 결구　　□ 警句 경구　　□ 文句 문구
□ 詩句 시구　　□ 語句 어구

---

### 可　옳을 가: ▶ 옳다
5급 | 총획 5 | 총획 12 | 반 否(부)

장정[丁]은 하늘을 우러러 입[口]으로 '옳은' 말만 한다.

□ 可決 가결　　□ 可觀 가관　　□ 可能 가능
□ 可否 가부　　□ 可笑 가소　　□ 可用 가용
□ 可憎 가증

---

### 史　사기, 역사 사: ▶ 사기, 역사, 기록하다
5급 | 총획 5

중립[中]을 지켜 붓으로 글을 써[乀] 기록한 '사기'.

□ 史家 사가　　□ 史觀 사관　　□ 史記 사기
□ 史料 사료　　□ 史實 사실　　□ 事蹟 사적
□ 史學 사학　　□ 野史 야사　　□ 歷史 역사

---

### 司　맡을 사 ▶ 맡다, 벼슬
3-2급 | 총획 5 | 指事

后를 좌우로 놓은 것으로, 궁중[コ]에서 한[一] 임금이 입[口]으로 정사를 '맡아' 한다.

□ 司令官 사령관　□ 司書 사서　　□ 司會 사회
□ 司憲府 사헌부　□ 上司 상사

---

### 吏　벼슬아치, 관리 리: ▶ 벼슬아치, 관리, 다스리다
3-2급 | 총획 6 | 會意

높은 상관[丈]이 되어 명령[口]을 하는 '벼슬아치' '관리'.

- 淸白吏 청백리 : 청렴한 관리. 조선 시대에 각 관아에서 천거하여 뽑힌 결백한 관리를 이르던 말

□ 官吏 관리　　□ 稅吏 세리

# 哀 슬플 애 ▶ 슬프다, 슬퍼하다

3-2급 | 총획 9 | 동 悲(비) 반 樂(락), 歡(환) | 會意

옷[衣]이 떨어져서 구멍[口]이 나 헐벗은 것을 보고 '슬퍼하다'.

- □ 哀歌 애가
- □ 哀愁 애수
- □ 哀調 애조
- □ 悲哀 비애
- □ 哀憐 애련
- □ 哀願 애원
- □ 哀痛 애통
- □ 哀惜 애석
- □ 哀絕 애절
- □ 哀歡 애환

# 命 목숨, 명령 명: ▶ 목숨, 명령

7급 | 총획 8 | 동 令(령), 壽(수)

입[口]으로 하여금[令] 소리쳐, '명령'을 내리니 신하는 '목숨'처럼 여기고 따른다.

- □ 命令 명령
- □ 亡命 망명
- □ 致命傷 치명상
- □ 革命 혁명
- □ 救命 구명

# 叫 부르짖을 규 ▶ 부르짖다, 부르다

3급 | 총획 5 | 形聲

입[口]으로 내는 소리가 사람의 귀에 얽히도록[丩] 애타게 '부르짖는다'.

- □ 絕叫 절규
- □ 叫聲 규성

# 吐 토할 토(:) ▶ 토하다, 털어놓다

3-2급 | 총획 6 | 形聲

입[口]으로 땅[土]에 '토하다'.

- □ 吐血 토혈
- □ 實吐 실토

# 吟 읊을 음 ▶ 읊다

3급 | 총획 7 | 形聲

입[口]으로 지금[今]의 상황을 보고 즉흥적으로 시를 '읊는다'.

- ■ 吟味 음미 : 시가(詩歌)를 읊조리며 그 깊은 뜻을 맛봄. 사물의 내용이나 속뜻을 깊이 새기어 맛봄
- □ 吟遊詩人 음유시인

# 吹 불 취: ▶ 불다, 부추기다

3-2급 | 총획 7 | 반 次(차) | 會意

하품[欠]하면 입[口]에서 바람이 '분다'.

- ■ 吹雪 취설 : 눈보라
- ■ 吹入 취입 : 공기를 불어 넣음. 음반이나 녹음 테이프에 소리나 목소리를 녹음함

# 吸 마실 흡 ▶ 마시다, 숨 들이쉬다

4-2급 | 총획 7 | 동 飮(음)

입[口]에 닿은[及] 공기를 '마시다'.

- □ 吸氣 흡기
- □ 吸收力 흡수력
- □ 吸入 흡입
- □ 吸力 흡력
- □ 吸煙 흡연
- □ 吸着 흡착
- □ 吸收 흡수
- □ 吸引 흡인
- □ 呼吸 호흡

# 味 맛 미: ▶ 맛

4-2급 | 총획 8

입[口]으로 아직 안[未] 익었나 '맛'을 본다.

- ■ 山海珍味 산해진미 : 산과 바다의 온갖 산물로 만든 음식
- □ 味覺 미각
- □ 妙味 묘미
- □ 意味 의미
- □ 加味 가미
- □ 別味 별미
- □ 趣味 취미
- □ 甘味 감미
- □ 吟味 음미

## 呼 부를 호 ▶ 부르다, 숨쉬다

4-2급 | 총획 8 | 동 唱(창), 招(초)

입[口]으로 호[乎]하고 '숨을 쉬고' 노래를 '부르다'.

- 呼價 호가
- 呼名 호명
- 呼應 호응
- 呼出 호출
- 呼稱 호칭
- 呼吸 호흡

## 唯 오직 유 ▶ 오직

3급 | 총획 11 | 동 但(단), 只(지) | 會意

입[口]으로 말하는 새[隹]는 '오직' 하나뿐이다.

- 唯我獨尊 유아독존 : 세상에서 자기만이 잘났다고 뽐내는 일
- 唯物論 유물론
- 唯心論 유심론
- 唯一 유일

## 唱 부를 창: ▶ 부르다, 노래

5급 | 총획 11 | 동 招(초), 呼(호)

입[口]으로 매일[日] 매일[日] 노래를 '부르다'.

- 唱歌 창가
- 唱劇 창극
- 唱法 창법
- 歌唱 가창
- 獨唱 독창
- 名唱 명창
- 復唱 복창
- 先唱 선창
- 主唱 주창

## 喉 목구멍 후 ▶ 목구멍

2급 | 총획 12 | 形聲

입[口] 안에 과녁[侯]처럼 생긴 '목구멍'.

- 喉頭 후두
- 喉音 후음
- 咽喉 인후
- 喉頭炎 후두염

## 嗚 슬플 오 ▶ 슬프다, 탄식소리, 탄식하다

3급 | 총획 13 | 동 悲(비), 哀(애) | 形聲

까마귀[烏]가 입[口]으로 우는 '탄식소리'가 '슬프다'.

- 嗚呼 오호 : 한문투의 문장에서, 슬픔을 나타낼 때 '아' · '오'의 탄식의 뜻으로 쓰는 말

## 噫 탄식할 희 하품 애 ▶ 탄식하다, 하품하다, 하품

2급 | 총획 16 | 形聲

입[口]을 벌려 뜻[意]을 표시하며 '탄식'하다.

- 噫嗚 희오 : 탄식하는 모양
- 噫欠 애흠

## 唆 부추길 사 ▶ 부추기다

2급 | 총획 10

진실[允]하다고 하며 서서히[夂] 입[口]을 열어 넌지시 '부추긴다'.

- 示唆 시사 : 미리 암시하여 알려줌

## 哨 망볼 초 ▶ 망보다

2급 | 총획 10

입[口]이 닮은[肖] 사람끼리 서로 '망보다'.

- 哨所 초소
- 哨艦 초함
- 步哨 보초
- 巡哨 순초

## 古 예 고: ▶ 예(옛), 선조

6급 | 총획 5 | (반) 今(금), 新(신) (동) 舊(구), 久(구)

열[十] 사람의 입[口]으로 전해져 오는 '예'스런 말.

- □ 古家 고가
- □ 古今 고금
- □ 古代 고대
- □ 古來 고래
- □ 古木 고목
- □ 古物 고물
- □ 古事 고사
- □ 古書 고서
- □ 復古 복고

## 各 각각 각 ▶ 각각

6급 | 총획 6 | (반) 共(공), 同(동), 合(합)

사람들이 뒤늦게[夊] 하는 말[口]이 '각각' 다르다.

- □ 各各 각각
- □ 各界 각계
- □ 各房 각방
- □ 各別 각별
- □ 各姓 각성
- □ 各樣 각양
- □ 各自 각자
- □ 各種 각종
- □ 各處 각처
- □ 各層 각층

## 召 부를 소 ▶ 부르다

3급 | 총획 5 | 會意

칼[刀]을 파는 사람이 입[口]으로 가격을 '부르다'.

- ■ 召見 소견 : 불러 만나 봄
- ■ 召命 소명 : 임금이 신하를 부르는 명령

- □ 召集令狀 소집영장

## 告 고할 고: ▶ 고하다, 알리다

5급 | 총획 7

소[牛]를 신전에 바치고, 입[口]으로 축문을 읽어 '고한다'.

- □ 告發 고발
- □ 告白 고백
- □ 告別 고별
- □ 告訴 고소
- □ 告示 고시
- □ 廣告 광고
- □ 警告 경고
- □ 謹告 근고
- □ 原告 원고
- □ 被告 피고

## 吉 길할 길 ▶ 길하다, 좋다

5급 | 총획 6 | (반) 凶(흉)

선비[士] 입[口]에서 나온 말을 잘 따르면 앞날이 '길하다'.

- ■ 立春大吉 입춘대길 : 입춘을 맞이하여 크게 길함

- □ 吉年 길년
- □ 吉夢 길몽
- □ 吉運 길운
- □ 吉月 길월
- □ 吉日 길일
- □ 吉兆 길조
- □ 吉鳥 길조
- □ 吉凶 길흉
- □ 不吉 불길

## 否 아닐 부: ▶ 아니다

4급 | 총획 7 | (동) 未(미), 非(비) (반) 可(가)

아닌[不] 것은 입[口]으로 '아니'라고 한다.

- □ 否認 부인
- □ 否定 부정
- □ 安否 안부
- □ 拒否權 거부권
- □ 與否 여부

## 名 이름 명 ▶ 이름

7급 | 총획 6

어두운 저녁[夕]에 자식이 돌아오지 않아 입[口]으로 '이름'을 부른다.

- □ 名文 명문
- □ 名物 명물
- □ 名分 명분
- □ 名色 명색
- □ 名演 명연
- □ 名譽 명예
- □ 芳名錄 방명록
- □ 署名 서명
- □ 汚名 오명
- □ 有名 유명
- □ 人名 인명

## 吾 나 오 ▶ 나

3급 | 총획 7 | (동) 我(아), 予(여), 余(여) (반) 汝(여) | 形聲

다섯[五] 손가락으로 자기를 가리키며, 입[口]으로 말하는 '나'.

- ■ 吾兄 오형 : 친구를 정답게 부르는 말
- ■ 吾鼻三尺 오비삼척 : 내 사정이 급하여 남을 돌볼 겨를이 없음

# 含

**머금을 함** ▶ 머금다, 거두다

3-2급 | 총획 7 | 동 抱(포), 懷(회) | 形聲

지금[今] 입[口] 속에 음식을 '머금고' 있다.

- □ 含量 함량
- □ 含蓄 함축
- □ 含有 함유
- □ 包含 포함

# 喜

**기쁠 희** ▶ 기쁘다

4급 | 총획 12 | 동 樂(락), 歡(환) | 반 怒(노), 悲(비)

십[十] 년만에 콩[豆]이 풍년이 들어 입[口]을 벌리고 '기뻐하다'.

- ■ 喜怒哀樂 희노애락 : 기쁨과 노여움과 슬픔과 즐거움

- □ 喜劇 희극
- □ 喜報 희보
- □ 喜悲 희비
- □ 喜色 희색
- □ 喜消息 희소식
- □ 喜悅 희열
- □ 歡喜 환희

# 哲

**밝을 철** ▶ 밝다, 알다

3-2급 | 총획 10 | 반 冥(명), 暗(암), 昏(혼) 동 明(명), 晳(석) | 形聲

말[口]을 꺾어[折]버리듯 옳고 그름을 판단하는 것이니 사리에 '밝다'.

- □ 哲理 철리
- □ 哲夫 철부
- □ 哲人 철인
- □ 哲學 철학
- □ 明哲 명철
- □ 賢哲 현철

# 合

**합할 합** ▶ 합하다

6급 | 총획 6 | 반 分(분)

사람[人]들이 입[口]을 하나[一]로 '합하여' 외치다.

- □ 合格 합격
- □ 合當 합당
- □ 合同 합동
- □ 合本 합본
- □ 合理 합리
- □ 合作 합작
- □ 合算 합산
- □ 合席 합석
- □ 合心 합심
- □ 廢合 폐합

# 啓

**열 계:** ▶ 열다

3-2급 | 총획 11 | 會意

마음의 문[戶]이 '열리도록' 때리고[攵] 말[口]로 타일러 가르친다.

※ 정신적으로 여는 것은 啓(계), 형태적으로 여는 것은 開(개)

- □ 啓導 계도
- □ 啓蒙 계몽
- □ 啓發 계발
- □ 啓示 계시
- □ 謹啓 근계

# 右

**오른쪽 우:** ▶ 오른쪽, 오른

7급 | 총획 5 | 반 左(좌)

무심코 또[又→ナ] 손을 들어 설명하다[口] 보니 '오른쪽'을 가리킨다.

- ■ 右往左往 우왕좌왕 : 이리저리 왔다갔다 함. 갈팡질팡함
- ■ 左之右之 좌지우지 : 제 마음대로 휘두름

- □ 右手 우수
- □ 右心房 우심방
- □ 右翼 우익
- □ 右便 우편
- □ 右側 우측

# 善

**착할 선:** ▶ 착하다, 좋다

5급 | 총획 12 | 반 惡(악)

입[口]으로 풀[艹]을 뜯는 양[羊]은 '착하다'.

- ■ 善男善女 선남선녀 : 착하고 어진 사람들

- □ 善德 선덕
- □ 善導 선도
- □ 善良 선량
- □ 善心 선심
- □ 善惡 선악
- □ 改善 개선
- □ 次善策 차선책
- □ 最善 최선
- □ 親善 친선

# 君

**임금 군** ▶ 임금, 남편

4급 | 총획 7 | 동 王(왕), 帝(제) | 반 民(민), 臣(신)

입[口]으로 백성을 다스리는[尹] '임금'.

- ■ 君師父一體 군사부일체 : 임금과 스승과 아버지의 은혜는 다 같음
- ■ 君臣有義 군신유의 : 임금과 신하의 도리는 의리에 있음

- □ 君臨 군림
- □ 君子 군자
- □ 君主 군주
- □ 檀君 단군
- □ 暴君 폭군

# 唐 당나라, 당황할 당(:)
▶ 당나라, 당황하다

3-2급 | 총획 10 | 形聲

집[广]에서 손[⺕]만 움직이며 하늘을 뚫을[丨]
듯 큰소리[口]치니 '**황당하다**'.

※ 말이 헛된 것은 唐(당)이고, 풀이 거친 것은 荒(황)이다.

- 唐詩 당시 : 당대의 시
- 唐突 당돌 : 꺼리거나 어려워함이 없이 올참

# 同 한가지 동 ▶ 한가지, 같이

7급 | 총획 6 | 동 共(공) | 반 異(리) | 약 仝

성[冂]은 출입구[口]가 하나[一]라 모두 같이
다니니 양반, 상놈이 다 '**한가지**'이다.

- 同苦同樂 동고동락 : 괴로움과 즐거움을 함께 함

- 同感 동감
- 同格 동격
- 同盟 동맹
- 同乘 동승
- 同時 동시
- 同業 동업
- 同年輩 동년배

# 向 향할 향: ▶ 향하다

6급 | 총획 6

집[宀]의 입구[口]는 남쪽을 '**향해야**' 좋다.

- 向方 향방
- 向上 향상
- 傾向 경향
- 動向 동향
- 方向 방향
- 性向 성향
- 轉向 전향
- 指向 지향
- 偏向 편향
- 風向 풍향

# 周 두루 주 ▶ 두루

4급 | 총획 8

성[冂]에는 흙[土]이 입구[口]부터 '**두루**' 퍼져
있다.

- 周到 주도
- 周邊 주변
- 周旋 주선
- 周易 주역
- 周圍 주위
- 周知 주지

# 哉 어조사 재 ▶ 어조사

3급 | 총획 9 | 會意

열[十] 개의 창[戈]으로 자르듯 말[口]을 끊는 데
쓰는 '**어조사**'.

※ 감탄이나 반문의 뜻으로 쓰인다.

- 嗚呼痛哉 오호통재 : '아이고 슬프구나' 라는 뜻의 감탄사

# 咸 다 함 ▶ 다, 두루 미치다

3급 | 총획 9 | 동 皆(개) | 會意

술[戌]은 음력 9월이니, 9월에 추수해서
입[口]으로 '**다**' '**함께**' 포식한다.

- 咸池 함지 : 옛날 해가 지는 곳이라 믿었던 서쪽의 못

# 問 물을 문: ▶ 묻다

7급 | 총획 11 | 반 答(답), 聞(문), 聽(청)

입[口]의 문[門]을 열어 '**묻고**', 말한다.

- 問答 문답
- 問病 문병
- 問安 문안
- 問議 문의
- 問題 문제
- 反問 반문
- 訪問 방문
- 設問 설문
- 審問 심문

# 商 장사 상 ▶ 장사

5급 | 총획 11 | 동 量(량)

머리[亠]에 띠를 두르고, 여덟[八] 필의 비단을
성[冂] 앞에서 팔[八]고 사라고 입[口]으로 외치며
'**장사**' 하다.

- 商街 상가
- 商去來 상거래
- 商術 상술
- 商業 상업
- 商工業 상공업
- 商店 상점
- 商人 상인
- 商品 상품
- 商號 상호

# 嘗

**맛볼 상** ▶ 맛보다

3급 | 총획 14 | <약> 甞 | 形聲

맛[旨]을 숭상[尚]하여 '맛보다'.

- 嘗味 상미 : 천천히 맛을 봄
- 嘗試之計 상시지계 : 남의 뜻을 시험하여 떠보는 꾀

☐ 未嘗不 미상불

# 只

**다만 지** ▶ 다만, 어조사

3급 | 총획 5 | 會意

입[口]으로 여덟[八] 번이나 말해도 '다만' 말할 때뿐이다.

- 只今 지금 : 이제. 현재. 바로 이 시각
- 但只 단지 : 다만. 한갓

# 員

**관원, 인원 원** ▶ 관원, 인원

4-2급 | 총획 10

입[口]을 보배[貝]로 여기는 많은 '인원'.

☐ 減員 감원　　☐ 官員 관원　　☐ 教員 교원
☐ 團員 단원　　☐ 滿員 만원　　☐ 社員 사원
☐ 要員 요원　　☐ 人員 인원

# 呈

**드릴 정** ▶ 드러나다, 나타내다, 바치다

2급 | 총획 7

선비[士]가 하늘[一] 같은 임금에게 잘못된 것을 말[口]하여 '드린다'.

- 呈上 정상 : 물건을 보내어 드림. 정납

☐ 贈呈 증정　　☐ 進呈 진정　　☐ 獻呈 헌정

# 和

**화할 화** ▶ 화목하다

6급 | 총획 8 | <반> 戰(전)

벼[禾]농사가 잘 되어 입[口]이 다물어지지 않으니, 집안도 '화목하고' '화하다'.

☐ 和睦 화목　　☐ 和音 화음　　☐ 和合 화합
☐ 和解 화해　　☐ 緩和 완화　　☐ 調和 조화
☐ 親和 친화　　☐ 平和 평화　　☐ 飽和 포화
☐ 違和感 위화감

# 單

**홑 단** ▶ 홑, 외롭다

4-2급 | 총획 12 | <동> 獨(독) | <약> 单

단 한[一] 벌의 갑옷[甲]을 입고 소리치는[口口] 장수가 '홀로' '외롭다'.

☐ 單價 단가　　☐ 單獨 단독　　☐ 單色 단색
☐ 單純 단순　　☐ 單語 단어　　☐ 單子 단자
☐ 簡單 간단

# 嚴

**엄할 엄** ▶ 엄하다

4급 | 총획 20 | <약> 厳

바위[厂]가 흔들리듯 소리치고[口口] 용맹[敢]을 떨치니 참으로 '엄하다'.

☐ 嚴格 엄격　　☐ 嚴禁 엄금　　☐ 嚴選 엄선
☐ 嚴肅 엄숙　　☐ 嚴重 엄중　　☐ 嚴親 엄친
☐ 嚴寒 엄한

# 哭

**울 곡** ▶ 울다

3-2급 | 총획 10 | <반> 笑(소) | <동> 鳴(명), 泣(읍)

개[犬]가 소리치며[口口] '울다'.

☐ 哭聲 곡성　　　☐ 弔哭 조곡　　　☐ 痛哭 통곡

# 器

## 그릇 기 ▶ 그릇

4-2급 | 총획 16

개[犬]의 물건[品] 중에서 입[口]을 즐겁게 해주는 것은 밥 '그릇'.

- 器官 기관
- 器具 기구
- 器量 기량
- 武器 무기
- 石器 석기
- 容器 용기
- 鐵器 철기

# 品

## 물건 품: ▶ 물건, 등급

5급 | 총획 9 | 동 件(건), 物(물)

세 사람이 입[口]을 모아 '물건'을 평한다.

- 品格 품격
- 品目 품목
- 品性 품성
- 品切 품절
- 品種 품종
- 品質 품질
- 納品 납품
- 名品 명품
- 部品 부품
- 備品 비품

# 喪

## 잃을 상(:) ▶ 잃다, 죽다

3-2급 | 총획 12 | 동 失(실) | 會意

죽은[亡] 사람을 생각하며 우는[哭] 것이니 사랑하는 이를 '잃었다'.

- 喪家 상가
- 喪禮 상례
- 喪服 상복
- 喪失 상실
- 喪中 상중
- 喪妻 상처
- 國喪 국상
- 弔喪 조상
- 初喪 초상

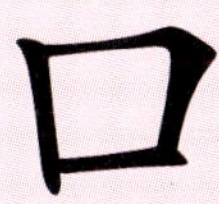

# 口 큰입구몸 부 · 3획

사방을 둘러싸고 있는 경계선이나 울타리 모양으로, '둘러싸다' '에워싸다' '에운담' '울타리' 라는 뜻이다.

---

## 四 넉 사: ▶ 넷, 4

8급 | 총획 5

사방[口]을 나누니 '넷'이 되었다.

- 四苦 사고 : 인생의 네 가지 고통. 생 · 노 · 병 · 사
- 四君子 사군자 : 고결한 군자에 비유한 네 가지 식물.
  매 · 란 · 국 · 죽

| | | |
|---|---|---|
| □ 四角形 사각형 | □ 四季 사계 | □ 四聖 사성 |
| □ 四柱 사주 | □ 四月 사월 | □ 四寸 사촌 |

---

## 困 곤할 곤: ▶ 곤하다, 괴롭다

4급 | 총획 7 | 동 窮(궁), 疲(피)

나무[木]가 사방으로 에워싸서[口] 나가기가 '곤란하다'.

| | | |
|---|---|---|
| □ 困境 곤경 | □ 困窮 곤궁 | □ 困難 곤란 |
| □ 困惑 곤혹 | □ 貧困 빈곤 | □ 疲困 피곤 |
| □ 食困症 식곤증 | | |

---

## 囚 가둘 수 ▶ 가두다, 죄인

3급 | 총획 5 | 반 放(방), 釋(석), 解(해) | 會意

사람[人]을 사방[口]으로 '가두다'.

| | | |
|---|---|---|
| □ 旣決囚 기결수 | □ 未決囚 미결수 | □ 囚衣 수의 |
| □ 良心囚 양심수 | □ 脫獄囚 탈옥수 | □ 罪囚 죄수 |

---

## 固 굳을 고(:) ▶ 굳다

5급 | 총획 8 | 동 堅(견), 硬(경), 確(확) | 반 軟(연), 柔(유)

사방으로 단단하게 둘러싸인[口] 성이 오랫동안[古] '굳게' 닫혀 있다.

| | | |
|---|---|---|
| □ 固辭 고사 | □ 固守 고수 | □ 固有 고유 |
| □ 固定 고정 | □ 固體 고체 | □ 固形 고형 |

---

## 因 인할 인 ▶ 인하다, 의거하다

5급 | 총획 6 | 반 果(과)

큰[大] 울타리[口]로 '인해' 안전하다.

| | | |
|---|---|---|
| □ 因果 인과 | □ 因襲 인습 | □ 因子 인자 |
| □ 起因 기인 | □ 病因 병인 | □ 死因 사인 |
| □ 要因 요인 | □ 原因 원인 | □ 主因 주인 |
| □ 敗因 패인 | | |

---

## 回 돌아올 회 ▶ 돌다, 돌아오다

4-2급 | 총획 6 | 동 歸(귀), 還(환)

빙빙 돌아[] 다시 '돌아오다'.

| | | |
|---|---|---|
| □ 回甲 회갑 | □ 回顧 회고 | □ 回答 회답 |
| □ 回覽 회람 | □ 回復 회복 | □ 回信 회신 |
| □ 回遊 회유 | □ 回轉 회전 | □ 回避 회피 |
| □ 旋回 선회 | | |

**圖** 그림 **도** ▶ 그림

6급 | 총획 14 | 동 畫(화) 약 図

우두머리[亠]의 명령[口]으로 전국을 돌며[回]
나라의 큰 울타리[囗]를 그린 '그림'.

- 圖面 도면
- 圖式 도식
- 圖案 도안
- 圖表 도표
- 圖畫 도화
- 意圖 의도
- 製圖 제도
- 風俗圖 풍속도
- 地圖 지도

**國** 나라 **국** ▶ 나라

8급 | 총획 11 | 약 国

일정한 영토[囗] 안에서 창[戈]을 들고 백성이
입[口]을 모아 한[一] 마음으로 지키는 '나라'.

- 國家 국가
- 國慶日 국경일
- 國軍 국군
- 國旗 국기
- 國民 국민
- 國史 국사
- 國語 국어
- 國籍 국적
- 國土 국토
- 外國 외국

**圍** 에워쌀 **위** ▶ 둘레, 에워싸다

4급 | 총획 12 | 약 囲

가죽[韋]으로 사방을 크게[囗] '에워싸다'.

- 範圍 범위
- 周圍 주위
- 包圍 포위

**圓** 둥글 **원** ▶ 둥글다

4-2급 | 총획 13 | 동 團(단)

많은 인원[員]이 크게 에워싸니[囗] '둥글게'
되었다.

- 圓滿 원만
- 圓熟 원숙
- 圓柱 원주
- 圓卓 원탁
- 團圓 단원
- 一圓 일원

**園** 동산 **원** ▶ 동산

6급 | 총획 13

입[口]을 다문 채 두 사람[人人]이 흙[土] 위에
울타리[囗]를 쳐서 '동산'을 꾸민다.

- 園頭幕 원두막
- 園藝 원예
- 公園 공원
- 果樹園 과수원
- 樂園 낙원
- 田園 전원
- 學園 학원
- 遊園地 유원지
- 花園 화원

**團** 둥글 **단** ▶ 둥글다, 모으다

5급 | 총획 14 | 약 団

에워싸듯[囗] 오로지[專] 한 뜻으로 '둥글게'
모였다.

- 團結 단결
- 團束 단속
- 團長 단장
- 團體 단체
- 團合 단합
- 球團 구단
- 大團圓 대단원
- 入團 입단
- 集團 집단
- 合唱團 합창단

**圈** 우리 **권** ▶ 우리, 동그라미

2급 | 총획 11

책[卷] 표지를 싸듯 동물을 가두기 위해
에워싸서[囗] 만든 '우리'.

- ■ 圈內 권내 : 금을 그은 테두리 안

- 大氣圈 대기권
- 首都圈 수도권

## 土 흙토 부 · 3획

'一'과 '十'의 합자로 一은 땅, 十은 초목의 싹이 나온 모양으로 초목을 길러내는 '흙'을 뜻한다.

---

### 土 흙 **토** ▶ 흙

8급 | 총획 3 | 동 壤(양), 地(지)

위의 [一]은 지면, 아래의 [一]은 땅 속, [丨]은 땅 속에서 초목이 나오는 모양으로, 초목을 길러 내 주는 '흙'.

- □ 土木 토목
- □ 土砂 토사
- □ 土星 토성
- □ 土壤 토양
- □ 土種 토종
- □ 土地 토지
- □ 國土 국토
- □ 腐葉土 부엽토
- □ 風土 풍토

---

### 地 땅 **지** ▶ 땅

7급 | 총획 6 | 동 坤(곤) 반 乾(건), 天(천)

흙[土] 또한[也] '땅'이다.

- □ 地球 지구
- □ 地圖 지도
- □ 地理 지리
- □ 地面 지면
- □ 地方 지방
- □ 地位 지위
- □ 地點 지점
- □ 地下 지하
- □ 天地 천지

---

### 均 고를 **균** ▶ 고르다

4급 | 총획 7

흙[土]을 두[二] 무더기로 쌓아[勹] '고르게' 하다.

- □ 均等 균등
- □ 均配 균배
- □ 均一 균일
- □ 均質 균질
- □ 均衡 균형

---

### 坤 땅 **곤** ▶ 땅

3급 | 총획 8 | 동 地(지) 반 乾(건), 天(천) | 形聲

흙[土]을 잘 펴[申] 편편한 '땅'.

- ■ 坤方 곤방 : 이십사 방위의 하나. 남서(南西)를 중심으로 한 15도 범위 이내의 방위
- ■ 坤殿 곤전 : '왕후(王后)'를 높이어 일컫던 말
- □ 坤卦 곤괘
- □ 乾坤 건곤

---

### 埋 묻을 **매** ▶ 묻다, 메우다

3급 | 총획 10

땅[土] 속에 마을[里]을 '묻기라로' 했니?

- □ 埋沒 매몰
- □ 埋伏 매복
- □ 埋藏 매장
- □ 生埋葬 생매장
- □ 暗埋葬 암매장

---

### 城 성 **성** ▶ 성

4-2급 | 총획 10

흙[土]으로 이루어진[成] '성'.

- □ 城郭 성곽
- □ 城門 성문
- □ 城壁 성벽
- □ 土城 토성

# 培

**북돋을 배:** ▶ 북돋우다, 불리다

3-2급 | 총획 11 | 會意

흙[土]을 세워[立] 입으로[口] 기운을 '북돋우다'.

- 培養 배양
- 培土 배토
- 栽培 재배

# 塊

**흙덩이 괴** ▶ 흙덩이, 흙, 덩어리

3급 | 총획 13 | 形聲

흙[土] 속에 묻혀 있는 귀신[鬼]이니 '흙덩이'.

- 金塊 금괴

# 域

**지경 역** ▶ 지경

4급 | 총획 11 | 동 境(경), 界(계)

혹시[或] 남의 땅[土]과 헷갈릴까봐 분명히 선을 그은 '지경'.

- 廣域 광역
- 區域 구역
- 墓域 묘역
- 聖域 성역
- 領域 영역
- 全域 전역
- 地域 지역

# 塔

**탑 탑** ▶ 탑, 절

3-2급 | 총획 13 | 形聲

흙[土]을 합쳐[合] 풀[艹]밭에 쌓아 놓은 '탑'.

- 象牙塔 상아탑 : 대학 또는 연구실을 비유하여 이르는 말
- 金字塔 금자탑 : '후세에까지 빛날 훌륭한 업적'을 비유하여 이르는 말
- 管制塔 관제탑
- 佛塔 불탑
- 石塔 석탑

# 場

**마당 장** ▶ 마당

7급 | 총획 12

볕[昜]이 잘 드는 흙[土]이 있는 '마당'.

- 場面 장면
- 場所 장소
- 場外 장외
- 開場 개장
- 工場 공장
- 廣場 광장
- 球場 구장
- 當場 당장
- 牧場 목장
- 市場 시장

# 境

**지경 경** ▶ 지경

4-2급 | 총획 14 | 동 界(계), 域(역)

땅[土]의 끝[竟]에 '지경'이 있다.

- 境界 경계
- 境地 경지
- 困境 곤경
- 國境 국경
- 邊境 변경
- 心境 심경
- 逆境 역경
- 越境 월경
- 接境 접경
- 環境 환경

# 堤

**둑 제** ▶ 둑, 방죽

3급 | 총획 12 | 形聲

넘어지는 이[是] 곳을 흙[土]으로 막은 '둑'.

- 堤防 제방
- 防潮堤 방조제
- 防波堤 방파제

# 墳

**무덤 분** ▶ 무덤, 언덕

3급 | 총획 15 | 동 墓(묘) | 形聲

흙[土]을 모아 크게[賁] 쌓아 만든 '무덤'.

※ 풀에 쌓인 무덤은 墓(묘), 산처럼 높이 쌓은 무덤은 陵(릉)

- 墳墓 분묘 : 무덤
- 古墳 고분 : 옛 무덤
- 雙墳 쌍분

# 增 더할 증 ▶ 더하다

4-2급 | 총획 15 | (동) 加(가), 益(익) (약) 増

흙[土]으로 여덟[八] 개의 창[四]을 만든다고 말[曰]하고 재료를 '더하다'.

- 增加 증가
- 增減 증감
- 增强 증강
- 增産 증산
- 增設 증설
- 增殖 증식
- 增便 증편
- 增幅 증폭
- 增築 증축
- 急增 급증

# 壇 단 단 ▶ 단, 제단

5급 | 총획 16

흙[土]을 높게[亶] 쌓은 '단'.

- 壇上 단상
- 講壇 강단
- 敎壇 교단
- 登壇 등단
- 文壇 문단
- 樂壇 악단
- 演壇 연단
- 祭壇 제단
- 花壇 화단

# 壞 무너질 괴: ▶ 무너지다, 무너뜨리다

3-2급 | 총획 19 | (동) 滅(멸), 崩(붕)

비[雨]오는 날 옷[衣]을 입고 사[四]방을 뛰면 흙[土]이 '무너진다'.

- 壞滅 괴멸
- 壞血病 괴혈병
- 崩壞 붕괴
- 損壞 손괴
- 破壞 파괴

# 壤 흙덩이 양: ▶ 흙덩이, 땅

3-2급 | 총획 20 | (동) 土(토) (약) 壤 | 形聲

농사짓는 데 적당한[襄] 흙[土] '흙덩이'.

- 天壤之差 천양지차 : 하늘과 땅처럼 큰 차이
- 擊壤歌 격양가
- 土壤 토양

# 坪 평, 땅 평 ▶ 평, 땅, 들, 평평하다

2급 | 총획 8

평평[平]하게 흙[土]을 펴 놓은 것이니 '땅'이 '평평한' 것이다.

- 坪當 평당
- 坪數 평수
- 建坪 건평

# 坑 구덩이 갱 ▶ 구덩이, 묻다, 갱도

2급 | 총획 7

흙[土]을 높게[亢] 쌓아 만든 '구덩이'.

- 焚書坑儒 분서갱유 : 중국 진나라 시황제가 책을 불사르고 학자들을 산 채로 구덩이에 묻어 죽인 일
- 坑口 갱구
- 坑道 갱도

# 墻 담 장 ▶ 담, 경계

3급 | 총획 16

흙[土]과 흙[土] 사이에 두 사람[人人]이 있어 '담장'을 돌며[回] 얘기한다.

- 路柳墻花 노류장화 : 아무나 쉽게 꺾을 수 있는 길가의 버들꽃이라는 뜻으로 '창녀(娼女)'를 빗대어 이르는 말
- 墻壁 장벽
- 越墻(牆) 월장

# 堅 굳을 견 ▶ 굳다

4급 | 총획 11 | (동) 固(고), 確(확) (약) 堅

신하[臣]들이 또[又] 땅[土]을 지키자고 '굳게' 뭉쳤다.

- 堅甲利兵 견갑이병 : 튼튼한 갑옷과 날카로운 병기. 강한 병력
- 堅固 견고
- 堅實 견실
- 堅持 견지
- 中堅手 중견수

# 塗
**칠할 도** ▶ 칠하다, 진흙

3급 | 총획 13획 | 동 泥(니), 途(도)

나[余]는 흙[土]에 물[氵]을 섞어 벽을 '칠한다'.

- 塗炭 도탄 : 생활이 몹시 곤궁하거나 비참한 경지
- 塗料 도료 : 물건의 겉에 칠하여 썩지 않게 하거나 채색에 쓰는 물질

# 墓
**무덤 묘:** ▶ 무덤

4급 | 총획 14

풀[艹] 위에 해[日]처럼 둥글고 크게[大] 흙[土]을 덮어 만든 '무덤'.

- 墓木 묘목
- 墓碑 묘비
- 墓所 묘소
- 墓域 묘역
- 墓地 묘지
- 墳墓 분묘
- 省墓 성묘

# 基
**터 기** ▶ 터

5급 | 총획 11

그[其] 흙[土]을 잘 골라 집 '터'를 잡는다.

- 基金 기금
- 基督敎 기독교
- 基盤 기반
- 基本 기본
- 基數 기수
- 基業 기업
- 基因 기인
- 基調 기조
- 基礎 기초
- 國基 국기

# 墨
**먹 묵** ▶ 먹, 검다

3-2급 | 총획 15 | 會意

검은[黑] 흙[土]으로 만든 '먹'.

- 墨香 묵향
- 墨畫 묵화
- 白墨 백묵
- 水墨畫 수묵화

# 堂
**집 당** ▶ 집, 정당하다

6급 | 총획 11 | 동 家(가), 閣(각), 庫(고), 館(관), 宮(궁), 室(실), 屋(옥), 宅(택), 戶(호)

높은[尚] 토대[土] 위에 지은 '집'.

- 講堂 강당
- 內堂 내당
- 堂堂 당당
- 食堂 식당
- 明堂 명당
- 法堂 법당
- 別堂 별당
- 本堂 본당
- 佛堂 불당
- 書堂 서당

# 墮
**떨어질 타:** ▶ 떨어지다, 무너지다

3급 | 총획 15 | 동 落(락)

왼쪽[左] 몸[月]부터 언덕[阝]에서 땅[土]으로 '떨어진다'.

- 墮落 타락
- 他地 타지

# 塞
**변방 새 막힐 색** ▶ 변방, 사이가 뜨다, 막히다

3-2급 | 총획 13 | 會意

찬[寒]바람을 막기 위해 흙[土]으로 '변방'의 틈을 '막는다'.

- 塞翁之馬 새옹지마 : 인생의 길흉화복은 항상 바뀌어 미리 헤아릴 수가 없다는 말
- 拔本塞源 발본색원 : 폐단의 근본 원인을 아주 없앰
- 窮塞 궁색
- 要塞 요새
- 閉塞 폐색

# 壁
**벽 벽** ▶ 벽

4-2급 | 총획 16

임금[辟]이 사는 곳에 흙[土]으로 '벽'을 만들었다.

- 壁報 벽보
- 壁紙 벽지
- 壁畫 벽화
- 防音壁 방음벽
- 城壁 성벽
- 絕壁 절벽

## 壓

**누를 압** ▶ 누르다, 억누르다

4-2급 | 총획 17 | 약 压

개[犬]가 고기[月]를 먹을까봐 매일[日] 흙[土]바닥을 바위[厂]로 '누르다'.

- □ 壓卷 압권
- □ 壓力 압력
- □ 壓死 압사
- □ 壓縮 압축
- □ 制壓 제압

## 執

**잡을 집** ▶ 잡다, 지키다

3-2급 | 총획 11 | 동 拘(구), 握(악), 操(조), 捕(포) | 會意

다행[幸]스럽게도 환약[丸]을 구했으니 잘 '잡아'.

- □ 執權 집권
- □ 執念 집념
- □ 執刀 집도
- □ 執務 집무
- □ 執事 집사
- □ 執着 집착
- □ 執筆 집필
- □ 執行 집행
- □ 固執 고집
- □ 我執 아집

## 報

**갚을, 알릴 보:** ▶ 갚다, 알리다

4-2급 | 총획 12

영토[土]를 지키기 위해 여덟[八] 개의 방패[干]를 들고 모든 병부[卩]에게 거듭[又] '알린다'.

- □ 報告 보고
- □ 報答 보답
- □ 報復 보복
- □ 報償 보상
- □ 報恩 보은
- □ 悲報 비보
- □ 誤報 오보
- □ 通報 통보

## 在

**있을 재:** ▶ 있다

6급 | 총획 6 | 동 有(유)

한[一] 사람[亻]이 흙[土] 위에 서 '있다'.

- □ 在京 재경
- □ 在庫 재고
- □ 在野 재야
- □ 在學 재학
- □ 健在 건재
- □ 存在 존재
- □ 現在 현재
- □ 所在地 소재지

## 坐

**앉을 좌:** ▶ 앉다

3-2급 | 총획 7 | 반 효(립) | 會意

땅[土] 바닥에 두 사람[人人]이 마주 '앉아' 있다.

- 坐禪 좌선 : 불교에서, 가부좌를 하고 조용히 앉아서 선정으로 들어감, 또는 그렇게 하는 수행

- □ 坐像 좌상
- □ 坐視 좌시
- □ 坐藥 좌약
- □ 坐板 좌판
- □ 連坐 연좌
- □ 正坐 정좌

## 垂

**드리울 수** ▶

3-2급 | 총획 8

천[千]갈래로 풀[艹]이 흙[土]바닥에 늘어져 '드리우다'.

- 腦下垂體 뇌하수체 : 척추동물의 대뇌 아래쪽에 드리워 있는 콩만한 크기의 내분비샘

- □ 垂楊 수양
- □ 垂直 수직
- □ 垂直線 수직선
- □ 懸垂幕 현수막

## 垈

**터 대** ▶ 터

2급 | 총획 8

흙[土]바닥에 밭 대신[代] 집 '터'를 만든다.

- □ 垈地 대지
- □ 落星垈 낙성대

## 型

**거푸집 형** ▶ 거푸집, 모형

2급 | 총획 9

흙[土]에 물을 부어 형[刑]틀의 '모형'을 만든 것이 '거푸집'.

- □ 模型 모형
- □ 新型 신형
- □ 典型 전형

# 塵

**먼지 진** ▶ 먼지, 티끌

2급 | 총획 14

사슴[鹿]이 달려갈 때 휘날리는 흙[土] '먼지'.

■ 塵芥 진개 : 먼지와 쓰레기

□ 塵土 진토 　　□ 粉塵 분진 　　□ 風塵 풍진

# 士 선비사 부 · 3획

'벼슬' '벼슬하는 사람' '일'의 뜻이다.

士

## 士 선비 사: ▶ 선비, 병사

5급 | 총획 3 | 동 軍(군), 兵(병)

하나[一]를 보면 열[十]을 깨닫는 '선비'.

- 士農工商 사농공상 : 선비 · 농민 · 장인 · 상인의 네 가지 신분

- 士官 사관
- 士氣 사기
- 士兵 사병
- 建築士 건축사
- 士大夫 사대부
- 辨理士 변리사
- 操縱士 조종사

## 壬 아홉째 천간 임: ▶ 아홉째 천간

3-2급 | 총획 4

벼를 안은 모습을 본뜬 자.
비뚠[丿] 선비[士]를 유배보내는 곳이 '북쪽'.

- 壬年 임년 : 태세의 천간이 임으로 된 해. 임진년, 임자년 등

## 壯 장할 장: ▶ 장하다, 씩씩하다

4급 | 총획 7 | 약 壮

장수[爿]와 선비[士]는 '씩씩하고' '장하다'.

- 壯觀 장관
- 壯談 장담
- 壯烈 장렬
- 壯士 장사
- 壯丁 장정
- 健壯 건장
- 悲壯 비장
- 天下壯士 천하장사

## 壹 한 일 ▶ 하나, 一의 갖은자

2급 | 총획 12 | 약 壱 | 會意

선비[士]가 갓을 덮어[冖] 쓰고 콩[豆] 밭에 서 있는 마음은 '한' 가지이다.

- 壹貳參 일이삼

## 壽 목숨 수 ▶ 목숨, 장수

3-2급 | 총획 14 | 동 命(명) | 약 寿

선비[士]의 한[一] 마디 말[口]의 교훈과 장인[工]의 한[一] 자[寸]로 만든 물건은 긴 '수명(목숨)'이 있다.

- 十年減壽 십년감수 : 몹시 놀라거나 위험한 고비를 겪었을 때 하는 말
- 無病長壽 무병장수 : 병 없이 오래 삶

- 壽命 수명
- 壽衣 수의

 저녁석 부 · 3획

月(월) 자에서 한 획을 뺀 것이니 아직 밤이 되지 않은 해질 무렵인 저녁을 뜻한다.

---

## 夕 저녁 석 ▶ 저녁

7급 | 총획 3 | 동 暮(모) 반 朝(조)

해가 지고, 달[月]이 산 위로 조금 올라오니 '저녁'이 되었다.

- 夕陽 석양
- 朝夕 조석
- 秋夕 추석
- 七夕 칠석

## 夜 밤 야: ▶ 밤

6급 | 총획 8 | 반 午(오), 晝(주)

갓[亠]을 쓴 나그네[亻]가 저녁[夕]에 홀로[乀] '밤' 길을 걷는다.

- 夜間 야간
- 夜光 야광
- 夜勤 야근
- 夜半 야반
- 夜食 야식
- 夜學 야학
- 白夜 백야
- 深夜 심야
- 初夜 초야
- 前夜祭 전야제

## 外 바깥 외: ▶ 바깥

8급 | 총획 5 | 반 內(내)

저녁[夕]에 점[卜]을 보러 '바깥'으로 나간다.

- 外家 외가
- 外科 외과
- 外交 외교
- 外界 외계
- 外國 외국
- 外面 외면
- 外部 외부
- 外信 외신
- 外製 외제
- 郊外 교외

## 夢 꿈 몽 ▶ 꿈, 꿈꾸다

3–2급 | 총획 14 | 약 梦

저녁[夕]에 풀[艹]로 사[四]방이 덮힌[冖] '꿈'을 꾸다.

- 夢想 몽상
- 夢遊病 몽유병
- 吉夢 길몽
- 迷夢 미몽
- 白日夢 백일몽
- 惡夢 악몽
- 解夢 해몽
- 現夢 현몽

## 多 많을 다 ▶ 많다

6급 | 총획 6

어제 저녁[夕]에는 목걸이를 산다고 했다가,
오늘 저녁[夕]에는 안 산다고 했다가,
정말 생각만 '많다'.

- 多角 다각
- 多感 다감
- 多寡 다과
- 多量 다량
- 多忙 다망
- 多福 다복
- 多數 다수
- 多樣 다양
- 多才 다재

### 뒤져올치 부 · 3획

'뒤져오다' 는 뜻을 나타낸다.



해당 한자 없음

### 천천히걸을쇠 부 · 3획

발을 끌 듯 천천히 걷는 모양이다. '천천히 걷다' 는 뜻을 나타낸다.

## 夏 여름 하: ▶ 여름

7급 | 총획 10

하늘[一] 아래 태양이 스스로[自] 서서히[夊]
뜨거워지는 '여름'.

- ☐ 夏季 하계
- ☐ 夏穀 하곡
- ☐ 夏期 하기
- ☐ 夏服 하복
- ☐ 夏至 하지
- ☐ 立夏 입하
- ☐ 春夏 춘하
- ☐ 夏節期 하절기

## 大 큰대 부 · 3획

사람이 양팔을 벌리고 서 있는 모양을 본뜬 글자이다.

---

### 大 큰 대(:) ▶ 크다

8급 | 총획 3 | 통 巨(거), 太(태), 泰(태) | 반 小(소)

한[一] 사람[人]이 팔과 다리를 벌리니 그 모양이 몹시 '크다'.

- 大概 대개
- 大規模 대규모
- 大量 대량
- 大望 대망
- 大門 대문
- 大賞 대상
- 大小 대소
- 大學 대학
- 大會 대회
- 寬大 관대

---

### 夫 지아비 부 ▶ 지아비, 사내

7급 | 총획 4 | 반 婦(부), 妻(처)

남녀 두[二] 사람[人]이 만나 부부가 되니, 그 중 아내를 책임지는 사람이 '지아비'.

- 夫婦 부부
- 夫人 부인
- 鑛夫 광부
- 農夫 농부
- 士大夫 사대부
- 漁夫 어부
- 令夫人 영부인
- 丈夫 장부

---

### 太 클 태 ▶ 크다

6급 | 총획 4 | 통 巨(거), 大(대), 泰(태) | 반 微(미), 小(소)

큰[大] 것에 점[丶]을 붙여 아주 '큰' 것.

- 太古 태고
- 太極旗 태극기
- 太半 태반
- 太陽 태양
- 太初 태초
- 太平 태평
- 太平洋 태평양

---

### 失 잃을 실 ▶ 잃다

6급 | 총획 5 | 통 忘(망) | 반 得(득)

화살[矢]을 잘못 쏴서 물병에 금[丶]이 가 아까운 물건을 '잃었다'.

- 失格 실격
- 失手 실수
- 失言 실언
- 失業 실업
- 失意 실의
- 失足 실족
- 失職 실직
- 失敗 실패
- 紛失 분실
- 損失 손실

---

### 天 하늘 천 ▶ 하늘

7급 | 총획 4 | 통 乾(건) | 반 坤(곤), 地(지)

제일[一] 큰[大] 것이니 '하늘'.

- 天干 천간
- 天堂 천당
- 天倫 천륜
- 天罰 천벌
- 天性 천성
- 天地 천지
- 天下 천하
- 昇天 승천

---

### 夷 오랑캐 이 ▶ 오랑캐

3급 | 총획 6 | 會意

큰[大] 활[弓]을 가지고 사냥하는 '오랑캐'.

- 東夷 동이 : '동쪽 오랑캐'라는 뜻으로, 지난날 중국에서 그들의 동쪽에 사는 이민족을 얕잡아 이르던 말
- 洋夷 양이

## 央 가운데 앙 ▶ 가운데

3-2급 | 총획 5 | 동 中(중) 반 邊(변)

큰[大] 사람의 한 가운데인 목 부분에 한 일[一]을
붙인 것으로 '가운데'.

□ 中央 중앙

## 奪 빼앗을 탈 ▶ 빼앗다, 잃다

3-2급 | 총획 14 | 동 掠(략) | 會意

손목[寸]만한 새[隹]가 날개를 크게[大] 펼치고는
물건을 '빼앗아' 날아갔다.

□ 奪取 탈취　　□ 奪胎 탈태　　□ 奪還 탈환
□ 強奪 강탈　　□ 收奪 수탈　　□ 掠奪 약탈
□ 爭奪 쟁탈

## 奇 기특할 기 ▶ 기특하다, 기이하다

4급 | 총획 8 | 동 怪(괴)

큰[大] 일을 가히[可] 잘 처리하니
'기특하다'.

□ 奇談 기담　　□ 奇妙 기묘　　□ 奇拔 기발
□ 奇襲 기습　　□ 奇人 기인　　□ 奇蹟 기적
□ 新奇 신기　　□ 好奇心 호기심

## 奮 떨칠 분: ▶ 떨치다, 흔들리다

3-2급 | 총획 16 | 會意

밭[田]에 있던 새[隹]가 크게[大] 날개를 '떨쳐'
날아가다.

■ 孤軍奮鬪 고군분투 : 수가 적고 후원이 없는 외로운 군대
　　　　가, 힘에 겨운 적과 용감하게 싸움

□ 奮起 분기　　□ 奮發 분발　　□ 奮戰 분전
□ 激奮 격분　　□ 興奮 흥분

## 奈 어찌 내 ▶ 어찌

3급 | 총획 8 | 동 豈(기), 那(나), 何(하)

크게[大] 보이니[示] '어찌' 속일까?

■ 奈何 내하 : 어찌
■ 莫無可奈 막무가내 : 어찌할 수 없음. 굳게 고집하여 융통
　　　　　　성이 없음

□ 奈落 나락

## 奉 받들 봉: ▶ 받들다

5급 | 총획 8 | 동 仕(사)

위대[大]한 임금은 두[二] 손[扌→丰]으로
'받들어야' 한다.

□ 奉命 봉명　　□ 奉仕 봉사　　□ 奉養 봉양
□ 奉祝 봉축　　□ 奉行 봉행　　□ 信俸 신봉

## 奔 달릴 분 ▶ 달리다, 달아나다

3-2급 | 총획 9 | 동 走(주)

큰[大] 죄를 지은 사람이 삼십[十十十]육계
줄행랑으로 '달리다'.

■ 東奔西走 동분서주 : 여기저기 분주하게 다님

□ 奔忙 분망　　□ 奔放 분방　　□ 奔走 분주

## 契 맺을 계: ▶ 맺다, 약속

3-2급 | 총획 9 | 形聲

큰[大]일을 위해 세 개의 사선[彡]을 긋고
세로[丨]로 칼[刀]로 쪼개 '맺은' '약속'.

□ 契機 계기　　□ 契約 계약　　□ 契員 계원
□ 假契約 가계약　　□ 默契 묵계

## 奚 어찌 해 ▶ 어찌, 어느

3급 | 총획 10 | (동) 那(나), 何(하)

손톱[爫]이 작았는데[幺] '어찌' 크게[大]
되었느냐?

- 奚暇 해가 : 어느 겨를
- 奚琴 해금 : 민속 악기의 한 가지. 둥근 나무통에 긴 나무
  를 박고 두 가닥의 명주실을 매어 활로 비벼
  서 켬

## 奏 아뢸 주(:) ▶ 아뢰다, 상소, 음악의 한 곡

3-2급 | 총획 9

큰[大] 사람 둘[二]이 하늘[天]에 '아뢰다'.

- 奏請 주청
- 變奏 변주
- 吹奏 취주
- 獨奏 독주
- 二重奏 이중주
- 伴奏 반주
- 合奏 합주

# 女 계집녀 부 · 3획
두 손을 얌전히 모으고 앉아 있는 여자의 모양이다.

---

## 女 계집 녀 ▶ 계집
8급 | 총획 3 | 동 娘(낭) | 반 男(남), 郎(랑)

두 손을 모으고 앉아 있는 '여자'의 모습을 본뜬 자.

- 女傑 여걸
- 女息 여식
- 女兒 여아
- 女王 여왕
- 女人 여인
- 修女 수녀
- 淑女 숙녀
- 侍女 시녀
- 姪女 질녀

## 如 같을 여 ▶ 같다
4-2급 | 총획 6 | 반 異(이), 他(타) | 동 若(약), 肖(초)

여자[女]가 입[口]으로 '같은' 말을 한다.

- 如干 여간
- 如今 여금
- 如反掌 여반장
- 如前 여전
- 如此 여차
- 如何 여하
- 缺如 결여
- 何如間 하여간

## 奴 종 노 ▶ 종, 포로
3-2급 | 총획 5 | 동 婢(비) | 會意

손[又]으로 일만 하는 계집[女]인 '종'.

- 奴婢 노비
- 賣國奴 매국노
- 守錢奴 수전노

## 好 좋을 호: ▶ 좋다, 좋아하다
4-2급 | 총획 6 | 동 良(량) | 반 惡(오)

여자[女]와 남자[子]가 함께 있으니 '좋다'.

- 好感 호감
- 好機 호기
- 好奇心 호기심
- 好意 호의
- 好戰 호전
- 好評 호평
- 好況 호황
- 選好 선호

## 妃 왕비 비 ▶ 왕비, 여신
3-2급 | 총획 6 | 반 王(왕) | 形聲

여자[女]의 몸[己]으로 임금의 짝이 된 '왕비'.

※ 왕의 본처는 后 그 다음 처는 妃, 그 다음 처는 嬪

- 王妃 왕비

## 妙 묘할 묘: ▶ 묘하다, 예쁘다
4급 | 총획 7

여자[女]가 젊으니[少] '묘하고' '예쁘다'.

- 妙計 묘계
- 妙技 묘기
- 妙略 묘략
- 妙味 묘미
- 妙手 묘수
- 妙案 묘안
- 巧妙 교묘
- 奇妙 기묘
- 絕妙 절묘

# 妨

**방해할 방** ▶ 방해하다, 훼방

4급 | 총획 7

여자[女]의 웃음소리가 사방[方]에서 들려 공부에
'방해된다'.

- □ 妨害 방해
- □ 妨害罪 방해죄
- □ 無妨 무방

# 始

**비로소 시** ▶ 비로소, 처음

6급 | 총획 8

여자[女]가 다소곳이 앉아 듣고자 하니,
내[厶] 입[口]이 '비로소' 열렸다.

- □ 始動 시동
- □ 始業 시업
- □ 始作 시작
- □ 始祖 시조
- □ 始終 시종
- □ 開始 개시
- □ 原始 원시
- □ 爲始 위시
- □ 創始 창시

# 姑

**시어미 고** ▶ 시어미, 고모

3-2급 | 총획 8 | ⑲ 婦(부)

여자[女]가 오랜[古] 세월을 살았으니 나이 많은
늙은 여자란 뜻에서 '시어미', '고모'.

- □ 姑母 고모
- □ 姑母夫 고모부
- □ 姑婦 고부

# 姉

**손윗누이 자** ▶ 손윗누이

4급 | 총획 8

시장[市]에서 장을 보는 여자[女]는
'손윗누이'.

- □ 姉妹 자매
- □ 姉母會 자모회
- □ 姉兄 자형
- □ 姉妹結緣 자매결연
- □ 兄弟姉妹 형제자매

# 妹

**누이 매** ▶ 누이

4급 | 총획 8

아직 결혼을 안[未]한 여자[女] '누이'.

- □ 妹夫 매부
- □ 妹弟 매제
- □ 妹兄 매형
- □ 男妹 남매
- □ 姉妹 자매

# 姻

**혼인 인** ▶ 혼인

3급 | 총획 9 | ⑧ 婚(혼) | 形聲

여자[女]가 남자와 인연[因]이 된 것이니
'혼인'.

- ■ 姻戚 인척 : 혈연 관계가 없으나 혼인으로 맺어진 친족
- □ 婚姻 혼인

# 姓

**성 성:** ▶ 성(姓), 백성

7급 | 총획 8

여자[女]인 어머니가 자식을 낳으니[生] 그 '성'
을 따랐다.

- □ 姓名 성명
- □ 姓氏 성씨
- □ 百姓 백성
- □ 他姓 타성
- □ 通姓名 통성명
- □ 稀姓 희성

# 姪

**조카 질** ▶ 조카

3급 | 총획 9 | ⑧ 叔(숙) | 形聲

한 여자[女]가 이르러[至] 보니 '조카'다.

- □ 姪女 질녀
- □ 姪婦 질부
- □ 叔姪 숙질

# 娘

**계집 낭** ▶ 아가씨, 어머니

3-2급 | 총획 10 | 동 女(녀) | 반 男(남), 郞(랑) | 形聲

마음이 착한[良] 젊은 여자[女]를 부를 때 '아가씨'.

- 娘子 낭자 : 처녀. 소녀

# 婚

**혼인할 혼** ▶ 혼인하다

4급 | 총획 11

어두운[昏] 저녁에 여자[女]와 '혼인하다'.

- 婚談 혼담
- 婚禮 혼례
- 婚材 혼재
- 婚處 혼처
- 結婚 결혼
- 新婚 신혼
- 約婚 약혼
- 離婚 이혼
- 再婚 재혼
- 初婚 초혼

# 娛

**즐길 오:** ▶ 즐거워하다, 안정되다

3급 | 총획 10 | 동 樂(락) | 形聲

여자[女]에게 큰 소리[吳]로 희롱하며 '즐기다'.

- 娛樂 오락
- 娛樂室 오락실
- 娛遊 오유
- 電子娛樂 전자오락

# 媒

**중매 매** ▶ 중매, 매개

3-2급 | 총획 12 | 形聲

어떤[某] 여자[女]를 '중매' 할까요?

- 媒介 매개
- 媒介物 매개물
- 中媒 중매
- 中媒人 중매인
- 觸媒 촉매

# 婦

**며느리 부** ▶ 며느리, 아내

4-2급 | 총획 11 | 반 夫(부)

비[帚]를 들고 청소하는 여자[女]는 '며느리'.

- 婦德 부덕
- 夫婦 부부
- 新婦 신부
- 子婦 자부
- 主婦 주부
- 孝婦 효부

# 妊

**아이밸 임:** ▶ 아이를 배다

2급 | 총획 7

남자의 정충을 여자[女]에게 맡겨[壬→任] 주니 '아이 밴다'.

- 妊産婦 임산부
- 妊娠 임신
- 避妊 피임

# 婢

**계집종 비:** ▶ 계집종

3-2급 | 총획 11 | 동 奴(노) | 形聲

신분이 낮은[卑] 계집[女]이니 '계집종'.

※ 여자종은 婢(비) , 남자종은 奴(노)

- 奴婢 노비 : 사내종과 계집종을 아울러 이르는 말
- 婢子 비자 : 조선 시대에 문안 편지를 전달하던 여자 종

# 妖

**요사스러울 요** ▶ 요사스럽다

2급 | 총획 7

목을 갸우뚱[丿]거리며 큰[大] 소리치는 여자[女]의 행실이 '요사스럽다'.

- 妖鬼 요귀
- 妖氣 요기
- 妖妄 요망
- 妖艶 요염
- 妖精 요정

# 娩

**해산할 만:** ▶ 해산하다, 낳다

2급 | 총획 10

여자[女]가 고통을 면[免]하고 '해산했다'.

- □ 分娩 분만

# 妄

**망령될 망:** ▶ 망령되다, 허망하다

3-2급 | 총획 6 | 形聲

여자[女]로 인해 이성을 잃었으니[亡] '망령되고' '허망하다'.

- □ 妄覺 망각
- □ 妄靈 망령
- □ 妄發 망발
- □ 妄言 망언
- □ 輕妄 경망
- □ 虛妄 허망

# 姬

**계집 희** ▶ 계집, 아씨, 계집아이

2급 | 총획 9

임금 밑에 신하[臣] 같은 여자[女]니 첩이요 '계집'이다.

- □ 舞姬 무희
- □ 美姬 미희

# 妥

**온당할 타:** ▶ 온당하다, 편히 앉다

3급 | 총획 7 | 동 當(당) | 會意

여자[女]가 손톱[爫]을 기르는 것이 '온당하다'.

- □ 妥結 타결
- □ 妥當 타당
- □ 妥協 타협

# 孃

**아가씨 양** ▶ 아가씨, 소녀

2급 | 총획 20

여자[女] 중 예쁜 옷을 입은 성숙[襄]한 '아가씨'.

- □ 令孃 영양

# 委

**맡길 위** ▶ 맡기다

4급 | 총획 8 | 동 任(임)

벼[禾]농사를 지어 여자[女]에게 음식을 '맡긴다'.

- □ 委細 위세
- □ 委員會 위원회
- □ 委任 위임
- □ 委任狀 위임장
- □ 敎委 교위

# 嫌

**싫어할 혐** ▶ 싫어하다, 의심하다

3급 | 총획 13 | 동 忌(기), 疑(의) | 반 好(호)

여러 가지를 겸[兼]하지 못한 여자[女]를 '싫어한다'.

- □ 嫌忌 혐기
- □ 嫌惡 혐오
- □ 嫌疑 혐의
- □ 嫌疑者 혐의자

# 妻

**아내 처** ▶ 아내, 시집보내다

3-2급 | 총획 8 | 반 夫(부) | 會意

한[一] 손[⺕]으로 베틀에서 베를 짜는 여자[女]는 '아내'.

- ■ 賢母良妻 현모양처 : 자식에게는 어진 어머니이고, 남편에게는 착한 아내
- □ 妻家 처가
- □ 妻男 처남
- □ 恐妻家 공처가
- □ 帶妻僧 대처승
- □ 夫妻 부처
- □ 喪妻 상처
- □ 惡妻 악처
- □ 疑妻症 의처증
- □ 前妻 전처

**妾** 첩 **첩** ▶ 첩, 계집종

3급 | 총획 8

서서[효] 남자의 시중을 드는 여자[女]는 '첩'.

- 妾室 첩실
- 小妾 소첩
- 愛妾 애첩
- 妻妾 처첩

**威** 위엄 **위** ▶ 위엄, 위세

4급 | 총획 9 | (동) 嚴(엄)

개[戌]를 다스리는 여자[女]의 '위엄'.

- 威風堂堂 위풍당당 : 풍채가 의젓하고 떳떳함
- 威信 위신
- 威嚴 위엄
- 威容 위용
- 威脅 위협

**姿** 모양 **자**: ▶ 모양, 맵시, 자태

4급 | 총획 9 | (동) 樣(양), 態(태)

여자[女]에게 마음 다음[次]은 '모양'.

- 姿色 자색
- 姿勢 자세
- 姿質 자질
- 姿態 자태
- 高姿勢 고자세

**姦** 간사할 **간**:
▶ 간사하다, 옳지 않다, 간음하다

3급 | 총획 9 | 會意

세 여자[姦]가 한 남자를 쟁탈하니 '간사하다'.

- 姦婦 간부
- 姦夫 간부
- 姦淫 간음
- 姦淫犯 간음범
- 姦通罪 간통죄
- 強姦 강간

# 子 아들자 부 · 3획

양팔을 벌리고 누워 있는 어린아이의 모습이다.

---

## 子 아들 자 ▶ 아들

7급 | 총획 3 | 반 女(녀)

양팔을 벌리고 누워 있는 나의 '아들'.

- □ 子宮 자궁
- □ 子女 자녀
- □ 子孫 자손
- □ 子息 자식
- □ 男子 남자
- □ 遺腹子 유복자
- □ 種子 종자

## 孫 손자 손(:) ▶ 손자

6급 | 총획 10획 | 반 祖(조)

아들[子]의 아들로 이어지니[系] '손자'.

- □ 孫子 손자
- □ 世孫 세손
- □ 王孫 왕손
- □ 子孫 자손
- □ 宗孫 종손
- □ 曾孫 증손
- □ 後孫 후손

## 孔 구멍 공: ▶ 구멍, 공자(孔子)의 약칭

4급 | 총획 4 | 동 穴(혈)

새끼[子] 새[乚]가 알을 뚫고 나온 '구멍'.

- ■ 孔穴 공혈 : 구멍
- □ 孔子 공자
- □ 九孔炭 구공탄
- □ 氣孔 기공

## 孰 누구 숙 ▶ 누구, 어느

3급 | 총획 11 | 동 誰(수) | 會意

행복을 누리기[享] 위해 환약[丸]을 먹기를 '누구'나 원한다.

## 孤 외로울 고 ▶ 외롭다, 고아

4급 | 총획 8 | 반 群(군), 類(류) | 동 獨(독), 寂(적)

땅에 떨어진 오이[瓜]처럼 돌봐주는 부모가 없는 자식[子]은 '외롭다'.

- ■ 孤立無援 고립무원 : 고립되어 도움을 받을 데가 없음
- □ 孤客 고객
- □ 孤高 고고
- □ 孤島 고도
- □ 孤獨 고독
- □ 孤立 고립
- □ 孤兒 고아

## 字 글자 자 ▶ 글자

7급 | 총획 6

집[宀]에서 부모가 아들[子]에게 '글자'를 가르치다.

- □ 字句 자구
- □ 字幕 자막
- □ 字源 자원
- □ 字典 자전
- □ 字形 자형
- □ 文字 문자
- □ 十字架 십자가
- □ 英字 영자
- □ 誤字 오자
- □ 字解 자해

## 季

**계절 계:** ▶ 계절, 막내, 끝

4급 | 총획 8

벼[禾]의 열매[子]가 익어가는 '계절'.

- 季刊 계간
- 季節 계절
- 冬季 동계
- 四季節 사계절
- 秋季 추계
- 春季 춘계
- 夏季 하계

## 存

**있을 존** ▶ 있다, 보존하다

4급 | 총획 6 | 동 有(유), 在(재)

나에게는 아들[子] 한[一] 사람[亻]이 '있다'.

- 存立 존립
- 存命 존명
- 存否 존부
- 存續 존속
- 存在 존재
- 共存 공존
- 保存 보존
- 生存 생존
- 實存 실존

## 孝

**효도 효:** ▶ 효도

7급 | 총획 7

아들[子]이 늙은[耂] 부모를 업고 가니 '효도'를 다하는구나.

- 孝女 효녀
- 孝道 효도
- 孝婦 효부
- 孝誠 효성
- 孝心 효심
- 孝子 효자
- 孝行 효행
- 不孝 불효
- 忠孝 충효

## 孟

**맏 맹(:)** ▶ 맏, 첫

3-2급 | 총획 8획 | 形聲

좋은 그릇[皿]에 음식을 먹이는 아들[子]이 '맏이'.

- 孟秋 맹추 : 초가을. '음력 7월'의 딴이름
- 孟冬 맹동 : 초겨울. '음력 10월'의 딴이름
- 孟浪 맹랑
- 孟子 맹자
- 孟春 맹춘
- 孟夏 맹하

## 學

**배울 학** ▶ 배우다

8급 | 총획 16 | 반 敎(교), 訓(훈) | 약 学

아이들[子]이 두손을 마주잡고[臼] 좋은 점을 본받고자[爻] 글을 '배운다'.

- 學界 학계
- 學科 학과
- 學校 학교
- 學究 학구
- 學級 학급
- 學期 학기
- 學年 학년
- 學問 학문
- 學閥 학벌
- 學術 학술

## 宇 집 우: ▶ 집, 지붕

3-2급 | 총획 6 | 통 家(가), 閣(각), 館(관), 堂(당), 屋(옥), 宅(택), 戶(호) | 形聲

지붕[宀]이 있는 장소[于]는 '집'.

- □ 宇宙 우주
- □ 宇宙船 우주선
- □ 宇宙人 우주인

## 宅 집 택(댁) ▶ 집

5급 | 총획 6

천금[千]을 들여 집[宀]을 지었으니 얼마나 좋은 '집'인가.

- ■ 宅號 택호 : 주인의 벼슬 이름이나 주부의 친정 고장의 이름을 따서 그 사람의 집을 부르는 이름
- □ 宅內 댁내
- □ 宅地 택지
- □ 住宅 주택

## 宙  집 주: ▶ 집, 하늘

3-2급 | 총획 8 | 통 家(가), 閣(각), 館(관), 堂(당), 屋(옥), 宅(택), 戶(호)

지붕[宀]으로 말미암아[由] 완성되는 '집'.

- □ 宇宙 우주
- □ 宇宙船 우주선
- □ 宇宙人 우주인

## 室  집 실 ▶ 집, 방

8급 | 총획 9 | 통 家(가), 館(관), 屋(옥), 宅(택)

지붕[宀]으로 덮여 있는 깊숙한 곳에 이르러[至] 있는 '집'.

- □ 室內 실내
- □ 室長 실장
- □ 居室 거실
- □ 教室 교실
- □ 企劃室 기획실
- □ 密室 밀실
- □ 別室 별실
- □ 病室 병실
- □ 寢室 침실

## 家  집 가 ▶ 집

7급 | 총획 10 | 통 堂(당), 屋(옥), 宇(우), 宙(주), 戶(호)

돼지[豕]가 사는 집[宀]이란 뜻으로, 자기의 '집'을 겸손히 이르다.

- □ 家計 가계
- □ 家門 가문
- □ 家寶 가보
- □ 家庭 가정
- □ 宗家 종가
- □ 畫家 화가

## 宮 집 궁 ▶ 집, 궁전

4-2급 | 총획 10 | 통 家(가), 戶(호)

지붕[宀]이 등뼈[呂] 같은 기둥으로 잘 받쳐진 '집' '궁전'.

- □ 宮闕 궁궐
- □ 宮女 궁녀
- □ 宮合 궁합
- □ 古宮 고궁
- □ 王宮 왕궁
- □ 龍宮 용궁
- □ 子宮 자궁
- □ 合宮 합궁
- □ 後宮 후궁

# 宗

마루 **종** ▶ 마루, 종가

4-2급 | 총획 8 | 통 廟(묘)

집[宀]에 신[示]을 모시는 '종가' 댁 '마루'.

- 宗家 종가
- 宗敎 종교
- 宗廟 종묘
- 宗主國 종주국
- 宗親會 종친회
- 宗派 종파

# 守

지킬 **수** ▶ 지키다

4-2급 | 총획 6 | 통 防(방), 衛(위) 반 擊(격), 攻(공)

집안[宀]의 질서는 촌수[寸]를 따져 '지킨다'.

- 守門將 수문장
- 守備 수비
- 守勢 수세
- 守節 수절
- 守則 수칙
- 守護 수호
- 固守 고수
- 死守 사수
- 保守 보수
- 嚴守 엄수

# 完

완전할 **완** ▶ 완전하다

5급 | 총획 7 | 통 全(전)

집[宀]을 세상에서 으뜸[元]으로 지었으니 '완전하다'.

- 完結 완결
- 完決 완결
- 完工 완공
- 完成 완성
- 完全 완전
- 完製品 완제품
- 完治 완치
- 完敗 완패
- 未完 미완
- 不完全 불완전

# 安

편안할 **안** ▶ 편안하다, 편안

7급 | 총획 6 | 통 寧(녕), 便(편)

여자[女]가 집[宀]을 잘 다스리니 '편안하다'.

■ 國泰民安 국태민안 : 나라가 태평하고 국민이 살기 편함

- 安寧 안녕
- 安息 안식
- 安危 안위
- 安全 안전
- 安靜 안정
- 安着 안착
- 問安 문안
- 未安 미안
- 治安 치안

# 寢

잘 **침**: ▶ 자다

4급 | 총획 14 | 통 宿(숙) 반 起(기)

집[宀]에서 나무 조각[爿]으로 만든 침대에 누워 손[크]으로 이불을 덮고[冖] 또[又] '잔다'.

- 寢具 침구
- 寢食 침식
- 寢室 침실
- 起寢 기침
- 同寢 동침
- 就寢 취침

# 寧

편안할 **녕** ▶ 편안하다, 문안하다

3-2급 | 총획 14 | 통 康(강), 安(안), 便(편)

집[宀]안의 그릇[皿]에 음식이 풍족하니 마음[心]이 편안한 것이요, 왕성한[丁] 살림이니 '편안하다'.

- 寧日 영일
- 康寧 강녕
- 安寧 안녕

# 宿

잘 **숙** 별자리 **수**: ▶ 묵다, 자다, 별자리

5급 | 총획 11 | 통 眠(면), 睡(수), 寢(침)

그 집[宀]은 커서 백[百] 명의 사람[亻]이 '별자리'를 보며 '잘' 수 있다.

- 宿命 숙명
- 宿泊 숙박
- 宿病 숙병
- 宿所 숙소
- 宿食 숙식
- 宿怨 숙원
- 宿直 숙직
- 寄宿舍 기숙사
- 投宿 투숙
- 下宿 하숙

# 富

부자 **부**: ▶ 부자, 넉넉하다

4-2급 | 총획 12 | 통 裕(유) 반 貧(빈)

집[宀]이 제일[一] 크고 식구[口]들 모두 밭[田]이 있으니 '부자'.

- 富强 부강
- 富貴 부귀
- 富農 부농
- 富者 부자
- 甲富 갑부
- 貧富 빈부
- 豊富 풍부

## 寶

**보배 보:** ▶ 보배

4-2급 | 총획 20. | 동 珍(진) 약 宝

왕[王]의 집[宀]에서는 항아리[缶] 속에 있는
조개[貝]가 가장 값진 '보배'다.

- □ 寶物 보물
- □ 寶石 보석
- □ 寶座 보좌
- □ 寶貨 보화
- □ 家寶 가보
- □ 國寶 국보

## 審

**살필 심(:)** ▶ 살피다

3-2급 | 총획 15 | 동 察(찰) 會意

집[宀]안 일을 차례차례[番] '살핀다'.

- □ 審理 심리
- □ 審問 심문
- □ 審査 심사
- □ 審議 심의
- □ 審判 심판
- □ 結審 결심
- □ 豫審 예심
- □ 誤審 오심
- □ 再審 재심
- □ 主審 주심

## 容

**얼굴 용** ▶ 얼굴, 용서하다, 담다

4-2급 | 총획 10 | 동 面(면)

골짜기[谷]에 있는 집[宀]에 사는 사람의
'얼굴'이 아주 예쁘다.

- □ 容器 용기
- □ 容納 용납
- □ 容量 용량
- □ 容貌 용모
- □ 容易 용이
- □ 內容 내용
- □ 美容 미용
- □ 受容 수용
- □ 許容 허용

## 官

**벼슬 관** ▶ 벼슬

4-2급 | 총획 8 | 동 爵(작) 반 民(민), 私(사)

갓[宀]을 쓰고 말에 깃발 두[ ]개를 꽂았으니
'벼슬'이 높은 사람.

- □ 官家 관가
- □ 官公署 관공서
- □ 官吏 관리
- □ 官署 관서
- □ 官職 관직
- □ 官廳 관청
- □ 官許 관허
- □ 警官 경관
- □ 器官 기관

## 寒

**찰 한** ▶ 차다, 가난하다

5급 | 총획 12 | 반 熱(열), 溫(온) 동 冷(랭)

집[宀]에 우물[井]이 하나[一] 있는데, 여덟[八] 개
나 얼음[冫]이 떠 있으니 몹시 '차다'.

- □ 寒氣 한기
- □ 寒冷 한랭
- □ 寒流 한류
- □ 寒心 한심
- □ 寒波 한파
- □ 寒害 한해
- □ 大寒 대한
- □ 惡寒 오한

## 害

**해할 해:** ▶ 해하다, 해치다, 손해

5급 | 총획 10 | 반 利(리)

남의 집[宀] 일은 세[三] 번 참고 또 한[丨] 번
참아 입[口]을 다물어야 '해'가 없다.

- □ 害毒 해독
- □ 害蟲 해충
- □ 加害 가해
- □ 公害 공해
- □ 冷害 냉해
- □ 殺害 살해
- □ 水害 수해
- □ 陰害 음해
- □ 利害 이해
- □ 自害 자해

## 察

**살필 찰** ▶ 살피다

4-2급 | 총획 14 | 동 省(성)

집[宀]에서 제사[祭]지낼 때 부정한 것이 없는지
'살핀다'.

- □ 察覽 찰람
- □ 監察 감찰
- □ 考察 고찰
- □ 觀察 관찰
- □ 査察 사찰
- □ 視察 시찰
- □ 診察 진찰
- □ 洞察 통찰

## 寡

**적을 과:** ▶ 적다

3-2급 | 총획 14 | 동 小(소) 반 多(다), 衆(중) |
會意

집[宀]의 재산을 머릿[頁]수대로 칼[刀]로 자르듯
나누니 남은 것이 '적다'.

- □ 寡默 과묵
- □ 寡少 과소
- □ 寡慾 과욕
- □ 寡人 과인
- □ 獨寡占 독과점

## 宜

**마땅할 의** ▶ 마땅하다, 마땅히

3급 | 총획 8 | 동 當(당) | 會意

집[宀]에는 가족이나 재산이 또[且] 많은 것이 '마땅한' 것.

■ 宜當 의당 : 마땅히. 으레

□ 便宜 편의

## 寬

**너그러울 관** ▶ 너그럽다, 넓다

3-2급 | 총획 15

집[宀]에서 시키지 않아도 풀밭[艹]에서 노는 아이를 보살피니[見] 그 점[丶]이 '너그럽다'.

□ 寬大 관대　　□ 寬容 관용

## 客

**손님 객** ▶ 손님, 나그네

5급 | 총획 9 | 반 主(주) | 동 旅(려)

집[宀]으로 각각[各] 다른 사연을 가진 '손님' 이 찾아왔다.

□ 客觀 객관　　□ 客氣 객기　　□ 客談 객담
□ 客死 객사　　□ 觀客 관객

## 定

**정할 정:** ▶ 정하다

6급 | 총획 8 | 약 㝎

지붕[宀] 아래[下] 사람[人]이 모여, 할 일을 '정한다'.

□ 定量 정량　　□ 定立 정립　　□ 定石 정석
□ 定說 정설　　□ 定意 정의　　□ 定義 정의
□ 定着 정착　　□ 假定 가정　　□ 改定 개정
□ 安定 안정

## 寄

**부칠 기** ▶ 부치다, 붙어 살다

4급 | 총획 11 | 동 附(부)

집[宀]으로 큰[大] 물건을 들고 가는 것이 가능[可]하지 않아 짐을 '부쳤다'.

□ 寄附 기부　　□ 寄生 기생　　□ 寄生蟲 기생충
□ 寄宿舍 기숙사　　□ 寄與 기여　　□ 寄託 기탁

## 宣

**베풀 선** ▶ 베풀다

4급 | 총획 9 | 동 設(설), 張(장) | 形聲

집[宀]안 일을 하나[一]씩 아침[旦]마다 살피는 것이니 사랑을 '베푸는' 것이다.

□ 宣告 선고　　□ 宣敎 선교　　□ 宣敎師 선교사
□ 宣言 선언　　□ 宣言文 선언문　　□ 宣戰 선전
□ 宣布 선포

## 寂

**고요할 적** ▶ 고요하다, 평온하다

3-2급 | 총획 11 | 동 靜(정), 閑(한) | 반 忙(망) | 形聲

삼촌[叔]이 안 계시니 집[宀]이 '고요하다'.

□ 寂寞 적막　　□ 寂滅 적멸　　□ 寂寂 적적
□ 孤寂 고적　　□ 閑寂 한적

## 宴

**잔치 연:** ▶ 잔치, 잔치하다

3-2급 | 총획 10 | 會意

집[宀]에서 일요일[日]에 여자[女]가 여는 '잔치'.

□ 宴席 연석　　□ 宴息 연식　　□ 壽宴 수연
□ 祝賀宴 축하연　　□ 回甲宴 회갑연

## 密 빽빽할, 비밀 밀 ▶ 빽빽하다, 비밀

4-2급 | 총획 11

집[宀]이 산[山] 속에 있다면 반드시[必] '비밀'이 있을 것이다.

- □ 密談 밀담
- □ 密度 밀도
- □ 密林 밀림
- □ 密使 밀사
- □ 密室 밀실
- □ 密接 밀접
- □ 密集 밀집
- □ 密閉 밀폐
- □ 親密 친밀

## 實 열매 실 ▶ 열매

5급 | 총획 14 | 동 果(과) 반 虛(허) 약 実

집[宀]에 재물[貝]이 없어[毌] '열매'를 꿰어 달았다.

- □ 實感 실감
- □ 實果 실과
- □ 實力 실력
- □ 實錄 실록
- □ 實利 실리
- □ 實務 실무
- □ 實物 실물
- □ 實事 실사
- □ 實狀 실상

## 寫 베낄 사 ▶ 베끼다, 그리다

5급 | 총획 15 | 약 写

집[宀] 안의 절구[臼]가 불[灬]에 휩싸인[勹] 모습을 '베껴' '그린다'.

- □ 寫本 사본
- □ 寫生 사생
- □ 寫書 사서
- □ 寫實 사실
- □ 寫眞 사진
- □ 複寫 복사
- □ 映寫機 영사기
- □ 靑寫眞 청사진

## 寅 범 인 ▶ 범, 동방, 셋째 지지

3급 | 총획 11 | 동 虎(호) | 會意

집[宀]의 한[一] 팔팔[八]한 젊은이로 말미암아[由] '범'을 잡았다.

- ■ 寅念 인념 : 삼가 생각함
- ■ 寅時 인시 : 24시의 다섯 번째 시. 오전 3시 30분에서 4시 30분 사이

- □ 寅方 인방
- □ 甲寅年 갑인년

## 宰 재상 재 ▶ 재상, 벼슬아치, 주관하다

3급 | 총획 10

집[宀]에서 고생[辛]하며 일하는 '재상'.

- ■ 主宰 주재 : 주장하여 맡음

- □ 宰臣 재신
- □ 總宰 총재

## 寸 마디촌 부 · 3획

'마디' '손가락 하나 정도 굵기의 폭' '촌수' 등을 뜻한다.

---

### 마디 촌: ▶ 마디, 촌수

8급 | 총획 3

손끝에서 맥박이 뛰는 곳까지를 '마디'라 한다.

- 寸數 촌수 : 친족 사이의 멀고 가까운 관계
- 寸陰 촌음 : 아주 짧은 시각

---

### 높을 존 ▶ 높다

4-2급 | 총획 12 | 동 高(고), 崇(숭)

서쪽[西]에서 여덟[八] 명이 와서 한[一] 사람에게 법도[寸]에 맞게 대접하니 '높은' 사람인가봐.

- ☐ 尊敬 존경
- ☐ 尊貴 존귀
- ☐ 尊待 존대
- ☐ 尊嚴 존엄
- ☐ 尊重 존중
- ☐ 自尊心 자존심

---

### 절 사 ▶ 절, 내시, 관청

4-2급 | 총획 6

가까운 촌수[寸]의 사람들이 흙[土]으로 지은 '절'.

- ☐ 寺院 사원
- ☐ 山寺 산사

---

### 찾을 심 ▶ 찾다, 생각하다

3급 | 총획 12 | 동 訪(방), 探(탐) | 會意

손[ヨ] 과 입[口]으로 공[工]들여 삼촌[寸]을 '찾는다'.

- ☐ 尋訪 심방
- ☐ 尋常 심상
- ☐ 推尋 추심

---

### 오로지 전 ▶ 오로지

4급 | 총획 11

대나무 마디[寸]로 연결해서 가는 차[車]는 '오로지' 나만 만들 수 있다.

- ☐ 專攻 전공
- ☐ 專念 전념
- ☐ 專門 전문
- ☐ 專門家 전문가
- ☐ 專門醫 전문의
- ☐ 專修 전수
- ☐ 專用 전용
- ☐ 專任 전임

---

### 導 인도할 도:
▶ 인도하다, 가르치다, 이끌다

4-2급 | 총획 16 | 동 引(인)

인간으로서의 도리[道]를 한 마디[寸]씩 해주며 '인도한다'.

- ☐ 導達 도달
- ☐ 導入 도입
- ☐ 導出 도출
- ☐ 導火線 도화선
- ☐ 引導 인도
- ☐ 主導 주도

# 將

**장수 장(:)** ▶ 장수, 장차

4-2급 | 총획 11 | 반 軍(군), 兵(병) | 약 将

몸[月]에 한 뼘[寸]의 천 조각[爿]만 장식해도 '장수'는 의젓하다.

■ 獨不將軍 독불장군 : 남의 의견은 묵살하고 혼자 일을 처리하는 사람

- □ 將軍 장군
- □ 將來 장래
- □ 將帥 장수
- □ 老將 노장
- □ 名將 명장

# 對

**대할 대:** ▶ 대하다, 대답하다

6급 | 총획 14 | 약 対

양[羊]도 울타리[ㅛㅛ] 안에서는 서로 촌수[寸]를 따져가며 '대한다'.

- □ 對價 대가
- □ 對角線 대각선
- □ 對決 대결
- □ 對局 대국
- □ 對答 대답
- □ 對立 대립
- □ 對應 대응
- □ 對敵 대적
- □ 反對 반대

# 封

**봉할 봉** ▶ 봉하다

3-2급 | 총획 9

영토[土]를 법도[寸] 있게 다스리라고 제후를 '봉하다'.

- □ 封印 봉인
- □ 封合 봉합
- □ 開封 개봉
- □ 金一封 금일봉

# 尉

**벼슬 위** ▶ 벼슬

2급 | 총획 11

죽은[尸] 귀신[示]을 손[寸]으로 염하는 '벼슬'.

- □ 尉官 위관
- □ 大尉 대위
- □ 少尉 소위
- □ 准尉 준위
- □ 中尉 중위

# 射

**쏠 사(:)** ▶ 쏘다, 궁술

4급 | 총획 10 | 동 發(발)

삼촌[寸]이 몸[身] 가까이 화살을 대고 '쏜다'.

- □ 射擊 사격
- □ 射手 사수
- □ 亂射 난사
- □ 反射 반사
- □ 發射 발사
- □ 放射線 방사선
- □ 射殺 사살
- □ 熱射病 열사병
- □ 注射 주사

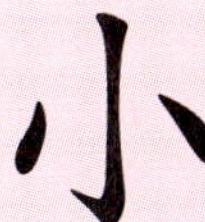

작을소 부 · 3획

땅속에서 풀이 겨우 돋아나온 모양으로, 아직 작고 여리다는 뜻이다.



---

## 小 작을 소: ▶ 작다

8급 | 총획 3 | 동 微(미) 반 트(거), 大(대), 太(태) | 象形

겨우 돋아나온 새싹이 '작다'.

- 小賣 소매
- 小生 소생
- 小說 소설
- 少數 소수
- 小食 소식
- 小心 소심
- 小兒 소아
- 小人國 소인국
- 小銃 소총

---

## 尖 뾰족할 첨: ▶ 뾰족하다, 거칠다

3급 | 총획 6 | 동 端(단), 銳(예) | 會意

아래는 큰[大]데, 위로 올라갈수록 작아지니[小] '뾰족하다'.

- 尖端 첨단
- 尖兵 첨병
- 尖銳 첨예

---

## 少 적을 소: ▶ 적다, 젊다

7급 | 총획 4 | 동 寡(과) 반 多(다), 老(로)

작은[小] 것이 또 나누어진[丿] 것이니, 그 수량이 '적다'.

- 少女 소녀
- 少年 소년
- 少量 소량
- 少額 소액
- 靑少年 청소년

---

## 尙 오히려 상(:) ▶ 오히려, 높다

3-2급 | 총획 8 | 동 崇(숭) | 會意

작은[小] 성[冂]에 인구[口]는 비율이 '오히려' '높다'.

■ 時機尙早 시기상조 : 아직 때가 이름

- 尙宮 상궁
- 高尙 고상
- 崇尙 숭상

## 尤 더욱 우 ▶ 더욱, 허물

3급 | 총획 4 | 會意

한쪽 다리가 굽은 개[大]를 탓하다니, 그것은
'더욱' 큰 '허물'.

- 尤妙 우묘 : 더욱 묘함
- 尤甚 우심 : 더욱 심함

## 就 나아갈 취: ▶ 나아가다, 이루다

4급 | 총획 12 | 동 進(진) 반 退(퇴)

서울[京]이 점점[ヽ] 크게[大] 발전해
'나아가다'.

- 就業 취업
- 就職 취직
- 就任 취임
- 就學 취학
- 就任辭 취임사
- 成就 성취

## 尸 주검시 부 · 3획

사람이 죽어 관 속에 있는 모양이니 '시체'를 뜻한다. 관은 시체의 집이니 '집' '지붕'의 의미도 있다.

---

### 尺 자 척 ▶ 자, 법, 길이

3-2급 | 총획 4 | 동 度(도) | 象形

죽을[尸] 때 차지한 한[乀] '자' 크기의 관.

- 九尺長身 구척장신 : 아홉 척이나 되는 큰 키
- □ 尺度 척도　　　□ 越尺 월척　　　□ 縮尺 축척

---

### 尾 꼬리 미: ▶ 꼬리, 뒤

3-2급 | 총획 7 | 동 末(말) 반 頭(두), 首(수) | 會意

죽으면[尸] 털[毛]도 '꼬리'를 내린다.

- 魚頭肉尾 어두육미 : 물고기는 머리쪽이 맛있고 고기는 꼬리쪽이 맛있다는 뜻
- 龍頭蛇尾 용두사미 : 머리는 용이고 꼬리는 뱀이라는 뜻으로, 갈수록 일이 흐지부지해짐
- □ 末尾 말미　　　□ 語尾 어미　　　□ 後尾 후미

---

### 居 살 거 ▶ 살다

4급 | 총획 8 | 동 住(주), 活(활)

죽을[尸] 때까지 오랫[古]동안 행복하게 '산다'.

- □ 居留 거류　　□ 居室 거실　　□ 居住 거주
- □ 居處 거처　　□ 住居 주거

---

### 屈 굽힐 굴 ▶ 굽히다

4급 | 총획 8 | 동 曲(곡), 折(절) 반 直(직)

시체[尸]를 들고 나가기[出] 위해 허리를 '굽히다'.

- 百折不掘 백절불굴 : 어떠한 어려움에도 굽히지 않음
- □ 屈曲 굴곡　　□ 屈力 굴력　　□ 屈服 굴복
- □ 屈折 굴절　　□ 屈指 굴지

---

### 屋 집 옥 ▶ 집

5급 | 총획 9 | 동 室(실), 宙(주), 宅(택)

시체[尸]가 영원히 머무르는[至] 관도 '집'이다.

- □ 屋內 옥내　　□ 屋上 옥상　　□ 家屋 가옥
- □ 社屋 사옥　　□ 洋屋 양옥

---

### 展 펼 전: ▶ 펴다; 제시하다

5급 | 총획 10 | 동 伸(신)

시체[尸]에 옷[衣]을 입히고 화초[艹]로 장식하여 유리관에 잘 '펴' '전시한다'.

- □ 展開 전개　　□ 展覽 전람　　□ 展望 전망
- □ 展示 전시　　□ 發展 발전　　□ 進展 진전

# 層

**층 층** ▶ 층, 겹, 거듭

4급 | 총획 15 | 동 階(계), 段(단)

집[尸]에 여덟[八] 개의 창[罒]으로 비추는 해[日]가 오늘은 한 '층' 더 밝다.

- □ 層階 층계
- □ 階層 계층
- □ 高層 고층
- □ 單層 단층
- □ 上流層 상류층
- □ 深層 심층
- □ 中産層 중산층
- □ 知識層 지식층

# 局

**판 국** ▶ 판, 방

5급 | 총획 7

시신[尸]을 보니 인생이 가히[可] 한 '판' 놀이에 불과하구나.

- □ 局面 국면
- □ 局番 국번
- □ 局地 국지
- □ 局限 국한
- □ 當局 당국
- □ 對局 대국
- □ 放送局 방송국
- □ 電話局 전화국
- □ 藥局 약국

# 屛

**병풍 병(:)** ▶ 병풍, 울

3급 | 총획 11 | 形聲

집[尸]으로 들어오는 바람을 막기 위해 합하여[幷] 치는 '병풍'.

- ■ 屛居 병거 : 세상을 등지고 집에만 있음
- ■ 屛風 병풍 : 바람을 막기도 하고 무언가를 가리기 위해 만든 둘러치는 물건

# 屬

**붙일 속** ▶ 무리, 붙어살다

4급 | 총획 21 | 동 着(착) 약 属

시체[尸]에 빗물[⺾]이 고여 나방[蜀] '무리'가 '붙어산다'.

- □ 屬國 속국
- □ 屬文 속문
- □ 貴金屬 귀금속
- □ 金屬 금속
- □ 附屬 부속
- □ 所屬 소속

# 屢

**여러 루:** ▶ 여러, 자주

3급 | 총획 14 | 동 累(루) | 形聲

집[尸]에 아무 것도 없으면[婁] '여러' 물건을 '자주' 구하게 된다.

- □ 屢世 누세
- □ 屢次 누차

# 尼

**여승 니** ▶ 여승

2급 | 총획 5

죽을[尸]듯이 절에서 허리 구부리[匕]고 앉아 있는 '여승'.

- □ 比丘尼 비구니
- □ 釋迦牟尼 석가모니

# 履

**밟을 리:** ▶ 밟다, 신, 신다

3-2급 | 총획 15 | 동 踏(답) | 會意

시체[尸]가 다시 회복[復]하여 '신'을 '신고' 땅을 '밟는다'.

- □ 履歷書 이력서
- □ 履修 이수
- □ 履行 이행

# 尿

**오줌 뇨** ▶ 오줌

2급 | 총획 7

죽은[尸] 물[水]이 '오줌'.

- □ 糖尿 당뇨
- □ 糞尿 분뇨
- □ 泌尿器 비뇨기
- □ 尿道 요도

# 屍

**주검 시:** ▶ 주검

2급 | 총획 9

---

죽어[死] 있는 시체[尸]니 '주검'.

- 屍體 시체
- 檢屍 검시
- 屍身 시신

## 山 뫼산 부 · 3획

산봉우리가 뾰족하게 솟은 모양이다.

---

### 山 메(뫼) 산 ▶ 메(뫼)

8급 | 총획 3 | 반 江(강), 川(천) | 象形

지평선 위에 솟아 있는 '산'.

- 山家 산가
- 山間 산간
- 山水 산수
- 山行 산행
- 登山 등산
- 西山 서산
- 野山 야산
- 入山 입산
- 火山 화산

---

### 岸 언덕 안: ▶ 언덕, 기슭

3-2급 | 총획 8 | 동 丘(구), 阿(아), 厓(애) | 形聲

산[山] 밑 바위[厂]가 바람을 방패[干]처럼
막아주는 '언덕'.

- 沿岸 연안
- 彼岸 피안
- 海岸 해안

---

### 峯 봉우리 봉 ▶ 봉우리, 뫼

3-2급 | 총획 10 | 形聲

산[山]이 솟아오른[夆] 것이니 '봉우리'.

- 主峰 주봉
- 最高峰 최고봉

---

### 崩 무너질 붕 ▶ 무너지다, 흩어지다

3급 | 총획 11 | 동 壞(괴) | 形聲

산[山]이 갈라지듯 친구[朋] 사이가
'무너진다'.

- 土崩瓦解 토붕와해 : 산이 무너지고 기와가 깨진다는 뜻
  으로 사물이 여지없이 무너져 손을 댈 수 없음

- 崩壞 붕괴
- 崩御 붕어

---

### 崇 높을 숭 ▶ 높다

4급 | 총획 11 | 동 高(고)

산[山] 위에 집[宀]을 지어 신[示]을 '높이'
받든다.

- 崇高 숭고
- 崇拜 숭배

---

### 嶺 고개 령 ▶ 고개, 산봉우리

3-2급 | 총획 17 | 形聲

산[山]에서 우두머리[領]같이 우뚝 솟은
'고개' 또는 '재'.

- 嶺東 영동
- 高嶺土 고령토
- 大關嶺 대관령
- 分水嶺 분수령

---

# 巖

**바위 암** ▶ 바위, 굴

3-2급 | 총획 23 | 약 岩 | 形聲

산[山] 속에 위엄[嚴] 있게 버티고 있는 '바위'.

- 奇巖怪石 기암괴석 : 기묘하게 생긴 바위와 괴상하게 생긴 돌
- 巖盤 암반
- 巖壁 암벽

# 島

**섬 도** ▶ 섬

5급 | 총획 10

새[鳥]가 물 가운데 있는 산[山]으로 모이니 새가 많은 '섬'.

- 島民 도민
- 落島 낙도
- 半島 반도
- 列島 열도

# 岳

**큰산 악** ▶ 큰 산

3급 | 총획 8 | 會意

산[山] 위에 언덕[丘]이 있으니 '큰 산'.

- 岳母 악모
- 岳丈 악장
- 山岳 산악

# 峽

**골짜기 협** ▶ 골짜기

2급 | 총획 10

산[山]과 산 사이에 끼여[夾] 있는 '골짜기'.

- 峽谷 협곡
- 三峽 삼협
- 地峽 지협
- 海峽 해협

## 屯

**진칠 둔** ▶ 진치다, 진

3급 | 총획 4 | 동 陣(진)

싹[屮] 하나[一]가 벌써부터 '**진을 치고**' 있다.

- 屯兵 둔병 : 예리하지 못한 무기. 둔하고 약한 병사

- 屯防 둔방　　　 □ 駐屯 주둔

## 개미허리 부 · 3획

냇물이 흐르는 모양이다. 변형자는 '川' 이다.

---

### 川 내 천 ▶ 내

7급 | 총획 3 | 동 河(하) 반 山(산)

작은 물줄기[丨]가 여러 개 합쳐지니[川] '내'가 되었다.

- 山川草木 산천초목 : 산과 내와 풀과 나무
- 大川 대천
- 山川 산천
- 河川 하천

### 州 고을 주 ▶ 고을

5급 | 총획 6 | 동 郡(군), 洞(동), 邑(읍)

냇물[川] 중간중간에 점[丶]처럼 '고을'이 있다.

- 州郡 주군 : 주와 군
- 九州 구주 : 9개의 주

### 巡 돌, 순행할 순 ▶ 돌다, 어루만지다

3-2급 | 총획 7 | 동 循(순)

시냇물[川]이 돌아가듯[辶] 산을 안고 '돌아' '순행하다'.

- 巡警 순경
- 巡訪 순방
- 巡視 순시
- 巡察 순찰
- 巡航 순항
- 巡行 순행

# 工

## 장인공 부 · 3획

옛날 사람들의 도구를 본뜬 글자이다.

---

## 工 장인 공 ▶ 장인, 만들다

7급 | 총획 3 | 통 作(작), 造(조) | 象形

곡자[┐]와 곧은 자[一]를 가지고 물건을
'만드는' '장인'.

- 工高 공고
- 工具 공구
- 工團 공단
- 工産品 공산품
- 工業 공업
- 工藝 공예
- 工場 공장
- 工程 공정
- 木工 목공
- 手工業 수공업

## 左 왼 좌: ▶ 왼

7급 | 총획 5 | 반 右(우)

일[工]할 때 오른손을 도와주는 손[ナ]은
'왼' 손.

- 左手 좌수
- 左心房 좌심방
- 左右 좌우
- 佐翼手 좌익수
- 左遷 좌천
- 左便 좌편

---

## 巨 클 거: ▶ 크다

4급 | 총획 5 | 통 大(대), 太(태) | 반 小(소)

밖의 상자[匚]가 안의 상자[ᄏ]보다 '크고'
아름답다.

- 巨大 거대
- 巨頭 거두
- 巨物 거물
- 巨富 거부
- 巨額 거액
- 巨人 거인
- 巨匠 거장

## 差 다를 차 ▶ 다르다, 어긋나다

4급 | 총획 10 | 통 異(이), 他(타) | 반 共(공), 同(동)

장인[工]이 만든 양[羊] 조각은 모양이 각기
'다르다'.

- 千差萬別 천차만별 : 여러 가지 사물이 모두 차이와 구별
  이 있음

- 差減 차감
- 差別 차별
- 差額 차액
- 差異 차이
- 人種差別 인종차별

---

## 巧 공교할 교 ▶ 공교하다, 예쁘다

3-2급 | 총획 5 | 반 拙(졸) | 形聲

꼬불꼬불[丂] 장인이 만든[工] 물건이
'공교하다'.

- 巧妙 교묘
- 計巧 계교
- 技巧 기교
- 精巧 정교

---

## 몸기 부 · 3획

사람이 허리를 굽히고 공손히 무릎을 꿇고 앉아 있는 모양이니 '몸' 또는 '자기'.



---

 **몸 기** ▶ 몸, 자기, 여섯째 천간

5급 | 총획 3 | 통 身(신), 自(자) | 象形

허리를 굽히고 공손히 무릎을 꿇고 앉아 있는 '내' '몸'.

■ 利己主義 이기주의: 자기의 이익만을 추구하는 방식이나 태도

□ 利己 이기   □ 自己 자기   □ 知己 지기

---

 **이미 이:** ▶ 이미, 말다

3-2급 | 총획 3 | 통 旣(기) | 形聲

쟁기의 모양을 본뜬 글자로 밭갈이가 다 끝나 과거인 '이미'.

□ 已決 이결   □ 已往 이왕   □ 不得已 부득이

---

 **뱀 사:** ▶ 뱀, 여섯째 지지

3급 | 총획 3 | 통 蛇(사) | 象形

'뱀'의 모양을 본뜬 자.

■ 巳時 사시 : 오전 9시부터 11시까지 동안의 시간
■ 巳進申退 사진신퇴 : 벼슬아치가 아침 사시(巳時)에 출근 하고 저녁 신시(申時)에 퇴근한다는 뜻

---

**巷** **거리 항:** ▶ 거리, 마을

3급 | 총획 9 | 통 街(가) | 會意

뱀[巳]을 모두[共] '거리'로 몰아내세요.

■ 巷間 항간 : 일반 사람들 사이에서

□ 巷說 항설

# 巾 수건건 부 · 3획

나무에 수건이 걸려 있는 모양이다.

## 市 저자 시: ▶ 저자, 시장

7급 | 총획 5

머리[亠]에 쓰는 모자나 수건[巾]을 살 수 있는 '시장'.

- □ 市內 시내
- □ 市立 시립
- □ 市民 시민
- □ 市街地 시가지
- □ 市勢 시세
- □ 市場 시장
- □ 市政 시정
- □ 都市 도시

## 帝 임금 제: ▶ 임금

4급 | 총획 9 | 동 君(군), 王(왕) 반 民(민), 臣(신)

머리[亠]에 수건[巾]을 덮어[冖] 쓴 여덟[八] 명의 신하가 받드는 '임금'.

- □ 帝國 제국
- □ 帝國主義 제국주의
- □ 帝王 제왕
- □ 帝政 제정
- □ 女帝 여제
- □ 日帝 일제

## 布 베, 펼 포(:) 보시 보: ▶ 베, 펴다, 보시

4-2급 | 총획 5

이리[一]저리[丿] 얽어서 짠 헝겊[巾]인 '베'.

- □ 布告 포고
- □ 布教 포교
- □ 公布 공포
- □ 配布 배포
- □ 分布 분포
- □ 宣布 선포
- □ 流布 유포

## 常 항상 상 ▶ 항상, 떳떳하다

4-2급 | 총획 11 | 반 班(반)

높은[尙] 곳에 수건[巾]이 '항상' 걸려 있다.

- □ 常勤 상근
- □ 常民 상민
- □ 常習 상습
- □ 常識 상식
- □ 常用 상용
- □ 非常 비상

## 希 바랄 희 ▶ 바라다

4-2급 | 총획 7 | 동 望(망), 願(원)

열[十] 갈래로 찢어진[乂] 수건[巾]을 버리고 새것을 갖기를 '바란다'.

- □ 希求 희구
- □ 希望 희망
- □ 希願 희원

## 幣 화폐 폐: ▶ 화폐, 비단, 예물

3급 | 총획 15 | 동 害(해) | 形聲

그 시대의 해진[弊] 천[巾]조각도 '화폐'로 구하기 힘들 정도로 귀해.

- □ 幣物 폐물
- □ 紙幣 지폐
- □ 貨幣 화폐

# 帶

**띠 대(:)** ▶ 띠

4-2급 | 총획 11 | 약 帯

헝겊[巾]으로 덮어서[冖] 허리[뻬]에 하나[一]로 묶은 '띠'.

- 帶劍 대검
- 帶同 대동
- 熱帶 열대
- 熱帶林 열대림
- 寒帶 한대
- 革帶 혁대

# 師

**스승 사** ▶ 스승

4-2급 | 총획 10 | 반 弟(제) 약 师

장수[帥]에게는 오직 한[一] 분의 '스승'이 있다.

- 師團 사단
- 師道 사도
- 師範 사범
- 師父 사부
- 師弟 사제
- 講師 강사
- 牧師 목사
- 恩師 은사



# 幕

**장막 막** ▶ 장막, 진

3-2급 | 총획 14 | 동 帳(장) | 形聲

풀[艹]도 해[日]도 가릴 수 있는 큰[大] 수건[巾]으로 만든 '장막'.

- 幕間 막간
- 幕下 막하
- 開幕式 개막식
- 內幕 내막
- 序幕 서막
- 煙幕 연막
- 銀幕 은막
- 酒幕 주막
- 天幕 천막
- 閉幕 폐막

# 帳

**장막 장** ▶ 장막, 장부

4급 | 총획 11 | 동 幕(막)

헝겊[巾]을 길게[長] 해서 만든 '장막'.

- 帳幕 장막
- 帳簿 장부
- 日記帳 일기장
- 通帳 통장
- 揮帳 휘장

# 席

**자리 석** ▶ 자리

6급 | 총획 10 | 동 座(좌)

집[广] 안에 수건[巾]을 펼치니 스물[廿]한[一] 명이 앉을 수 있는 '자리'가 생겼다.

- 席卷 석권
- 席次 석차
- 病席 병석
- 首席 수석
- 立席 입석
- 出席 출석

# 幅

**폭 폭** ▶ 폭, 넓이

3급 | 총획 12 | 形聲

한[一] 식구[口]의 밭[田]을 가릴 수 있는 헝겊[巾]의 '폭'.

- 大幅 대폭
- 步幅 보폭
- 小幅 소폭
- 全幅的 전폭적
- 增幅 증폭
- 振幅 진폭

# 帥

**장수 수** ▶ 장수, 통솔자, 거느리다

3-2급 | 총획 9 | 동 將(장) 반 軍(군), 兵(병), 卒(졸) | 會意

천[巾]으로 만든 깃발[𠂤] 아래 많은 군사를 거느린 '장수'.

- 元帥 원수
- 總帥 총수
- 統帥權 통수권

# 帽

**모자 모** ▶ 모자

2급 | 총획 12

헝겊[巾]으로 머리를 가리는[冒] '모자'.

- 帽帶 모대
- 帽子 모자
- 着帽 착모

**干** 방패간 부 · 3획

고대 중국에서 사용하던 '방패'의 모양을 본뜬 글자이다.

## 干 방패 간 ▶ 방패

4급 | 총획 3 | 동 盾(순) 반 戈(과), 矛(모) | 象形

고대 중국에서 사용하던 '방패' 모양.

- 干戈 간과
- 干滿 간만
- 干潮 간조
- 干支 간지
- 若干 약간

## 幸 다행 행: ▶ 다행

6급 | 총획 8

국토[土]를 여덟[八] 명의 병사가 방패[干]로 지켜냈으니 '다행'이다.

- 幸福 행복
- 幸運 행운
- 幸運兒 행운아
- 多幸 다행
- 不幸 불행

## 平 평평할 평 ▶ 평평하다, 평화

7급 | 총획 5 | 동 均(균)

방패[干] 여덟[八] 개를 쫙 펼치니 '평평하다'.

- 平面 평면
- 平民 평민
- 平生 평생
- 平安 평안
- 平地 평지

## 幹 줄기 간 ▶ 줄기, 기둥

3-2급 | 총획 13 | 반 根(근), 枝(지) | 形聲

십[十]일 동안 아침[早]마다 사람[人]이 방패[干]를 들고 지키는 '줄기'.

- 幹部 간부
- 幹事 간사
- 幹線 간선
- 根幹 근간
- 才幹 재간
- 主幹 주간

## 年 해 년 ▶ 해, 나이

8급 | 총획 6 | 동 歲(세)

낮[午]이 가고 밤이 오면 숨듯이[匚] '해'가 없어진다.

- 年金 연금
- 年少 연소
- 年例 연례
- 今年 금년
- 老年 노년
- 末年 말년
- 成年 성년
- 成年式 성년식
- 靑年 청년

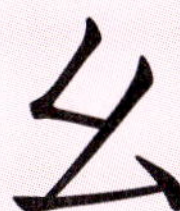

## 작을요 부 · 3획

'작다' '어리다' 는 뜻이다.



---

### 幼  어릴 유 ▶ 어리다, 어린아이

3-2급 | 총획 5 | 동 兒(아), 稚(치) 반 老(로), 長(장)
| 形聲

힘[力]이 작은[幺] '어린이'.

- 長幼有序 장유유서 : 오륜의 하나로, 어른과 어린이는 서로 질서가 있어야 함

□ 幼年 유년　　　□ 幼兒 유아　　　□ 幼稚園 유치원

### 幽  그윽할 유 ▶ 그윽하다, 숨다

3-2급 | 총획 9 | 形聲

작고[幺] 작은[幺] 것이 산[山] 속에
'그윽하게' '숨어 있다'.

- 幽玄 유현 : 사물의 이치가 헤아리기 어려울 만큼 깊음

□ 幽靈 유령

### 幾  몇 기 ▶ 몇, 기미, 거의

3급 | 총획 12 | 會意

사람[人]이 들고 있는 작은 [幺幺] 창[戈]이
'몇' 개인가?

- 機微 기미 : 앞일에 대한 막연한 예상이나 짐작
- 幾百 기백 : 몇백

□ 幾日 기일

### 幻  헛보일 환: ▶ 헛보이다, 홀리다

2급 | 총획 4획

힘[力]이 빠지니 아주 아주 작은[幺] 물체들이
'헛보인다'.

□ 幻覺 환각　　　□ 幻滅 환멸　　　□ 幻想 환상
□ 幻生 환생　　　□ 幻聽 환청　　　□ 幻影 환영

# 广 엄호 부 · 3획

厂에 점을 하나 더 찍어 언덕이나 바위를 지붕으로 삼아 지은 바위집 모양이다.

---

## 庭 뜰 정 ▶ 뜰

6급 | 총획 10

큰 집[广]도 조정[廷]에 비교하면 '뜰'에 불과하다.

- □ 庭園 정원
- □ 家庭 가정
- □ 校庭 교정
- □ 親庭 친정

---

## 廊 사랑채, 행랑 랑 ▶ 사랑채, 행랑, 복도

3-2급 | 총획 13 | 形聲

사내[郎]들이 거처하는 집[广]이니 '행랑'이요, '사랑채'.

- □ 舍廊 사랑
- □ 行廊 행랑
- □ 畫廊 화랑

---

## 廟 사당 묘: ▶ 사당

3급 | 총획 15 | 약 庙 | 形聲

조정[朝]에서 제사지내는 집[广]이니 '사당'.

- ■ 宗廟 종묘 : 조선 시대 역대 임금과 왕비의 위패를 모시던 왕실의 사당

---

## 庫 곳집 고 ▶ 곳집, 창고

4급 | 총획 10 | 동 倉(창)

마차[車]나 농기구를 넣어 두는 집[广]은 '창고'.

- □ 國庫 국고
- □ 金庫 금고
- □ 寶庫 보고
- □ 書庫 서고
- □ 車庫 차고
- □ 倉庫 창고

---

## 店 가게 점: ▶ 가게

5급 | 총획 8

집[广]에서 점[占]을 쳐 '가게'를 열다.

- □ 店房 점방
- □ 店員 점원
- □ 店主 점주
- □ 店鋪 점포
- □ 開店 개점
- □ 分店 분점

---

## 廳 관청 청 ▶ 관청

4급 | 총획 25 | 동 署(서) | 약 庁

백성의 소리를 듣는[聽] 집[广]이니 '관청'.

- □ 廳長 청장
- □ 檢察廳 검찰청
- □ 官廳 관청
- □ 區廳 구청
- □ 大廳 대청
- □ 道廳 도청
- □ 市廳 시청

---

# 底

**밑 저:** ▶ 밑, 밑바닥

4급 | 총획 8

집[广] 안이 굳건한 것은 성[氐]이 하나[一]로 같은 사람들이 '밑'을 받치고 있기 때문이다.

- □ 底力 저력
- □ 底流 저류
- □ 底邊 저변
- □ 底意 저의
- □ 基底 기저
- □ 海底 해저

# 康

**편안할 강** ▶ 편안하다

4-2급 | 총획 11 | 동 安(안)

집[广]에 이르니[隶] 비로소 '편안하게' 쉴 수 있다.

- □ 康健 강건
- □ 健康 건강
- □ 小康 소강
- □ 平康 평강



# 床

**상 상** ▶ 상, 평상

4-2급 | 총획 7 | 동 案(안)

집[广]에 있는 나무[木]로 만든 '상'.

- □ 起床 기상
- □ 溫床 온상

# 府

**마을, 관청 부(:)** ▶ 관청, 마을

4-2급 | 총획 8 | 동 廳(청), 村(촌)

집[广]을 지어 촌수[寸]가 가까운 사람[亻]끼리 모여 사는 '마을'.

- □ 政府 정부
- □ 政府案 정부안
- □ 立法府 입법부
- □ 行政府 행정부

# 序

**차례 서:** ▶ 차례

5급 | 총획 7 | 동 秩(질)

집[广]에서 나[予]의 '차례'를 기다린다.

- □ 序頭 서두
- □ 序論 서론
- □ 序文 서문
- □ 序詩 서시
- □ 順序 순서
- □ 秩序 질서

# 庶

**여러 서:** ▶ 여러, 많다

3급 | 총획 11 | 會意

집[广]에 불[灬]이 나 스무[廿] 명도 넘게 모여든 '여러' 사람.

- □ 庶務 서무
- □ 庶民 서민
- □ 庶子 서자
- □ 庶出 서출

# 座

**자리 좌:** ▶ 자리

4급 | 총획 10 | 동 席(석), 位(위)

집[广]은 땅[土]에 사람들[人人]이 앉기 위해 만든 '자리'.

- □ 座談 좌담
- □ 座右銘 좌우명
- □ 座席 좌석
- □ 座中 좌중
- □ 講座 강좌
- □ 計座 계좌
- □ 星座 성좌
- □ 聖座 성좌
- □ 王座 왕좌

# 廣

**넓을 광:** ▶ 넓다

5급 | 총획 15 | 반 狹(협) | 약 広

누런[黃] 흙으로 집[广] 벽을 바르니 집이 더 '넓어' 보인다.

- □ 廣告 광고
- □ 廣範圍 광범위
- □ 廣大 광대
- □ 廣野 광야
- □ 廣域 광역
- □ 廣場 광장

## 度 법도 도(:) 헤아릴 탁

▶ 법도, 헤아리다

6급 | 총획 9

집[广]에 있는 쌀을 스물[卄]한[一] 번이나 세고
또[又] 세며 '법도'에 맞게 '헤아리다'.

- 度量 도량
- 度數 도수
- 角度 각도
- 高度 고도
- 加速度 가속도
- 強度 강도
- 經度 경도
- 速度 속도
- 制度 제도

## 庚 곡식 경 ▶ 곡식, 일곱째 천간

3급 | 총획 8 | 會意

집[广]에서 사람[人]이 손[⺕]으로 찧는
'곡식'.

- 庚辰 경진 : 육십갑자의 열일곱째
- 同庚 동경 : 같은 나이

## 廉 청렴할 렴 ▶ 청렴하다, 싸다, 검소하다

3급 | 총획 13 | 동 儉(검) | 形聲

여러 사람이 함께[兼] 지은 집[广]에서 사니
'청렴하다'.

- 廉恥 염치
- 廉探 염탐
- 廉價 염가
- 低廉 저렴
- 破廉恥 파렴치

## 庸 떳떳할 용 ▶ 쓰다, 공

3급 | 총획 11 | 반 劣(렬), 拙(졸) | 形聲

집[广]에서 다른 사람의 손[⺕]을 쓰지[用] 않고
사니 '떳떳하다'.

- 庸拙 용졸 : 용렬하고 졸렬함
- 中庸 중용 : 치우침이나 과부족이 없이 떳떳함. 알맞은 상
  태나 정도

- 庸劣 용렬

## 廢 폐할, 버릴 폐:

▶ 폐하다, 버리다, 그만두다

3-2급 | 총획 15 | 동 棄(기), 抛(포) 약 廃 | 會意

집[广]을 향해 총을 쏘니[發] '못 쓰게 되고'
'버리게' 된다.

- 食飮全廢 식음전폐 : 먹고 마시는 것을 포기함
- 廢鑛 폐광
- 廢校 폐교
- 廢棄 폐기
- 廢物 폐물
- 廢業 폐업
- 廢品 폐품
- 老廢物 노폐물
- 存廢 존폐
- 荒廢 황폐

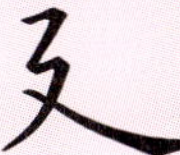

## 민책받침 부 · 3획

구불구불한 길을 다리를 끌며 길게 걷는다는 뜻이다.

---

### 延 끌 **연** ▶ 끌다, 늘이다

4급 | 총획 7 | 통 遲(지) 반 急(급), 速(속)

옳은[正] 일은 오래 끌면[廴] '끌' 수록 손해다.

- 延期 연기
- 延命 연명
- 延長 연장
- 延着 연착

---

### 廷 조정 **정** ▶ 조정, 관청

3-2급 | 총획 7 | 形聲

책임을 짊어지고[壬] 국민을 끄는[廴] 곳이니 '조정'.

- 開廷 개정
- 宮廷 궁정
- 法廷 법정
- 朝廷 조정
- 出廷 출정
- 退廷 퇴정

---

### 建 세울 **건:** ▶ 세우다

5급 | 총획 9 | 반 壞(괴), 崩(붕)

붓[聿]을 끌어[廴] 글을 써서 규칙을 '세운다'.

- 建國 건국
- 建設 건설
- 建立 건립
- 建議 건의
- 建制 건제
- 建築 건축
- 建興 건흥
- 假建物 가건물
- 再建 재건

---

### 廻 돌 **회** ▶ 돌다, 돌리다, 대하다

2급 | 총획 9

다리를 끌며[廴] 돌고[回] '돈다'.

- 廻避 회피
- 迂廻 우회
- 輪廻 윤회

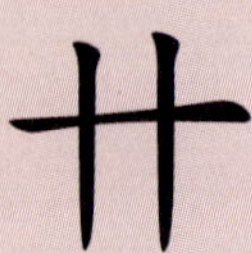

## 스물입 부 · 3획

양손으로 공손하게 물건을 받쳐들고 있는 모양이다.

---

### 弄 회롱할 롱: ▶ 희롱하다, 가지고 놀다

3-2급 | 총획 7 | 동 戱(희) | 會意

옥[玉]을 받쳐 들고[廾] '희롱하며' '가지고 놀다'.

- 弄談 농담
- 愚弄 우롱
- 才弄 재롱
- 戱弄 희롱

---

### 弊 폐단 폐 ▶ 폐단, 폐, 나쁘다

3-2급 | 총획 15 | 形聲

해진[敝] 옷을 또 들고[廾]와 꿰매주길 바라니 '폐(폐단)'이다.

- 弊端 폐단
- 弊習 폐습
- 民弊 민폐
- 惡弊 악폐
- 疲弊 피폐

弋 **주살익 부 · 3획**

주살(오늬에 줄을 매어 쏘는 화살)을 뜻한다.

---

**식** ▶ 법

式 **법**

6급 | 총획 6 | 동 規(규), 律(률), 法(법), 則(칙)

---

훌륭한 장인[工]이 주살[弋]을 만드는 '**법**'은 따로 있다.

- □ 式辭 식사
- □ 式場 식장
- □ 公式 공식
- □ 新式 신식
- □ 形式 형식

# 弓 활궁 부 · 3획

활의 모양이다.

---

## 弓 활 궁 ▶ 활, 궁술

3-2급 | 총획 3 | 象形

'활'을 쓰는 모양.

- 弓道 궁도
- 弓術 궁술
- 弓矢 궁시
- 名弓 명궁
- 洋弓 양궁

## 弔 조상할 조: ▶ 조상하다, 문안하다

3급 | 총획 4 | 동 喪(상) 반 慶(경) | 會意

시체를 까마귀 떼가 파 먹는 것을 막기 위해 활[弓]을 잡고[丨] '조상하다'.

- 弔文 조문
- 弔喪 조상
- 弔意 조의
- 謹弔 근조
- 慶弔事 경조사

## 引 끌 인 ▶ 끌다, 당기다

4-2급 | 총획 4 | 동 導(도), 提(제) 반 推(추) | 會意

활[弓]에 화살[丨]을 대고 앞으로 힘껏 '끌어 당긴다'.

- 引繼 인계
- 引導 인도
- 引上 인상
- 引率 인솔
- 引揚 인양
- 引用 인용
- 引出 인출

## 弘 클 홍 ▶ 크다, 넓다

3급 | 총획 5 | 동 巨(거), 大(대), 太(태) 반 微(미), 小(소) | 會意

내[厶] 몸을 구부려 활[弓]을 잡아 당기니 '크게' 늘어난다.

- 弘益人間 홍익인간 : 널리 인간 세계를 이롭게 한다는 뜻으로, 우리 나라의 건국 시조인 단군의 건국 이념
- 弘報 홍보

## 張 베풀 장 ▶ 베풀다, 성(姓)의 하나

4급 | 총획 11 | 동 設(설), 施(시) 반 縮(축)

긴[長] 활[弓]을 선물로 '베푼다'.

- 誇張 과장
- 主張 주장
- 冊張 책장
- 出張 출장

## 弦 활시위 현 ▶ 활시위

2급 | 총획 8 | 形聲

활[弓]을 쏘았을 때 떨며 가물가물하는 것이니 '활시위'.

- 上弦 상현
- 下弦 하현

彈 탄알 탄: ▶ 탄알, 쏘다

4급 | 총획 15 | 약 弹

갑옷[甲] 입은 장수가 소리치며[口口] 활[弓]을 쏘아도 한[一] 발의 '탄알' 을 당할 수 없다.

- 彈道 탄도
- 彈力 탄력
- 彈壓 탄압
- 防彈 방탄
- 實彈 실탄

弗 아닐 불 ▶ 아니다

2급 | 총획 5 | 會意

활[弓]의 줄이 늘어져 쏠 수 없다 하여 '아니다' .

- 弗素 불소
- 弗貨 불화
- 千弗 천불

強 강할 강: ▶ 강하다

6급 | 총획 11 | 동 健(건) 반 弱(약) 약 强

등이 딱딱하고 넓은[弘] 벌레[虫]는 생명력이 '강하다' .

- 強權 강권
- 強度 강도
- 強力 강력
- 強烈 강렬
- 強賣 강매
- 強盛 강성
- 強速球 강속구
- 強弱 강약
- 強調 강조

弟 아우 제: ▶ 아우

8급 | 총획 7 | 반 兄(형)

활[弓]과 화살[丨]을 손[手→丿]에 들고 노는 머리[首→丷]를 땋은 나의 '아우' .

- 弟子 제자
- 師弟 사제
- 首弟子 수제자
- 子弟 자제
- 兄弟 형제

弱 약할 약 ▶ 약하다

6급 | 총획 10 | 반 強(강)

활[弓]의 줄을 크게 두[二] 번씩 잡아당기니, 줄이 '약해' 졌다.

- 弱勢 약세
- 弱小 약소
- 弱點 약점
- 弱體 약체
- 心弱 심약

해당 한자 없음

**터럭삼 부 · 3획**

머리털이 가지런히 나 있는 모양이다.

---

## 形 모양 형 ▶ 모양, 형상

6급 | 총획 7 | ⑧ 像(상), 樣(양), 態(태)

머리카락[彡]을 하나[一]씩 손으로 들어[廾] 올려 '모양'을 내다.

- 形象 형상
- 形成 형성
- 形式 형식
- 形迹 형적
- 形便 형편

## 彫 새길 조 ▶ 새기다, 조각하다

2급 | 총획 11

조각하기 위해 두루두루[周] 머리[彡]카락까지 '새긴다'.

- 彫刻 조각
- 彫像 조상

---

## 影 그림자 영: ▶ 그림자, 사람의 모양

3-2급 | 총획 15 | 形聲

햇볕[景]에 의해 머리털[彡]처럼 나타나는 '그림자'.

- 影像 영상
- 影響 영향
- 近影 근영
- 暗影 암영
- 投影 투영

## 彰 밝을 창(:) ▶ 밝다, 드러나다

2급 | 총획 14

머리[彡]결이 빛나듯 문장[章]의 내용이 '밝다'.

- 彰德 창덕
- 表彰 표창

---

## 彩 채색 채: ▶ 채색, 무늬

3-2급 | 총획 11 | 形聲

꾸미기[采] 위해 털[彡] 붓으로 '채색'한 '무늬'.

- 彩色 채색
- 光彩 광채
- 異彩 이채
- 文彩 문채
- 水彩畫 수채화

**彳** 두인 부 · 3획

行의 왼쪽 부분으로 '가다' '이동하다' 는 뜻이다.

## 往 갈 왕: ▶ 가다, 향하다

4-2급 | 총획 8 | 동 去(거) 반 來(래)

걸어서[彳] 주인[主]이 집으로 '간다'.

- 說往說來 설왕설래 : 일의 옳고 그름을 따지느라 옥신각신함
- 右往左往 우왕좌왕 : 이리저리 나아갈 방향을 결정하지 못하고 망설임

□ 往年 왕년　　　□ 往來 왕래　　　□ 往復 왕복

## 後 뒤 후: ▶ 뒤

7급 | 총획 9 | 반 先(선), 前(전)

걸을[彳] 때 어린이[幺]는 천천히[夊] 어른 '뒤'를 따른다.

□ 後覺 후각　　□ 後見 후견　　□ 後光 후광
□ 後記 후기　　□ 後面 후면　　□ 後門 후문
□ 後佛 후불　　□ 後事 후사　　□ 後食 후식
□ 後援 후원

## 征 칠 정 ▶ 치다, 가다, 정벌하다

3-2급 | 총획 8 | 동 拍(박), 伐(벌), 打(타), 討(토) | 形聲

정의[正]를 위해 가서[彳] '쳐서' '정벌하다'.

※ 무기로 치는 것은 伐(벌), 법도에 따라 치는 것은 討(토)

□ 征途 정도　　　□ 征伐 정벌　　　□ 征服 정복
□ 遠征競技 원정경기　□ 遠征隊 원정대　□ 長征 장정

## 徐 천천할 서(:) ▶ 천천하다, 평온하다

3-2급 | 총획 10 | 반 急(급), 速(속) | 形聲

걸을[彳] 때 나[余]는 '천천히' 간다.

□ 徐行 서행

## 役 부릴 역 ▶ 부리다, 일

3-2급 | 총획 7 | 동 使(사), 事(사) | 會意

창[殳]을 들고 가서[彳] 국경을 지키는 '일'이 자발적이 아니니 '부림'을 당하는 것.

□ 端役 단역　　□ 配役 배역　　□ 兵役 병역
□ 服役 복역　　□ 兒役 아역　　□ 用役 용역
□ 雜役 잡역　　□ 主役 주역　　□ 重役 중역
□ 退役 퇴역

## 從 좇을 종(:) ▶ 좇다, 따르다

4급 | 총획 11 | 동 遵(준), 追(추)

걸어서[彳] 아랫사람 둘[从]이 점[卜]치는 사람[人]을 '따르다'.

□ 從事 종사　　□ 從屬 종속　　□ 從心 종심
□ 服從 복종　　□ 順從 순종

## 徑 지름길, 길 경 ▶ 지름길, 길

3-2급 | 총획 10 | 통 道(도), 路(로) | 약 徑 | 形聲

물줄기[巠]처럼 곧바로 가는[彳] 길이니 '지름길'.

- □ 口徑 구경
- □ 半徑 반경
- □ 直徑 직경

## 待 기다릴 대: ▶ 기다리다

6급 | 총획 9

절[寺]에 가서[彳] 참배 차례를 '기다리다'.

- □ 待機 대기
- □ 待令 대령
- □ 期待 기대
- □ 待望 대망
- □ 待合室 대합실
- □ 待遇 대우
- □ 苦待 고대
- □ 冷待 냉대
- □ 接待 접대
- □ 下待 하대

## 得 얻을 득 ▶ 얻다, 잡다

4-2급 | 총획 11 | 통 獲(획) | 반 失(실)

해[日]가 뜨면 한[一] 촌수[寸]가 가까운 친척에게 가[彳] 식량을 '얻는다'.

- □ 得道 득도
- □ 得勢 득세
- □ 得失 득실
- □ 得點 득점
- □ 得票 득표
- □ 習得 습득
- □ 利得 이득

## 律 법칙 률 ▶ 법, 짓다

4-2급 | 총획 9 | 통 規(규), 法(법)

붓[聿]을 놀리는[彳] '법칙'을 만든다.

- □ 律動 율동
- □ 律法 율법
- □ 戒律 계율
- □ 規律 규율
- □ 法律 법률
- □ 音律 음률
- □ 自律 자율
- □ 調律 조율
- □ 他律 타율

## 復 회복할 복 다시 부: ▶ 회복하다, 다시

4-2급 | 총획 12

사람[人]들은 해[日]가 지면 서서히[夂] 걸어서[彳] 집으로 '다시' 온다.

- □ 復古 복고
- □ 復舊 복구
- □ 復歸 복귀
- □ 復習 복습
- □ 復原 복원
- □ 復活 부활
- □ 復興 부흥
- □ 反復 반복

## 彼 저 피: ▶ 저, 그

3-2급 | 총획 8 | 반 是(시), 我(아), 此(차) | 形聲

짐승을 잡아 가죽[皮]을 벗겨 간[彳] '저' 사냥꾼.

- □ 彼我 피아
- □ 彼岸 피안
- □ 彼此 피차
- □ 於此彼 어차피

## 徒 무리 도 ▶ 무리

4급 | 총획 10 | 통 群(군), 黨(당), 衆(중) | 반 孤(고), 獨(독)

조금씩 걸으면서[彳] 달아나는[走] '무리'.

- ■ 徒勞 도로 : 보람이 없이 애씀
- ■ 無爲徒食 무위도식 : 아무 하는 일 없이 먹기만 함

- □ 徒黨 도당
- □ 徒步 도보
- □ 敎徒 교도
- □ 生徒 생도
- □ 信徒 신도
- □ 學徒 학도

## 循 돌 순 ▶ 돌다, 좇다

3급 | 총획 12 | 통 旋(선), 巡(순) | 形聲

방패[盾]를 들고 적을 지키기 위해 걸어다니며[彳] 순찰하며 '돈다'.

- ■ 因循姑息 인순고식 : 일을 행함에 있어 결단력 없이 우물쭈물함

- □ 循行 순행
- □ 循環 순환

御 **거느릴 어:**
▶ 거느리다, 짐승을 길들이다, 다스리다

3-2급 | 총획 11 | 동 率(솔), 統(통) | 形聲

가서[彳] 무릎 꿇고[卩] 술잔[缶]을 바치는 부하를 '**거느리다**'.

- □ 御命 어명　　　□ 御使 어사　　　□ 御用 어용
- □ 制御 제어


微 **작을 미** ▶ 작다, 적다

3-2급 | 총획 13 | 동 小(소) 반 大(대), 太(태) | 會意

큰 산[山]에 가서[彳] 책상[几] 하나[一]를 쳐도[攵] 그 효과는 '**작고**' '**적다**'.

- □ 微量 미량　　　□ 微妙 미묘　　　□ 微分 미분
- □ 微細 미세　　　□ 微笑 미소　　　□ 微弱 미약
- □ 微熱 미열　　　□ 微風 미풍　　　□ 輕微 경미


徵 **부를 징** ▶ 부르다, 구하다

3-2급 | 총획 15 | 동 召(소), 招(초) | 會意

가서[彳] 산[山]에 숨겨둔 구슬[王] 하나[一]를 돌멩이로 치니[攵] 메아리가 '**부른다**'.

- □ 徵兵 징병　　　□ 徵收 징수　　　□ 徵用 징용
- □ 徵兆 징조　　　□ 徵表 징표　　　□ 徵候 징후
- □ 象徵 상징　　　□ 性徵 성징　　　□ 特徵 특징


徹 **통할 철** ▶ 통하다, 전달되다

3-2급 | 총획 15 | 동 貫(관), 達(달), 透(투)

매를 치면서[攵] 길러[育] 나아가니[彳] 목적하는 사리에 '**통한다**'.

- ■ 徹頭徹尾 철두철미 : 처음부터 끝까지 방침을 바꾸지 않고 생각을 철저히 관철함
- □ 徹夜 철야　　　□ 貫徹 관철　　　□ 冷徹 냉철
- □ 透徹 투철


德 **큰 덕** ▶ 크다, 덕

5급 | 총획 15 | 약 徳

친구 집에 가니[彳], 창[罒]이 열[十] 개나 되는 부자가 되었음에도 마음[心]은 한결[一]같으니 역시 '**큰**' 사람이다.

- □ 德望 덕망　　　□ 德目 덕목　　　□ 德性 덕성
- □ 德行 덕행　　　□ 功德 공덕　　　□ 美德 미덕
- □ 變德 변덕　　　□ 婦德 부덕　　　□ 盛德 성덕

心 마음심 부 · 4획

사람의 심장 모양을 본뜬 글자이다. 옛날 사람들은 정신이 가슴에 있다고 생각했기 때문에 '마음'이라는 뜻이 되었다. 변형자는 '忄'이다.

---

## 性 성품 성: ▶ 성품, 바탕

5급 | 총획 8

사람이 태어날[生] 때 가지고 나온 마음[忄]이 곧 '성품'.

- □ 性格 성격
- □ 性急 성급
- □ 性別 성별
- □ 性徵 성징
- □ 性品 성품
- □ 乾性 건성
- □ 耐性 내성
- □ 習慣性 습관성
- □ 柔軟性 유연성
- □ 含蓄性 함축성

## 忙 바쁠 망 ▶ 바쁘다, 조급하다

3급 | 총획 6 | 동 奔(분) | 반 閑(한) | 形聲

마음[忄]속으로 생각할 겨를이 없을 만큼[亡] '바쁘다' 바빠.

- 忙中閑 망중한 : 바쁜 가운데에서도 한가로운 때
- 奔忙 분망 : 매우 바쁨

---

## 情 뜻 정 ▶ 뜻, 사랑하다

5급 | 총획 11 | 동 意(의), 志(지) | 약 情

푸른[靑] 청춘들이 마음[忄]을 모으니 '뜻'이 통한다.

- □ 情談 정담
- □ 情報 정보
- □ 情事 정사
- □ 情緖 정서
- □ 情況 정황
- □ 感情 감정
- □ 冷情 냉정
- □ 多情 다정
- □ 同情 동정

## 悟 깨달을 오: ▶ 깨닫다, 깨달음

3-2급 | 총획 10 | 동 覺(각) | 形聲

내[吾]가 마음[忄]으로 크게 '깨달았다'.

- □ 覺悟 각오
- □ 悔悟 회오

---

## 恨 한 한: ▶ 한, 원한, 한탄하다

4급 | 총획 9 | 동 怨(원), 悔(회)

마음[忄]에 머물러[艮] 있는 '한'.

- □ 恨歎 한탄
- □ 痛恨 통한
- □ 怨恨 원한
- □ 悔恨 회한

## 悔 뉘우칠 회: ▶ 뉘우치다

3-2급 | 총획 10 | 동 恨(한)

매일[每] 마음[忄]속으로 잘못된 과오를 반성하며 '뉘우친다'.

- □ 悔改 회개
- □ 悔心 회심
- □ 悔恨 회한

## 惟 생각할 유 ▶ 생각하다, 도모하다

3급 | 총획 11

어미 새[隹]의 마음[忄]으로 '생각하다'.

- □ 惟獨 유독
- □ 思惟 사유

## 憐 불쌍히 여길 련 ▶ 불쌍히 여기다, 어여삐 여기다

3급 | 총획 15 | 동 憫(민)

도깨비불[粦]처럼 마음[忄]속에 홀연히 '불쌍히 여기는' 마음이 일어나다.

- ■ 同病相憐 동병상련 : 어려운 처지에 놓인 사람들끼리 서로를 위로해 줌
- □ 可憐 가련
- □ 哀憐 애련
- □ 憐憫 연민

## 愧 부끄러울 괴: ▶ 부끄러워하다

3급 | 총획 13 | 形聲

귀신[鬼]에게 홀려 마음[忄]속으로 '부끄러워한다'.

- □ 愧色 괴색
- □ 自愧 자괴
- □ 慙愧 참괴

## 憤 성낼 분(:) ▶ 성내다, 분하다

4급 | 총획 15 | 동 慨(개), 怒(노)

열[十] 포기의 풀[艹]을 버리듯 재물[貝]을 버려, 자식이 마음[忄]으로 '성내다'.

- □ 憤慨 분개
- □ 憤氣 분기
- □ 憤怒 분노
- □ 憤痛 분통
- □ 激憤 격분

## 悽 슬퍼할 처: ▶ 슬퍼하다, 차갑다

2급 | 총획 11 | 形聲

아내[妻]를 잃고 마음[忄]속으로 '슬퍼한다'.

- □ 悽然 처연
- □ 悽絶 처절
- □ 悽慘 처참

## 慘 참혹할 참 ▶ 참혹하다, 슬프다, 비참하다

3급 | 총획 14 | 약 惨 | 形聲

마음[忄]에 좋지 않은 일이 셋[參]으로 겹쳐 '참혹하다'.

- □ 慘劇 참극
- □ 慘變 참변
- □ 慘事 참사
- □ 慘狀 참상
- □ 慘敗 참패

## 慨 슬퍼할 개: ▶ 슬퍼하다, 분개하다

3급 | 총획 14 | 동 憤(분), 哀(애) 반 歡(환), 喜(희) | 形聲

마음[忄]의 양심이 이미[旣] '슬퍼하며' '분개하다'.

- ■ 感慨無量 감개무량 : 마음속에 사무치는 느낌
- □ 慨歎 개탄
- □ 憤慨 분개

## 恒 항상 항 ▶ 항상, 늘

3-2급 | 총획 9 | 동 常(상) | 形聲

마음[忄]이 통하는[亘] 것이 '항상' 같다.

- □ 恒久的 항구적
- □ 恒常 항상
- □ 恒星 항성
- □ 恒溫 항온

懷 품을 **회** ▶ 품다, 마음, 생각

3-2급 | 총획 19 | 동 抱(포) | 약 懐 | 形聲

마음[忄]속에 안아[褱] '생각' 하고 '품은' '마음'.

☐ 懷古 회고　　☐ 感懷 감회


憶 생각할 **억** ▶ 생각하다, 생각

3-2급 | 총획 16 | 동 考(고), 念(념), 思(사), 想(상) | 形聲

뜻[意] 가운데 있는 마음[忄]이니 '생각하다'.

☐ 記憶 기억　　☐ 追憶 추억


惜 아낄 **석** ▶ 아끼다, 아까워하다

3-2급 | 총획 11 | 形聲

마음[忄]속에서 옛날[昔]에 쓰던 물건을 '아까워하며' '아낀다'.

☐ 惜別 석별　　☐ 惜敗 석패　　☐ 愛惜 애석


惱 번뇌할 **뇌** ▶ 번뇌하다, 괴로워하다, 괴롭다

3급 | 총획 12 | 동 煩(번) | 약 悩 | 形聲

마음[忄]과 머리[腦]를 쓰면서 '번뇌하다'.

■ 百八煩惱 백팔번뇌 : 불교에서 이르는 108가지의 사람의 번뇌

☐ 惱殺 뇌살　　☐ 苦惱 고뇌


懼 두려워할 **구** ▶ 두려워하다

3급 | 총획 21 | 形聲

마음[忄]이 뜻밖의 일로 두 눈[目目]을 두리번거리는 새[隹]처럼 놀라 '두려워하다'.

☐ 疑懼心 의구심


憫 민망할 **민** ▶ 민망하다, 불쌍히 여기다, 근심하다

3급 | 총획 15 | 동 憐(련) | 形聲

마음[忄]으로 '민망히 여겨[閔]' '불쌍히 여긴다'.

■ 憐憫 연민 : 불쌍하고 딱하게 여김


慢 거만할 **만:** ▶ 거만하다, 게으르다

3급 | 총획 14 | 동 傲(오) | 形聲

마음[忄]이 길게 늘어져[曼] 있으니 '게으르고' '거만하다'.

☐ 慢性 만성　　☐ 傲慢 오만　　☐ 緩慢 완만
☐ 自慢 자만　　☐ 怠慢 태만


慣 익숙할 **관** ▶ 익숙하다, 버릇, 버릇이 되다

3-2급 | 총획 14 | 동 習(습) | 形聲

초지일관[貫]하는 마음[忄]으로 행동이 이어지는 것이니 '버릇', 나아가서 '익숙하다'.

☐ 慣例 관례　　☐ 慣性 관성　　☐ 慣習 관습
☐ 慣用 관용　　☐ 慣行 관행

憎 미울 증 ▶ 밉다, 미워하다, 미움
3-2급 | 총획 15 | 통 惡(오) | 반 愛(애) | 形聲

마음[忄]속에 일찍[曾] 자리잡고 있는 '미움'.

□ 憎惡 증오　　　□ 可憎 가증　　　□ 愛憎 애증


悅 기쁠 열 ▶ 기쁘다
3-2급 | 총획 10 | 통 樂(락), 歡(환), 喜(희)
반 悲(비) | 形聲

여덟[八] 명의 형[兄]이 모두 돌아와서 마음[忄]이
'기쁘다'.

□ 悅樂 열락　　　□ 喜悅 희열


怪 괴이할 괴(:) ▶ 기이하다
3-2급 | 총획 8 | 통 奇(기)

또[又] 흙[土]을 파고 열심히 농사를 지어도
마음[忄]대로 안 되니 '괴이하다'.

■ 怪常罔測 괴상망측 : 말할 수 없이 괴이하고 이상함
■ 奇巖怪石 기암괴석 : 기이한 바위와 괴상한 돌

□ 怪談 괴담　　　□ 怪力 괴력　　　□ 怪物 괴물
□ 怪異 괴이


怖 두려워할 포 ▶ 두려워하다, 두렵다
2급 | 총획 8

인간은 마음[忄]속에 죽어서 베옷[布] 입을
것을 '두려워한다'.

□ 恐怖 공포　　　□ 恐怖心 공포심


愼 삼갈 신: ▶ 삼가다
3-2급 | 총획 13 | 통 謹(근)

조심하는 마음[忄]으로 참되게[眞] '삼가'
행동하다.

※ 말을 삼가는 것은 謹(근)

□ 愼重 신중　　　□ 謹愼 근신


悼 슬퍼할 도 ▶ 슬퍼하다, 떨다
2급 | 총획 11

마음[忄]에 감정이 높게[卓] 치솟은 듯
'슬퍼하다'.

□ 哀悼 애도　　　□ 追悼 추도


快 쾌할 쾌 ▶ 시원하다, 쾌하다
4-2급 | 총획 7

마음[忄]을 정하니[夬] '상쾌하다'.

□ 快感 쾌감　　　□ 快擧 쾌거　　　□ 快樂 쾌락
□ 快速 쾌속　　　□ 快適 쾌적　　　□ 輕快 경쾌
□ 明快 명쾌　　　□ 不快 불쾌


憾 섭섭할 감: ▶ 섭섭하다
2급 | 총획 16

마음[忄]을 다[咸] 그 사람에게 주었는데
내 마음[心]을 알아주지 않으니 '섭섭하다'.

□ 遺憾 유감　　　□ 憾情 감정

心 **마음 심** ▶ 마음

7급 | 총획 4 | 반 身(신), 體(체)

사람의 심장[心]이 곧 '마음'이다.

- 心境 심경
- 心氣 심기
- 心理 심리
- 心臟 심장
- 關心 관심
- 內心 내심
- 童心 동심
- 人心 인심
- 中心 중심
- 核心 핵심

意 **뜻 의:** ▶ 뜻, 생각하다

6급 | 총획 13

마음[心]의 소리[音]를 들어 그 '뜻'을 따른다.

- 意見 의견
- 意中 의중
- 意外 의외
- 意合 의합
- 同意 동의



忌 **꺼릴 기** ▶ 꺼리다, 미워하다

3급 | 총획 7 | 동 避(피) | 形聲

자기[己]만 생각하는 마음[心]은 다른 사람이 '꺼린다'.

- 忌日 기일
- 忌避 기피
- 禁忌 금기

悲 **슬플 비:** ▶ 슬프다

4-2급 | 총획 12 | 반 歡(환), 喜(희)

마음[心]대로 아니[非] 되어 '슬프다'.

- 悲歌 비가
- 悲劇 비극
- 悲鳴 비명
- 悲憤 비분
- 悲運 비운
- 悲壯 비장
- 悲痛 비통
- 喜悲 희비

思 **생각 사(:)** ▶ 생각, 생각하다

5급 | 총획 9 | 동 考(고), 念(념), 慮(려), 想(상)

밭[田]에 무엇을 심을지 마음[心]속으로 '생각한다'.

- 思考 사고
- 思念 사념
- 思慕 사모
- 思想 사상
- 思春期 사춘기
- 相思病 상사병

志 **뜻 지** ▶ 뜻

4-2급 | 총획 7 | 동 意(의), 情(정)

선비[士]가 마음[心]속 깊이 품고 있는 큰 '뜻'.

- 志望 지망
- 志願 지원
- 志操 지조
- 同志 동지
- 意志 의지
- 立志 입지

息 **숨쉴 식** ▶ 숨쉬다, 쉬다, 자식

4-2급 | 총획 10 | 동 休(휴)

자기[自]의 심장[心]으로 '숨쉬다'.

- 自強不息 자강불식 : 스스로 힘쓰며 쉬지 않음

- 息婦 식부
- 安息 안식
- 女息 여식
- 子息 자식
- 休息 휴식
- 歎息 탄식

慮 **생각할 려:** ▶ 생각하다

4급 | 총획 15 | 동 念(념), 思(사)

호랑이[虍]가 나타날까 생각[思]하니 두렵게 '생각되다'.

- 考慮 고려
- 配慮 배려
- 思慮 사려
- 心慮 심려
- 念慮 염려

# 怠

**게으를 태 ▶ 게으르다, 업신여기다**

3급 | 총획 9 | 形聲

늙어[台] 마음[心]이 '게으르다'.

- 怠慢 태만 : 게으르고 느림
- 勤怠 근태 : 부지런함과 게으름

---

# 忘

**잊을 망 ▶ 잊다, 건망증**

3급 | 총획 7 | 形聲

마음[心]속에서 죽은[亡] 것이니 '잊다'.

- 刻骨難忘 각골난망 : 입은 은혜의 고마움을 잊지 않음
- 背恩忘德 배은망덕 : 입은 덕을 잊고 배신함

□ 忘却 망각     □ 備忘錄 비망록

---

# 愁

**근심 수 ▶ 근심, 시름, 시름겹다**

3-2급 | 총획 13 | 동 哀(애), 憂(우) | 반 歡(환) | 形聲

가을[秋]의 낙엽처럼 마음[心]속에 떨어지는 '근심'.

□ 愁心 수심     □ 哀愁 애수     □ 憂愁 우수
□ 鄕愁 향수

---

# 忠

**충성 충 ▶ 충성**

4-2급 | 총획 8

마음[心] 가운데[中] 있는 '충성' 하는 마음.

□ 忠告 충고     □ 忠誠 충성     □ 忠臣 충신
□ 忠實 충실     □ 忠言 충언     □ 忠直 충직
□ 忠孝 충효     □ 不忠 불충

---

# 念

**생각 념: ▶ 생각**

5급 | 총획 8 | 동 慮(려), 思(사), 想(상)

지금[今] 그는 마음[心]속으로 무슨 '생각' 을 할까?

□ 念頭 염두     □ 念慮 염려     □ 念願 염원
□ 記念 기념     □ 斷念 단념     □ 念力 염력
□ 留念 유념     □ 理念 이념     □ 一念 일념
□ 專念 전념

---

# 患

**근심 환: ▶ 근심**

5급 | 총획 11

나무판 두 장[口口]을 송곳으로 뚫은[丨] 듯, 마음[心]이 '근심' 으로 가득 차다.

□ 患部 환부     □ 患者 환자     □ 老患 노환
□ 後患 후환

---

# 想

**생각 상: ▶ 생각, 생각하다**

4-2급 | 총획 13 | 동 思(사)

서로[相] 마음[心]속으로 '생각하다'.

□ 想起 상기     □ 想念 상념     □ 感想 감상
□ 感想文 감상문     □ 空想 공상     □ 發想 발상
□ 豫想 예상     □ 着想 착상     □ 回想 회상

---

# 恕

**용서할 서: ▶ 용서하다, 헤아려 동정하다**

3-2급 | 총획 10 | 形聲

잘못한 사람을 내 마음[心]과 같이[如] 생각해서 '용서한다'.

□ 寬恕 관서     □ 容恕 용서

## 怒 성낼 노: ▶ 성내다, 화내다
4-2급 | 총획 9

종[奴]의 마음[心]은 '성낼' 줄 모른다.

- 怒發大發 노발대발 : 펄펄 뛸 듯이 몹시 성을 냄
- 天人共怒 천인공노 : 누구나 분노할 만큼 증오스러움

□ 怒色 노색    □ 怒號 노호    □ 激怒 격노

## 恩 은혜 은 ▶ 은혜
4-2급 | 총획 10 | 동 惠(혜) 반 怨(원)

착한 마음[心]으로 인해[因] 큰 '은혜'를 받았다

□ 恩功 은공    □ 恩德 은덕    □ 恩人 은인
□ 恩惠 은혜    □ 報恩 보은

## 忍 참을 인 ▶ 참다, 용서하다
3-2급 | 총획 7 | 동 耐(내) | 形聲

칼날[刃] 밑에 마음[心]이 눌려 있으니,
꼼짝 못하고 '참는다'.

- 目不忍見 목불인견 : 차마 눈을 뜨고 볼 수 없음
- 隱忍自重 은인자중 : 마음속으로 참고 몸가짐을 신중히 함

□ 忍苦 인고    □ 忍耐 인내    □ 忍辱 인욕
□ 殘忍 잔인

## 恐 두려울 공(:) ▶ 두려워하다
3-2급 | 총획 10 | 形聲

무릇[凡] 훌륭한 장인[工]도 마음[心]으로는
'두려워한다'.

□ 恐龍 공룡    □ 恐水病 공수병    □ 恐妻家 공처가
□ 可恐 가공

## 忽 갑자기, 소홀히할 홀
▶ 갑자기, 소홀히 하다
3-2급 | 총획 8 | 동 突(돌) | 形聲

관심이 없어진[勿] 마음[心]이 '갑자기'
나타날까?

□ 忽待 홀대    □ 忽然 홀연    □ 疏忽 소홀

## 慙 부끄러워할 참 ▶ 부끄러워하다
3급 | 총획 15 | 동 愧(괴), 羞(수) | 形聲

마음[忄]이 베여[斬] 용기를 잃고
'부끄러워한다'.

□ 慙愧 참괴    □ 慙伏 참복    □ 慙色 참색
□ 慙悔 참회

## 懇 간절할 간: ▶ 간절하다, 정성
3-2급 | 총획 17 | 形聲

돼지가 음식을 먹고자[豤] 하는 마음[心]이
'간절하다'.

□ 懇曲 간곡    □ 懇求 간구    □ 懇談會 간담회
□ 懇切 간절    □ 懇請 간청

## 惑 미혹할 혹 ▶ 미혹하다, 의심하다
3-2급 | 총획 12 | 동 迷(미) | 形聲

혹시[或]나 하는 마음[心]으로 결단하지 못하고
의심하니 '미혹하다'.

※ 행동이 미혹함은 迷(미)

□ 困惑 곤혹    □ 當惑 당혹    □ 不惑 불혹
□ 疑惑 의혹    □ 誘惑 유혹

慈 **사랑할 자** ▶ 사랑, 사랑하다

3-2급 | 총획 14 | 통 愛(애), 仁(인) | 形聲

검은[玄] 마음[心]도 '사랑'으로 치유된다.

※ 연인과의 사랑은 愛(애)

- 慈悲 자비
- 慈善 자선
- 慈愛 자애
- 無慈悲 무자비
- 仁慈 인자

---

愚 **어리석을 우** ▶ 어리석다

3-2급 | 총획 13 | 반 良(량), 仁(인), 賢(현) | 形聲

원숭이[禺]의 마음[心]에는 지혜가 적으니 '어리석다'.

- 愚見 우견
- 愚鈍 우둔
- 愚弄 우롱
- 愚惡 우악
- 愚劣 우열
- 愚直 우직

---

戀 **그리워할, 그릴 련:** ▶ 그리워하다, 사모하다, 그리움

3-2급 | 총획 23 | 통 慕(모) | 약 恋 | 形聲

말[言]이 오고가며 얽매인[絲] 마음[心]이니 '그리워하다'.

- 戀歌 연가
- 戀愛 연애
- 戀人 연인
- 戀情 연정
- 悲戀 비련
- 失戀 실연

---

怨 **원망할 원(:)** ▶ 원망하다

4급 | 총획 9 | 통 恨(한)

저녁[夕]마다 무릎[㔾]을 꿇고 마음[心]속으로 원수를 '원망한다'.

- 怨望 원망
- 怨聲 원성
- 怨恨 원한
- 民怨 민원
- 宿怨 숙원

---

恣 **마음대로, 방자할 자:** ▶ 방자하다

3급 | 총획 10 | 形聲

본마음[心]에서 벗어난 다음[次]의 행동이니 '방자하다'.

- 恣行 자행
- 放恣 방자

---

惡 **악할 악 미워할 오** ▶ 악하다, 미워하다

5급 | 총획 12 | 통 憎(증) | 반 善(선) | 약 悪

산적에 버금[亞]가는 마음[心]은 '악하고' '미워하는' 마음.

- 惡氣 악기
- 惡談 악담
- 惡德 악덕
- 惡漢 악한
- 善惡 선악

---

感 **느낄 감:** ▶ 느끼다

6급 | 총획 13

무슨 일이든 다[咸] 마음[心]으로 '느끼는' 것이다.

- 感慨 감개
- 感激 감격
- 感動 감동
- 感銘 감명
- 感謝 감사
- 感想 감상
- 感性 감성
- 感電 감전
- 感懷 감회
- 同感 동감

---

慾 **욕심 욕** ▶ 욕심

3-2급 | 총획 15 | 통 貪(탐) | 形聲

하고자[欲] 하거나 갖고 싶어하는 마음[心]이니 '욕심'.

■ 私利私慾 사리사욕 : 사사로운 이익과 욕심

- 慾心 욕심
- 禁慾 금욕
- 食慾 식욕
- 愛慾 애욕
- 野慾 야욕
- 意慾 의욕
- 虛慾 허욕

態 **모습 태:** ▶ 모습, 모양

4-2급 | 총획 14 | 동 樣(양), 姿(자)

능력[能]을 마음[心]껏 나타내는 '모습'.

- □ 態度 태도
- □ 事態 사태
- □ 狀態 상태
- □ 世態 세태
- □ 實態 실태
- □ 樣態 양태

---

愈 **나을 유** ▶ 낫다, 더욱

3급 | 총획 13 | 形聲

마음[心]이 점점[兪] 통하면 '더욱' '나아지는' 것이다.

- ■ 愈出愈怪 유출유괴 : 갈수록 더욱 괴상해짐

---

憩 **쉴 게:** ▶ 쉬다, 휴식하다

2급 | 총획 16 | 會意

혀[舌]를 움직여 떠들어대며 '쉬는[息]' 것이다.

- ※ 숨으로 쉬는 것은 息(식), 일하다 그늘에서 쉬는 것은 休(휴)
- □ 休憩室 휴게실

---

憲 **법 헌:** ▶ 법

4급 | 총획 16 | 동 規(규), 律(률), 法(법), 式(식)

세[三] 명 네[四] 명이 한[一] 집[宀]에 살아도 마음[心]이 편한 것은 '법' 이 있기 때문이다.

- □ 憲法 헌법
- □ 憲兵 헌병
- □ 憲章 헌장
- □ 憲政 헌정
- □ 改憲 개헌
- □ 立憲 입헌
- □ 制憲 제헌

---

懲 **징계할 징** ▶ 징계하다, 징계

3급 | 총획 19 | 동 戒(계) | 形聲

죄지은 자를 불러[徵] 마음[心]을 좋게 하라고 꾸짖는 것이니 '징계하다'.

- ■ 勸善懲惡 권선징악 : 착한 행실을 권장하고 악한 행실을 징계함
- □ 懲戒 징계
- □ 懲罰 징벌
- □ 懲役 징역

---

慧 **슬기로울 혜:** ▶ 슬기롭다, 슬기

3-2급 | 총획 15 | 동 智(지) | 形聲

비[彗]로 쓴 듯 맑은 마음[心]에서 나오는 '슬기로움'.

- ※ 생각해서 나오는 것은 慧(혜), 기억해서 나오는 것은 智(지)
- ■ 慧眼 혜안 : 사물을 밝게 보는 슬기로운 눈
- □ 智慧 지혜

---

應 **응할 응:** ▶ 응하다

4-2급 | 총획 17 | 동 諾(락) 약 応

집[广]에서 기르는 새[隹]는 마음[心]으로 사람[亻]에게 '응한다'.

- ■ 因果應報 인과응보 : 과거나 전생의 인연에 따라 뒤에 그 상벌을 받음
- □ 應答 응답
- □ 應對 응대
- □ 應試 응시
- □ 應援 응원
- □ 適應 적응
- □ 呼應 호응

---

惠 **은혜 혜:** ▶ 은혜

4-2급 | 총획 12 | 동 恩(은)

차[車] 한[丶] 대를 사준 사람을 마음[心]으로 생각하며 '은혜'를 잊지 않는다.

- □ 惠澤 혜택
- □ 施惠 시혜
- □ 恩惠 은혜
- □ 特惠 특혜

悠 멀 유 ▶ 멀다, 걱정하다

3-2급 | 총획 11 | 동 遙(요), 遠(원) | 반 近(근) | 形聲

아득하게[攸] 마음[心]속에서 떠나간 것이니 **‘멀어진’** 것이다.

■ 悠悠自適 유유자적 : 속박이 없이 자기가 하고 싶은 대로 마음 편히 지냄

□ 悠久 유구　　　□ 悠然 유연

---

惹 이끌 야: ▶ 이끌다, 끌어당기다

2급 | 총획 13

내 마음[心]과 같은[若] 뜻을 가진 사람에게 마음이 **‘끌린다’**.

□ 惹端 야단

---

急 급할 급 ▶ 급하다, 중요하다

6급 | 총획 9 | 동 速(속) | 반 緩(완)

마음[心]이 몸보다 빨리 이르니[及→刍] 얼마나 **‘급한지’** 알겠다.

□ 急求 급구　　□ 急落 급락　　□ 急變 급변
□ 急性 급성　　□ 急所 급소　　□ 急速 급속
□ 急造 급조　　□ 急行 급행　　□ 時急 시급
□ 特急 특급

---

愛 사랑 애(:) ▶ 사랑

6급 | 총획 13 | 동 戀(련), 慕(모), 慈(자)
반 惡(오), 憎(증)

손[爫]으로 덮어[冖] 어루만지고, 자꾸 마음[心]이 가니[夂] 이것이 어머니의 **‘사랑’** 이다.

□ 愛國 애국　　　□ 愛用 애용　　　□ 愛人 애인
□ 愛情 애정

---

慰 위로할 위 ▶ 위로하다

4급 | 총획 15

시체[尸]를 보고[示] 마음[心]으로 한 마디[寸] **‘위로하다’**.

□ 慰勞 위로　　　□ 慰問 위문　　　□ 慰安 위안

---

憂 근심 우 ▶ 근심하다, 근심

3-2급 | 총획 15 | 동 慮(려), 愁(수), 患(환)

얼굴[頁]에 서서히[夂] 마음[心]의 **‘근심’** 이 나타나다.

■ 內憂外患 내우외환 : 내부에서 일어나는 근심과 외부로부터 받는 근심
■ 識字憂患 식자우환 : 알기는 알아도 똑바로 알지 못하기 때문에 그 지식이 오히려 걱정거리가 됨

□ 憂慮 우려　　　□ 憂愁 우수　　　□ 憂患 우환

---

懸 달 현: ▶ 달다, 매달다, 매달리다

3-2급 | 총획 20 | 形聲

고을[縣] 행정에 내 마음[心]을 **‘달아’** 열심히 일한다.

□ 懸賞手配 현상수배　　□ 懸案 현안　　□ 懸板 현판

---

慶 경사 경: ▶ 경사

4-2급 | 총획 15 | 반 弔(조)

사슴[鹿] 한[一] 마리를 잡아 마음[心]을 다해 바치니 서서히[夂] 집안에 **‘경사’** 가 생긴다.

□ 慶事 경사　　　□ 慶弔 경조　　　□ 慶祝 경축
□ 慶賀 경하　　　□ 國慶日 국경일

恭 **공손할 공**: ▶ 공손하다, 삼가다

3-2급 | 총획 10 | 통 敬(경) | 形聲

모든 사람이 함께[共] 떠받드는 마음[心]이니,
'**공손**'하고 '**공경**'하는 것.

- 恭敬 공경　　　□ 恭待 공대　　　□ 不恭 불공

---

慕 **그릴 모**: ▶ 그리다, 생각하다

3-2급 | 총획 15 | 통 戀(련) | 形聲

밤이 되면 없어진[莫] 사람을 마음[心]속으로
'**그리다**'.

- 慕情 모정　　　□ 思慕 사모　　　□ 愛慕 애모
- 戀慕 연모　　　□ 追慕 추모

---

恥 **부끄러울 치** ▶ 부끄러워하다, 부끄럼

3-2급 | 총획 10 | 통 愧(괴), 辱(욕), 慙(참) 약 耻 | 會意

자신의 잘못을 귀[耳]로 듣고 마음[心]속으로
'**부끄러워**'한다.

■ 厚顔無恥 후안무치 : 뻔뻔하고 부끄러워할 줄 모름

- 恥部 치부　　　□ 恥事 치사　　　□ 恥辱 치욕
- 廉恥 염치　　　□ 破廉恥 파렴치

---

必 **반드시 필** ▶ 반드시

5급 | 총획 5 | 통 須(수)

마음[心]이 비뚠[丿] 성격은 '**반드시**' 고쳐야
한다.

- 必讀 필독　　　□ 必死 필사　　　□ 必須 필수
- 必勝 필승　　　□ 必要 필요

戈 창과 부 · 4획
싸움터에서 쓰는 긴 창 모양이다.

---

## 戈 창 과 ▶ 창, 전쟁
2급 | 총획 4 | 象形

가로 날이 달린 '창'의 모양.

※긴 자루끝에 날 달린 창은 矛(모)

---

## 成 이룰 성 ▶ 이루다
6급 | 총획 7 | 동 達(달), 就(취) 반 敗(패)

도끼[戊]를 든 장정[丁]들이 많으니 무슨 일이든 다 '이룰' 수 있다.

- 成功 성공
- 成果 성과
- 成立 성립
- 成事 성사
- 成長 성장
- 成績 성적
- 成就 성취
- 生成 생성
- 達成 달성
- 養成 양성

---

## 戊 다섯째 천간 무: ▶ 다섯째 천간, 창
3급 | 총획 5

'다섯째 천간'.

※ 天干 천간 : 甲(갑) 乙(을) 丙(병) 丁(정) 戊(무) 己(기) 庚(경) 辛(신) 壬(임) 癸(계)

■ 戊夜 무야 : 오경. 오전 3시에서 5시 사이의 동안

---

## 戚 친척 척 ▶ 친척, 겨레
3-2급 | 총획 11

작은[小] 개[戌] 한[一] 마리도 '친척'이 있다.

- 戚臣 척신
- 外戚 외척
- 親戚 친척

---

## 戌 개 술 ▶ 열한째 지지, 개
3급 | 총획 6 | 동 犬(견), 狗(구)

십이지에서 '개'에 해당한다.

※ 地支 지지 : 子, 丑, 寅, 卯, 辰, 巳, 午, 未, 申, 酉, 戌, 亥

■ 戌時 술시 : 오후 7시에서 9시 사이

---

## 戒 경계할 계: ▶ 경계하다
4급 | 총획 7 | 동 警(경)

나라를 지키기 위해 창[戈]을 들고[廾] '경계하다'.

- 戒告 계고
- 戒名 계명
- 戒嚴令 계엄령
- 戒律 계율
- 戒責 계책
- 警戒 경계
- 十戒 십계

## 或

**혹 혹** ▶ 혹, 있다, 늘

4급 | 총획 8

식구[口]들이 하나[一]같이 창[戈]을 들고 있으니
'혹' 전쟁이 났나?

- 或是 혹시
- 或者 혹자

## 戰

**싸움 전:** ▶ 싸움, 싸우다

6급 | 총획 16 | 동 競(경), 爭(쟁), 鬪(투) 반 和(화)
약 戰 战

혼자[單] 창[戈]을 들고 '싸움'에 나간다.

- 戰功 전공
- 戰果 전과
- 全局 전국
- 戰法 전법
- 戰士 전사
- 戰術 전술
- 戰勝 전승
- 戰爭 전쟁
- 戰車 전차
- 戰後 전후

## 戲

**놀이 희** ▶ 놀이, 희롱하다

3-2급 | 총획 17 | 동 遊(유) 약 戯 | 形聲

호랑이[虍] 탈을 쓰고, 콩[豆]깍지 같은 투구를 쓴
무인이 창[戈]을 들고, 춤을 추는 '놀이'.

- 戲曲 희곡
- 戲弄 희롱
- 戲畫 희화
- 遊戲 유희

## 我

**나 아:** ▶ 나

3-2급 | 총획 7 | 동 余(여), 予(여), 吾(오) 반 彼(피)
| 會意

손[手]에 창[戈]을 들고 적을 막는 '나'.

- 物我一體 물아일체 : 자연물과 자아가 하나가 된 상태. 대상물에 완전히 몰입된 경지
- 唯我獨尊 유아독존 : 세상에서 자기만이 잘났다고 뽐냄

- 我執 아집
- 無我 무아
- 自我 자아

## 戴

**일 대** ▶ 머리에 이다, 받들다

2급 | 총획 17

열[十]개의 창[戈]과 밭[田]에서 거둔 곡식을
여자들이 함께[共] 머리에 '이다'.

- 男負女戴 남부여대 : 가난한 사람이나 재난을 당한 사람들이 살 곳을 찾아 이리저리 떠돌아다님
- 不俱戴天 불구대천 : 같은 하늘에서 살 수 없을 정도로 원한이 사무침

戈

門은 대문의 모양이고 戶는 외짝문의 모양이다.

---

## 戶 

**문 호**: ▶ 문, 지게문, 집

4-2급 | 총획 4 | 통 家(가), 堂(당)

마루나 밖에서 방으로 드나드는 곳에 문종이로
안팎을 바른 외짝 '문' 모양을 본뜬 자.

■ 戶籍 호적 : 호수 및 인구를 기록한 장부. 한 쌍의 부부를
　　　중심으로 하여 그 가족의 본적지 · 가족관
　　　계 · 생년월일 등을 기입한 공문서

□ 戶口 호구　　□ 戶主 호주　　□ 門戶 문호

## 所

**바 소**: ▶ 바, 곳

7급 | 총획 8

문[戶]을 열고 도끼[斤]를 안전하게 보관하는
'곳' 은 대장간이다.

□ 所感 소감　　□ 所望 소망　　□ 所屬 소속
□ 所願 소원　　□ 所有 소유　　□ 所定 소정
□ 所重 소중　　□ 名所 명소　　□ 住所 주소

## 房 

**방 방** ▶ 방

4-2급 | 총획 8

문[戶]을 열면 사방[方]에서 바람이 들어와
시원한 '방'.

■ 文房四友 문방사우 : 종이 · 붓 · 먹 · 벼루를 가리킴

□ 房門 방문　　□ 房勞 방로　　□ 房貰 방세
□ 監房 감방　　□ 獨房 독방　　□ 藥房 약방
□ 册房 책방

# 手 손수 부 · 4획

사람의 다섯 손가락과 손바닥의 모양이다. 변형자는 '扌'이다.

---

## 才 재주 재 ▶ 재주

6급 | 총획 3 | 동 技(기), 術(술), 藝(예)

사람의 손[扌]은 '재주'가 뛰어나다.

- 才幹 재간
- 才能 재능
- 才量 재량
- 才色 재색
- 天才 천재
- 多才 다재

## 批 비평할 비: ▶ 비평하다, 치다

4급 | 총획 7 | 동 評(평)

나란히[比] 앉혀 놓고 손[扌]으로 가리키며 '비평하다'.

- 批判 비판
- 批評 비평

## 技 재주 기 ▶ 재주

5급 | 총획 7 | 동 術(술), 藝(예), 才(재)

나무가지[支]처럼 갈라진 손[扌]으로 물건을 만드는 '재주'.

- 技巧 기교
- 技能 기능
- 技法 기법
- 技術 기술
- 技藝 기예
- 競技 경기
- 妙技 묘기
- 實技 실기

## 投 던질 투 ▶ 던지다

4급 | 총획 7

손[扌]에 든 창[殳]을 힘껏 '던지다'.

- 投稿 투고
- 投球 투구
- 投機 투기
- 投命 투명
- 投手 투수
- 投宿 투숙
- 投身 투신
- 投資 투자
- 投票 투표

## 折 꺾을 절 ▶ 꺾다

4급 | 총획 7 | 동 曲(곡), 屈(굴)

손[扌]에 도끼[斤]를 들고 잘라 '꺾는다'.

- 折骨之痛 절골지통 : 뼈가 부서지는 아픔이라는 뜻으로, 매우 견디기 어려운 고통
- 百折不掘 백절불굴 : 어떠한 난관에도 결코 굽히지 않음

- 折價 절가
- 折半 절반
- 曲折 곡절
- 骨折 골절
- 斷折 단절
- 挫折 좌절

## 拍 칠 박 ▶ 치다, 손뼉치다, 박자

4급 | 총획 8 | 동 擊(격), 打(타)

하얀[白] 손[扌]으로 박수를 '친다'.

- 拍掌大笑 박장대소 : 손뼉을 치며 소리 내어 크게 웃음

- 拍動 박동
- 拍手 박수
- 拍子 박자
- 拍車 박차

# 推 밀 **추** ▶ 밀다

4급 | 총획 11 | (반) 導(도), 引(인)

손[扌]으로 새[隹]가 날아가도록 '**민다**'.

- □ 推考 추고
- □ 推論 추론
- □ 推算 추산
- □ 推想 추상
- □ 推移 추이
- □ 推定 추정
- □ 推進 추진
- □ 推薦 추천
- □ 推測 추측
- □ 類推 유추

# 排 밀칠 **배** ▶ 밀치다, 물리치다

3-2급 | 총획 11 | (동) 斥(척) | 形聲

그렇지 않다고[非] 손[扌]으로 '**밀친다**'.

- □ 排擊 배격
- □ 排氣 배기
- □ 排卵 배란
- □ 排列 배열
- □ 排除 배제
- □ 排斥 배척
- □ 排他的 배타적

# 拓 넓힐 **척** ▶ 넓히다, 개척하다

3-2급 | 총획 8 | (동) 擴(확)

황무지를 개간하기 위해 손[扌]으로 돌[石]을 주워 땅을 '**넓힌다**'.

- □ 干拓 간척
- □ 干拓地 간척지
- □ 開拓 개척

# 抄 뽑을 **초** ▶ 뽑다, 베끼다

3급 | 총획 7 | (동) 拔(발), 選(선) | 形聲

필요한 부분만 조금[少] 손[扌]으로 '**뽑아**' '**베낀다**'.

- □ 抄錄 초록
- □ 抄本 초본
- □ 抄譯 초역

# 振 떨칠 **진:** ▶ 떨치다, 떨쳐 일어나다

3-2급 | 총획 10

손[扌]을 들고 별[辰]처럼 큰 위용을 '**떨치다**'.

- □ 振動 진동
- □ 振作 진작
- □ 振幅 진폭
- □ 振興 진흥
- □ 不振 부진

# 抽 뽑을 **추** ▶ 뽑다, 빼다

3급 | 총획 8 | (동) 拔(발) | 形聲

손[扌]으로 말미암아[由] '**뽑을**' 수 있다.

- □ 抽象化 추상화
- □ 抽出 추출

# 捉 잡을 **착** ▶ 잡다

3급 | 총획 10 | (동) 執(집), 捕(포) | 形聲

달아나는 발[足]을 손[扌]으로 '**잡는다**'.

- ■ 捕捉 포착 : 꽉 잡음. 일의 요점이나 중요한 사항을 잡음

# 拔 뽑을 **발** ▶ 뽑다, 빼다

3-2급 | 총획 8 | (동) 選(선), 抽(추), 擇(택) | 形聲

사람이 뛸[犮] 때 손[扌]을 뒤로 쭉 '**뽑아**' '**뺀다**'.

- ■ 拔本塞源 발본색원 : 폐단의 근원을 찾아서 뿌리뽑음
- □ 拔群 발군
- □ 選拔 선발
- □ 卓拔 탁발
- □ 海拔 해발

## 拘 잡을 구 ▶ 잡다, 체포하다

3-2급 | 총획 8 | 동 執(집), 捕(포), 獲(획) | 形聲

손[扌]과 입[口]을 가지고 범인을 체포해[勹] '잡는다'.

- 拘禁 구금
- 拘留 구류
- 拘束 구속
- 拘置所 구치
- 不拘 불구

## 抑 누를 억 ▶ 누르다

3-2급 | 총획 7 | 동 壓(압), 押(압)

손[扌]으로 내[卬] 마음을 '누르다'.

- 抑留 억류
- 抑壓 억압
- 抑揚 억양
- 抑止 억지

## 捕 잡을 포: ▶ 사로잡다

3-2급 | 총획 10 | 동 拘(구), 操(조), 獲(획) | 形聲

손[扌]을 크게 펼쳐서[甫] 범인을 '잡는다'.

- 捕手 포수
- 捕卒 포졸
- 捕獲 포획
- 生捕 생포
- 逮捕 체포

## 拒 막을 거: ▶ 막다, 물리치다

4급 | 총획 8 | 동 障(장), 抗(항)

손[扌]으로 큰[巨] 물건이 날아오는 것을 '막는다'.

- 拒否 거부
- 拒否權 거부권
- 拒逆 거역
- 拒絕 거절
- 抗拒 항거

## 打 칠 타: ▶ 치다

5급 | 총획 5 | 동 擊(격)

손[扌]으로 갈고리[亅] 하나[一]를 '치다'.

- 打擊 타격
- 打算 타산
- 打殺 타살
- 打手 타수
- 打率 타율
- 打者 타자
- 打破 타파
- 強打 강타
- 亂打 난타
- 代打 대타

## 揮 휘두를 휘 ▶ 휘두르다

4급 | 총획 12

군인[軍]이 손[扌]을 '휘두르며' 싸운다.

- 揮却 휘각
- 揮發油 휘발유
- 發揮 발휘
- 指揮 지휘
- 指揮官 지휘관

## 抱 안을 포: ▶ 안다, 포부

3급 | 총획 8 | 形聲

두 손[扌]으로 싸서[包] 포옹하여 '안는다'.

- 抱腹絕倒 포복절도 : 배를 안고 웃을 정도로 몹시 웃김
- 抱負 포부
- 懷抱 회포

## 播 뿌릴 파: ▶ 뿌리다, 퍼뜨리다

3급 | 총획 15 | 會意

손[扌]으로 밭[田]에 종류를 나눈[釆] 씨를 '뿌린다'.

- 播種 파종
- 傳播 전파
- 直播 직파

搖 흔들 요 ▶ 흔들리다, 움직이다

3급 | 총획 13 | 形聲

손[扌]으로 고기[月]가 든 그릇[缶]을 '흔들다'.

■ 搖之不動 요지부동 : 흔들어도 조금의 움직임이 없음

□ 搖動 요동　　□ 搖亂 요란　　□ 搖籃 요람
□ 動搖 동요


擔 멜 담 ▶ 메다

4-2급 | 총획 16 | 약 担

말[詞]하기를 손[扌]으로 산을 덮은[冖] 바위[厂] 여덟[八] 개를 '멜' 수 있다고 한다.

□ 擔當 담당　　□ 擔保 담보　　□ 擔任 담임
□ 加擔 가담　　□ 負擔 부담　　□ 全擔 전담


擴 넓힐 확 ▶ 넓히다

3급 | 총획 18 | 약 拡 | 形聲

손[扌]으로 넓게[廣] '넓히다'.

□ 擴大 확대　　□ 擴散 확산　　□ 擴聲器 확성기
□ 擴張 확장　　□ 擴充 확충


携 이끌 휴 ▶ 이끌다, 가지다

3급 | 총획 13 | 동 引(인), 提(제) | 會意

손[扌]으로 잡은 새[隹]는 이에[乃] 내가 '이끈다'.

□ 携帶 휴대　　□ 技術提携 기술제휴


操 잡을 조(:) ▶ 잡다, 지조

5급 | 총획 16 | 동 拘(구), 捉(착), 捕(포)

손[扌]으로 나무[木]의 질이 좋은 상품[品]을 냉큼 '잡는다'.

□ 操身 조신　　□ 操心 조심　　□ 操作 조작
□ 操縱 조종　　□ 志操 지조


損 덜 손: ▶ 덜다, 잃다, 손해를 보다

4급 | 총획 13 | 동 減(감), 害(해) 반 益(익)

손[扌]으로 식구[口]가 쓸 돈[貝]을 벌었으니 근심을 '덜었다'.

□ 損傷 손상　　□ 損失 손실　　□ 損害 손해
□ 缺損 결손　　□ 破損 파손


摘 딸 적 ▶ 따다, 요점만을 가려서 쓰다

3-2급 | 총획 14 | 形聲

물방울[商] 같은 앵두를 손[扌]으로 '딴다'.

□ 摘發 적발　　□ 摘要 적요　　□ 指摘 지적


擇 가릴 택 ▶ 가리다

4급 | 총획 16 | 동 拔(발), 選(선) 약 択

손[扌]으로 네[四]평의 땅[土]에 여덟[八] 개의 방패[干]를 놓고 '가려' 나눈다.

□ 擇日 택일　　□ 選擇 선택　　□ 採擇 채택

扶 **도울 부** ▶ 돕다, 의지하다

3-2급 | 총획 7 | 동 助(조), 護(호) | 形聲

힘센 지아비[夫]의 손[扌]으로 약한 아내를 '돕는다'.

- 相扶相助 상부상조 : 서로서로 도움
- 扶助 부조

---

抵 **막을 저:** ▶ 막다, 거스르다

3-2급 | 총획 8 | 동 抗(항) | 形聲

손[扌]으로 낮은[氐] 곳을 향해 밀어 '막는다'.

- 抵當 저당
- 抵觸 저촉
- 抵抗 저항
- 根抵當 근저당
- 大抵 대저

---

捨 **버릴 사:** ▶ 버리다

3급 | 총획 11 | 반 取(취) | 形聲

손[扌]으로 직접 지은 집[舍]이라 차마 '버릴' 수 없다.

- 捨小取大 사소취대 : 작은 것을 버리고 큰 것을 취함
- 四捨五入 사사오입 : 반올림

---

採 **캘 채:** ▶ 캐다

4급 | 총획 11 | 동 取(취), 擇(택)

손[扌]과 손톱[爫]으로 나무[木] 밑을 '캐다'.

- 採鑛 채광
- 採掘 채굴
- 採用 채용
- 採點 채점
- 採集 채집
- 採取 채취
- 採血 채혈
- 公採 공채
- 特採 특채

---

指 **손가락 지** ▶ 손가락, 가리키다

4-2급 | 총획 9

손[扌]으로 매일[日] 비수[匕]를 만져서 '손가락'이 상처투성이다.

- 指紋 지문
- 指示 지시
- 指章 지장
- 指定 지정
- 指針 지침
- 指稱 지칭
- 指向 지향

---

掛 **걸 괘** ▶ 걸다

3급 | 총획 11 | 形聲

점괘[卦]를 본다고 손[扌]가락 '걸고' 약속해.

- 掛念 괘념
- 掛圖 괘도
- 掛鍾 괘종

---

掃 **쓸 소(:)** ▶ 쓸다, 제거하다

4-2급 | 총획 11

손[扌]에 비[帚]를 들고 마당을 '쓸다'.

- 掃滅 소멸
- 掃除 소제
- 掃地 소지
- 掃蕩 소탕
- 一掃 일소
- 淸掃 청소

---

提 **끌 제(:)** ▶ 끌다

4-2급 | 총획 12 | 동 引(인)

손[扌]으로 옳게[是] 사는 방법을 알려준다며 '끈다'.

- 提供 제공
- 提起 제기
- 提示 제시
- 提案 제안
- 提出 제출
- 提携 제휴
- 前提 전제

# 抗

**대항 항:** ▶ 대항, 겨루다

4급 | 총획 7 | 통 競(경), 爭(쟁), 戰(전), 鬪(투)

손[扌]과 머리[亠]를 써서 책상[几]을 쌓아 적에게 '대항한다'.

- 抗拒 항거
- 抗命 항명
- 抗辯 항변
- 抗議 항의
- 抗爭 항쟁
- 對抗 대항
- 反抗 반항

# 換

**바꿀 환:** ▶ 바꾸다, 교체하다

3-2급 | 총획 12 | 통 替(체) | 形聲

손[扌]으로 포목을 크게[奐] 펴서 곡식과 '바꾼다'.

- 換骨奪胎 환골탈태 : 얼굴이나 모습이 전보다 좋아짐

- 換氣 환기
- 換言 환언
- 換率 환율
- 換錢 환전
- 換節期 환절기
- 交換 교환
- 外換 외환
- 轉換 전환
- 互換 호환

# 掠

**노략질할 략** ▶ 노략질하다

3급 | 총획 11 | 통 奪(탈) | 會意

손[扌]으로 서울[京]에서 '노략질하다'.

- 掠奪 약탈
- 侵掠 침략

# 拾

**주울 습 열 십** ▶ 줍다

3-2급 | 총획 9

여러 사람의 손[扌]을 합해[合] '줍다'.

- 拾得 습득
- 拾得物 습득물
- 收拾 수습

# 授

**줄 수** ▶ 주다, 내려주다

4-2급 | 총획 11 | 반 受(수)

받으려고[受] 손[扌]을 내미니 '줄' 수밖에 없다.

- 授受 수수
- 授業 수업
- 授與 수여
- 教授 교수
- 傳授 전수

# 招

**부를 초** ▶ 부르다

4급 | 총획 8 | 통 召(소), 呼(호)

손[扌]에 칼[刀]을 들고 입[口]으로 노래를 '부르다'.

- 招待 초대
- 招來 초래
- 招請 초청
- 自招 자초

# 探

**찾을 탐** ▶ 찾다, 정탐하다

4급 | 총획 11 | 통 訪(방), 索(색), 尋(심)

손[扌]으로 더듬어 덮여[冖] 있는 여덟[八] 그루의 나무[木]를 '찾는다'.

- 探究 탐구
- 探聞 탐문
- 探問 탐문
- 探訪 탐방
- 探査 탐사
- 探索 탐색
- 探偵 탐정
- 探知 탐지
- 探險 탐험

# 接

**대접할 접** ▶ 대접하다, 잇다

4-2급 | 총획 11

여자[女]가 서서[立] 손[扌]으로 '대접하다'.

- 接見 접견
- 接近 접근
- 接續 접속
- 接受 접수
- 接合 접합
- 間接 간접
- 密接 밀접
- 隣接 인접
- 直接 직접

## 持

**가질 지** ▶ 가지다, 지니다, 잡다

4급 | 총획 9

땅[土]을 한 뼘[寸]도 잃지 않기 위해 손[扌]으로 문서를 '쥐고' '가진다'.

- 持久 지구
- 持病 지병
- 持續 지속
- 持參 지참

## 托

**맡길 탁** ▶ 맡기다, 받침

3급 | 총획 6 | 동 任(임) | 形聲

손[扌]에 가진 것이 없어 한[丿] 집에 일곱[七] 남매를 '맡기다'.

- 托生 탁생 : 세상에 태어나 살아감



## 援

**도울 원:** ▶ 돕다

4급 | 총획 12 | 동 救(구), 扶(부), 助(조), 護(호)

손[扌]과 손톱[爫]으로 한[一] 친구[友]를 '돕는다'.

- 援用 원용
- 援助 원조
- 救援 구원
- 應援 응원
- 增員 증원
- 支援 지원
- 請援 청원

## 挑

**돋울 도** ▶ 돋우다

3급 | 총획 9 | 形聲

조짐[兆]이 안 좋을 때 손[扌]으로 건드려 화를 '돋우다'.

- 挑發 도발
- 挑戰 도전
- 挑出 도출

## 揚

**날릴 양** ▶ 날리다, 알려지다

3-2급 | 총획 12 | 반 抑(억)

손[扌]에 든 깃발이 볕[昜]에서 '날린다'.

- 意氣揚揚 의기양양 : 매우 자랑스럽게 여겨 뽐내며 자랑하는 일
- 立身揚名 입신양명 : 사회적으로 자신의 업적을 높여 이름을 알려 부모에게 영광되게 함

- 高揚 고양
- 引揚 인양
- 讚揚 찬양

## 拂

**떨칠 불** ▶ 떨치다, 털다, 값을 치르다

3-2급 | 총획 8 | 약 払 | 形聲

손[扌]으로 아닌[弗] 것을 '떨치다'.

- 拂下 불하
- 假拂 가불
- 過拂 과불
- 未拂 미불
- 先拂 선불
- 完拂 완불
- 一時拂 일시불
- 支拂 지불
- 後拂 후불

## 拙

**못날, 졸할 졸** ▶ 못나다, 졸하다, 솜씨가 서투르다

3급 | 총획 8 | 동 劣(렬) | 반 秀(수), 優(우) | 形聲

손[扌]재주가 나가고[出] 없어 능력이 없는 것이니 '못나다'.

- 拙劣 졸렬
- 拙作 졸작
- 拙丈夫 졸장부
- 拙筆 졸필
- 稚拙 치졸

## 據

**근거 거:** ▶ 근거, 의거하다

4급 | 총획 16 | 동 依(의) | 약 拠

손[扌]으로 호랑이[虍]와 돼지[豕]를 잡는 '근거'가 뭐니?

- 據點 거점
- 根據 근거
- 論據 논거
- 依據 의거
- 占據 점거
- 證據 증거

# 把

把 잡을 **파**: ▶ 잡다

3급 | 총획 7 | 통 拘(구), 操(조), 持(지), 執(집)

손[扌]으로 뱀[巴] 한[丨] 마리를 '잡는다'.

- □ 把守 파수
- □ 把握 파악
- □ 把持 파지
- □ 把筆 파필

# 掘

掘 팔 **굴** ▶ 파다, 캐내다

2급 | 총획 11

손[扌]에 삽을 들고 구부리고[屈] 앉아 굴을 '판다'.

- □ 發掘 발굴
- □ 採掘 채굴
- □ 盜掘 도굴

# 拉

拉 끌고갈 **랍** ▶ 끌고가다, 끌다

2급 | 총획 8

손[扌]을 비틀어 서[立] 있는 죄인을 잡아 '끌고가다'.

- □ 拉北 납북
- □ 拉致 납치
- □ 被拉 피랍

# 措

措 둘 **조** ▶ 두다, 놓다, 베풀다

2급 | 총획 11

손[扌]으로 옛날[昔] 물건을 잘 보관하기 위해 안전한 곳에 놓아 '둔다'.

- ■ 措處 조처 : 일을 잘 정돈하여 처지함
- □ 措置 조치

# 押

押 누를 **압** ▶ 누르다, 단속하다

3급 | 총획 8 | 통 壓(압), 抑(억)

손[扌]으로 갑옷[甲]을 '누르다'.

- □ 押留 압류
- □ 押送 압송
- □ 押收 압수
- □ 差押 차압

# 插

插 꽂을 **삽** ▶ 꽂다, 박아 세우다

2급 | 총획 12

손[扌]으로 절구[臼] 같은 빈통에 삽 같은 연장을 '꽂아둔다'.

- □ 插入 삽입
- □ 插畫 삽화

# 抛

抛 던질 **포**: ▶ 던지다, 버리다

2급 | 총획 8

손[扌]에 잡은 큰[大] 돌을 힘[力]껏 집어 '던지다'.

- □ 抛棄 포기
- □ 抛物線 포물선

# 握

握 잡을 **악** ▶ 잡다, 쥐다

2급 | 총획 12

손[扌]으로 반가워서 집[屋]에 찾아온 사람을 '잡아쥔다'.

- □ 握手 악수
- □ 掌握 장악
- □ 把握 파악

# 搬

**옮길 반** ▶ 옮기다, 운반하다

2급 | 총획 13

손[扌]을 써서 일반[般]적으로 물건을 '옮기다'.

- 搬入 반입
- 搬出 반출
- 運搬 운반

# 揭

**걸 게:** ▶ 걸다, 높이 들다

2급 | 총획 12

손[扌]으로 태극기를 어찌[曷] '높이 들어' '걸'었는가.

- 揭示板 게시판
- 揭載 게재

# 搜

**찾을 수** ▶ 찾다

3급 | 총획 13 | 동 訪(방), 索(색)

늙은이[叟]가 손[扌]을 더듬어 물건을 '찾는다'.

- 搜索 수색
- 搜查 수사
- 搜所聞 수소문

# 攝

**다스릴, 잡을 섭** ▶ 다스리다, 잡다, 당기다

3급 | 총획 21 | 동 理(리)

손[扌]으로 행하기 전에 귀[聶]로 들어야 잘 '다스릴' 수 있다.

- 攝理 섭리
- 攝政 섭정
- 攝取 섭취
- 包攝 포섭

# 撤

**거둘 철** ▶ 거두다, 제거하다

2급 | 총획 15

손[扌] 버릇이 나쁜 아이를 기를[育]때 엄하게 때리면[攵] '거둬' 치울 것이다.

- 不撤晝夜 불철주야 : 밤낮을 가리지 않음
- 撤去 철거
- 撤回 철회
- 撤廢 철폐

# 手

**손 수(:)** ▶ 손, 손으로하다

7급 | 총획 4 | 반 足(족) | 象形

다섯 손가락[手]을 모두 펴서 '손' 안에 든 것이 없음을 보이다.

- 手工 수공
- 手術 수술
- 手話 수화
- 歌手 가수
- 名手 명수
- 助手 조수

# 擁

**안을 옹** ▶ 안다, 들다, 싸다, 끌어안다

3급 | 총획 16

손[扌]으로 고향[鄕]을 향해 머리[亠]를 둔 채 죽은 새[隹]를 '안다'.

- 擁立 옹립
- 擁衛 옹위
- 擁護 옹호
- 抱擁 포옹

# 拜

**절 배:** ▶ 절, 삼가고 공경하다

4-2급 | 총획 9 | 약 拝

두 손[手手]을 하나[一]로 모으고 '절' 하다.

- 拜伏 배복
- 拜上 배상
- 拜謁 배알
- 敬拜 경배
- 歲拜 세배
- 崇拜 숭배
- 禮拜 예배
- 參拜 참배

拳 주먹 권: ▶ 주먹

3-2급 | 총획 10 | 形聲

여덟[八] 명의 장부[夫]가 손[手]으로 '주먹'
다툼을 한다.

- 拳法 권법
- 拳銃 권총
- 拳鬪 권투

---

擊 칠 격 ▶ 치다

4급 | 총획 17 | 동 功(공), 打(타) 반 防(방), 守(수)

차[車]가 산[山]에서 창[殳]에 부딪친 듯
손[手]잡이에 '친' 자국이 있다.

- 擊鼓 격고
- 擊沈 격침
- 擊退 격퇴
- 擊破 격파
- 攻擊 공격
- 目擊 목격
- 射擊 사격

---

掌 손바닥 장: ▶ 손바닥

3-2급 | 총획 12 | 形聲

지위가 높은[尙] 사람이 아랫사람의 손[手]을
들어 '손바닥' 을 살핀다.

- 拍掌大笑 박장대소 : 손뼉을 치며 크게 호탕하게 웃음
- 如反掌 여반장 : 손바닥을 뒤집듯 쉬운 일을 말함

- 分掌 분장
- 車掌 차장
- 合掌 합장

---

摩 갈 마 ▶ 갈다, 문지르다, 비비다

2급 | 총획 15

삼[麻] 껍질을 벗기기 위해 손[手]으로 문지르고
'간다'.

- 摩擦 마찰
- 按摩 안마
- 摩天樓 마천루

---

擧 들 거: ▶ 들다, 움직이다

5급 | 총획 18 | 약 挙

그 사람과 더불어[與] 두 손[手]으로 '든다'.

- 擧國 거국
- 擧動 거동
- 擧論 거론
- 擧事 거사
- 檢擧 검거
- 列擧 열거

---

承 이을 승 ▶ 잇다, 받들다

4-2급 | 총획 8 | 동 繼(계), 連(련) 반 斷(단), 絶(절)

아들[子] 둘[二]이 양쪽[八] 집안의 대를 '잇다'.

- 承諾 승낙
- 承服 승복
- 承認 승인
- 傳承 전승

## 攴 둥글월문 부 · 4획

'손으로 무엇을 하다' '치다'는 뜻이다. 변형자는 '攵'이다.

---

### 敍 펼 서: ▶ 차례, 펴다

3급 | 총획 11 | 形聲

내[余]가 잘못한 것을 쳐서[攴] 바로 '펴다'.

- 敍事 서사
- 敍述 서술
- 敍情詩 서정시
- 自敍傳 자서전

---

### 改 고칠 개(:) ▶ 고치다

5급 | 총획 7 | 동 更(경)

자기[己]의 허물을 알고 매로 쳐서[攵] 잘못을 '고친다'.

- 改過 개과
- 改良 개량
- 改正 개정
- 改造 개조
- 改築 개축
- 改革 개혁

---

### 攻 칠 공: ▶ 치다

4급 | 총획 7 | 동 擊(격) | 반 防(방), 守(수)

장인[工]이 물건을 만들기 위해 두드리며[攵] '친다'.

- 攻擊 공격
- 攻略 공략
- 攻勢 공세
- 攻守 공수
- 速攻 속공
- 專攻 전공

---

### 敗 패할 패: ▶ 패하다

5급 | 총획 11 | 동 負(부) | 반 勝(승)

조개[貝]를 쳐서[攵] 깨지면 시합에서 '패한' 거야.

- 敗亡 패망
- 敗北 패배
- 敗戰 패전
- 腐敗 부패
- 不敗 불패
- 勝敗 승패
- 連敗 연패
- 完敗 완패

---

### 放 놓을 방(:) ▶ 놓다, 쫓다

6급 | 총획 8

회초리로 쳐서[攵] 아이들을 한 방향[方]으로 '쫓아' '놓다'.

- 放免 방면
- 放生 방생
- 放置 방치
- 放學 방학
- 放火 방화

---

### 故 연고 고(:) ▶ 연고, 예(옛)

4-2급 | 총획 9 | 반 今(금), 新(신)

죄인을 오래[古] 쳐서[攵] '연고'를 묻다.

- 故意 고의
- 故人 고인
- 故障 고장
- 故鄕 고향
- 緣故 연고

## 收 거둘 수 ▶ 거두다

4-2급 | 총획 6 | 약 収

넝쿨[丩]에 달린 곡식을 쳐서[攴] '거두다'.

- □ 收監 수감
- □ 收入 수입
- □ 回收 회수
- □ 收納 수납
- □ 收集 수집
- □ 收錄 수록
- □ 秋收 추수

## 敏 민첩할 민 ▶ 민첩하다, 자세하다

3급 | 총획 11 | 반 鈍(둔) | 形聲

매양[每] 독촉해 매로 치니[攴] '민첩해진다'.

- □ 敏感 민감
- □ 不敏 불민
- □ 過敏 과민
- □ 機敏 기민

## 政 정사 정 ▶ 정사, 정치

4-2급 | 총획 9

바르게[正] 살라고 때리기도[攴] 하며 '정사'를 돌본다.

- □ 政見 정견
- □ 王政 왕정
- □ 政堂 정당
- □ 行政 행정
- □ 政治 정치
- □ 憲政 헌정

## 敎 가르칠 교: ▶ 가르치다

8급 | 총획 11 | 동 訓(훈) | 반 學(학) | 약 教

좋은 일만 본받기[爻]를 원하는 부모가 자식[子]을 때려[攴] '가르치다'.

- □ 敎生 교생
- □ 敎訓 교훈
- □ 敎室 교실
- □ 宗敎 종교
- □ 敎正 교정

## 效 본받을 효: ▶ 본받다

5급 | 총획 10

매로 쳐서[攴] 착한 사람과 사귀어[爻] '본받으라' 한다.

- □ 效果 효과
- □ 效則 효칙
- □ 效能 효능
- □ 效用 효용

## 救 구원할 구: ▶ 구원하다, 건지다

5급 | 총획 11 | 동 濟(제), 護(호)

악당을 물리치고[攴] 약자를 구하여[求] '구원하다'.

- □ 救國 구국
- □ 救援 구원
- □ 救急 구급
- □ 救助 구조
- □ 救命 구명
- □ 救出 구출

## 敢 감히, 구태여 감: ▶ 감히, 구태여, 용감하다

4급 | 총획 12

때려서[攴] 귀[耳]를 자르니 '구태여' '감히' 그럴 필요가 있나?

■ 敢言之地 감언지지 : 기탄없이 말할 만한 자리

- □ 敢鬪 감투
- □ 勇敢 용감
- □ 敢行 감행
- □ 果敢 과감

## 敵 대적할 적 ▶ 대적하다, 원수

4-2급 | 총획 15

산머리[亠] 꼭대기에 있는 여덟[八] 개의 오래된[古] 성[冂]을 치면[攴] 나와 '대적할' 수밖에 없어.

- □ 敵手 적수
- □ 強敵 강적
- □ 宿敵 숙적
- □ 敵意 적의
- □ 對敵 대적
- □ 匹敵 필적
- □ 敵陳 적진
- □ 無敵 무적

# 散

**흩어질 산(:)** ▶ 흩어지다, 흩다

4급 | 총획 12 | 동 離(리), 分(분), 解(해) 반 集(집), 會(회)

몸[月]을 스무[十十] 번 치고[攵] 또 한[一]번 치니, 살이 다 '흩어진다'.

- □ 散漫 산만
- □ 散文 산문
- □ 散發 산발
- □ 散步 산보
- □ 散在 산재
- □ 散策 산책
- □ 閑散 한산
- □ 解散 해산

# 敬

**공경 경:** ▶ 공경하다

5급 | 총획 13 | 동 恭(공)

초야[艹]에서 글[句]을 읽는 아버지는, 아이를 훈계해서[攵] 아이가 아버지를 '공경' 한다.

- □ 敬老 경로
- □ 敬愛 경애
- □ 敬語 경어
- □ 恭敬 공경

# 敦

**도타울 돈** ▶ 도탑다

3급 | 총획 12 | 동 篤(독), 厚(후) | 會意

행복을 누리지[享] 않고 치고[攵] 싸우는 동안 정이 '도탑게' 들었다.

- □ 敦篤 돈독
- □ 敦睦 돈목

# 數

**셈 수:** ▶ 셈, 세다

7급 | 총획 15 | 동 計(계), 算(산) 약 数

쌀가마니 가운데[中] 없어진[毋] 것이 있나 하고 여자[女]가 툭툭 치면서[攵] '센다'.

- □ 數式 수식
- □ 數學 수학
- □ 數字 숫자
- □ 算數 산수
- □ 運數 운수

# 敷

**펼 부(:)** ▶ 펴다, 퍼지다, 나누다

2급 | 총획 15

크게[甫] 사방[方]으로 쳐서[攵] '펴다'.

- □ 敷設 부설
- □ 敷衍 부연

# 整

**가지런할 정:** ▶ 가지런하다

4급 | 총획 16 | 동 齊(제)

튀어나온 것은 쳐서[攵] 바르게[正] 하나로 묶으니[束] '가지런하다'.

- □ 整頓 정돈
- □ 整列 정렬
- □ 整理 정리
- □ 整備 정비
- □ 整然 정연
- □ 整形 정형

"

 **지탱할지 부 · 4획**

대나무 가지를 손으로 잡아 넘어지지 않도록 '지탱하다'는 뜻이다.

---

 **지탱할 지** ▶ 지탱하다, 가르다

4-2급 | 총획 4

---

십[十]년을 또[又] **'지탱해야'** 지.

- □ 支佛 지불
- □ 支援 지원
- □ 支店 지점
- □ 支出 지출
- □ 干支 간지

## 文 글월문 부 · 4획

글자의 획이 이리저리 엇갈린 모양이다.

## 文 글월 문 ▶ 글월

7급 | 총획 4 | 통 후(장)

머리[亠]로 생각한 뜻을 음[丿] 양[乀]의 획으로
기록한 것이 '글월'이다.

- 文書 문서
- 文人 문인
- 文字 문자
- 文學 문학
- 名文 명문

## 斗 말두 부 · 4획

자루가 달린 용량을 재는 그릇을 본뜬 글자이다.

---

### 斗 말 두 ▶ 말

4-2급 | 총획 4

자루가 달린 용량을 재는 '말' 의 모양을 본뜬 자.

- 斗酒不辭 두주불사 : '말술도 사양하지 않는다' 는 뜻으로 주량이 매우 큼을 나타냄
- 北斗七星 북두칠성 : 큰곰자리에서 가장 뚜렷하게 보이는 일곱 개의 별
- 斗起 두기
- 斗牛 두우

---

### 斜 비낄 사 ▶ 비끼다, 비스듬하다

3-2급 | 총획 11 | 동 傾(경) | 會意

내[余] 곡식을 말[斗]로 되기 위해 '기울여' '비끼다'.

- 斜面 사면
- 斜線 사선
- 斜視 사시
- 傾斜 경사

---

### 料 헤아릴 료(:) ▶ 헤아리다, 되질하다, 삯(값)

5급 | 총획 10 | 동 量(량)

쌀[米]을 말[斗] 로 '헤아리다'.

- 料金 요금
- 料理 요리
- 給料 급료
- 材料 재료

# 斤

**날근 부 · 4획**

도끼의 모습을 본뜬 글자이다.

---

## 斤

**근, 도끼 근** ▶ 근, 도끼

3급 | 총획 4 | 象形

'도끼' 모양을 본뜬 자.

- 斤量 근량
- 斤兩 근량
- 千斤 천근

---

## 斷

**끊을 단:** ▶ 끊다, 결단

4-2급 | 총획 18 | 동 絶(절) 반 繼(계), 係(계), 連(련) 약 断

기둥[丨]을 에워싼[匚] 작은[幺幺幺幺] 나무들을 도끼[斤]로 '끊다'.

- 斷念 단념
- 斷食 단식
- 斷言 단언
- 斷腸 단장
- 斷絶 단절
- 斷定 단정
- 中斷 중단

---

## 斥

**물리칠 척** ▶ 물리치다, 지적하다

3급 | 총획 5 | 동 排(배) 반 和(화) | 會意

도끼[斤]를 잡고 달려드는 적 하나[丶]를 '물리치다'.

- 斥和 척화
- 斥候 척후
- 排斥 배척

---

## 斯

**이 사** ▶ 이, 어조사

3급 | 총획 12 | 會意

그[其] 물건과 합쳐 있는 것을 도끼[斤]로 자른 한 부분이니 '이' 것.

- 斯界 사계 : 지금 말하고 있는 이 계통의 방면
- 斯文 사문 : 유교의 도의나 문화를 일컫는 말
- 斯文亂賊 사문난적 : 유교 사상에 어긋나는 언행을 하는 사람

---

## 新

**새 신** ▶ 새, 새롭다

6급 | 총획 13 | 반 舊(구), 古(고), 故(고)

우뚝 선[立] 나무[木]를 도끼[斤]로 베어 '새' 물건으로 만들다.

- 新曲 신곡
- 新規 신규
- 新年 신년
- 新聞 신문
- 新婦 신부
- 新生 신생
- 新設 신설
- 新人 신인
- 新作 신작

---

## 斬

**벨 참(:)** ▶ 베다

2급 | 총획 11

극형에 처하기 위해 마차[車]에 싣고 가서 도끼[斤]로 목을 '베다'.

- 斬首 참수
- 斬新 참신
- 斬刑 참형

## 方    모방 부 · 4획
돛을 단 작은 배의 모양이다.

---

**方**   모 **방** ▶ 모, 사방

7급 | 총획 4

배의 '사방'이 '모'나 보이다.

- 方今 방금
- 方案 방안
- 方便 방편
- 四方 사방
- 地方 지방

---

**旋**   돌 **선** ▶ 돌다, 회전하다

3-2급 | 총획 11 | 동 回(회) | 會意

사방[方]으로 사람[人]이 짝[疋]을 찾아 '돌아'
다닌다.

- 旋盤 선반
- 旋律 선율
- 旋風 선풍
- 旋回 선회
- 周旋 주선

---

**旗**   기 **기** ▶ 기

7급 | 총획 14

그[其] 사람[人]이 가지고 있는 사방[方]으로
펄럭이는 '기'.

- 旗手 기수
- 旗幅 기폭
- 國旗 국기
- 軍旗 군기

---

**旅**   나그네 **려** ▶ 나그네

5급 | 총획 10 | 동 客(객), 賓(빈)

김씨[氏] 성의 사람[人]이 사방[方]으로
'나그네'처럼 여행한다.

- 旅券 여권
- 旅路 여로
- 旅費 여비
- 旅情 여정
- 旅行 여행

---

**施**   베풀 **시:** ▶ 베풀다

4-2급 | 총획 9 | 동 設(설)

사람[人]은 또[也] 사방[方]으로 '베풀어야'
한다.

- 施賞 시상
- 施設 시설
- 施政 시정
- 施行 시행
- 施惠 시혜

---

**族**   겨레 **족** ▶ 겨레

6급 | 총획 11

사방[方]에서 사람[人]들이 화살[矢]을 들고
'겨레'를 지키고자 모였다.

- 族譜 족보
- 族屬 족속
- 族長 족장
- 家族 가족
- 同族 동족
- 民族 민족
- 遺族 유족
- 親族 친족
- 核家族 핵가족
- 血族 혈족

 **어조사 어 탄식할 오** ▶ 어조사

3급 | 총획 8 | 象形

사방[方]에서 사람[人] 둘[冫]이 **'탄식하며'** 운다.

- 於焉間 어언간
- 於中間 어중간
- 於此彼 어차피
- 甚至於 심지어

**旡** 이미기방 부 · 4획

'이미' 라는 뜻이다.

---

## 旣 이미 **기** ▶ 이미, 벌써, 이전에

3급 | 총획 11 | 동 已(이) | 약 既 | 形聲

---

흰[白] 칼[匕]은 '이미[旡]' 다 닦았다.

■ 旣定事實 기정사실 : 이미 정해져 있는 사실

□ 旣成服 기성복　　□ 旣存 기존　　　　□ 旣婚 기혼

---

## 日 날일 부 · 4획

해의 모양을 본뜬 글자이다.

---

### 日 날 일 ▶ 날, 해, 기한

8급 | 총획 4 | 반 月(월) | 象形

우주[ㅇ] 안에 오직 하나[一]뿐인 '해'.
해가 뜨고 지는 것에 따라 정한 것이 '날'.

- 日課 일과
- 日氣 일기
- 日記 일기
- 日當 일당
- 日常 일상
- 日收 일수
- 日時 일시
- 日食 일식
- 日夜 일야
- 生日 생일

---

### 旱 가물 한: ▶ 가물다

3급 | 총획 7

햇빛[日]에 의해 땅이 창에 찍힌 방패[干]처럼
갈라지니 '가물다'.

- 旱暑 한서
- 旱熱 한열
- 旱災 한재
- 旱害 한해
- 耐旱 내한

---

### 旦 아침 단 ▶ 아침

3-2급 | 총획 5 | 동 朝(조) | 會意

해[日]가 지평선[一] 위로 솟아 오르니 '아침'.

- 元旦 원단 : 설날 아침
- 一旦 일단 : 한번. 우선. 먼저

---

### 昇 오를 승 ▶ 오르다, 올리다

3-2급 | 총획 8 | 동 登(등) 반 降(강) | 形聲

해[日]가 뜨는[升] 것은 태양이 '오르는'
것이다.

※ 목적지에 오르는 것은 登(등)

- 昇降機 승강기
- 昇格 승격
- 昇級 승급
- 昇段 승단
- 昇天 승천
- 昇華 승화

---

### 早 이를 조: ▶ 이르다, 새벽

4-2급 | 총획 6 | 반 晩(만)

해[日]가 지평선[一] 위[丨]로 막 떠오른 '이른'
시각.

- 早急 조급
- 早期 조기
- 早達 조달
- 早晩間 조만간
- 早熟 조숙
- 早退 조퇴

---

### 易 바꿀 역 쉬울 이: ▶ 바꾸다, 쉽다

4급 | 총획 8 | 반 難(난)

해[日]가 없어지면[勿] '쉽게' 어둡게
'바뀌다'.

- 簡易 간이
- 交易 교역
- 貿易 무역
- 易學 역학
- 容易 용이
- 周易 주역

# 昌 창성할 창(:) ▶ 창성하다

3-2급 | 총획 8 | 동 繁(번), 盛(성) | 會意

해[日]처럼 희망찬 말[曰]만 하니 '창성한다'.

- 昌盛 창성
- 繁昌 번창
- 碧昌牛 벽창우
- 隆昌 융창

# 景 볕 경(:) ▶ 볕, 경치

5급 | 총획 12

해[日]가 서울[京]을 비추니 '볕'이 따뜻하고, '경치'가 좋다.

- 景觀 경관
- 景氣 경기
- 景福宮 경복궁
- 景致 경치
- 景品 경품
- 光景 광경
- 不景氣 불경기
- 雪景 설경
- 夜景 야경

# 星 별 성 ▶ 별

4-2급 | 총획 9 | 동 辰(진)

태양[日]처럼 반짝반짝 빛이 나는[生] '별'.

- 星霜 성상
- 星雲 성운
- 星座 성좌
- 北極星 북극성
- 流星 유성
- 將星 장성
- 占星術 점성술
- 惑星 혹성

# 暑 더울 서: ▶ 덥다, 더위

3급 | 총획 13 | 동 溫(온) 반 冷(랭), 寒(한) | 形聲

해[日]라는 것[者]은 '더운' 것이다.

- 大暑 대서
- 小暑 소서
- 暴暑 폭서
- 處暑 처서
- 避暑 피서
- 寒暑 한서

# 是 이, 옳을 시: ▶ 이, 옳다

4-2급 | 총획 9 | 반 非(비), 彼(피)

태양[日]을 우러러 바르게[正] 사니 '이' 것이 '옳다'.

- 是是非非 시시비비 : 옳은 것은 옳고, 그른 것은 그르다고 하는 것
- 是非 시비
- 是認 시인
- 是日 시일
- 是正 시정
- 必是 필시
- 或是 혹시

# 暴 사나울 폭 모질 포: ▶ 사납다, 드러내다

4-2급 | 총획 15 | 동 猛(맹)

매일[日] 물[水]과 함께[共] '사납고' '모질게' 산다.

- 暴君 폭군
- 暴動 폭동
- 暴落 폭락
- 暴利 폭리
- 暴雪 폭설
- 暴風 폭풍
- 亂暴 난폭
- 暴惡 포악

# 晨 새벽 신 ▶ 새벽, 닭이 울다

3급 | 총획 11 | 동 曉(효) 반 暮(모), 昏(혼)

햇빛[日]보다 별[辰]이 많은 '새벽'.

- 晨明 신명 : 새벽녘
- 昏定晨省 혼정신성 : 아침저녁으로 부모의 안부를 묻고 살핌

# 明 밝을 명 ▶ 밝다, 깨끗하다

6급 | 총획 8 | 반 冥(명), 暗(암), 昏(혼) 동 朗(랑), 昭(소), 哲(철)

해[日]와 달[月]이 번갈아 지구를 '밝게' 비춘다.

- 明白 명백
- 明渡 명도
- 明朗 명랑
- 明示 명시
- 明日 명일
- 明快 명쾌
- 明確 명확
- 公明 공명
- 光明 광명
- 透明 투명

# 昭 밝을 소 ▶ 밝다, 밝히다

3급 | 총획 9 | 동 明(명) 반 暗(암) | 形聲

해[日]를 부르니[召] 세상이 '밝다'.

- 昭光 소광
- 昭明 소명
- 昭詳 소상

# 晚 늦을 만: ▶ 늦다, 저물다, 끝

3-2급 | 총획 11 | 동 遲(지) 반 무(조) | 形聲

토끼[兎]가 꽁지[丶] 빠지게 뛰어도 이미 날[日]은 '늦다'.

- 晚年 만년
- 晚成 만성
- 晚秋 만추
- 晚學 만학
- 晚婚 만혼
- 早晚間 조만간

# 映 비출 영(:) ▶ 비추다, 비치다

4급 | 총획 9

해[日]가 하늘 중앙[央]에서 세상을 '비추다'.

- 映寫 영사
- 映像 영상
- 映畫 영화
- 反映 반영
- 上映 상영
- 終映 종영

# 晴 갤 청 ▶ 개다

3급 | 총획 12 | 形聲

푸른[靑] 하늘에 해[日]가 뜨니 날이 '개다'.

- 晴雨 청우
- 晴天 청천
- 快晴 쾌청

# 昨 어제 작 ▶ 어제

6급 | 총획 9

태양[日]이 잠깐[乍] 사이에 산으로 넘어가니 오늘은 이제 '어제'가 되었다.

- 昨今 작금
- 昨年 작년
- 昨日 작일

# 暇 틈, 겨를 가: ▶ 겨를, 틈

4급 | 총획 13

날[日]이 바빠 돈을 빌릴[叚] '틈', '겨를'이 없다.

- 暇日 가일
- 病暇 병가
- 餘暇 여가
- 閑暇 한가
- 休暇 휴가

# 時 때 시 ▶ 때

7급 | 총획 10

절[寺]에서는 해[日]를 보고 '때'를 안다.

- 時間 시간
- 時局 시국
- 時急 시급
- 時代 시대
- 同時 동시
- 隨時 수시
- 日時 일시
- 臨時 임시
- 暫時 잠시
- 卽時 즉시

# 暖 따뜻할 난: ▶ 따뜻하다

4-2급 | 총획 13 | 동 溫(온) 반 冷(랭), 寒(한)

손[爫]으로 어루만지는 한[一] 친구[友]의 사랑이 해[日]처럼 '따뜻하다'.

- 暖帶 난대
- 暖冬 난동
- 暖流 난류
- 暖房 난방

# 暗 어두울 암: ▶ 어둡다

4-2급 | 총획 13 | 동 暝(명) 반 朗 랑 , 明 명

해[日]가 져서 모습은 안 보이고 소리[音]만 들릴 정도로 '어둡다'.

- □ 暗記 암기
- □ 暗算 암산
- □ 暗殺 암살
- □ 暗示 암시
- □ 暗實 암실
- □ 暗黑 암흑
- □ 明暗 명암

# 昏 날저물 혼 ▶ 날이 저물다, 어둡다, 해질 무렵

3급 | 총획 8 | 동 暗(암) 반 朗(랑), 明(명)

나무 뿌리[氏] 밑으로 해[日]가 들어가니 '날이 저물다'.

- ■ 昏定晨省 혼정신성 : 저녁에 이부자리를 보고 아침에 자리를 돌아보다는 뜻으로, 자식이 아침저녁으로 부모의 안부를 살핌
- □ 昏迷 혼미
- □ 昏睡 혼수
- □ 昏絕 혼절

# 曉 새벽 효: ▶ 새벽, 밝다, 환히 알다

3급 | 총획 16 | 동 晨(신) 반 昏(혼) | 形聲

해[日]가 높은[堯] 곳에서 비추며 날이 새는 '새벽'.

- ■ 曉得 효득 : 깨달아 앎
- ■ 曉星 효성 : 새벽 하늘의 별

# 春 봄 춘 ▶ 봄

7급 | 총획 9 | 반 秋(추)

하늘[一]과 땅[一] 사이에 큰[大] 태양[日]이 떠오르는 '봄'.

- □ 春眠 춘면
- □ 春俯丈 춘부장
- □ 春分 춘분
- □ 春風 춘풍
- □ 春夏 춘하
- □ 賣春 매춘
- □ 思春期 사춘기
- □ 靑春 청춘
- □ 回春 회춘

# 曜 빛날 요: ▶ 빛나다, 빛

5급 | 총획 18 | 동 輝(휘)

햇빛[日]에 새[佳]의 깃털[羽]이 '빛난다'.

- ■ 曜靈 요령 : 태양
- □ 曜日 요일
- □ 月曜日 월요일

# 智 슬기, 지혜 지 ▶ 슬기, 지혜

4급 | 총획 12 | 동 慧(혜)

아는[知] 것을 매일[日] 확인하니 '슬기'와 '지혜'가 는다.

- □ 智能 지능
- □ 智德體 지덕체
- □ 智略 지략
- □ 智謀 지모
- □ 智慧 지혜

# 昔 옛 석 ▶ 옛, 오래다, 어제

3급 | 총획 8 | 동 古(고), 舊(구) 반 今(금) | 會意

풀[艹]이 난 지평선[一] 아래로 해[日]가 들어간 시간이니 '옛날'.

- ■ 今昔之感 금석지감 : 지금과 옛날을 비교해 보면서 그 차이의 심함을 보고 느끼는 감정
- ■ 宿昔 숙석 : 그렇게 멀지 않은 옛날

# 普 넓을 보: ▶ 넓다

4급 | 총획 12 | 동 博(박)

햇빛[日]이 나란히[竝] '넓은' 세상을 비춘다.

- □ 普及 보급
- □ 普通 보통
- □ 普遍 보편

暫 잠깐 **잠**(:) ▶ 잠깐, 갑자기

3-2급 | 총획 15 | 形聲

수레[車]에 도끼[斤]를 싣고 매일[日] 나가
'잠깐' 사이에 다 판다.

□ 暫間 잠간　　□ 暫時 잠시　　□ 暫定的 잠정적


旬 열흘 **순** ▶ 열흘, 십 년

3-2급 | 총획 6

甲에서 癸까지의 날[日]을 싸서[勹] 단위를
'열흘'로 한다.

※天干 천간(= 十干 십간) : 甲, 乙, 丙, 丁, 戊, 己, 庚, 辛, 壬, 癸

□ 旬刊 순간　　□ 旬報 순보　　□ 四旬節 사순절
□ 上旬 상순　　□ 中旬 중순　　□ 七旬 칠순
□ 下旬 하순


晝 낮 **주** ▶ 낮

6급 | 총획 11 | 동 午(오) 반 夜(야)

붓[聿]으로 해[日]가 지평선[一] 위에 떠오른
'낮'을 그렸다.

■ 晝耕夜讀 주경야독 : 낮에는 농사짓고 밤에는 독서한다는
　　　　　　　　말로, 바쁜 틈을 타서 어렵게 공부함

□ 晝間 주간　　□ 晝夜 주야　　□ 白晝 백주


暢 화창할 **창**: ▶ 화창하다, 펴다

3급 | 총획 14 | 동 和(화)

햇살[昜]이 활짝 펴[申] 생기가 통하니
'화창하다'.

■ 暢達 창달 : 의견이나 주장을 막힘 없이 표현하고 전달함
■ 流暢 유창 : 글을 읽거나 하는 말이 거침이 없음


暮 저물 **모**: ▶ 저물다, 밤, 늦다

3급 | 총획 15 | 形聲

해[日]가 없으니[莫] 날이 '저물다'.

■ 暮秋 모추 : 늦은 가을
■ 日暮 일모 : 날이 저물 무렵
■ 朝令暮改 조령모개 : 아침에 영을 내리고 저녁에 다시 고
　　　　　　　친다는 뜻으로 법령이나 명령이 자꾸 바뀜을
　　　　　　　의미함


旨 뜻 **지** ▶ 뜻, 생각

2급 | 총획 6

비수[匕]를 매일[日] 가는 이유는 그 속에 깊은
'뜻'이 있어서다.

□ 論旨 논지　　□ 要旨 요지　　□ 主旨 주지
□ 趣旨 취지


曆 책력 **력** ▶ 책력, 역법, 햇수

3-2급 | 총획 16 | 形聲

벼[禾]농사를 잘하기 위해 매일[日] 언덕[厂]에
올라 기록한 '책력'.

■ 冊曆 책력 : 천체를 관측하고 해와 달의 운행과 절기를 적
　　　　　은 책

□ 西曆 서력　　□ 曆法 역법　　□ 陰曆 음력
□ 太陽曆 태양력　　□ 太陰曆 태음력

# 曰 가로왈 부 · 4획

'말하다'의 뜻을 나타낸다.

---

## 曰 가로 왈 ▶ 가로되, 말하다, 이르다, 일컫다

3급 | 총획 4 | 指事

입[口] 안의 혀[一]로 **'말한다'**.

■ 曰可曰否 왈가왈부 : 옳다느니 그르다느니 말한다는 뜻으로 '이러쿵저러쿵 말함'을 이름

☐ 孔子曰 공자왈    ☐ 孟子曰 맹자왈

---

## 書 글 서 ▶ 글, 책

6급 | 총획 10

붓[聿]으로 말[曰]한 것을 적으니 **'글'**이 되었다.

☐ 書堂 서당    ☐ 書類 서류    ☐ 書式 서식
☐ 書信 서신    ☐ 書藝 서예    ☐ 書店 서점
☐ 書體 서체    ☐ 文書 문서    ☐ 譯書 역서
☐ 著書 저서

---

##  曾 일찍 증 ▶ 일찍, 곧

3-2급 | 총획 12 | 약 曽 | 會意

팔팔[八]한 젊은이들이 마음의 창[罒]을 열고 말[曰]하는 사이는 **'일찍'**부터 통하는 사이.

■ 未曾有 미증유 : 아직까지 한 번도 있어 본 적이 없음. 전대미문

☐ 曾孫 증손    ☐ 曾祖父 증조부

---

## 替 바꿀 체 ▶ 바꾸다, 번갈다

3급 | 총획 12 | 동 換(환) | 會意

두 남자[夫夫]가 서로 말[曰]을 주고받으며 내용을 **'바꾼다'**.

☐ 交替 교체    ☐ 代替 대체    ☐ 隆替 융체
☐ 移替 이체    ☐ 立替 입체

---

##  會 모일 회: ▶ 모이다

6급 | 총획 13 | 동 社(사), 集(집) 반 離(리), 散(산) 약 会

사람[人]들이 하나[一]같이 입[口]을 열고 작은[小] 소리로 말[曰]하며 **'모여서'** 회의한다.

☐ 會計 회계    ☐ 會談 회담    ☐ 會食 회식
☐ 會合 회합    ☐ 會話 회화    ☐ 交會 교회
☐ 國會 국회    ☐ 大會 대회    ☐ 面會 면회
☐ 密會 밀회

---

## 最 가장 최: ▶ 가장

5급 | 총획 12

그는 귀[耳]로 들은 것을 또[又] 말[曰]로 정확하게 전하는 것이 **'가장'** **'최고'**다.

☐ 最高 최고    ☐ 最近 최근    ☐ 最多 최다
☐ 最大 최대    ☐ 最善 최선    ☐ 最新 최신
☐ 最惡 최악    ☐ 最終 최종    ☐ 最尖端 최첨단
☐ 最後 최후

## 更 고칠 경 다시 갱: ▶ 다시, 고치다

4급 | 총획 7 | 동 改(개), 復(부)

사람[人]이 한[一] 번 잘못 내뱉은 말[曰]은 '다시' '고치기' 어렵다.

- 更生 갱생
- 更年期 갱년기
- 更新 갱신
- 更紙 갱지
- 更迭 경질
- 變更 변경

## 曲 굽을 곡 ▶ 굽다, 노래

5급 | 총획 6 | 동 屈(굴) 반 直(직)

임금에게 잘못을 아뢸[曰] 때는 두 손을 뻗고[丨丨] 허리를 '굽힌다'.

- 不問曲直 불문곡직 : 옳고 그름을 묻지 않음

- 曲流 곡류
- 曲線 곡선
- 曲藝 곡예
- 曲節 곡절
- 曲調 곡조
- 曲筆 곡필
- 歌曲 가곡
- 別曲 별곡
- 編曲 편곡

# 月

**달월 부 · 4획**

반달의 모양을 본뜬 글자이다. 肉의 변형 부수인 月(육달월)과 모양이 같으므로 잘 구별해야 한다.

## 月 달 월 ▶ 달

8급 | 총획 4 | 象形

캄캄한 밤에 '달'과 구름이 함께 흘러가는구나.

- □ 月刊 월간
- □ 月桂冠 월계관
- □ 月例 월례
- □ 月末 월말
- □ 月次 월차

## 期 기약할 기 ▶ 기약하다, 정하다, 기간

5급 | 총획 12

그[其] 달[月]의 모양을 보고 시간을 알아, 다음을 '기약한다'.

- □ 期間 기간
- □ 期待 기대
- □ 期約 기약
- □ 期限 기한
- □ 短期 단기
- □ 早期 조기
- □ 週期 주기
- □ 初期 초기
- □ 學期 학기

## 朔 초하루 삭 ▶ 초하루

3급 | 총획 10 | 形聲

한 달[月]이 지나고 다시 거슬러[逆] 올라 '초하루'.

- ■ 朔望 삭망 : 음력 초하루와 보름
- □ 朔風 삭풍
- □ 朔月 삭월
- □ 滿朔 만삭

## 朝 아침 조 ▶ 아침, 조정

6급 | 총획 12 | 반 暮(모), 夕(석)

열[十] 번의 해[月]와 열[十] 번의 달[月]이 왔으니, 이제 '아침'이 오겠지.

- □ 朝刊 조간
- □ 朝夕 조석
- □ 朝鮮 조선
- □ 朝廷 조정
- □ 朝會 조회
- □ 王朝 왕조

## 朗 밝을 랑: ▶ 밝다

5급 | 총획 11 | 약 朗

달[月]빛이 보기 좋게[良] '밝다'.

- □ 朗讀 낭독
- □ 朗朗 낭랑
- □ 朗報 낭보
- □ 朗誦 낭송
- □ 明朗 명랑

## 望 바랄 망: ▶ 바라다, 바라보다

5급 | 총획 11 | 동 希(희)

죽어가는[亡] 임금[王]을 살려달라고 달[月]을 보며 '바란다'.

- □ 可望 가망
- □ 渴望 갈망
- □ 待望 대망
- □ 望夫石 망부석
- □ 望月 망월
- □ 所望 소망
- □ 失望 실망
- □ 野望 야망
- □ 有望株 유망주
- □ 希望 희망

# 服

옷 **복** ▶ 옷, 먹다

6급 | 총획 8 | 동 衣(의)

달[月]빛이 없는 밤에 외출할 때는,
또[又] 신표[卩]를 '옷' 속에 잘 보관해야 한다.

- 服務 복무
- 服從 복종
- 內服 내복
- 素服 소복
- 服役 복역
- 校服 교복
- 冬服 동복
- 服用 복용
- 旣成服 기성복
- 喪服 상복

# 朋

벗 **붕** ▶ 벗, 무리

3급 | 총획 8 | 동 友(우)

달[月]이 가도 변치 않는 내 '벗'.

- 朋友有信 붕우유신 : 벗과의 사귐에 있어 그 도리는 믿음
  에 있음
- 朋黨 붕당

# 有

있을 **유**: ▶ 있다

7급 | 총획 6 | 반 無(무)

그믐밤에 없던 달[月]이 십[十] 일 후면 '있어'.

- 有感 유감
- 有望 유망
- 有識 유식
- 保有 보유
- 有能 유능
- 有名 유명
- 有益 유익
- 含有 함유
- 有力 유력
- 有勢 유세
- 有罪 유죄

月

## 木 나무목 부 · 4획

땅 속에 뿌리를 내리고 있는 '나무' 의 모양을 본뜬 글자이다.

---

### 木 나무 목 ▶ 나무

8급 | 총획 4 | 동 樹(수) | 象形

땅 속에 뿌리를 내리고 있는 '나무'.

- 木工 목공
- 木馬 목마
- 木手 목수
- 木材 목재
- 古木 고목
- 苗木 묘목
- 伐木 벌목
- 樹木 수목
- 原木 원목

### 林 수풀 림 ▶ 수풀

7급 | 총획 8

나무[木] 옆에 나무[木]가 무수히 많아 '수풀' 을 이룬다.

- 竹林七賢 죽림칠현 : 중국 진나라 때 노장의 사상을 숭상 하여, 죽림에 묻혀 산 일곱 선비

- 林木 임목
- 林野 임야
- 林業 임업
- 農林 농림
- 密林 밀림
- 山林 산림

### 本 근본 본 ▶ 근본, 밑

6급 | 총획 5

나무[木]는 한[一] 뿌리를 '근본' 으로 한다.

- 本貫 본관
- 本能 본능
- 本文 본문
- 本人 본인
- 根本 근본

### 未 아닐 미(:) ▶ 아니다

4-2급 | 총획 5 | 동 不(부)

심은 지 하루[一]밖에 안 된 나무[木]라 다 큰 것이 '아니다'.

- 未納 미납
- 未達 미달
- 未來 미래
- 未滿 미만
- 未完成 미완성
- 未婚 미혼
- 未婚母 미혼모
- 未洽 미흡

### 末 끝 말 ▶ 끝

5급 | 총획 5 | 동 端(단), 終(종) | 반 始(시), 初(초)

나무[木] 한[一] 그루가 '끝' 까지 잘 자랐다.

- 末期 말기
- 末年 말년
- 末端 말단
- 末路 말로
- 末尾 말미
- 末世 말세
- 結末 결말
- 綠末 녹말
- 本末 본말
- 年末 연말

### 朱 붉을 주 ▶ 붉다

4급 | 총획 6 | 동 丹(단), 赤(적), 紅(홍)

사람[人]이 나무[木]에 '붉은' 색으로 표시를 했다.

- 朱門 주문 : 붉은 칠을 한 문. 지위가 높은 사람의 집

- 朱色 주색
- 朱紅 주홍
- 朱黃 주황
- 印朱 인주

## 果 열매 과: ▶ 열매, 실과

6급 | 총획 8 | (동) 實(실) (반) 因(인)

밭[田]에 심은 나무[木]에서 '열매'가 열렸다.

- 果樹 과수
- 過失 과실
- 果汁 과즙
- 結果 결과
- 成果 성과
- 實果 실과
- 藥果 약과
- 戰果 전과
- 靑果 청과
- 效果 효과

## 東 동녘 동 ▶ 동녘

8급 | 총획 8 | (반) 西(서)

태양[日]이 막 떠올라 나무[木] 사이에 걸려 있는 '동녘'.

- 東間西答 동문서답 : 물음에 대하여 엉뚱한 대답을 함
- 東奔西走 동분서주 : 이리저리 바쁘게 다님

- 東北 동북
- 東學 동학
- 東海 동해
- 關東 관동
- 極東 극동
- 中東 중동

##  束 묶을 속 ▶ 묶다

5급 | 총획 7 | (반) 釋(석), 解(해)

나무[木]를 사방으로[口] 에워싸 움직이지 못하게 '묶는다'.

- 束縛 속박
- 結束 결속
- 團束 단속
- 約束 약속

## 朴 성, 순박할 박 ▶ 성(姓)의 하나, 순박하다

6급 | 총획 6

나무[木] 껍질이나 거북이 등으로 점[卜]을 보는 '성'이 박씨인 '순박한' 시골 사람.

- 朴素 박소 : 질박하고 검소함

- 素朴 소박
- 淳朴 순박
- 質朴 질박

## 村 마을 촌: ▶ 마을

7급 | 총획 7 | (동) 里(리)

큰 나무[木] 옆에서 법도 있게 촌수[寸]를 따지며 사는 '마을'.

- 村落 촌락
- 江村 강촌
- 農村 농촌
- 富村 부촌
- 漁村 어촌
- 基地村 기지촌
- 地球村 지구촌

## 材 재목 재 ▶ 재목

5급 | 총획 7

나무[木]에 재주[才]를 부려 '재목'으로 만들다.

- 材料 재료
- 材木 재목
- 敎材 교재
- 木材 목재
- 素材 소재
- 藥材 약재
- 人材 인재
- 取材 취재

## 析 쪼갤 석 ▶ 쪼개다, 나누어지다

3급 | 총획 8 | (동) 分(분) | 會意

나무[木]를 도끼[斤]로 '쪼개다'.

- 析出 석출 : 화합 물질을 분석하여 어떠한 물질을 분리함

- 分析 분석
- 解析 해석

## 枝 가지 지 ▶ 가지, 가지치다

3-2급 | 총획 8 | (동) 條(조) | 形聲

나무[木] 줄기에 지탱[支]하고 있는 '가지'.

- 枝葉 지엽 : 가지와 잎. 중요하지 않은 부분
- 金枝玉葉 금지옥엽 : 임금의 자손이나 집안. 귀여운 자손

## 根

**뿌리 근** ▶ 뿌리

6급 | 총획 10

나무[木]가 한 곳에 계속 머물러[艮] 있으니
'뿌리'를 내린 것이다.

- □ 根本 근본
- □ 根性 근성
- □ 根源 근원
- □ 根絕 근절
- □ 齒根 치근
- □ 禍根 화근

## 柳

**버들 류(:)** ▶ 버들

4급 | 총획 9 | 동 楊(양)

나무[木]는 나무인데 토끼[卯] 귀처럼 길게
늘어진 '버드나무'.

- ■ 柳京 유경 : '평양'의 딴이름
- ■ 柳眉 유미 : 미인의 눈썹
- □ 柳葉 유엽
- □ 柳枝 유지
- □ 花柳界 화류계

## 柏

**측백나무 백** ▶ 측백나무

2급 | 총획 9 | 形聲

소나무와 비슷하면서 나무[木] 겉표면과 잎이
흰[白] '측백나무'.

- □ 冬柏 동백
- □ 松柏 송백

## 桂

**계수나무 계:** ▶ 계수나무

3-2급 | 총획 10 | 形聲

흙[土土]과 함께 자라는 나무[木]인
'계수나무'.

- □ 桂林 계림
- □ 桂樹 계수
- □ 桂皮 계피
- □ 月桂冠 월계관

## 杯

**잔 배** ▶ 잔

3급 | 총획 8 | 會意

나무[木]로 만든 하나[一]의 작은[小] '술잔'.

- □ 乾杯 건배
- □ 苦杯 고배
- □ 毒杯 독배
- □ 祝杯 축배

## 桃

**복숭아 도** ▶ 복숭아

3-2급 | 총획 10 | 形聲

귀신을 쫓는 조짐[兆]이 있는 나무[木] 열매는
'복숭아'.

- ■ 武陵桃源 무릉도원 : 도연명(陶淵明)의 글에 나오는 세속
  을 떠난 별천지
- □ 桃園 도원
- □ 桃花 도화
- □ 白桃 백도
- □ 天桃 천도
- □ 黃桃 황도

## 松

**소나무 송** ▶ 소나무

4급 | 총획 8

내[厶] 위에 있는 여덟[八] 그루의 나무[木]는
'소나무'.

- □ 松葉 송엽
- □ 松竹梅 송죽매
- □ 松花 송화
- □ 老松 노송
- □ 青松 청송

## 桐

**오동나무 동** ▶ 오동나무

2급 | 총획 10 | 동 梧(오) | 形聲

나무[木]속이 위 아래가 같이[同] 빈
'오동나무'.

- □ 碧梧桐 벽오동
- □ 梧桐 오동

# 梅 매화 매 ▶ 매화

3-2급 | 총획 11 | 形聲

나무[木] 중에 매양[毎] 추위를 견디고 봄에 피는 '매화'.

- 梅毒 매독
- 梅實 매실
- 梅雨 매우
- 梅香 매향
- 梅花 매화
- 松竹梅 송죽매
- 紅梅 홍매

# 檀 박달나무 단 ▶ 박달나무

4-2급 | 총획 17

나무[木] 주위를 돌며[回] 머리[亠]에 좋은 것을 또[旦] 찾으니 '박달나무'.

- 檀口 단구
- 檀君 단군
- 檀紀 단기
- 檀木 단목

# 梧 오동나무 오(:)

2급 | 총획 11 | 동 桐(동) | 形聲

나무[木]는 나무인데 오월[五]쯤이면 입술[口] 모양의 꽃이 피는 '오동나무'.

- 碧梧桐 벽오동
- 梧桐 오동

# 枯 마를 고 ▶ 마르다, 마른 나무

3급 | 총획 9 | 동 乾(건), 燥(조)

나무[木]나 풀이 오랜[古] 세월이 흘러 '말라' 죽다.

- 枯渴 고갈
- 枯木 고목
- 枯死 고사
- 枯葉 고엽

# 楊 버들 양 ▶ 버들

3급 | 총획 13 | 동 柳(류) | 形聲

나무[木] 중에 햇살[昜]을 향해 가늘게 늘어지는 '버드나무'.

- 楊柳 양류 : 버드나무

# 核 씨 핵 ▶ 씨, 알맹이

4급 | 총획 10 | 동 種(종)

돼지[亥]처럼 통통한 나무[木]니 '씨'도 '알맹이'도 튼튼할 거야.

- 核果 핵과
- 核武器 핵무기
- 核分裂 핵분열
- 核心 핵심
- 核子 핵자
- 原子核 원자핵
- 結核 결핵
- 肺結核 폐결핵

# 楓 단풍나무 풍 ▶ 단풍나무

3-2급 | 총획 13 | 形聲

나무[木] 중에 바람[風]에 잘 흔들리고 서리를 맞으면 잎이 붉어지는 '단풍나무'.

- 楓菊 풍국
- 楓林 풍림
- 丹楓 단풍

# 株 뿌리 주 ▶ 뿌리, 그루

3-2급 | 총획 10 | 동 根(근) | 形聲

나무[木]에서 붉은[朱] 색을 띠는 '뿌리'.

- 守株待兎 수주대토 : 어리석게 하나만을 고집함을 비유하는 말

- 株價 주가
- 株式 주식
- 株主 주주
- 株總 주총
- 優良株 우량주
- 有望株 유망주

# 標

**표할 표** ▶ 표하다, 표시, 우듬지

4급 | 총획 15

나무[木]에 쪽지[票]를 달아 '**표하다**'.

- □ 標本 표본
- □ 標語 표어
- □ 標的 표적
- □ 標題 표제
- □ 標識 표지
- □ 目標 목표
- □ 商標 상표
- □ 座標 좌표
- □ 指標 지표

# 橫

**가로 횡** ▶ 가로, 가로지르다

3-2급 | 총획 16 | 形聲

누른[黃] 색의 나무[木]가 '**가로**'로 놓여 있다.

- □ 橫斷 횡단
- □ 橫列 횡렬
- □ 橫領 횡령
- □ 橫流 횡류
- □ 橫書 횡서
- □ 橫財 횡재
- □ 橫暴 횡포
- □ 縱橫 종횡

# 檢

**검사할 검:** ▶ 검사하다

4-2급 | 총획 17 | 약 検

나무[木]의 상태를 다[僉] '**검사하다**'.

- □ 檢擧 검거
- □ 檢問 검문
- □ 檢查 검사
- □ 檢索 검색
- □ 檢印 검인
- □ 檢證 검증
- □ 檢察 검찰
- □ 檢討 검토

# 板

**널조각 판** ▶ 널조각, 널

5급 | 총획 8

나무[木]를 자르니 반대[反] 편으로 벌어지는 '**널조각**'.

- □ 板木 판목
- □ 板本 판본
- □ 板書 판서
- □ 板子 판자
- □ 氷板 빙판
- □ 鐵板 철판
- □ 合板 합판

# 植

**심을 식** ▶ 심다

7급 | 총획 12 | 동 栽(재)

나무[木]는 기울지 않게 곧게[直] 세워 '**심는다**'.

- □ 植木 식목
- □ 植木日 식목일
- □ 植物 식물
- □ 植民 식민
- □ 植樹 식수
- □ 移植 이식

# 柱

**기둥 주** ▶ 기둥, 버티다

3-2급 | 총획 9 | 形聲

집을 서 있게 하는 나무[木]로서 주인[主] 노릇하는 '**기둥**'.

- □ 柱石 주석
- □ 柱心 주심
- □ 四柱 사주
- □ 支柱 지주

# 樹

**나무 수** ▶ 나무, 심다

6급 | 총획 16 | 동 木(목)

큰 나무[木]는 십[十] 년을 생각하고 심으나, 콩[豆]은 마디[寸]가 짧아 일 년 계획으로 심으니 '**나무**'만 못하다.

- □ 樹林 수림
- □ 樹立 수립
- □ 樹木 수목
- □ 樹液 수액
- □ 樹藝 수예
- □ 街路樹 가로수
- □ 果樹園 과수원
- □ 常綠樹 상록수
- □ 植樹 식수

# 欄

**난간 란** ▶ 난간

3-2급 | 총획 21 | 形聲

나무[木]로 문[門]짝처럼 묶어[束] 양쪽[八]으로 세운 '**난간**'.

- □ 欄干 난간
- □ 空欄 공란
- □ 備考欄 비고란
- □ 消息欄 소식란

# 橋 다리 교 ▶ 다리

5급 | 총획 16

냇가에 높이[喬] 나무[木]를 걸쳐 만든 '다리'.

- 橋脚 교각
- 矯導 교도
- 矯正 교정
- 木橋 목교
- 陸橋 육교
- 鐵橋 철교

# 枕 베개, 말뚝 침 ▶ 베개, 말뚝

3급 | 총획 8 | 形聲

나무[木]로 만든, 사람[人]들이 머리[亠]에 베는 '베개'.

- 枕頭 침두 : 베갯머리
- 木枕 목침 : 나무토막으로 만든 베개
- 枕上 침상
- 枕席 침석

# 樓 누각 루 ▶ 누각, 다락, 망루

3-2급 | 총획 15 | 약 楼 | 形聲

나무[木]를 거듭[婁] 쌓아 세운 '누각'이나 '다락'.

- 樓閣 누각
- 樓臺 누대
- 慶會樓 경회루
- 望樓 망루

# 模 본뜰 모 ▶ 본뜨다, 본보기

4급 | 총획 15

나무[木]로 없는[莫] 물건을 만들기 위해 모형을 '본뜬다'.

- 模倣 모방
- 模範 모범
- 模寫 모사
- 模樣 모양
- 模擬 모의
- 模造 모조
- 模唱 모창
- 規模 규모

# 機 베틀 기 ▶ 베틀, 기계

4급 | 총획 16 | 동 械(계)

나무[木] 몇[幾] 개로 만든 '베틀'.

- 機構 기구
- 機能 기능
- 機敏 기민
- 機業 기업
- 機種 기종
- 機智 기지
- 機會 기회
- 動機 동기
- 危機 위기

# 校 학교 교: ▶ 학교

8급 | 총획 10

나무[木]로 만든 회초리로 맞기도 하고, 친구도 사귀는[交] '학교'.

- 校門 교문
- 校舍 교사
- 校長 교장
- 校則 교칙
- 校風 교풍
- 校訓 교훈
- 開校 개교
- 母校 모교
- 復校 복교
- 休校 휴교

# 械 기계 계: ▶ 기계, 기구, 틀

3-2급 | 총획 11 | 동 機(기) | 形聲

나무[木]로 죄인을 벌하기[戒] 위해 만든 '기계'.

- 器械 기계
- 農機械 농기계

# 樣 모양 양 ▶ 모양, 본보기

4급 | 총획 15 | 동 姿(자), 形(형)

나무[木] 가지처럼 양[羊]의 털이 길게[永] 자란 예쁜 '모양'.

- 各樣各色 각양각색 : 여러 가지. 가지각색
- 樣相 양상
- 樣式 양식
- 樣態 양태
- 多樣 다양
- 模樣 모양
- 外樣 외양

## 權

권세 **권** ▶ 권세

4급 | 총획 22 | 약 権, 权

나무[木]와 풀[艹]숲에서 새[隹]들이 구구[口口] 울며 '권세' 다툼을 한다.

- 權戒 권계
- 權力 권력
- 權利 권리
- 權勢 권세
- 權威 권위
- 權益 권익
- 權座 권좌
- 權限 권한
- 人權 인권
- 投票權 투표권

## 格

격식 **격** ▶ 격식

5급 | 총획 10 | 동 式(식)

나무[木]가 각각[各] '격식'에 따라 자란다.

- 格物致知 격물치지 : 실제적인 사물을 통하여 이치를 연구하여 온전한 지식에 다다름

- 格式 격식
- 格言 격언
- 格致 격치
- 格下 격하
- 規格 규격
- 人格 인격
- 破格 파격
- 品格 품격
- 合格 합격

## 槪

대개 **개:** ▶ 대개, 절개

3-2급 | 총획 15

나무[木]들이 이미[旣] 다 자라 '대개' 추위를 이겨낼 수 있다.

- 槪觀 개관
- 槪念 개념
- 槪論 개론
- 槪說 개설
- 槪要 개요
- 氣槪 기개
- 大槪 대개
- 節槪 절개

## 極

끝, 다할 **극** ▶ 끝, 다하다, 극진하다

4-2급 | 총획 13 | 동 端(단), 盡(진)

나무[木] 아래에 누워 글[句]을 한[一] 번 또[又] 한[一] 번 '끝'이 '다할' 때까지 읽었다.

- 極端 극단
- 極大 극대
- 極度 극도
- 極祕 극비
- 極貧 극빈
- 極盡 극진
- 極讚 극찬
- 極致 극치
- 極寒 극한

## 構

얽을 **구** ▶ 얽다, 맺다

4급 | 총획 14 | 동 造(조), 築(축)

나무[木]로 우물[井] 지붕을 두[再] 번 '얽어' 묶었다.

- 構圖 구도
- 構想 구상
- 構成 구성
- 構造 구조
- 構築 구축
- 構禍 구화
- 機構 기구
- 虛構 허구

## 札

편지 **찰** ▶ 편지

2급 | 총획 5

옛날에는 대나무[木]를 구부려[乙] '편지'를 썼다.

- 鑑札 감찰
- 落札 낙찰
- 名札 명찰
- 書札 서찰
- 現札 현찰

## 枚

낱 **매** ▶ 낱, 낱낱이

2급 | 총획 8

나무[木] 가지로 툭툭 치며[攵] '낱' 낱이 센다.

- 枚擧 매거 : 낱낱이 들어서 말함

- 枚數 매수

## 棋

바둑 **기** ▶ 바둑

2급 | 총획 12

나무[木]판에 그[其] 선을 그어 검은돌과 흰돌을 놓고 놀이하는 '바둑'.

- 棋譜 기보 : 바둑 두는 법을 여러 가지로 모아서 적은 책

- 棋士 기사
- 棋院 기원

## 棟 마룻대 동 ▶ 마룻대, 용마루

2급 | 총획 12

나무[木]로 기둥 위에 동[東]서로 연결한 '마룻대'.

- 棟宇 동우 : 집의 마룻대와 추녀 끝. 집채의 총칭

## 梨 배 리 ▶ 배

3급 | 총획 11 | 形聲

약으로 쓰여 이로움[利]을 주는 나무[木]는 '배나무'.

- 梨花 이화 : 배나무 꽃
- 烏飛梨落 오비이락 : '까마귀 날자 배 떨어진다' 는 뜻으로, 우연의 일치로 타인의 의심을 받게 됨

## 栗 밤 률 ▶ 밤나무, 떨다

3-2급 | 총획 10 | 會意

서[西]쪽에서 잘 자라는 나무[木]는 '밤나무'.

- 栗園 율원 : 밤나무가 많은 동산
- 栗谷 율곡
- 生栗 생률

## 桑 뽕나무 상 ▶ 뽕나무

3-2급 | 총획 10 | 약 桒 | 會意

손으로 잎을 따고 또[又] 따는 나무[木]는 '뽕나무'.

- 桑根白皮 상근백피 : 뽕나무 뿌리의 속껍질
- 桑田碧海 상전벽해 : 뽕나무 밭이 변하여 푸른 바다가 된다는 뜻으로 세월의 변함이 심함을 비유

## 柔 부드러울 유 ▶ 부드럽다, 약하다

3-2급 | 총획 9 | 동 軟(연) 반 堅(견), 固(고) | 會意

창[矛]으로 나무[木]를 치면 푹 들어가니 '부드럽다'.

- 外柔內剛 외유내강 : 겉으로는 순하고 부드럽게 보이나 속은 굳셈
- 柔弱 유약
- 柔軟 유연
- 溫柔 온유

## 某 아무 모: ▶ 아무, 어느

3급 | 총획 9

단[甘]맛이 나지 않는 나무[木] 열매는 '아무' 도 원하지 않아.

- 某某 모모
- 某氏 모씨
- 某種 모종
- 某處 모처

## 架 시렁 가: ▶ 시렁, 받침

3-2급 | 총획 9 | 形聲

나무[木]를 더해[加] 만든 '시렁'.

- 架空 가공
- 架設 가설
- 架版 가판
- 書架 서가

## 染 물들일 염: ▶ 물들이다, 더럽히다

3-2급 | 총획 9 | 會意

치자나무[木]에서 축출한 물[氵]에 아홉[九] 번 담가 '물들이다'.

- 染料 염료
- 染色 염색
- 感染 감염
- 汚染 오염
- 傳染 전염

# 梁 들보, 돌다리 량 ▶ 들보, 돌다리, 다리

3-2급 | 총획 11 | 동 橋(교) | 會意

물[氵] 위에 칼[刀]로 나무[木]를 잘라 걸쳐 놓은 '다리'.

■ 梁上君子 양상군자 : 들보 위의 군자라는 뜻으로 도둑을 점잖게 이르는 말

□ 橋梁 교량

---

# 棄 버릴 기 ▶ 버리다, 그만두다

3급 | 총획 12 | 약 弃 | 會意

나무[木]로 만든 쓰레받기에 담아 없애[亡] '버린다'.

■ 自暴自棄 자포자기 : 스스로 자기를 파괴하고 돌보지 않음

□ 棄却 기각　　□ 棄權 기권　　□ 棄世 기세
□ 遺棄 유기　　□ 破棄 파기　　□ 廢棄 폐기

---

# 案 책상 안: ▶ 책상

5급 | 총획 10

편안하게[安] 글을 읽을 수 있도록 만든 나무[木] '책상'.

□ 案件 안건　　□ 案內 안내　　□ 考案 고안
□ 起案 기안　　□ 答案 답안　　□ 代案 대안
□ 方案 방안　　□ 法案 법안　　□ 妥協案 타협안
□ 懸案 현안

---

# 業 업 업 ▶ 업

6급 | 총획 13

울타리[丱丱] 안에서 양[羊] 여덟[八] 마리를 키우는 것이 나의 '업'.

□ 業界 업계　　□ 業務 업무　　□ 業種 업종
□ 業體 업체　　□ 家業 가업　　□ 開業 개업
□ 課業 과업　　□ 農業 농업　　□ 生業 생업
□ 職業 직업

---

# 榮 영화 영 ▶ 영화, 번영하다

4-2급 | 총획 14 | 동 繁(번) | 약 栄

나무[木]를 덮은[冖] 불꽃[火火]처럼 빛난다 하여 '영화'.

□ 榮光 영광　　□ 榮樂 영락　　□ 榮譽 영예
□ 榮華 영화　　□ 虛榮 허영

---

# 栽 심을 재: ▶ 심다, 화분에 심어 가꾸다

3-2급 | 총획 10 | 동 植(식) | 會意

흙[土] 구덩이를 파서 나무[木]의 싹을 창[戈]으로 잘라 '심는다'.

□ 栽培 재배

---

# 樂 즐거울 락　노래 악　좋아할 요
▶ 즐겁다, 노래, 좋아하다

6급 | 총획 15 | 동 娛(오), 喜(희) | 반 悲(비) | 약 楽

어린[幺]아이 둘이 흰[白] 나무[木]가지를 들고 '즐겁게', '노래부르며', '좋아하다'.

□ 樂園 낙원　　□ 樂劇 악극　　□ 樂曲 악곡
□ 樂器 악기　　□ 樂譜 악보　　□ 娛樂 오락
□ 音樂 음악　　□ 快樂 쾌락　　□ 享樂 향락

---

# 條 가지 조 ▶ 가지, 조목

4급 | 총획 11 | 동 枝(지) | 약 条

사람[亻]이 몽둥이[丨]로 나무[木]를 치니[攵] '가지'만 남는다.

□ 條件 조건　　□ 條例 조례　　□ 條理 조리
□ 條目 조목　　□ 條約 조약　　□ 法條 법조
□ 信條 신조

## 査 조사할 **사** ▶ 조사하다, 살피다

5급 | 총획 9

---

나무[木]를 심고, 또[且] 잘 자라는지 '조사하다'.

- 査家 사가
- 査問 사문
- 査正 사정
- 査察 사찰
- 監査 감사
- 檢査 검사
- 期末考査 기말고사


## 李 오얏, 성 **리** ▶ 오얏, 성(姓)의 하나

6급 | 총획 7

---

나무[木]의 자식인 열매 중에서 '오얏'이 제일 맛있다.

- 張三李四 장삼이사 : 평범한 사람들을 일컫는 말
- 行李 행리 : 여행할 때 쓰는 물건

## 森 나무 빽빽할 **삼** ▶ 나무가 빽빽하다, 수풀

3–2급 | 총획 12 | 통 林(림) | 會意

---

수풀[林] 속에 나무[木]가 또 있으니 '나무가 빽빽한' '수풀'.

- 森羅萬象 삼라만상 : 우주 사이에 있는 온갖 사물 또는 현상
- 森林 삼림
- 森林浴 삼림욕
- 森嚴 삼엄

木

# 欠 하품흠 부 · 4획

입을 벌려 하품하고 있는 모양을 본뜬 글자이다.

## 次 다음 차 ▶ 다음, 버금

4-2급 | 총획 6 | 동 副(부), 亞(아), 仲(중)

하품[欠]을 두[冫] 번 한 '다음' 잔다.

- 次官 차관
- 次期 차기
- 次席 차석
- 次善 차선
- 目次 목차
- 席次 석차
- 月次 월차
- 將次 장차

## 歡 기뻐할 환 ▶ 기뻐하다, 기쁨

4급 | 총획 22 | 동 樂(락), 喜(희) 반 怒(노), 悲(비) 약 欢

풀속[艹]에서 입 벌리고[口口] 하품하는[欠] 새[隹]를 보고 '기뻐하다'.

- 歡談 환담
- 歡待 환대
- 歡樂 환락
- 歡聲 환성
- 歡心 환심
- 歡呼 환호

## 欲 하고자 할 욕 ▶ 하고자 하다, 탐내다

3-2급 | 총획 11

골짜기[谷]에서 하품[欠]을 '하고자 하다'.

- 欲速不達 욕속부달 : 너무 빨리 하려고 서두르면 오히려 일을 이루지 못한다는 말
- 欲吐未吐 욕토미토 : 말을 할 듯 하면서 하지 않음

- 欲求 욕구
- 欲望 욕망
- 欲情 욕정
- 情欲 정욕

## 歎 탄식할 탄: ▶ 탄식하다, 감탄하다

4급 | 총획 15

가죽[革] 옷을 입고 크게[大] 하품하듯[欠] '탄식하다'.

- 歎服 탄복
- 歎辭 탄사
- 歎息 탄식
- 歎願 탄원
- 感歎 감탄
- 自歎 자탄
- 痛歎 통탄
- 恨歎 한탄

## 歌 노래 가 ▶ 노래

7급 | 총획 14 | 동 謠(요)

형[哥]이 하품[欠]하듯 입을 크게 벌려 시조를 읊으니 바로 '노래' 가 되었다.

- 歌曲 가곡
- 歌舞 가무
- 歌手 가수
- 歌唱 가창
- 歌呼 가호
- 校歌 교가
- 悲歌 비가
- 聖歌 성가
- 愛國歌 애국가
- 祝歌 축가

## 欺 속일 기 ▶ 속이다, 업신여기다

3급 | 총획 12 | 동 詐(사)

그[其]것은 하품[欠]이 아니라고 '속이다'.

- 欺瞞 기만
- 詐欺 사기

#  歐

**토할 구** ▶ 토하다, 구라파

2급 | 총획 15

---

어떤 구역[區]으로 가서 입 벌려[欠]
'**토한다**'.

- 歐美 구미
- 西歐 서구

# 款

**항목 관:** ▶ 항목, 정성

2급 | 총획 12

---

선비[士]들이 보이는[示] 흠[欠]을 하나하나
'**항목**'을 매긴다.

- 落款 낙관
- 約款 약관
- 借款 차관

# 止

**그칠지 부 · 4획**

사람의 발목 아랫부분을 본뜬 글자이다.

## 止 그칠 지 ▶ 그치다

5급 | 총획 4 | 동 停(정)

발 뒤꿈치를 땅에 대고 있는 모양에서 '그치다'.

■ 行動擧止 행동거지 : 몸을 움직여서 하는 모든 것

- 止血 지혈
- 禁止 금지
- 防止 방지
- 停止 정지
- 中止 중지
- 廢止 폐지
- 解止 해지

## 歲 해 세: ▶ 해

5급 | 총획 13 | 동 年(년) 약 歳

작은[小] 개[戌]는 출입을 금지[止]하니, 몇 '해' 더 기다리세요.

- 歲拜 세배
- 歲月 세월
- 歲入 세입
- 歲出 세출
- 過歲 과세
- 萬歲 만세
- 年歲 연세

## 正 바를 정(:) ▶ 바르다, 떳떳하다

7급 | 총획 5

한[一] 줄로 발을 모으고 머물러[止] 있는 모습이 '바르고' '떳떳하다'.

- 正規 정규
- 正當 정당
- 正面 정면
- 正常 정상
- 正初 정초
- 正直 정직
- 正統 정통
- 正確 정확

## 步 걸을 보: ▶ 걷다, 걸음

4-2급 | 총획 7

조금씩[小] 가다 그치다[止] 하며 '걷다'.

- 步道 보도
- 步行 보행
- 競步 경보
- 徒步 도보
- 散步 산보
- 進步 진보
- 初步 초보
- 退步 퇴보

## 此 이 차 ▶ 이, 이곳

3-2급 | 총획 6 | 동 是(시) 반 彼(피) | 會意

비수[匕]를 가지고 머물러 그친[止] 곳이니, '이 곳'.

- 此後 차후
- 於此彼 어차피
- 如此 여차
- 彼此 피차

## 武 군사, 굳셀 무: ▶ 군사, 호반, 굳세다

4-2급 | 총획 8 | 반 文(문)

한 가지 정의[正]를 위해 주살[弋]을 들고 싸우는 '군사'가 '굳세다'.

- 武功 무공
- 武器 무기
- 武力 무력
- 武士 무사
- 武術 무술
- 武勇談 무용담
- 非武裝 비무장

# 歸 돌아갈 귀: ▶ 돌아가다

4급 | 총획 18 | 약 帰

언덕[自]에 쓰레기를 쌓아 놓고[止],
비[帚]를 가지러 다시 '돌아간다'.

- 歸家 귀가
- 歸京 귀경
- 歸國 귀국
- 歸農 귀농
- 歸省 귀성
- 歸屬 귀속
- 歸鄕 귀향
- 歸還 귀환
- 回歸 회귀

# 歷 지낼 력 ▶ 지내다, 지나다

5급 | 총획 16 | 약 歴

집[厂]에서 일을 멈추고[止] 수확한 벼[禾禾]로
겨울을 '지내다'.

- 歷代 역대
- 歷史 역사
- 歷程 역정
- 經歷 경력
- 病歷 병력
- 前歷 전력
- 學歷 학력

# 歪 비뚤 왜 ▶ 비뚤다, 바르지 않다

2급 | 총획 9

바르지[正] 않은[不] '비뚠' 행위.

- 歪曲 왜곡

# 歹 죽을사 부 · 4획

뼈만 앙상하게 남은 모습을 본뜬 글자이다.

---

## 死 죽을 사: ▶ 죽다

6급 | 총획 6 | 동 殺(살) 반 生(생), 活(활)

비수[匕]에 찔려 앙상한 뼈[歹]만 남은 '죽은'
시체.

- 九死一生 구사일생 : 죽을 고비를 여러 번 겪고 겨우 살아남

□ 死亡 사망　　□ 死別 사별　　□ 死色 사색
□ 死守 사수　　□ 凍死 동사　　□ 沒死 몰사

---

## 殆 거의 태 ▶ 거의, 위태하다

3-2급 | 총획 9 | 동 危(위) | 形聲

죽음[歹]에 이르는 별[台]이니
'거의' '위태롭다'.

- 殆半 태반 : 거의 절반
- 殆無 태무 : 거의 없음

□ 危殆 위태

---

## 殉 따라죽을 순 ▶ 따라 죽다, 목숨을 바치다

3급 | 총획 10 | 形聲

죽은[歹] 남편 따라 열흘[旬] 안에 '따라 죽다'.

□ 殉教 순교　　□ 殉國 순국　　□ 殉死 순사
□ 殉葬 순장　　□ 殉職 순직

---

## 殘 잔인할 잔 ▶ 잔인하다, 남다, 해치다

4급 | 총획 12 | 동 餘(여) 약 残

죽은[歹] 사람을 창 두 개[戔]로 또 찌르니 얼마나
'잔인한' 가.

- 同族相殘 동족상잔 : 같은 겨레끼리 서로 싸우고 죽이는 일

□ 殘高 잔고　　□ 殘金 잔금　　□ 殘毒 잔독
□ 殘額 잔액　　□ 殘業 잔업　　□ 殘忍 잔인
□ 殘在 잔재

---

## 殃 재앙 앙 ▶ 재앙

3급 | 총획 9 | 동 災(재), 禍(화) 반 福(복) | 形聲

죽음[歹]의 가운데[央] 있는 것이니 '재앙'.

※ 물과 불에 의한 재앙은 災(재), 무너져서 당하는 재앙은 厄(액)

- 殃慶 앙경 : 재앙과 경사

□ 殃禍 앙화　　□ 災殃 재앙

---

## 殊 다를 수 ▶ 다르다, 특히, 유달리

3-2급 | 총획 10 | 동 別(별)

죽을[歹] 때 붉은[朱] 피를 흘리는 것은 남과
'다를' 수 없다.

□ 殊常 수상　　□ 殊勳 수훈　　□ 特殊 특수

殖 번식할 **식** ▶ 번식하다, 불다

2급 | 총획 12

죽기[歹] 직[直]전에 모든 생물은 종족을
'번식시킨다'.

- 繁殖 번식
- 移植 이식
- 養植 양식

# 殳 갖은등글월문 부 · 4획

막대기를 손에 들고 있는 모양을 본뜬 글자이다. '치다' '때리다' 의 의미가 있다.

---

## 殺 죽일 **살** 덜 **쇄**: ▶ 죽이다, 덜다

4-2급 | 총획 11 | 동 死(사) 반 生(생), 活(활)

나무[木]로 이리저리[乂] 쳐서[殳] 피를 점[丶]처럼
흘리며 '**죽이다**'.

- 殺氣 살기
- 殺伐 살벌
- 殺生 살생
- 殺害 살해
- 毒殺 독살
- 抹殺 말살
- 自殺 자살
- 他殺 타살
- 殺到 쇄도
- 減殺 감쇄

## 段 층계 **단** ▶ 층계, 구분

4급 | 총획 9 | 동 階(계), 層(층)

높게[ㅣ] 솟은 비탈길을 창[殳]으로 넷[彐]으로
갈라 만든 '**층계**'.

- 段階 단계
- 段落 단락
- 高段者 고단자
- 階段 계단
- 三段論法 삼단논법
- 手段 수단

---

## 毀 헐 **훼**: ▶ 헐다, 무너지다, 상처를 입히다

3급 | 총획 13 | 동 壞(괴) 반 建(건) | 會意

절구[臼]는 공[工]들여 치면[殳] 곡식이
'**허물어지고**' '**무너지다**'.

- ■ 名譽毀損 명예훼손 : 남의 명예에 손상을 입히는 일
- 毀慕 훼모
- 毀傷 훼상

## 殿 대궐, 전각 **전**: ▶ 대궐, 전갈

3-2급 | 총획 13

넓고 큰 집[尸] 주위를[共] 창[殳] 들고 지키는
'**대궐**'.

- 殿閣 전각

## 母　말무 부 · 4획

'~하지 마라'는 뜻이다.

---

### 母　어미 모: ▶ 어미

8급 | 총획 5 | 쯷 父(부)

여자[女]가 아이에게 젖[ː]을 먹이니 '**어머니**'가 된 것이다.

■ 賢母良妻 현모양처 : 자식에게는 어진 어머니이고, 남편에게는 착한 아내

- 母校 모교
- 母國 모국
- 母女 모녀
- 母乳 모유
- 母情 모정
- 母體 모체

---

### 毒　독 독 ▶ 독, 독하다

4-2급 | 총획 8

마음을 꿰뚫어[丨] 세[三] 번이나 하지 말라고[毋] 해도 '**독**' 하게 한다.

- 毒氣 독기
- 毒殺 독살
- 毒舌 독설
- 毒性 독성
- 毒蟲 독충
- 消毒 소독
- 旅毒 여독
- 解毒 해독

---

### 每　매양 매(ː) ▶ 매양

7급 | 총획 7

머리에 비녀[ノ]를 꽂은 어머니[母]의 '**매양**' 변치 않는 사랑.

- 每年 매년
- 每番 매번
- 每事 매사
- 每樣 매양
- 每月 매월
- 每人 매인
- 每日 매일
- 每週 매주
- 每回 매회

比 견줄비 부 · 4획

사람이 나란히 앉아 있는 모양을 본뜬 글자로 '나란하다' '견주다' 의 뜻이다.

## 比  견줄 비: ▶ 견주다, 나란히 하다

5급 | 총획 4 | 동 較(교)

비수 두[匕匕] 개를 나란히 놓고 서로 **'견주다'**.

- 比較 비교
- 比等 비등
- 比例 비례
- 比率 비율
- 比重 비중
- 對比 대비
- 反比例 반비례

## 毛 털모 부 · 4획

짐승의 털을 본뜬 글자이다.

---

### 毛  털 **모** ▶ 털, 터럭

4-2급 | 총획 4 | 동 髮(발) | 象形

다람쥐의 꼬리 **'털'** 모양을 본뜬 자.

- 毛骨 모골
- 毛根 모근
- 毛髮 모발
- 毛絲 모사
- 毛織 모직
- 毛布 모포
- 純毛 순모
- 不毛地 불모지

---

### 毫  터럭 **호** ▶ 터럭, 가는 털, 조금

3급 | 총획 11 | 동 毛(모), 髮(발) | 形聲

털[毛]이 높이[高] 자란 **'터럭'**.
털을 모아 만든 **'붓'**.

- 毫髮 호발 : 아주 잔 털
- 秋毫 추호 : 조금, 또는 매우 적음

- 揮毫 휘호

# 氏 각시씨 부 · 4획

나무 뿌리가 땅 위로 올라온 모양을 본뜬 글자이다.

---

## 氏 각시, 성씨 씨 ▶ 각시, 성씨

4급 | 총획 4 | 동 姓(성) | 象形

나무 뿌리가 땅 위로 올라온 모양을 본뜬 자로,
뿌리가 뻗어가듯 혈족으로 퍼져 나가는 '성씨'.

- 氏族 씨족
- 姓氏 성씨
- 宗氏 종씨
- 創氏改名 창씨개명

## 民 백성 민 ▶ 백성

8급 | 총획 5 | 반 君(군), 王(왕)

여러 성씨[氏]를 하나로 덮어[一] 합치니 '백성'
이 되었네.

- 民家 민가
- 民間 민간
- 民權 민권
- 民法 민법
- 民心 민심
- 民意 민의
- 國民 국민
- 庶民 서민
- 賤民 천민

## 気 기운기 부 · 4획

구름이나 수증기가 떠돌아 다니는 모습을 본뜬 글자이다.

## 氣 기운 기 ▶ 기운, 숨

7급 | 총획 10 | 약 気

기[气]가 모자라던 차에, 쌀[米]밥을 먹고 나니
'기운'이 솟는다.

■ 浩然之氣 호연지기 : 하늘과 땅 사이에 가득 찬 넓고 큰 정기

| | | |
|---|---|---|
| □ 氣槪 기개 | □ 氣孔 기공 | □ 氣量 기량 |
| □ 氣力 기력 | □ 氣壓 기압 | □ 氣運 기운 |
| □ 濕氣 습기 | □ 傲氣 오기 | |

## 水 물수 부 · 4획

물이 흘러가는 모습을 본뜬 글자이다. 변형자는 'ㅣ'이다.

---

### 水 물 수 ▶ 물

8급 | 총획 4 | (반) 火(화) | 象形

'물'이 여러 갈래로 나뉘어 흘러가는 모양을 본뜬 자.

- □ 水禽 수금
- □ 水道 수도
- □ 水路 수로
- □ 水門 수문
- □ 水分 수분
- □ 水仙花 수선화
- □ 水壓 수압
- □ 汚水 오수
- □ 潛水 잠수
- □ 淨水機 정수기

---

### 求 구할 구 ▶ 구하다, 찾다

4-2급 | 총획 7

한[一] 방울[丶]의 물[水]도 '구할' 수 없다.

- □ 求愛 구애
- □ 求人 구인
- □ 求職 구직
- □ 求刑 구형
- □ 求婚 구혼
- □ 要求 요구
- □ 請求 청구
- □ 促求 촉구
- □ 探求 탐구

---

### 冰 얼음 빙 ▶ 얼음

5급 | 총획 5 | (약) 氷

물[水] 얼어[冫] 응결된 것은 '얼음'.

※ 속자인 '氷'을 더 많이 쓰므로 함께 알아두자.

- □ 氷庫 빙고
- □ 氷山 빙산
- □ 氷水 빙수
- □ 氷點 빙점
- □ 氷板 빙판
- □ 氷河 빙하
- □ 結氷 결빙
- □ 解氷 해빙

---

### 泰 클 태 ▶ 크다

3-2급 | 총획 10 | (동) 巨(거), 大(대), 太(태) (반) 微(미), 小(소)

첫째[一]로 큰[大] 물[水]이니, '클' 수밖에 없다.

- 泰然自若 태연자약 : 마음에 충격을 받을 일이 있어도 천연스러움

- □ 泰山 태산
- □ 泰然 태연
- □ 泰平 태평

---

### 永 길 영: ▶ 길다

6급 | 총획 5 | (동) 久(구), 長(장) (반) 短(단)

한 점[丶]에서 시작된 물[水]줄기가 '길게' 이어져 흐른다.

- □ 永久 영구
- □ 永世 영세
- □ 永生 영생
- □ 永續 영속
- □ 永永 영영
- □ 永遠 영원
- □ 永住權 영주권

---

### 泉 샘 천 ▶ 샘

4급 | 총획 9

흰[白] 물[水]이 솟는 '샘'.

- □ 泉脈 천맥
- □ 鑛泉 광천
- □ 九泉 구천
- □ 冷泉 냉천
- □ 溫泉 온천
- □ 源泉 원천
- □ 黃泉 황천

# 江

**강 강** ▶ 강, 물

7급 | 총획 6 | 반 山(산)

물[氵]이 위[一]에서 아래[一]로 수직[丨]으로 흐르니 '강'이 되었다.

- 江南 강남
- 江邊 강변
- 江山 강산
- 江村 강촌
- 江幅 강폭
- 江湖 강호
- 洛東江 낙동강
- 漢江 한강

# 湖

**호수 호** ▶ 호수

5급 | 총획 12

옛날[古]부터 오랜 세월[月] 한 곳에 머물러 있는 물[氵]이 '호수'.

- 湖南 호남
- 湖畔 호반
- 湖水 호수
- 江湖 강호

# 洋

**큰바다 양** ▶ 큰바다

6급 | 총획 9

양[羊]이 떼를 지어 물[氵]을 마시는 '큰바다'.

- 洋服 양복
- 洋食 양식
- 洋藥 양약
- 洋裝 양장
- 洋行 양행
- 輕洋食 경양식
- 大洋 대양
- 東洋 동양
- 海洋 해양

# 波

**물결 파** ▶ 물결

4-2급 | 총획 8 | 동 浪(랑)

강[氵] 표면[皮]에 돌을 던지니 '물결'이 인다.

- 波及 파급
- 波濤 파도
- 波動 파동
- 波紋 파문
- 波長 파장
- 餘波 여파
- 電波 전파
- 秋波 추파
- 風波 풍파
- 寒波 한파

# 海

**바다 해:** ▶ 바다

7급 | 총획 10 | 동 洋(양) | 반 陸(륙)

강물[氵]이 한결같이[每] 모이는 '바다'.

■ 桑田碧海 상전벽해 : 세상일이 덧없이 바뀜

- 海軍 해군
- 海流 해류
- 海水 해수
- 海岸 해안
- 海洋 해양
- 海外 해외
- 海底 해저
- 海賊 해적
- 碧海 벽해

# 流

**흐를 류** ▶ 흐르다

5급 | 총획 10

내[厶]가 갓[亠]을 쓰고 가다가 냇물[川 氵]이 '흐르는' 곳에서 멈췄다.

- 流動 유동
- 流浪 유랑
- 流産 유산
- 流出 유출
- 流布 유포
- 流行 유행
- 交流 교류
- 亞流 아류
- 韓流 한류

# 河

**물 하** ▶ 물, 강

5급 | 총획 8 | 동 江(강), 水(수) | 반 山(산)

마을에 큰 도움을 주니 가히[可] 물[氵] 중의 '물'이다.

- 河口 하구
- 河流 하류
- 河心 하심
- 河川 하천
- 河海 하해
- 氷河 빙하
- 運河 운하
- 銀河水 은하수

# 浴

**목욕할 욕** ▶ 목욕하다

5급 | 총획 10

계곡[谷]의 물[氵]에 들어가 '목욕하다'.

- 浴室 욕실
- 沐浴 목욕
- 溫浴 온욕
- 日光浴 일광욕
- 入浴 입욕
- 海水浴 해수욕

# 深 깊을 심 ▶ 깊다

4-2급 | 총획 11 | 반 淺(천)

물[氵]에 덮여[冖] 여덟[八] 그루의 나무[木]가 안 보이니, 물이 참 '깊다'.

■ 深思熟考 심사숙고 : 깊이 생각함

- 深刻 심각
- 深耕 심경
- 深奧 심오
- 深層 심층
- 深海 심해
- 深化 심화
- 水深 수심

# 潮 조수 조 ▶ 조수, 밀물

4급 | 총획 15 | 반 干(간)

아침[朝]에 밀려 들어왔다가 나가는 바닷물[氵] '조수'.

- 潮流 조류
- 潮水 조수
- 干潮 간조
- 落潮 낙조
- 滿潮 만조
- 思潮 사조
- 風潮 풍조

# 洗 씻을 세: ▶ 씻다

5급 | 총획 9 | 동 濯(탁)

일어 나면 먼저[先] 물[氵]로 '씻는다'.

- 洗腦 세뇌
- 洗面 세면
- 洗手 세수
- 洗心 세심
- 洗顔 세안
- 洗車 세차
- 洗濯 세탁
- 水洗式 수세식

# 油 기름 유 ▶ 기름

6급 | 총획 8 | 동 脂(지)

물[氵]로 말미암아[由] '기름'이 분리된다.

- 油松 유송
- 油田 유전
- 油畫 유화
- 石油 석유
- 原油 원유
- 注油 주유
- 香油 향유

# 注 부을 주: ▶ 붓다, 물대다, 정신을 쏟다

6급 | 총획 8

주인[主]이 논에 물[氵]을 '붓는다'.

- 注目 주목
- 注視 주시
- 注意 주의
- 注油 주유
- 注入 주입
- 脚注 각주

# 汽 물 끓는 김 기 ▶ 물 끓는 김

5급 | 총획 7

물[氵]이 끓으면 구름처럼 피어오르는[气] '김'.

- 汽力 기력
- 汽船 기선
- 汽笛 기적
- 汽車 기차

# 港 항구 항: ▶ 항구

4-2급 | 총획 12

물[氵]이 이미[已] 함께[共] 고여 있으니 '항구'.

- 港口 항구
- 港內 항내
- 開港 개항
- 空港 공항
- 歸港 귀항
- 漁港 어항
- 入港 입항
- 出港 출항

# 液 진 액 ▶ 진, 즙

4-2급 | 총획 11

물[氵]이 밤[夜]에는 더 '진'하게 보인다.

- 液體 액체
- 液化 액화
- 不凍液 부동액
- 水液 수액
- 血液 혈액

# 濟 건널 제: ▶ 건너다, 이루다, 건지다

4-2급 | 총획 17 | 동 波(도) | 약 済

물[氵]이 잠잠해지면[齊] '건너자'.

- 濟世安民 제세안민 : 세상을 구제하여 백성을 편안하게 함
- 濟化 제화 : 가르쳐서 이끌어 잘하게 함

☐ 決濟 결제　　☐ 經濟 경제　　☐ 救濟 구제

# 淸 맑을 청 ▶ 맑다

6급 | 총획 11 | 동 淡(담), 雅(아)

물[氵]이 푸른[靑] 색을 띠니 참으로 '맑다'.

☐ 淸談 청담　　☐ 淸明 청명　　☐ 淸算 청산
☐ 淸純 청순　　☐ 淸楚 청초　　☐ 淸濁 청탁
☐ 淸風 청풍　　☐ 血淸 혈청

# 洞 마을 동: 통할 통 ▶ 마을, 통하다

7급 | 총획 9

여러 골짜기 물[氵]이 한[同] 곳으로 모인 곳에 '마을'이 생기고, 마을과 마을이 서로 '통해' 있다.

☐ 洞口 동구　　☐ 洞里 동리　　☐ 洞長 동장
☐ 洞察 통찰　　☐ 洞燭 통촉

# 潔 깨끗할 결 ▶ 깨끗하다

4-2급 | 총획 15 | 동 淨(정), 淸(청) | 반 醜(추)

예쁜[丰] 칼[刀]을 물[氵]로 씻고 실[糸]로 감싸니 '깨끗하다'.

☐ 潔白 결백　　☐ 簡潔 간결　　☐ 高潔 고결
☐ 純潔 순결　　☐ 淨潔 정결　　☐ 淸潔 청결



# 滯 막힐 체 ▶ 막히다, 빠지다, 머무르다

3-2급 | 총획 14 | 동 塞(색)

물[氵]에 수건[巾] 하나[一]가 빠져 지저분하게[씨] '막히다'.

☐ 滯納 체납　　☐ 滯留 체류　　☐ 滯拂 체불
☐ 滯在 체재　　☐ 滯症 체증　　☐ 延滯 연체
☐ 停滯 정체　　☐ 遲滯 지체　　☐ 沈滯 침체

# 治 다스릴 치 ▶ 다스리다

4-2급 | 총획 8 | 동 理(리)

물[氵]을 내[厶] 입[口]처럼 잘 '다스려야' 해.

☐ 治世 치세　　☐ 治安 치안　　☐ 治粧 치장
☐ 自治 자치　　☐ 主治醫 주치의　　☐ 統治 통치

# 漁 고기잡을 어 ▶ 고기잡다

5급 | 총획 14

물[氵] 속에서 물고기[魚]를 건져 올리는 '고기잡는' 어부.

☐ 漁具 어구　　☐ 漁夫 어부　　☐ 漁船 어선
☐ 漁場 어장　　☐ 漁村 어촌　　☐ 農漁民 농어민
☐ 出漁 출어

# 活 살 활 ▶ 살다

7급 | 총획 9 | 동 生(생) | 반 死(사)

물[氵]이나 혀[舌]처럼 움직이는 것은 '살아있는' 것이다.

☐ 活氣 활기　　☐ 活力 활력　　☐ 活動 활동
☐ 活潑 활발　　☐ 活躍 활약　　☐ 活用 활용
☐ 復活 부활　　☐ 生活 생활　　☐ 自活 자활

# 消

**사라질 소** ▶ 사라지다, 끝

6급 | 총획 10 | 동 滅(멸) 반 顯(현)

물[氵]의 양이 점점 작아져[小] 그믐달[月]처럼 '사라지다'.

- □ 消滅 소멸
- □ 消防 소방
- □ 消音 소음
- □ 消風 소풍
- □ 消火 소화
- □ 消化 소화
- □ 解消 해소

# 況

**상황 황**: ▶ 모양, 상황, 하물며

4급 | 총획 8 | 동 狀(상)

물[氵]속에 빠진 형[兄]의 '모양'을 보니 '상황'이 어떤지 알겠다.

- □ 近況 근황
- □ 狀況 상황
- □ 盛況 성황
- □ 情況 정황
- □ 現況 현황
- □ 況且 황차

# 決

**결단할 결** ▶ 결단하다, 정하다

5급 | 총획 7

물[氵]꼬를 갈라서[夬] 논에 물을 대기로 '결단하다'.

- □ 決斷 결단
- □ 決死 결사
- □ 決算 결산
- □ 決勝 결승
- □ 決意 결의
- □ 決戰 결전
- □ 決鬪 결투
- □ 對決 대결
- □ 卽決 즉결
- □ 判決 판결

# 減

**덜 감**: ▶ 덜다

4-2급 | 총획 12 | 동 削(삭) 반 加(가), 增(증), 添(첨)

물[氵]을 조금씩 다[咸] '덜다'.

- □ 減量 감량
- □ 減少 감소
- □ 減員 감원
- □ 減點 감점
- □ 減縮 감축
- □ 削減 삭감
- □ 節減 절감
- □ 增減 증감
- □ 蕩減 탕감

# 法

**법 법** ▶ 법

5급 | 총획 8 | 동 規(규), 律(률), 範(범), 式(식)

물[氵]이 흘러 가는[去] 순리처럼, 모두에게 공평해야 하는 '법'.

- □ 法科 법과
- □ 法規 법규
- □ 法度 법도
- □ 法令 법령
- □ 法例 법례
- □ 法律 법률
- □ 法案 법안

# 溫

**따뜻할 온** ▶ 따뜻하다

6급 | 총획 13 | 동 暖(난) 반 凍(동), 冷(랭), 寒(한) | 약 温

물[氵]을 그릇[皿]에 담아[囚] '따뜻하게' 데운다.

- □ 溫氣 온기
- □ 溫度 온도
- □ 溫床 온상
- □ 溫水 온수
- □ 溫順 온순
- □ 溫情 온정
- □ 溫風 온풍
- □ 溫和 온화

# 派

**물갈래 파** ▶ 물갈래, 갈래

4급 | 총획 9

바위[厂] 밑으로 뿌리[氏]처럼 뻗어가는 '물[氵]갈래'.

- □ 派遣 파견
- □ 波動 파동
- □ 派閥 파벌
- □ 派出所 파출소
- □ 急派 급파
- □ 黨派 당파
- □ 特派員 특파원
- □ 學派 학파

# 激

**격할 격** ▶ 격하다, 물결이 부딪쳐 흐르다

4급 | 총획 16 | 동 憤(분)

흰[白] 물결[氵]이 솟구쳐 사방[方]을 치며[攵] '격하게' 흐르다.

- □ 激減 격감
- □ 激怒 격노
- □ 激動 격동
- □ 激烈 격렬
- □ 激變 격변
- □ 激鬪 격투
- □ 激化 격화
- □ 感激 감격
- □ 過激 과격
- □ 急激 급격

# 源 근원 원 ▶ 근원

4급 | 총획 13 | 동 根(근)

바위[厂] 아래 작고[小] 흰[白] 물[氵]이 솟는 '근원'.

- 源泉 원천
- 根源 근원
- 起源 기원
- 發源 발원
- 語源 어원
- 資源 자원

# 滿 찰 만(:) ▶ 차다

4-2급 | 총획 14 | 동 充(충) | 약 満

물[氵]이 그릇[凵] 두[兩] 개에 가득 '차다'.

- 滿開 만개
- 滿期 만기
- 滿船 만선
- 滿員 만원
- 滿點 만점
- 滿潮 만조
- 不滿 불만
- 充滿 충만
- 飽滿 포만

# 演 펼 연: ▶ 펴다, 흐르다, 연극을 하다

4-2급 | 총획 14

물[氵]가에서 범[寅]이 재주를 '펼친다'.

- 演劇 연극
- 演技 연기
- 演說 연설
- 演習 연습
- 演題 연제
- 講演 강연
- 公演 공연
- 熱演 열연
- 協演 협연



# 漢 한나라 한: ▶ 한나라, 놈

7급 | 총획 14

물[氵]이 흐르고 진흙[堇]이 많은 곳에 세워진 '한나라'.

- 漢文 한문
- 漢水 한수
- 漢詩 한시
- 漢陽 한양
- 漢字 한자
- 門外漢 문외한
- 惡漢 악한
- 好色漢 호색한

# 混 섞을 혼: ▶ 섞다, 흐리다

4급 | 총획 11 | 동 雜(잡)

물[氵]로 매일[日] 비수[匕]와 비수[匕]를 '섞어' 닦는다.

- 混同 혼동
- 混亂 혼란
- 混聲 혼성
- 混用 혼용
- 混雜 혼잡
- 混戰 혼전
- 混合 혼합
- 混血 혼혈

# 準 법도 준: ▶ 법도, 평평하다, 준하다

4-2급 | 총획 13 | 동 平(평)

물[氵]가에 새[隹] 열[十] 마리가 '법도'에 '준하게' 앉아 있다.

- 準據 준거
- 準備 준비
- 準用 준용
- 準則 준칙
- 基準 기준
- 水準 수준
- 照準 조준
- 標準 표준

# 測 측량할 측 ▶ 측량하다, 헤아리다

4-2급 | 총획 12 | 동 量(량), 料(료)

물[氵]과 재물[貝]과 칼[刂]을 사용할 때는 잘 '측량하고' '헤아려야' 한다.

- 測量 측량
- 測雨器 측우기
- 測定 측정
- 實測 실측
- 豫測 예측
- 推測 추측
- 凶測 흉측

# 泳 헤엄칠 영: ▶ 헤엄치다

3급 | 총획 8 | 形聲

물[氵] 위에서 길게[永] 오래오래 떠서 '헤엄치다'.

- 背泳 배영
- 水泳 수영
- 遠泳 원영
- 遊泳 유영
- 蝶泳 접영
- 混泳 혼영

沐 **머리감을 목** ▶ 머리감다, 씻다
2급 | 총획 7 | 形聲

물[氵]을 나무[木] 그릇에 담아놓고
'머리감고' 목욕한다.

□ 沐浴 목욕　　　　□ 沐浴湯 목욕탕

---

澤 **못 택** ▶ 못, 윤, 풀다
3-2급 | 총획 16 | 통 潭(담), 沼(소), 池(지) 약 沢 | 形聲

물[氵]로 사방[四]을 행운[幸]으로 가득 채우는
'못(연못)'.

■ 澤雨 택우 : 만물을 적셔 주는 좋은 비
■ 德澤 덕택 : 남에게 끼친 덕, 또는 혜택

□ 光澤 광택　　　　□ 潤澤 윤택

---

汗 **땀 한:** ▶ 땀, 땀을 흘리다
3-2급 | 총획 6 | 形聲

물[氵]이 방패[干]처럼 더운 기운을 막아주기
위해 나오는 '땀'.

□ 汗蒸 한증　　　□ 汗汗 한한　　　□ 發汗 발한
□ 不汗黨 불한당

---

池 **못 지** ▶ 못
3-2급 | 총획 6 | 통 沼(소), 澤(택) | 形聲

물[氵]이니[也] '못'.

■ 酒池肉林 주지육림 : 술은 못을 이루고 고기는 숲을 이룬
　　　　　　　　　다는 뜻으로, 호사스러운 술잔치를 나타냄

□ 水源池 수원지　　□ 蓮池 연지　　　□ 貯水池 저수지
□ 天池 천지

---

淚 **눈물 루:** ▶ 눈물, 눈물 흘리다
3급 | 총획 11 | 形聲

문[戶] 앞에 앉아 있는 개[犬] 눈가의 물[氵]은
'눈물'.

■ 落淚 낙루 : 당연히 기록되어야 할 것이 빠짐
■ 血淚 혈루 : 피눈물

---

泊 **머무를 박** ▶ 머무르다, 배 대다
3급 | 총획 8

물[氵]이 희게[白] 보이는 얕은 곳에
'배를 대고' '머물다'.

□ 淡泊 담박　　　□ 民泊 민박　　　□ 宿泊 숙박
□ 外泊 외박

---

滄 **큰 바다 창** ▶ 큰 바다, 푸르다, 차다
2급 | 총획 13 | 形聲

물[氵]을 창고[倉]처럼 저장하고 있는 것이니
'큰 바다'.

■ 滄海一粟 창해일속 : 큰 바다에 던져진 한 알의 좁쌀. 매
　　　　　　　　우 작거나 보잘것없는 존재

---

浪 **물결 랑(:)** ▶ 물결, 떠돌아다니다, 함부로
3-2급 | 총획 10 | 통 波(파)

바람이 불면 수[氵]면 위에 보기 좋게[良]
일어나는 '물결'.

■ 虛無孟浪 허무맹랑 : 거짓되고 터무니없음

□ 浪漫 낭만　　　□ 浪費 낭비　　　□ 浪說 낭설
□ 孟浪 맹랑　　　□ 放浪 방랑　　　□ 流浪 유랑
□ 風浪 풍랑

## 溪

**시내 계** ▶ 시내

3-2급 | 총획 13 | 동 川(천) | 形聲

어찌[奚] 물[氵]이냐고 할 만큼 작은 '시내'.

- 溪谷 계곡
- 清溪川 청계천

## 漠

**넓을 막** ▶ 넓다, 사막, 쓸쓸하다

3-2급 | 총획 14 | 동 廣(광) | 形聲

물[氵] 없는[莫] 모래밭은 '넓은' '사막'.

- 漠漠 막막
- 漠然 막연
- 茫漠 망막
- 沙漠 사막

## 汎

**뜰 범:** ▶ 뜨다, 넓다

2급 | 총획 6 | 形聲

물[氵] 위에 무릇[凡] 모든 물건이 '뜬다'.

- 汎國民的 범국민적
- 汎濫 범람
- 汎神論 범신론

## 洪

**넓을 홍** ▶ 넓다, 큰물, 크다

3-2급 | 총획 9 | 동 廣(광), 博(박), 浩(홍) | 반 狹(협)

물[氵]이 함께[共] 다 모여드니 '넓은' '큰물'이 되었다.

- 洪福 홍복
- 洪水 홍수

## 濫

**넘칠 람:** ▶ 넘치다, 퍼지다, 함부로

3급 | 총획 17 | 약 滥

물[氵]이 위험해 보일[監] 정도로 위에서 아래로 흘러 '넘친다'.

- 濫發 남발
- 濫用 남용
- 濫獲 남획

## 淡

**맑을 담** ▶ 맑다, 묽다

3-2급 | 총획 11 | 동 淑(숙), 清(청) | 形聲

물[氵]이 불꽃[炎]처럼 '맑다'.

- 淡淡 담담
- 淡泊 담박
- 淡白 담백
- 冷淡 냉담
- 淡水 담수
- 弄談 농담

## 浩

**넓을 호:** ▶ 넓다, 크다

3-2급 | 총획 10 | 동 廣(광), 博(박), 洪(홍) | 반 狹(협) | 形聲

홍수[氵]가 났음을 고[告]하니, 그 범위가 '크고' '넓다'.

- 浩然之氣 호연지기 : 하늘과 땅 사이에 가득 찬 넓고 큰 정기
- 浩大 호대
- 浩然 호연

## 淑

**맑을 숙** ▶ 맑다, 정숙하다

3-2급 | 총획 11 | 동 清(청) | 반 濁(탁) | 形聲

물[氵]은 물인데 삼촌[叔]에게 드리는 '맑은' 물.

- 淑女 숙녀
- 淑德 숙덕
- 淑清 숙청
- 私淑 사숙
- 靜淑 정숙

## 淨 깨끗할 정 ▶ 깨끗하다

3-2급 | 총획 11 | 동 潔(결) 반 汚(오)

물[氵]이 다투어[爭] 흘러내려가며 정화되니 '깨끗하다'.

- 淨潔 정결
- 淨水 정수
- 淨化 정화
- 不淨 부정
- 淸淨 청정

## 汚 더러울 오: ▶ 더럽다, 욕, 빨다

3급 | 총획 6 | 동 辱(욕) | 形聲

오물[氵]을 부어 놓은 장소[于]니 '더럽다'.

■ 貪官汚吏 탐관오리 : 탐욕이 많고 행실이 바르지 못한 벼슬아치

- 汚名 오명
- 汚物 오물
- 汚水 오수
- 汚辱 오욕
- 汚點 오점

## 濁 흐릴 탁 ▶ 흐리다, 더러워지다

3급 | 총획 16 | 반 淨(정), 淸(청) | 形聲

촉나라[蜀]의 물[氵]은 혼탁하고 '흐리다'.

- 濁流 탁류
- 濁音 탁음
- 濁酒 탁주
- 淸濁 청탁
- 混濁 혼탁

## 漂 떠다닐 표 ▶ 떠돌다, 빨래하다

3급 | 총획 14 | 동 浮(부) 반 留(류), 停(정) | 形聲

물[氵] 위에 쪽지[票]가 '떠다닌다'.

- 漂流 표류
- 漂白 표백
- 漂着 표착
- 浮漂 부표

## 沙 모래 사 ▶ 모래

3-2급 | 총획 7 | 形聲

돌[石]이 물[氵]에 의해 잘게[少] 부서진 '모래'.

- 沙工 사공
- 沙漠 사막
- 白沙場 백사장
- 黃沙 황사

## 漫 흩어질 만: 질펀할 만
▶ 흩어지다, 질펀하다, 멋대로

3급 | 총획 14 | 동 散(산) 반 集(집) | 形聲

물[氵]이 가볍게[曼] '흩어지다'.

- 漫談 만담
- 漫然 만연
- 漫畫 만화
- 放漫 방만
- 散漫 산만

## 渴 목마를 갈 ▶ 목마르다, 갈증

3급 | 총획 12 | 形聲

수분[氵]이 다[曷] 빠져나가니 갈증이 나며 '목마르다'.

- 渴求 갈구
- 渴望 갈망
- 渴症 갈증
- 枯渴 고갈
- 飢渴 기갈
- 解渴 해갈

## 漸 차차 점(:) 자랄 점 ▶ 차차, 점점

3-2급 | 총획 14 | 形聲

바닷물[氵]이 해안선을 베어내듯[斬] '차차' 깎아낸다.

■ 漸入佳境 점입가경 : 갈수록 더욱 재미있는 경지(境地)로 들어감

- 漸增 점증
- 漸進 점진
- 漸次 점차

# 涼

**서늘할 량** ▶ 서늘하다, 쓸쓸하다

3-2급 | 총획 11 | 동 冷(랭), 寒(한) | 반 溫(온) | 形聲

서울[京]의 물[氵]은 '서늘하다'.

- 涼風 양풍
- 納涼 납량
- 凄涼 처량
- 淸涼飮料 청량음료
- 荒涼 황량

# 潭

**못, 깊을 담** ▶ 못, 깊다

2급 | 총획 15 | 동 池(지), 澤(택) | 形聲

물[氵]이 깊어[覃] 마르지 않는 '못'.

- 潭水 담수

# 涉

**건널 섭** ▶ 건너다

3급 | 총획 10 | 동 波(도) | 會意

물[氵]이 얕은 곳을 찾아 걸어[步] '건넌다'.

※ 얕은 물을 걸어서 건너는 것은 涉(섭), 깊이를 헤아려 건너는 것은 渡(도), 이미 건너간 것은 濟(제)

- 涉獵 섭렵
- 涉外 섭외
- 交涉 교섭

# 濕

**젖을 습** ▶ 젖다, 습기

3-2급 | 총획 17 | 반 乾(건), 燥(조) | 약 湿 | 形聲

작은[幺] 물방울[氵]로도 해[日]와 불[灬]이 없다면 '젖을' 수 있다.

- 濕度 습도
- 濕地 습지
- 乾濕 건습
- 高溫多濕 고온다습

# 浦

**물가 포** ▶ 물가, 개

3-2급 | 총획 10 | 동 津(진) | 形聲

물[氵]이 넓고 크니[甫] '물가'에 앉아 놀자.

- 浦口 포구
- 浦村 포촌

# 滴

**물방울 적** ▶ 물방울, 방울져 떨어지다

3급 | 총획 14 | 形聲

물[氵]이 한 방울[商]씩 떨어지는 '물방울'.

- 餘滴 여적 : 어떤 일이 끝난 다음의 남은 이야기
- 點滴 점적 : 낱낱의 물방울

# 漏

**샐 루:** ▶ 새다, 틈으로 새다

3-2급 | 총획 14 | 形聲

물[氵]방울이 집[尸]에 비[雨]만 오면 떨어져 '샌다'.

- 漏落 누락
- 漏水 누수
- 漏電 누전
- 漏出 누출
- 脫漏 탈루

# 潛

**잠길 잠** ▶ 잠기다, 몰래

3-2급 | 총획 15 | 동 沒(몰), 沈(침) | 形聲

물[氵]속은 이미[旡] 해[日]가 지고 어둠에 '잠겼다'.

- 潛伏 잠복
- 潛入 잠입
- 潛跡 잠적
- 潛行 잠행

# 淺 얕을 천: ▶ 얕다

3-2급 | 총획 11 | 동 薄(박) | 반 深(심) | 약 浅 | 形聲

물[氵] 속에 창 두 개[戈戈]를 찔러 닿는 곳이니 '얕다'.

- 淺慮 천려
- 淺薄 천박
- 淺學 천학
- 深淺 심천
- 日淺 일천

# 洲 물가 주 ▶ 물가, 대륙

3-2급 | 총획 9 | 形聲

물[氵]이 흐르는 마을[州]의 '물가'.

- 滿洲 만주
- 美洲 미주
- 三角洲 삼각주
- 六大洲 육대주

# 濯 씻을 탁 ▶ 씻다, 결백하다

3급 | 총획 17 | 동 洗(세) | 形聲

물[氵]에 새[隹]의 깃[羽]털을 담가 '씻는다'.

- 濯足 탁족 : 세속을 벗어남
- 洗濯 세탁 : 빨래

# 浮 뜰 부 ▶ 뜨다, 떠오르다

3-2급 | 총획 10 | 반 沈(침) | 形聲

아이[子]의 손톱[爫]은 물[氵]에 '뜬다'.

- 浮力 부력
- 浮上 부상
- 浮揚 부양
- 浮沈 부침
- 浮漂 부표
- 浮黃 부황

# 湯 끓을 탕: ▶ 끓다, 끓인 물, 탕약

3-2급 | 총획 12 | 形聲

물[氵]이 햇살[昜]의 열에 의해 '끓다'.

- 湯藥 탕약
- 冷湯 냉탕
- 沐浴湯 목욕탕
- 補身湯 보신탕
- 蔘鷄湯 삼계탕
- 熱湯 열탕
- 再湯 재탕
- 重湯 중탕

# 浸 잠길 침: 적실 침 ▶ 잠기다, 담그다, 스며들다

3-2급 | 총획 10 | 동 潛(잠), 沈(침) | 會意

물[氵]에 삽[⺕]을 놓으면 또[又] 물에 '잠기다'.

- 浸水 침수
- 浸蝕 침식
- 浸染 침염
- 浸透 침투

# 沒 빠질 몰 ▶ 빠지다, 가라앉다, 지나치다

3-2급 | 총획 7 | 동 沈(침), 陷(함) | 形聲

물[氵]에 덮혀[冖] 또[又] 손을 허우적거리니 '빠지다'.

- 沒頭 몰두
- 沒落 몰락
- 沒殺 몰살
- 沒入 몰입
- 沒知覺 몰지각
- 水沒 수몰
- 日沒 일몰
- 出沒 출몰
- 陷沒 함몰

# 泥 진흙 니 ▶ 진흙

3-2급 | 총획 8 | 形聲

비구니[尼]가 물[氵]에서 노니 '진흙'이 묻는다.

- 泥田鬪狗 이전투구 : '진창에서 싸우는 개'라는 뜻으로, '강인한 성격'을 이름
- 泥土 이토 : 진흙

## 洛 강 이름 락 ▶ 강 이름, 물 이름

2급 | 총획 9

물[氵]이 사방에서 각각[各] 모여들어 이루어진 황하니 '강 이름'.


## 泣 울 읍 ▶ 울다, 근심

3급 | 총획 8 | 동 哭(곡) 반 笑(소) | 形聲

서서[立] 눈물[氵]만 흘리며 '(소리 없이) 울다'.

※ 소리 내서 우는 것은 哭(곡), 소리로 울리는 것은 鳴(명)

■ 泣訴 읍소 : 울며 간절히 하소연함

□ 泣哭 읍곡　　　□ 感泣 감읍


## 涯 물가 애 ▶ 물가, 가

3급 | 총획 11 | 形聲

물[氵]이 덮힌 언덕[厓]이니 '물가'.

□ 生涯 생애　　　□ 水涯 수애　　　□ 天涯 천애
□ 天涯孤兒 천애고아


## 渡 건널 도 ▶ 건너다, 지나가다

3-2급 | 총획 12 | 동 濟(제) | 形聲

물[氵] 깊이를 헤아려[度] 조심조심 '건너다'.

□ 渡美 도미　　　□ 渡河 도하　　　□ 渡航 도항
□ 過渡期 과도기　□ 賣渡 매도　　　□ 不渡 부도
□ 言渡 언도　　　□ 前渡 전도


## 沈 잠길 침 성 심 ▶ 잠기다, 가라앉다, 빠지다

3-2급 | 총획 7 | 동 潛(잠), 浸(침) 반 浮(부) 약 沉 | 形聲

물[氵]에서 사람[人]이 덮힐까[冖] 허우적대다 이내 '잠기다'.

□ 沈降 침강　　　□ 沈沒 침몰　　　□ 沈默 침묵
□ 沈水 침수　　　□ 沈潛 침잠　　　□ 沈着 침착
□ 沈痛 침통　　　□ 擊沈 격침


## 沿 물따라 갈 연(:) ▶ 물따라 가다

3-2급 | 총획 8 | 形聲

물[氵]이 산 갈라진[兀] 입구[口]를 통해서 양측으로 '물따라 가다'.

□ 沿邊 연변　　　□ 沿岸 연안　　　□ 沿海 연해
□ 沿革 연혁


## 漆 옻 칠 ▶ 옻, 옻칠하다, 검은 칠

3-2급 | 총획 14 | 동 黑(흑) 약 柒

사람[人]이 나무[木]를 물[水]로 닦고 또 물[氵]로 닦아 '옻' 칠하다.

□ 漆器 칠기　　　□ 漆夜 칠야　　　□ 漆板 칠판
□ 漆黑 칠흑


## 濃 짙을 농: ▶ 짙다

2급 | 총획 16 | 形聲

물[氵] 농사[農]가 잘 되는 것이니 '깊다' 또는 '짙다'.

□ 濃度 농도　　　□ 濃霧 농무　　　□ 濃縮 농축
□ 濃厚 농후

潤　불을, 윤택할 **윤:**
▶ 불다, 이익, 윤택하다, 젖다
3-2급 | 총획 15

윤달[閏]에 물[氵]이 '불어' '윤택해지다'.

□ 潤氣 윤기　　□ 潤澤 윤택　　□ 潤筆 윤필
□ 利潤 이윤　　□ 浸潤 침윤


汝　너 **여** ▶ 너
3급 | 총획 6 | (반) 我(아), 余(여)

물[氵]가에 앉아 있는 여자[女]인 '너'.

■ 汝等 여등 : 너희들
■ 汝輩 여배 : 너희들


滅　멸망할, 꺼질 **멸**
▶ 멸망하다, 꺼지다, 죽다, 멸하다
3-2급 | 총획 13 | (동) 亡(망) | 形聲

물[氵]과 불[火]에 의해 개[戌]가 '죽어'
'멸망하다'.

□ 滅菌 멸균　　□ 滅亡 멸망　　□ 滅種 멸종
□ 壞滅 괴멸　　□ 不滅 불멸　　□ 消滅 소멸
□ 自滅 자멸　　□ 全滅 전멸　　□ 破滅 파멸


沮　막을 **저:** ▶ 막다, 그치다
2급 | 총획 8

물[氵]을 모으기 위해 또[且] 둑을 쌓아
'막는다'.

□ 沮止 저지　　□ 沮害 저해


淫　음란할 **음** ▶ 음란하다, 어지럽다, 탐하다
3-2급 | 총획 11 | 形聲

물[氵]가에 있는 손톱[爫]이 긴 아첨하는[壬]
사람은 '음란하다'.

□ 淫亂 음란　　□ 淫行 음행　　□ 姦淫 간음
□ 賣淫 매음


津　나루 **진(:)** ▶ 나루, 포구
2급 | 총획 9

물[氵]이 붓[聿]끝처럼 가는 곳, 즉 강이나 바다에
배가 건너다니는 '나루'.

□ 津口 진구 : 나루터


添　더할 **첨** ▶ 더하다, 맛을 더하다
3급 | 총획 11 | (동) 加(가) (반) 減(감), 削(삭) |
形聲

물[氵]로 큰 점[丶]을 찍고 작은[小] 점을 또 찍어
'더하다'.

■ 錦上添花 금상첨화 : 비단 위에 꽃을 보탠다는 뜻으로, 좋
　　　　　　은 일에 또 좋은 일이 더함

□ 添加 첨가　　□ 添附 첨부　　□ 添削 첨삭


灣　물굽이 **만** ▶ 물굽이
2급 | 총획 25 | (약) 湾

물[氵]이 활처럼 굽어[彎] 흐르는 것이니
'물굽이'.

■ 灣然 만연 : 물이 활등같이 들어오는 모양

□ 臺灣 대만　　□ 港灣 항만

滑 미끄러울 활 ▶ 미끄럽다

2급 | 총획 13획

윤활유 같은 물[氵] 뼈[骨]가 '미끄럽다'.

- 滑降 활강
- 滑氷 활빙
- 滑走路 활주로
- 圓滑 원활
- 潤滑油 윤활유

濠 해자 호 ▶ 해자

2급 | 총획 17획

성을 지키기 위해 영웅 호걸[豪]들이 성을 빙 둘러 파논 물[氵]구덩이가 '해자'.

■ 外濠 외호 : 성의 둘레에 파 놓은 못

溺 빠질 닉 ▶ 빠지다

2급 | 총획 13획

약한[弱] 사람이 물[氵]에 '빠졌다'.

- 溺死 익사
- 耽溺 탐닉

# 火

**불화 부 · 4획**

불길이 타오르는 모양을 본뜬 글자이다. 변형자는 '灬'이다.

---

## 火 불 화(:) ▶ 불

8급 | 총획 4 | 반 水(수)

나무에 '불'을 붙이니 불길이 타오른다.

- 火力 화력
- 火山 화산
- 火藥 화약
- 火炎 화염
- 火田 화전
- 導火線 도화선
- 防火 방화
- 消火 소화
- 砲火 포화

## 灰 재 회 ▶ 재, 석회

4급 | 총획 6

열[十] 개의 나무가지를 불[火]에 태우니 남은 것은 '재'.

- ■ 灰色分子 회색분자 : 소속이나 주의가 뚜렷하지 못한 사람
- 灰壁 회벽
- 灰心 회심
- 石灰 석회

## 炎 불꽃 염 아름다울 담
▶ 불꽃, 아름답다

3-2급 | 총획 8 | 會意

불[火]이 위로 거듭 타오르는 것이니 '불꽃'.

- 炎症 염증
- 炎天 염천
- 腦炎 뇌염
- 胃腸炎 위장염
- 喉頭炎 후두염

## 炭 숯 탄: ▶ 숯

5급 | 총획 9 | 반 氷(빙)

산[山] 밑 바위[厂]에서 불[火]로 구워낸 '숯'.

- 炭鑛 탄광
- 炭素 탄소
- 炭田 탄전
- 炭車 탄차
- 炭火 탄화
- 木炭 목탄
- 無煙炭 무연탄
- 石炭 석탄

## 災 재앙 재 ▶ 재앙

5급 | 총획 7 | 동 殃(앙), 厄(액), 禍(화)

냇물[巛]이 넘치고 불[火]이 나는 무서운 '재앙'.

- ■ 天災地變 천재지변 : 자연 현상으로 일어나는 재앙이나 괴변
- 災難 재난
- 災民 재민
- 災厄 재액
- 災害 재해
- 三災 삼재
- 火災 화재
- 橫災 횡재

## 煙 연기 연 ▶ 연기

4-2급 | 총획 13

흙[土]에 불[火]을 지르니 서쪽[西]에서 '연기'가 난다.

- 煙幕 연막
- 煙竹 연죽
- 煙草 연초
- 禁煙 금연
- 愛煙 애연
- 吸煙 흡연

# 燈
**등잔 등** ▶ 등잔

4-2급 | 총획 16 | 약 灯

불[火]이 올려져[登] 있는 것은 '등잔'.

- 燈下不明 등하불명 : 등잔 밑이 어둡다는 뜻으로, 가까이에 있는 것을 오히려 잘 모름
- 燈火可親 등화가친 : 등불을 가까이하여 글읽기에 좋은 시절

- 街路燈 가로등
- 白熱燈 백열등
- 電燈 전등
- 照明燈 조명등
- 螢光燈 형광등

# 熔
**녹일 용** ▶ 녹다

2급 | 총획 14

불[火]을 수용하면[容] '녹일' 수 있다.

※ 鎔과 同字

- 熔岩 용암

# 燒
**불사를 소(:)** ▶ 불사르다, 불타다

3-2급 | 총획 16 | 동 燃(연) | 形聲

불[火] 기둥이 높이[堯] 솟으며 '탄다'.

- 燒却 소각
- 燒滅 소멸
- 燒失 소실
- 燒酒 소주
- 燒盡 소진

# 燃
**탈 연** ▶ 타다, 불사르다

4급 | 총획 16 | 동 燒(소)

모든 물건은 불[火]을 지르면 자연히[然] '타게' 된다.

- 燃燈 연등
- 燃料 연료
- 燃燒 연소
- 可燃 가연
- 內燃 내연

# 燭
**촛불 촉** ▶ 촛불, 등불

3급 | 총획 17 | 形聲

촉[蜀]나라는 어두워 불[火]을 밝혀야 하니 '촛불'이 필요하다.

- 燭光 촉광
- 燭臺 촉대
- 燭淚 촉루
- 洞燭 통촉
- 華燭 화촉

# 爆
**터질 폭** ▶ 터지다

4급 | 총획 19 | 形聲

불[火]이 사나운[暴] 기세로 타니 장작이 '터진다'.

- 爆擊 폭격
- 爆發 폭발
- 爆笑 폭소
- 爆音 폭음
- 爆竹 폭죽
- 爆彈 폭탄
- 原爆 원폭
- 自爆 자폭

# 爐
**화로 로** ▶ 화로, 향로

3-2급 | 총획 20 | 약 炉 | 形聲

불[火]을 담아 놓은 큰 그릇[盧]이 '화로'.

- 香爐 향로
- 火爐 화로

# 爛
**빛날 란** ▶ 빛나다

2급 | 총획 21 | 形聲

난간[闌-欄]에 켜 놓은 불[火]이 환하게 '빛난다'.

- 天眞爛漫 천진난만 : 말이나 행동이 꾸밈이 없이 순진함

# 燥
**마를 조** ▶ 마르다, 말리다

3급 | 총획 17 | (동)渴(갈), 乾(건) (반)濕(습) | 形聲

불[火]과 같이 뜨거운 열에 모든 물건[品]과 나무[木]들이 '마르다'.

□ 燥渴症 조갈증　　□ 乾燥 건조

# 營
**경영할 영** ▶ 경영하다, 일하다, 다스리다

4급 | 총획 17 | (약)営

집이 불꽃[火火]에 덮여도[冖] 모를 만큼 등뼈[呂]가 휘도록 회사를 '경영한다'.

□ 營利 영리　　□ 營養 영양　　□ 營業 영업
□ 經營 경영　　□ 國營 국영　　□ 兵營 병영
□ 運營 운영　　□ 直營 직영

# 煩
**번거로울 번** ▶ 번거롭다, 괴로워하다

3급 | 총획 13

일이 잘 풀리지 않아 머리[頁]에 불[火] 같은 열이 나니, 만사가 '번거롭다'.

□ 煩惱 번뇌　　□ 煩雜 번잡　　□ 頻繁 빈번

# 烈
**매울 렬** ▶ 맵다, 사납다, 세차다

4급 | 총획 10

열[列]을 지어 타는 불[灬]길이 '세차고' '맵다'.

□ 烈女 열녀　　□ 熱烈 열렬　　□ 烈夫 열부
□ 烈士 열사　　□ 烈火 열화　　□ 強烈 강렬
□ 激烈 격렬　　□ 先烈 선열　　□ 壯烈 장렬

# 炊
**불땔 취:** ▶ 불을 때다, 밥을 하다

2급 | 총획 8

아궁이에 불[火]이 잘 타도록 입 벌려[欠] 불면서 '불땐다'.

□ 炊事 취사　　□ 自炊 자취

# 照
**비칠 조:** ▶ 비치다, 대조하여 보다

3-2급 | 총획 13 | (동)映(영)

밝게[昭] 하기 위해서 불[灬]로 '비친다'.

□ 照明 조명　　□ 照準 조준　　□ 觀照 관조
□ 對照 대조　　□ 參照 참조

# 煉
**쇠불릴, 달굴 련**
▶ 쇠를 불리다, 쇠를 달구다

2급 | 총획 13

불[火]속에 여덟[八]개의 쇳덩이를 묶어[束] 넣고 달군다 하여 '쇠불리다'.

□ 煉瓦 연와　　□ 煉炭 연탄

# 熱
**더울 열** ▶ 덥다, 뜨겁다

5급 | 총획 15 | (동)暑(서) (반)冷(랭), 寒(한)

여덟[八] 개의 흙덩이[土土]로 둥글게[丸] 만든 아궁이 앞은 불[灬]이 있어 '덥다'.

□ 熱氣 열기　　□ 熱望 열망　　□ 熱變 열변
□ 熱意 열의　　□ 熱中 열중　　□ 熱湯 열탕

## 熟 익을 **숙** ▶ 익다, 익숙하다

3-2급 | 총획 15 | 形聲

무엇[孰]이든 불[灬]을 때면 '익는다'.

- □ 熟考 숙고
- □ 熟眠 숙면
- □ 能熟 능숙
- □ 熟達 숙달
- □ 熟省 숙성
- □ 未熟兒 미숙아
- □ 熟練 숙련
- □ 熟知 숙지
- □ 圓熟 원숙

## 烏 까마귀 **오** ▶ 까마귀

3-2급 | 총획 10 | 象形

눈까지 검은 새[烏]라 점[丶]을 빼도 티가 안 난다 하여 '까마귀'.

- ■ 烏飛梨落 오비이락 : 까마귀 날자 배 떨어진다는 뜻으로 '공교롭게도 어떤 일이 같은 때에 일어나 남의 의심을 받게 됨'을 이르는 말
- ■ 烏合之卒 오합지졸 : 아무 규율도 없이 몰려 있는 무리

## 熙 빛날 **희** ▶ 빛나다

2급 | 총획 13 | 形聲

신하[臣]의 슬기가 때로는 뱀[巳]같고, 불[灬]처럼 '빛난다'.

## 焉 어찌 **언** ▶ 어찌

3급 | 총획 11 | 동 那(나), 何(하) | 象形

정의[正]로운 새[烏]가 '어찌' 말세에 나타날까?

- ■ 焉敢生心 언감생심 : '어찌 감히 그런 마음을 먹을 수 있으랴'라는 뜻으로 쓰임
- □ 於焉間 어언간
- □ 終焉 종언

## 然 그럴 **연** ▶ 그러하다, 그러나

7급 | 총획 12

개[犬]고기[月]를 익히기 위해 불[灬]을 피우는 '그러한' 행위.

- □ 然後 연후
- □ 漠然 막연
- □ 自然 자연
- □ 當然 당연
- □ 未然 미연
- □ 天然 천연
- □ 突然 돌연
- □ 偶然 우연
- □ 忽然 홀연

## 焦 탈 **초** ▶ 타다

2급 | 총획 12

새[隹]가 불[灬]에 '탄다'.

- ■ 勞心焦思 노심초사 : 몹시 애를 태움
- □ 焦燥 초조

## 無 없을 **무** ▶ 없다

5급 | 총획 12 | 동 莫(막) | 반 有(유) | 약 无

사람[人]이 나무 네[ㅣㅣㅣㅣ] 개를 두[二] 줄로 쌓아 불[灬]을 피우니 추위가 금세 '없어졌다'.

- ■ 虛無孟浪 허무맹랑 : 거짓되어 터무니없음
- □ 無價 무가
- □ 無聊 무료
- □ 無慈悲 무자비
- □ 無給 무급
- □ 無償 무상
- □ 無酌定 무작정
- □ 無念 무념
- □ 無顔 무안

## 燕 제비 **연(:)** ▶ 제비, 나라이름

3-2급 | 총획 16

입[口]을 북쪽[北]으로 향하고 마른[灬] 풀[艹]을 찾는 '제비'.

- □ 燕京 연경
- □ 燕尾服 연미복
- □ 燕雀 연작

## 爪 손톱조 부 · 4획

물건을 긁어 당기는 손톱의 모습을 본뜬 글자이다. 변형자는 '爫'이다.

---

### 爭 다툴 쟁 ▶ 다투다

5급 | 총획 8 | 동 競(경), 戰(전), 鬪(투) 반 和(화) 약 争

손톱[爫]으로 할퀴고 갈고리[亅]와 삽[크]을 들고 '다툰다'.

- □ 爭名 쟁명
- □ 爭取 쟁취
- □ 爭奪 쟁탈
- □ 競爭 경쟁
- □ 論爭 논쟁
- □ 紛爭 분쟁
- □ 言爭 언쟁
- □ 戰爭 전쟁
- □ 鬪爭 투쟁

---

### 爵 벼슬 작 ▶ 벼슬, 작위를 내리다

3급 | 총획 18 | 동 官(관), 吏(리)

손잡이[爫]가 있는 잔[皿]을 법도[寸]에 따라 신전 앞에 머물러[艮] 제사지내는 '벼슬아치'.

- □ 公爵 공작
- □ 伯爵 백작
- □ 子爵 자작
- □ 爵位 작위
- □ 爵號 작호

---

### 爲 할 위(:) ▶ 하다, 위하다

4-2급 | 총획 12 | 약 為

손톱[爫]을 물고 집[尸]이 불[灬]에 휩싸인[勹] 것을 보고도 어찌 '할' 바를 모르겠다.

- □ 爲國 위국
- □ 爲人 위인
- □ 爲政者 위정자
- □ 爲主 위주
- □ 當爲 당위
- □ 無作爲 무작위
- □ 營爲 영위
- □ 行爲 행위

## 父 아비부 부 · 4획

채찍을 들고 때려 아버지가 가르친다는 것을 뜻한다.

---

## 父 아비 부 ▶ 아비

8급 | 총획 4 | ﹝반﹞ 母(모)

손에 회초리를 들고 자식을 때리는 '아버지'.

- 父傳子傳 부전자전 : 대대로 아버지가 아들에게 전함

- 父系 부계
- 父母 부모
- 父親 부친
- 家父長 가부장
- 伯父 백부
- 神父 신부
- 義父 의부
- 祖父母 조부모

해당 한자 없음

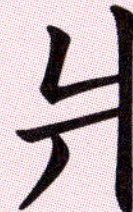



해당 한자 없음

# 片

**조각편 부 · 4획**

통나무를 둘로 나눈 것 중에서 오른쪽 부분의 조각 모양을 본뜬 글자이다.

---

## 片 　조각 편(:) ▶ 조각, 한쪽

3-2급 | 총획 4 | 象形

나무를 둘로 나누어 오른쪽 '조각'을 본뜬 자.

- 一葉片舟 일엽편주 : 한 척의 조각배

□ 片紙 편지　□ 片層雲 편층운　□ 破片 파편

---

## 版 　판목, 널판 판 ▶ 판목, 널판

3-2급 | 총획 8 | 동 板(판) | 形聲

반대[反]로 뒤집어 켜낸 조각[片]인 '판목' '널판'.

□ 版權 판권　□ 絶版 절판　□ 製版 제판
□ 出版 출판

## 牙 어금니아 부 · 4획

어금니의 모양을 본뜬 글자이다.

---

## 牙 어금니 **아** ▶ 어금니

3-2급 | 총획 4 | 象形

---

'**어금니**'의 모양을 본뜬 자.

※ 어금니는 牙(아), 앞니는 齒(치)

- 牙城 아성
- 象牙 상아
- 象牙塔 상아탑
- 齒牙 치아

牙

<table><tr><td>

## 牛 소우 부 · 4획

소의 머리부분을 본뜬 글자이다.

---

### 牛 소**우** ▶ 소

5급 | 총획 4 | 동 丑(축) | 象形

---

'**소**'의 머리 부분을 본뜬 자.

- □ 牛角 우각
- □ 牛乳 우유
- □ 牛車 우차
- □ 牛黃 우황
- □ 碧昌牛 벽창우

---

### 牧 목장, 기를 **목** ▶ 목장, 기르다, 치다

4-2급 | 총획 8

---

소[牛]를 때리기도[攵] 하며 '**기르는**' '**목장**'.

- □ 牧歌 목가
- □ 牧童 목동
- □ 牧師 목사
- □ 牧者 목자
- □ 牧場 목장
- □ 牧草 목초
- □ 牧畜 목축
- □ 放牧 방목

---

### 物 물건 **물** ▶ 물건, 만물

7급 | 총획 8

---

가축 중 소[牛]만한 것이 없다[勿] 하니 소가 최고의 '**물건**'.

- □ 物質 물질
- □ 萬物 만물
- □ 事物 사물
- □ 人物 인물

</td><td>

### 特 특별할 **특** ▶ 특별하다

6급 | 총획 10 | 반 普(보), 遍(편)

---

절[寺]에서 제물로 바치는 소[牛]니 '**특별하다**'.

- □ 特講 특강
- □ 特級 특급
- □ 特別 특별
- □ 特色 특색
- □ 特選 특선
- □ 特有 특유
- □ 特定 특정
- □ 特進 특진
- □ 特出 특출
- □ 英特 영특

---

### 牽 끌 **견** ▶ 끌다, 이끌다

3급 | 총획 11 | 동 引(인) | 반 推(추)

---

검은[玄] 천으로 덮힌[冖] 소[牛]를 '**끌어**' 오거라.

- ■ 牽強附會 견강부회 : 당치도 않은 말을 억지로 갖다 대어 조리에 닿도록 함
- ■ □ 牽牛 견우
- □ 牽引 견인
- □ 牽制 견제

</td></tr></table>

## 犬 개견 부 · 4획

개가 양다리를 벌리고 서 있는 모양이다. 변형자는 '犭'이다.

---

### 狗 개 **구** ▶ 개, 강아지

3급 | 총획 8 | 동 犬(견) | 形聲

개[犭]는 개인데 구[句]부러진 작은 '**개**'.

- 羊頭狗肉 양두구육 : 양의 머리를 걸어 놓고 실제로는 개고기를 팖, 선전은 그럴싸하지만 속은 쓸모없음

- 走狗 주구
- 黃狗 황구

---

### 狂 미칠 **광** ▶ 미치다

3-2급 | 총획 7

개[犭]의 왕[王]이 '**미친**' 듯이 짖어댄다.

- 狂言妄說 광언망설 : 이치에 맞지 않고 도리에 어그러진 말

- 狂犬 광견
- 狂氣 광기
- 狂亂 광란
- 狂人 광인
- 狂態 광태
- 狂風 광풍
- 發狂 발광
- 熱狂 열광

---

### 猛 사나울 **맹:** ▶ 사납다, 용감하다

3-2급 | 총획 11 | 동 烈(렬), 勇(용) | 形聲

개[犭] 중에 힘이 첫째[孟]가는 맹견은 아주 '**사납다**'.

- 猛毒 맹독
- 猛獸 맹수
- 猛將 맹장
- 猛打 맹타
- 猛虎 맹호
- 猛活躍 맹활약
- 勇猛 용맹

---

### 犯 범할 **범:** ▶ 범하다, 죄인

4급 | 총획 5

개[犭]가 무릎[㔾]을 꿇고 앉아 있으니 큰 죄를 '**범한**' 것이다.

- 犯法 범법
- 犯人 범인
- 犯罪 범죄
- 共犯 공범
- 殺人犯 살인범
- 眞犯 진범
- 初犯 초범
- 侵犯 침범
- 現行犯 현행범

---

### 獨 홀로 **독** ▶ 홀로

5급 | 총획 16 | 동 孤(고) | 반 群(군), 徒(도) | 약 独

창문[罒] 아래 개[犭]가 벌레[虫]에 둘러싸여[勹] '**홀로**' 끙끙댄다.

- 唯我獨尊 유아독존 : 세상에서 자기만이 잘났다고 뽐내는 일

- 獨斷 독단
- 獨立 독립
- 獨白 독백
- 獨步的 독보적
- 獨善 독선
- 獨身 독신
- 獨走 독주
- 獨裁 독재
- 獨唱 독창

---

### 獲 얻을 **획** ▶ 얻다, 얻어지다, 손에 넣다

3-2급 | 총획 17 | 동 得(득) | 반 失(실) | 形聲

개[犭]가 풀[艹] 속에서 새[隹] 한 마리를 또[又] '**얻었다**'.

- 獲得 획득
- 漁獲 어획
- 捕獲 포획

猶

오히려 유 ▶ 오히려, 머뭇거리다, 주저하다

3-2급 | 총획 12 | 形聲

개[犭]의 우두머리[酋]가 '오히려' 사람보다 낫다.

- 猶父猶子 유부유자 : 삼촌과 조카
- 起訴猶豫 기소유예    執行猶豫 집행유예


狀

모양 상 문서 장: ▶ 형상, 문서

4-2급 | 총획 8 | 동 劵(권) 약 状

개[犬]가 '문서'를 물고 장수[爿]에게 전하는 기이한 '형상'.

- 狀貌 상모      賞狀 상장      狀態 상태
- 狀況 상황      形狀 형상      答狀 답장
- 案內狀 안내장    招待狀 초대장


獄

옥 옥 ▶ 옥, 감옥

3-2급 | 총획 14 | 會意

두 마리의 개[犭犬]처럼 물고 뜯으며 싸우는 사람을 말[言]로 심판하여 가둬두는 '감옥'.

- 獄苦 옥고      獄死 옥사      獄中 옥중
- 監獄 감옥      地獄 지옥      脫獄 탈옥
- 投獄 투옥


獸

짐승 수 ▶ 짐승

3-2급 | 총획 19 | 동 禽(금) 약 獣

밭[田]에서 두 눈[口口]을 번뜩이며 입[口] 하나[一]를 벌리고 있는 개[犬]는 '짐승'.

- 人面獸心 인면수심 : 짐승과 같은 마음

- 獸心 수심      獸醫 수의      禽獸 금수
- 猛獸 맹수      野獸 야수


獵

사냥 렵 ▶ 사냥하다, 사로잡다

3급 | 총획 18 | 약 猟

개[犭]들이 물가[巛]의 쥐[鼠]를 일제히 쫓으며 '사냥' 하다.

- 獵犬 엽견      獵奇 엽기      獵銃 엽총
- 密獵 밀렵      涉獵 섭렵


獻

드릴 헌: ▶ 드리다, 바치다, 공헌하다

3-2급 | 총획 20 | 동 貢(공) 약 献

개[犭]를 솥[鬳]에 삶아 신전에 '바치다'.

- 獻金 헌금      獻身 헌신      獻血 헌혈
- 貢獻 공헌      文獻 문헌      奉獻 봉헌


犬

개 견 ▶ 개

4급 | 총획 4 | 동 狗(구) 象形

코[丶]가 큰[大] '개'.

- 犬馬之勞 견마지로 : 임금이나 나라에 충성을 다하는 노력. 자기의 노력을 겸손하게 일컫는 말

- 猛犬 맹견      名犬 명견      愛犬 애견
- 忠犬 충견      鬪犬 투견


獎

장려할 장:
▶ 장려하다, 권면하다, 칭찬하다

4급 | 총획 15 | 동 勸(권), 勵(려) 약 奨, 奬

개[犬]를 날쌔게 훈련시키듯, 훌륭한 장수[將]가 되도록 '장려해야' 한다.

- 獎勵 장려          獎學金 장학금          勸獎 권장

## 玉 구슬옥 부 · 5획

세 개의 구슬을 꿴 모양이다. 부수로 쓸 때에는 王으로 쓴다.

---

### 王 임금 왕 ▶ 임금

8급 | 총획 4 | 동 君(군), 帝(제) 반 民(민), 臣(신)

위의 一은 하늘, 아래의 一은 땅, 중간의 一은 사람으로, 이 셋을 뚫고[ㅣ] 지나가는 통치자 '임금'.

- 王家 왕가
- 王冠 왕관
- 王國 왕국
- 王道 왕도
- 王子 왕자
- 王朝 왕조
- 王座 왕좌
- 國王 국왕
- 大王 대왕

---

### 球 공 구 ▶ 공, 구슬

6급 | 총획 11

구슬[王]을 구[求]해 '공'처럼 차고 놀다.

- 球技 구기
- 球速 구속
- 球心 구심
- 排球 배구
- 眼球 안구
- 野球 야구
- 電球 전구
- 地球 지구

---

### 玉 구슬 옥 ▶ 구슬

4-2급 | 총획 5 | 동 珠(주) | 象形

'구슬'을 한 줄에 꿴 모양을 본뜬 자.

- 玉器 옥기
- 玉童子 옥동자
- 玉石 옥석
- 玉水 옥수
- 玉體 옥체
- 白玉 백옥

---

### 班 나눌 반 ▶ 나누다, 양반

6급 | 총획 10 | 동 分(분)

구슬[王]같이 둥근 사과를 칼[ㅣ]로 '나누다'.

- 班長 반장
- 班給 반급
- 班常 반상
- 兩班 양반

---

### 珍 보배 진 ▶ 보배

4급 | 총획 9 | 동 寶(보) 약 珎

구슬[王]이 사람[人] 머릿[彡]결같이 반짝이니 '보배'다.

■ 山海珍味 산해진미 : 산과 바다의 온갖 산물로 차린 음식

- 珍客 진객
- 珍奇 진기
- 珍味 진미
- 珍本 진본
- 珍重 진중
- 珍風景 진풍경

---

### 琢 쫄 탁 ▶ 쪼다, 다듬다

2급 | 총획 12

돼지[豕]가 구슬[王-玉]을 탁탁 '쪼다'.

- 琢磨 탁마

## 理 다스릴 리: ▶ 다스리다

6급 | 총획 11 | ⑤ 治(치)

이 구슬[王]은 마을[里]을 잘 **'다스릴'** 수 있는 사람이 누구인지 알려준다.

- ☐ 理念 이념
- ☐ 理髮 이발
- ☐ 理事 이사
- ☐ 理由 이유
- ☐ 理致 이치
- ☐ 敎理 교리
- ☐ 道理 도리
- ☐ 非理 비리
- ☐ 倫理 윤리
- ☐ 合理 합리

## 環 고리 환(:) ▶ 고리, 옥, 둥글다

4급 | 총획 17

구슬[王] 네[四] 개가 한[一] 입[口]에 들어가게 두 사람[人人]이 만든 **'둥근' '고리'**.

- ☐ 環境 환경
- ☐ 環攻 환공
- ☐ 環形 환형
- ☐ 連環 연환
- ☐ 花環 화환

## 現 나타날 현: ▶ 나타나다, 지금

6급 | 총획 11 | ⑤ 顯(현) ⑪ 消(소), 隱(은)

구슬[王]을 잘 닦은 후 보면[見] 광채가 **'나타난다'**.

- ☐ 現金 현금
- ☐ 現代 현대
- ☐ 現狀 현상
- ☐ 現場 현장
- ☐ 現役 현역
- ☐ 現職 현직
- ☐ 出現 출현
- ☐ 現在 현재

## 瑞 상서 서: ▶ 상서롭다

2급 | 총획 13

구슬[王]과 산[山]과 같이 말을 이어[而]나감이 **'상서'**롭다.

- ☐ 瑞光 서광
- ☐ 祥瑞 상서

## 珠 구슬 주 ▶ 구슬

3-2급 | 총획 10 | ⑤ 玉(옥)

구슬[王] 중에 붉은[朱] **'구슬'**이 가장 비싸다.

- ☐ 珠玉 주옥
- ☐ 淚珠 누주
- ☐ 如意珠 여의주
- ☐ 念珠 염주
- ☐ 眞珠 진주

## 琴 거문고 금 ▶ 거문고

3-2급 | 총획 12 | 形聲

두 개의 옥[王王]이 지금[今] 부딪치는 소리나는 악기니 **'거문고'**.

- ☐ 心琴 심금
- ☐ 風琴 풍금

# 玄

**검을현 부 · 5획**

검다는 뜻이다.

---

## 玄 검을 현 ▶ 검다, 고요하다

3-2급 | 총획 5 | 동 黑(흑) 반 白(백) | 會意

작은[幺] 것이 머리[亠] 위에 높이 있으니
'검게' 보인다.

- 玄關 현관
- 玄妙 현묘
- 玄武 현무
- 玄米 현미
- 玄孫 현손
- 幽玄 유현

---

## 兹 이 자 ▶ 검다, 이

3급 | 총획 10 | 동 斯(사) 반 彼(피) | 會意

검고[玄] 검어[玄] '이'보다 '검을' 수 없다.

---

## 率 비율 률 거느릴 솔
▶ 거느리다, 가벼운 모양, 비율

3-2급 | 총획 11 | 동 領(령) | 會意

우두머리[亠] 아래 작은[幺] 것들이 딸려 있는[八]
수가 열[十]인 즉, 윗사람이 아랫사람을
'거느리는' 것이다.

- 能率 능률
- 倍率 배율
- 確率 확률
- 換率 환율
- 效率 효율
- 率直 솔직
- 輕率 경솔
- 統率 통솔

## 오이과 부 · 5획

오이 넝쿨에 오이가 걸려 있는 모습이다.

## 오이 과 ▶ 오이

2급 | 총획 5 | 象形

넝쿨에 '오이' 하나가 매달려 있는 모양.

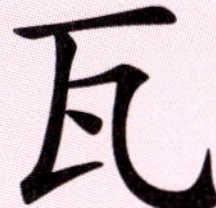

기와와 부 · 5획

기와가 겹쳐 있는 모습이다.

---

瓦 기와 **와**: ▶ 기와

3-2급 | 총획 5 | 象形

'**기와**' 모양을 본뜬 자.

- 瓦器 와기
- 瓦全 와전
- 瓦解 와해

# 甘

### 달감 부 · 5획

'달다' 의 뜻이다.

## 甘 달 감 ▶ 달다, 달게 여기다

4급 | 총획 5 | ⚋ 苦(고)

혀[甘] 앞 부분[丶]은 단맛을 느끼니 맛이 **'달다'**.

- 甘言利說 감언이설 : 그럴듯한 말로 꾸며 하는 말
- 苦盡甘來 고진감래 : 고생 끝에 낙이 옴

▫ 甘受 감수  ▫ 甘雨 감우  ▫ 甘酒 감주
▫ 甘草 감초

## 甚 심할 심: ▶ 심하다

3-2급 | 총획 9 | ⑧ 激(격), 劇(극) | 會意

짝[匹]과 달콤[甘]한 시간을 보내니 **'심히'** 즐겁다.

- 甚至於 심지어 : 심하게는

▫ 激甚 격심  ▫ 極甚 극심

# 生

**날생 부 · 5획**

흙 위에 싹이 나오는 모양이다.

---

## 生   날 생 ▶ 나다, 산 것

8급 | 총획 5 | 동 産(산) 반 死(사), 殺(살) | 象形

싹[屮]이 땅[土]에서 '나다'.

- 生家 생가
- 生果 생과
- 生命 생명
- 生産 생산
- 生色 생색
- 生後 생후
- 發生 발생
- 蘇生 소생
- 幻生 환생

## 産   낳을 산: ▶ 낳다

5급 | 총획 11 | 동 生(생)

집[广]에서 머리[亠]와 두 팔[八]이 생생[生]한 아이를 '낳았다'.

- 産氣 산기
- 産母 산모
- 産物 산물
- 産室 산실
- 産業 산업
- 産地 산지
- 國産 국산
- 難産 난산

# 用

**쓸용 부 · 5획**

'쓰다' '도구' '사용하다' 의 뜻이다.

---

## 用　쓸 용: ▶ 쓰다

6급 | 총획 5 | 동 費(비)

옛날에는 점을 칠 때 거북이의 등껍데기[用]를 **'썼다'**.

■ 無用之物 무용지물 : 아무짝에도 쓸모없는 사람이나 사물

- 用度 용도
- 用量 용량
- 用務 용무
- 用法 용법
- 用便 용변
- 用語 용어
- 公用 공용

# 田

**밭전 부 · 5획**

사방에 경계가 난 밭이나 논의 모양이다.

---

## 田 밭 전 ▶ 밭

4-2급 | 총획 5 | 象形

네모난[口] 땅에 열[十] 식구가 열심히 일해 일군 '밭'.

- □ 田家 전가
- □ 田園 전원
- □ 田地 전지
- □ 鹽田 염전
- □ 火田民 화전민

---

## 由 말미암을 유 ▶ 말미암다, 까닭

6급 | 총획 5

옛 사람이 말하기를[曰], 윗사람에게 잘못을 꿰뚫어[丨] 충고하는 사람으로 '말미암아' 나라의 정의가 선다.

- □ 由來 유래
- □ 由緒 유서
- □ 經由 경유
- □ 事由 사유
- □ 理由 이유
- □ 自由 자유

---

## 甲 갑옷 갑 ▶ 갑옷, 첫째 천간, 순서의 첫 번째

4급 | 총획 5

열[十] 번씩 몸을 싸서[口] 껴입은 '갑옷'.

- ■ 甲男乙女 갑남을녀 : 평범한 보통 사람들을 일컫는 말

- □ 甲骨 갑골
- □ 甲富 갑부
- □ 甲板 갑판
- □ 同甲 동갑
- □ 裝甲車 장갑차
- □ 鐵甲 철갑
- □ 回甲 회갑

---

## 申 펼 신 ▶ 펴다, 납, 아홉째 지지

4-2급 | 총획 5 | 통 告(고)

말[曰]을 꿰뚫어[丨] 뜻을 '펴다'.

- □ 申告 신고
- □ 申請 신청
- □ 內申 내신

---

## 略 약탈할, 줄일 략 ▶ 약탈하다, 간략하다, 빼앗다

4급 | 총획 11

밭[田]에 각각[各] 선을 그어 '약탈하거나', '줄어드는' 것이 있는지 확인한다.

- □ 略圖 약도
- □ 略歷 약력
- □ 略述 약술
- □ 略式 약식
- □ 略字 약자
- □ 略稱 약칭
- □ 簡略 간략
- □ 武略 무략
- □ 省略 생략
- □ 智略 지략

---

## 男 사내 남 ▶ 사내

7급 | 총획 7 | 통 郞(랑) 반 女(녀)

밭[田]에서 힘[力] 써 농작물을 생산하는 '남자'.

- □ 男系 남계
- □ 男女 남녀
- □ 男妹 남매
- □ 男兒 남아
- □ 男裝 남장
- □ 男便 남편
- □ 得男 득남
- □ 美男 미남

# 界

**지경 계:** ▶ 지경, 세계

6급 | 총획 9 | 동 境(경)

밭[田]을 여덟[八] 개로 나누고 길[ㅣ]을 내니 '지경'이 되었다.

- ☐ 境界 경계
- ☐ 郡界 군계
- ☐ 世界 세계
- ☐ 外界 외계
- ☐ 學界 학계

---

# 畓

**논 답** ▶ 논

3급 | 총획 9 | 반 田(전) | 會意

물[水]이 많은 밭[田]은 '논'.

- ■ 田畓 전답 : 밭과 논

---

# 畏

**두려워할 외:** ▶ 두려워하다, 위협하다

3급 | 총획 9 | 동 恐(공), 怖(포) | 會意

밭[田]에서 옷[衣]을 입은 귀신이 나타날까 '두려워하다'.

- ■ 畏敬 외경 : 공경하며 두려워함

---

# 留

**머무를 류** ▶ 머무르다

4-2급 | 총획 10 | 동 停(정)

토끼[卯]가 풀을 먹기 위해 밭[田]에 '머무르다'.

- ☐ 留客 유객
- ☐ 留級 유급
- ☐ 留念 유념
- ☐ 留宿 유숙
- ☐ 留意 유의
- ☐ 留學 유학
- ☐ 留學生 유학생
- ☐ 保留 보류
- ☐ 殘留 잔류

---

# 異

**다를 이:** ▶ 다르다

4급 | 총획 11 | 동 別(별), 他 타 반 共(공), 同(동)

밭[田]에서 함께[共] 농사를 지어도, 수확량은 다 '다르다'.

- ■ 同床異夢 동상이몽 : 겉으로는 같은 행동을 하지만 속으로는 각각 딴생각을 함

- ☐ 異見 이견
- ☐ 異國 이국
- ☐ 異變 이변
- ☐ 異常 이상
- ☐ 異性 이성
- ☐ 怪異 괴이

---

# 畜

**가죽 축** ▶ 가축, 짐승, 기르다

3-2급 | 총획 10

검은[玄] 밭[田]에 '가축'을 풀어 '기르다'.

- ☐ 畜産 축산
- ☐ 畜生 축생
- ☐ 畜牛 축우
- ☐ 家畜 가축
- ☐ 牧畜 목축

---

# 畢

**마칠 필** ▶ 마치다, 모두

3-2급 | 총획 11 | 동 了(료), 終(종) | 形聲

밭[田]의 반[半]에 거름주는 일을 한[一] 차례 '마치다'.

※ 이해가 돼서 마친 것은 了(료), 계속된 걸 마친 것은 終(종)

- ☐ 畢竟 필경
- ☐ 畢納 필납
- ☐ 畢業 필업
- ☐ 檢査畢 검사필

---

# 番

**차례 번** ▶ 차례, 갈마들다

6급 | 총획 12 | 동 第(제)

밭[田]의 벼[禾]가 잘 익었는지 한 번[丶] 한 번[丶] '차례'대로 확인한다.

- ☐ 番地 번지
- ☐ 番號 번호
- ☐ 軍番 군번
- ☐ 當番 당번
- ☐ 每番 매번
- ☐ 週番 주번

田

# 當

**마땅할 당** ▶ 마땅하다, 당하다

5급 | 총획 13 | 약 当

밭[田]을 숭상함[尚]이 '마땅하다'.

- 當局 당국
- 當代 당대
- 當面 당면
- 當選 당선
- 當然 당연
- 當惑 당혹
- 妥當 타당
- 割當 할당

# 畿

**경기 기** ▶ 경기, 지경

3-2급 | 총획 15 | 形聲

거의[幾] 서울 가까이에 있는 밭[田]과 땅을 가리켜 '경기'라 하였다.

- 畿內 기내 : 서울을 중심으로 사방에 있는 가까운 행정 구역을 포괄한 지역
- 京畿道 경기도

# 畫

**그림 화: 그을 획** ▶ 그림, 그리다, 긋다

6급 | 총획 12 | 동 圖(도) 약 画

붓[聿]으로 밭[田]에 마지막 한[一] 줄을 '그으니' '그림'이 완성되었다.

- 畫家 화가
- 畫面 화면
- 畫室 화실
- 名畫 명화
- 畫順 획순
- 映畫 영화

## 疏 소통할 소
▶ 소통하다, 멀다, 멀리하다, 드물다

3-2급 | 총획 12 | 동 遠(원)  반 親(친) | 會意

짝[疋]과 충분히[充] 의견을 **'소통하다'**.

- 疏遠 소원
- 疏忽 소홀
- 生疏 생소
- 親疏 친소

## 疑 의심할 의 ▶ 의심하다

4급 | 총획 14 | 동 惑(혹)

비수[匕]와 화살[矢]과 창[ㄱ←矛]을 몸에 숨기고 짝[疋]을 대하니 **'의심할'** 수밖에 없다.

- 疑懼 의구
- 疑念 의념
- 疑問 의문
- 疑心 의심
- 疑妻症 의처증
- 疑惑 의혹
- 被疑者 피의자
- 懷疑 회의

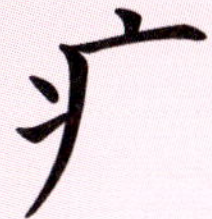

병질엄 부 · 5획

병으로 누워 있는 모양이다.

---

## 病 병 병: ▶ 병, 병들다

6급 | 총획 10 | 동 疾(질)

질병[疒]이 만연한 남녘[丙]에 가서
'병'이 걸렸다.

- 病菌 병균
- 病名 병명
- 病勢 병세
- 病院 병원
- 病占 병점
- 病弊 병폐
- 病患 병환
- 問病 문병
- 傳染病 전염병
- 疾病 질병

---

## 疲 고달플 피 ▶ 고달프다, 피곤하다

4급 | 총획 10 | 동 困(곤)

병[疒]든 사람 피부[皮]처럼
'피곤하고' '고달프다'.

- 疲困 피곤
- 疲勞 피로
- 疲弊 피폐

---

## 疾 병 질 ▶ 병, 질병

3-2급 | 총획 10 | 동 病(병)

병균[疒]이 화살[矢]처럼 빨리 '병'을 옮긴다.

- 疾病 질병
- 疾視 질시
- 疾走 질주
- 惡疾 악질

---

## 痛 아플 통: ▶ 아프다

4급 | 총획 12

성[冂]을 지키다 창[矛]에 맞아 병[疒]이 들어
'아프다'.

- 痛感 통감
- 痛哭 통곡
- 痛症 통증
- 痛歎 통탄
- 痛恨 통한
- 苦痛 고통
- 腹痛 복통
- 陣痛 진통
- 齒痛 치통

---

## 症 증세 증(:) ▶ 증세

3-2급 | 총획 10

병[疒]을 바로[正] 다스리려면 '증세'를
잘 알아야 한다.

- 症勢 증세
- 症候 증후
- 不感症 불감증
- 不眠症 불면증
- 食困症 식곤증
- 後遺症 후유증

---

## 疫 전염병 역 ▶ 염병, 전염병

3-2급 | 총획 9 | 동 疾(질) | 會意

병균[疒]이 치고[殳] 들어오는 '전염병'.

- 檢疫 검역
- 疫疾 역질
- 免疫 면역
- 防疫 방역
- 紅疫 홍역

麻 **저릴 마** ▶ 저리다, 마비
2급 | 총획 13

아이몸에 삼껍질[麻]처럼 벗겨지는 병[疒]에
걸려 '저리다'.

- □ 痲痺 마비
- □ 痲藥 마약
- □ 痲醉 마취

癌 **암 암:** ▶ 암
2급 | 총획 17

산속 바위덩이[嵒]처럼 딱딱하게 굳어버리는
종기 병[疒]이 '암'.

- □ 癌腫 암종
- □ 發癌 발암
- □ 胃癌 위암
- □ 肺癌 폐암
- □ 抗癌 항암

療 **병고칠 료** ▶ 병고치다
2급 | 총획 17

빛이 밝은 것처럼 밝은 방향으로 병[疒]을
'고치다'.

- □ 療養 요양
- □ 醫療 의료
- □ 診療 진료

 **필발머리 부 · 5획**

발을 좌우로 벌리고 걸어가는 모양이다.

---

 **오를 등** ▶ 오르다

7급 | 총획 12 | 동 陞(승) 반 降(강)

사람이 콩[豆] 밭으로 걸어[癶] '올라간다'.

- 登校 등교
- 登壇 등단
- 登山 등산
- 登用 등용
- 登場 등장
- 登載 등재
- 登板 등판

---

**癸 북방, 천간 계:** ▶ 북방, 열째 천간

3급 | 총획 9

하늘[天]에서 밝은 것을 등진[癶] 쪽이니 '북방'.

- 癸未 계미 : 육십갑자의 스무째
- 癸丑日記 계축일기

---

**發 쏠, 필 발** ▶ (꽃이) 피다, 쏘다

6급 | 총획 12 | 약 発

달아나는[癶] 도둑을 잡기 위해 창[殳]을 던지고
활[弓]을 '쏘다'.

- 一觸卽發 일촉즉발 : 금방 일이 터질 듯한 긴박한 상태

- 發刊 발간
- 發光 발광
- 發達 발달
- 發動 발동
- 發明 발명
- 發芽 발아
- 挑發 도발
- 妄發 망발
- 奮發 분발

**白** 흰백 부 · 5획

햇빛이 위로 비추고 있는 형태, 또는 밤의 알맹이 모양이어서 '희다' '깨끗하다'.

---

### 白 흰 백 ▶ 희다

8급 | 총획 5 | 반 黑(흑)

햇빛[日]이 위[丿]로 비추니 '밝고', '희다'.

- □ 白軍 백군
- □ 白米 백미
- □ 白髮 백발
- □ 白書 백서
- □ 白雪 백설
- □ 潔白 결백
- □ 餘白 여백
- □ 蒼白 창백

### 皆 다, 모두 개 ▶ 모두, 다

3급 | 총획 9 | 동 咸(함)

비교하니[比] 희다고[白] '모두' 말한다.

※ 개개인 한 명씩 모인 것은 皆(개), 모든 사람은 咸(함)

- ■ 皆骨山 개골산 : 겨울철 '금강산'을 이르는 말
- □ 皆勤 개근
- □ 皆旣日蝕 개기일식

### 百 일백 백 ▶ 일백, 많다

7급 | 총획 6

하나[一]씩 세는데, 너무 많아 희게[白] 보이니,
아마 '일백' 개는 되겠지.

- ■ 百發百中 백발백중 : 쏘기만 하면 어김없이 맞음. 계획이나 예상 등이 꼭꼭 들어맞음
- ■ 百八煩惱 백팔번뇌: 불교에서 말하는 108가지 번뇌
- □ 百家 백가
- □ 百方 백방
- □ 百姓 백성

### 的 과녁 적 ▶ 과녁

5급 | 총획 8

흰[白] 판의 둥근 원에 싸여[勹] 있는 점[丶]이
네가 맞혀야 할 '과녁'이야.

- □ 的當 적당
- □ 的實 적실
- □ 的中 적중
- □ 公的 공적
- □ 盲目的 맹목적
- □ 目的 목적
- □ 物的 물적
- □ 病的 병적
- □ 組織的 조직적
- □ 劃期的 획기적

### 皇 임금 황 ▶ 임금

3-2급 | 총획 9 | 동 君(군), 王(왕) | 반 民(민), 臣(신)
| 形聲

흰[白] 하늘 아래 있는 임금[王]이 천하의
'임금'.

- □ 皇宮 황궁
- □ 皇女 황녀
- □ 皇室 황실
- □ 皇帝 황제
- □ 敎皇 교황
- □ 張皇 장황

## 皮 가죽피 부 · 5획

피부나 가죽과 관련되는 의미로 쓰인다.

---

## 皮 가죽 **피** ▶ 가죽, 겉

3-2급 | 총획 5 | 동 革(혁) | 象形

---

짐승의 **'가죽'**을 벗기는 모양을 본뜬 자.

※ 털 있는 가죽은 皮(피), 털뽑은 가죽은 革(혁), 익힌 가죽은 韋(위)

- 皮骨 피골
- 桂皮 계피
- 毛皮 모피
- 羊皮 양피
- 牛皮 우피
- 鐵面皮 철면피

**皿** 　그릇명 부 · 5획

제사지낼 때 쓰는 제기의 모양이다.

---

**益** 　더할 익 ▶ 더하다, 이롭다

4-2급 | 총획 10 | 통 加(가), 增(증) 반 減(감), 損(손) 약 益

그릇[皿]에 물[氺]을 부어 '더하다'.

■ 百害無益 백해무익 : 해롭기만 하고 이로운 것이 없음

- 益甚 익심
- 益鳥 익조
- 權益 권익
- 損益 손익
- 有益 유익
- 利益 이익
- 便益 편익
- 弘益人間 홍익인간

---

**盟** 　맹세 맹 ▶ 맹세, 약속

3-2급 | 총획 13 | 통 誓(서) | 形聲

제후들이 모여 희생의 피를 그릇[皿]에 담아 신명[明] 앞에 '맹세' 하다.

- 盟邦 맹방
- 盟誓 맹서
- 盟約 맹약
- 加盟 가맹
- 聯盟 연맹
- 血盟 혈맹

---

**盛** 　성할 성: ▶ 성하다, 풍성하다

4-2급 | 총획 12 | 통 繁(번), 興(흥) 반 亡(망), 衰(쇠)

다 완성한[成] 음식을 그릇[皿]에 담으니 '풍성하다'.

- 盛大 성대
- 盛德 성덕
- 盛裝 성장
- 盛行 성행
- 茂盛 무성
- 隆盛 융성
- 全盛 전성
- 豊盛 풍성

---

**監** 　볼 감 ▶ 보다, 살피다

4-2급 | 총획 14 | 통 觀 관, 見(견)

신하[臣]된 사람[人]은 피[血]땀 흘려 백성을 '보고' '살피다'.

- 監禁 감금
- 監督 감독
- 監房 감방
- 監査 감사
- 監修 감수
- 監視 감시
- 監察 감찰
- 令監 영감
- 收監 수감

---

**盜** 　도둑 도(:) ▶ 도둑

4급 | 총획 12 | 통 賊(적)

물[氵] 속에 잘 숨겨둔 보물 그릇[皿]을 하품[欠]하며 졸다가 '도둑'에게 빼앗겼다.

- 盜難 도난
- 盜癖 도벽
- 盜用 도용
- 盜賊 도적
- 盜聽 도청
- 強盜 강도
- 大盜 대도

---

**盤** 　쟁반 반 ▶ 쟁반, 밑받침

3-2급 | 총획 15 | 形聲

음식을 담아 옮기는[般] 그릇[皿]이니 '쟁반'.

- 盤石 반석
- 骨盤 골반
- 基盤 기반
- 小盤 소반
- 中盤 중반
- 初盤 초반
- 胎盤 태반

## 盡 다할 진: ▶ 다하다, 모두, 다되다

4급 | 총획 14 | 동 窮(궁) 약 尽

또[ㅋ] 우두머리[ㅗ]에게 바칠 그릇[皿]을
불[灬]에 구우며 정성을 '**다한다**'.

- 氣盡脈盡 기진맥진 : 기력이 다하고 맥이 풀림

- 盡力 진력
- 盡心 진심
- 極盡 극진
- 賣盡 매진
- 無盡藏 무진장
- 燒盡 소진
- 脫盡 탈진

皿

## 目 눈목 부 · 5획

눈의 모양을 본뜬 글자이다.

---

### 目 눈 목 ▶ 눈

6급 | 총획 5 | 동 眼(안) | 象形

---

'눈'의 모양을 본뜬 자.

- □ 目擊 목격
- □ 目錄 목록
- □ 目的 목적
- □ 目次 목차
- □ 目標 목표
- □ 面目 면목
- □ 眼目 안목
- □ 題目 제목
- □ 品目 품목

---

### 睡 졸음 수 ▶ 졸음, 졸다, 자다

3급 | 총획 13 | 동 眠(면), 宿(숙), 寢(침) | 形聲

---

눈[目] 꺼풀이 아래로 드리워[垂] '졸음'이 쏟아지다.

- □ 睡眠 수면
- □ 午睡 오수
- □ 昏睡 혼수

---

### 眠 잠잘 면 ▶ 잠자다

3-2급 | 총획 10 | 동 睡(수), 宿(수) | 形聲

---

눈[目]으로 백성[民]들을 잘 살피니 '자는' 것도 편안하다.

- □ 冬眠 동면
- □ 不眠症 불면증
- □ 睡眠 수면
- □ 熟眠 숙면
- □ 安眠 안면
- □ 休眠 휴면

---

### 睦 화목할 목 ▶ 화목하다, 가깝다

3-2급 | 총획 13 | 동 和(화) | 會意

---

땅[土] 과 땅[土] 사이의 팔팔[八]한 개구리들을 눈[目]으로 보니 '화목해' 보인다.

- □ 親睦 친목
- □ 親睦契 친목계
- □ 和睦 화목

---

### 眼 눈 안: ▶ 눈

4-2급 | 총획 11 | 동 目(목)

---

눈[目]에 보이는 것에만 신경이 머무는[艮] '눈'.

- □ 眼鏡 안경
- □ 眼目 안목
- □ 眼藥 안약
- □ 開眼 개안
- □ 色眼鏡 색안경
- □ 審美眼 심미안
- □ 肉眼 육안
- □ 主眼 주안
- □ 血眼 혈안

---

### 瞬 눈깜작거릴 순 ▶ 눈을 깜작이다, 잠깐 사이

3-2급 | 총획 17 | 形聲

---

순임금[舜]이 눈[目]을 자주 '깜작인다'.

- ■ 瞬間 순간 : 눈 깜작할 사이
- ■ 一瞬 일순 : 한 순간

## 盲

소경, 눈 멀 **맹** ▶ 소경, 눈이 어둡다

3-2급 | 총획 8 | 形聲

눈[目]이 없는[亡] '소경'.

- □ 盲目 맹목
- □ 盲信 맹신
- □ 盲兒 맹아
- □ 盲人 맹인
- □ 盲腸 맹장
- □ 文盲 문맹
- □ 色盲 색맹
- □ 夜盲症 야맹증

## 着

붙을 **착** ▶ 붙다, 입다

5급 | 총획 12 | 동 附(부) 반 發(발)

양[羊]이 서로 눈[目]을 마주치며 의좋게 '붙어' 산다.

- □ 着工 착공
- □ 着陸 착륙
- □ 着席 착석
- □ 着眼 착안
- □ 着用 착용
- □ 到着 도착
- □ 逢着 봉착
- □ 執着 집착
- □ 終着驛 종착역

## 看

볼 **간** ▶ 보다

4급 | 총획 9 | 동 見(견), 觀(관), 視(시)

손[手]으로 만지고 눈[目]으로 '본다'.

- 走馬看山 주마간산 : 달리는 말 위에서 구경한다는 뜻으로, '대강대강 보고 지나침'을 비유

- □ 看過 간과
- □ 看病 간병
- □ 看守 간수
- □ 看破 간파
- □ 看護師 간호사

## 眉

눈썹 **미** ▶ 눈썹

3급 | 총획 9 | 象形

눈[目] 위에 있는 지붕[尸]은 '눈썹'.

- □ 眉間 미간
- □ 白眉 백미

目

## 省

살필 **성** 덜 **생** ▶ 살피다, 덜다

6급 | 총획 9 | 동 略(략), 察(찰)

양이 적으니[少] 눈[目]을 부릅뜨고 '덜어진' 곳이 없나 '살피다'.

- 昏定晨省 혼정신성 : 자식이 아침저녁으로 부모님을 돌봄

- □ 省略 생략
- □ 省墓 성묘
- □ 歸省 귀성
- □ 反省 반성
- □ 自省 자성

## 督

감독할 **독** ▶ 감독하다

4-2급 | 총획 13 | 동 監(감)

윗[上]어른이 어린[小] 아이들을 또[又] 눈[目]으로 살피며 '감독한다'.

- □ 督過 독과
- □ 督勵 독려
- □ 督促 독촉
- □ 監督 감독
- □ 提督 제독
- □ 總督 총독

## 盾

방패 **순** ▶ 방패

2급 | 총획 9 | 象形

방패[干]로 눈[目]을 막고[丿] 있는 모양으로 몸 전체를 숨기는 '방패'.

※戈[창과]를 막는 방패는 干(간), 矛[창모]를 막는 방패는 盾(순)

- □ 矛盾 모순

## 直

곧을 **직** ▶ 곧다

7급 | 총획 8 | 동 貞(정) 반 曲(곡), 屈(굴)

감추려[匚→乚] 해도 열[十] 사람의 눈[目]이 보고 있으니 '곧게' 살아야 한다.

- □ 直感 직감
- □ 直告 직고
- □ 直面 직면
- □ 直線 직선
- □ 直言 직언
- □ 直前 직전
- □ 直接 직접
- □ 直後 직후
- □ 強直 강직
- □ 率直 솔직

# 眞

**참 진** ▶ 참되다, 진실하다

4-2급 | 총획 10 | 반 假(가) 약 真

비수[匕]를 들고[十] 눈[目]으로 확인하니
'참'이다.

- □ 眞假 진가
- □ 眞價 진가
- □ 眞骨 진골
- □ 眞理 진리
- □ 眞面目 진면목
- □ 眞實 진실
- □ 眞僞 진위
- □ 眞情 진정
- □ 純眞 순진

# 相

**서로 상** ▶ 서로

5급 | 총획 9 | 동 互(호)

나무[木] 양쪽에 서서 눈[目]으로 서로를 '보다'.

- 同病相憐 동병상련 : 같은 병의 환자끼리 서로 가엾게 여긴
  다는 뜻으로 어려운 사람끼리 동정함

- □ 相談 상담
- □ 相逢 상봉
- □ 相續 상속
- □ 相乘 상승
- □ 相通 상통
- □ 相互 상호
- □ 觀相 관상
- □ 色相 색상
- □ 皮相的 피상적

 창모 부 · 5획

옛날 전쟁터에서 쓰던 세모진 창의 모양이다.

---

 창 모

2급 | 총획 5 | 象形

장식이 달린 긴 **'창'**의 모양.

▫ 矛盾 모순

<table>
<tr><td>

# 矢
**화살시 부 · 5획**

편지를 화살 중간에 묶어 맨 모양이다.

</td></tr>
</table>

## 矢 화살 시: ▶ 화살

3급 | 총획 5 | 象形

'**화살**' 의 모양을 본뜬 자.

- 弓矢 궁시 : 활과 화살

## 矯 바로잡을 교: ▶ 바로잡다

3급 | 총획 17 | 形聲

높이[喬] 쏘기 위하여 화살[矢]을
'**바로잡는다**'.

- 矯角殺牛 교각살우 : 소의 뿔을 바로잡으려다가 소를 죽인다는 뜻으로 '결점이나 흠을 고치려다가 수단이 지나쳐서 도리어 일을 그르침' 을 뜻함

- 矯導 교도 　　　□ 矯正 교정

## 知 알 지 ▶ 알다

5급 | 총획 8 | 동 識(식), 認(인)

화살[矢]처럼, 한 번 입[口]으로 내뱉은 말은 돌이킬 수 없음을 '**안다**'.

- 知己 지기 　□ 知能 지능 　□ 知識 지식
- 知的 지적 　□ 無知 무지 　□ 認知 인지
- 周知 주지 　□ 探知 탐지

## 矣 어조사 의 ▶ 어조사

3급 | 총획 7 | 會意

화살[矢]이 날아가서 나[厶]의 말을 끊으니,
말이 가다가 그치는 '**어조사**'.

- 萬事休矣 만사휴의 : 더 손쓸 방도가 없이 모든 것이 끝남

## 短 짧을 단(:) ▶ 짧다, 단점

6급 | 총획 12 | 반 長(장)

화살[矢]의 길이가 콩[豆]과 비슷하니 참
'**짧다**'.

- 短劍 단검 　□ 短命 단명 　□ 短信 단신
- 短點 단점 　□ 短縮 단축 　□ 短篇 단편
- 長短 장단

# 石 돌석 부 · 5획

바위 아래의 돌 모양이다.

---

## 石 돌 석 ▶ 돌

6급 | 총획 5 | 동 巖(암)

바위[厂] 아래 떨어져 있는 네모[口]난 '돌'.

■ 他山之石 타산지석 : 다른 사람의 하찮은 말과 행동도 자신에게 도움이 됨

- 石刻 석각
- 石工 석공
- 石山 석산
- 石油 석유
- 石炭 석탄
- 石花 석화
- 舊石器 구석기
- 木石 목석
- 寶石 보석

---

## 砲 대포 포: ▶ 대포

4-2급 | 총획 10

돌[石]과 유황을 싸서[包] 만든 '대포'.

- 砲擊 포격
- 砲兵 포병
- 砲聲 포성
- 砲手 포수
- 砲彈 포탄
- 銃砲 총포
- 祝砲 축포

---

## 破 깨뜨릴 파: ▶ 깨뜨리다, 깨다

4-2급 | 총획 10

가죽[皮]도 돌[石]로 치면
'찢어질(깨뜨릴)' 수 있다.

- 破局 파국
- 破産 파산
- 破損 파손

---

## 碑 비석 비 ▶ 비석, 돌기둥

4급 | 총획 13

돌[石]을 낮게[卑] 깎아 만든 '비석'.

- 碑閣 비각
- 碑銘 비명
- 碑文 비문
- 碑石 비석
- 記念碑 기념비
- 墓碑 묘비

---

## 硏 갈 연: ▶ 갈다

4-2급 | 총획 11 | 동 究(구)

방패 두 개[幵]를 돌[石]에 대고 '간다'.

- 硏究 연구
- 硏究院 연구원
- 硏磨 연마
- 硏武 연무
- 硏修 연수

---

## 硬 굳을 경 ▶ 굳다, 단단하다, 굳세다

3-2급 | 총획 12 | 동 堅(견), 固(고) 반 軟(연), 柔(유) | 形聲

돌[石]로 변하여 다시[更] '단단하게'
'굳다'.

- 硬度 경도
- 硬直 경직
- 硬化 경화
- 強硬 강경
- 動脈硬化 동맥경화
- 生硬 생경

**硯** 벼루 연: ▶ 벼루

2급 | 총획 12 | 形聲

글을 써서 보이게[見]하는 먹을 가는 돌[石]인즉
'벼루'.

□ 硯滴 연적


**碩** 클 석 ▶ 크다

2급 | 총획 14

돌[石]중에 머리[頁]통처럼 큼직큼직한 것을
뜻하여 '크다'.

■ 碩望 석망 : 높은 명성

□ 碩士 석사　　　□ 碩學 석학


**確** 굳을 확 ▶ 굳다, 확실하다

4-2급 | 총획 15 | 동 堅(견), 固(고)

돌[石]로 덮여[冖] 있는 새[隹]가
'굳어' '확실히' 날 수 없다.

□ 確立 확립　　　□ 確約 확약　　　□ 確認 확인
□ 確定 확정　　　□ 確證 확증　　　□ 正確 정확


**磁** 자석 자 ▶ 자석

2급 | 총획 15

돌[石]속에서 쇠만 끌어 당기는
검고[玄] 검은[玄]색의 '자석'.

□ 磁器 자기　　　□ 磁極 자극　　　□ 磁石 자석
□ 磁針 자침


**礎** 주춧돌 초 ▶ 주춧돌

3-2급 | 총획 18 | 形聲

나무[木]와 나무[木] 밑에 발[疋] 노릇하는 돌[石]
이니 '주춧돌'.

□ 礎石 초석　　　□ 基礎 기초　　　□ 定礎 정초


**礙** 막을, 거리낄 애: ▶ 막다, 거리끼다

2급 | 총획 19 | 약 碍

돌[石]로 눈을 의심[疑]할 정도로 튼튼하게
'막는다'.

□ 拘礙 구애　　　□ 障礙 장애


**硫** 유황 류 ▶ 유황

2급 | 총획 11

흐르는 내[川] 같은데 파삭파삭한 결정체인
비금속[石] '유황'.

□ 硫黃 유황


**碧** 푸를 벽 ▶ 푸르다, 푸른 옥돌

3-2급 | 총획 14 | 동 靑(청) | 形聲

백[白]옥[玉]석[石]은 '옥돌' 중 '푸른' 빛을
낸다.

■ 碧昌牛 벽창우 : 평안북도의 벽동(碧潼) 지방에서 나는 크
　　　　　　　　　고 억센 소. '벽창호' 의 본딧말

■ 桑田碧海 상전벽해 : 세상일이 덧없이 바뀜을 이르는 말

□ 碧谿水 벽계수　　　□ 碧眼 벽안

**磨** 갈 **마** ▶ 갈다, 문지르다

3-2급 | 총획 16 | 동 砰(연) | 形聲

삼[麻]껍질을 벗겨 다듬듯 돌[石]을 그렇게
'간다'.

■ 磨損 마손 : 사물의 면이 쓸려 닳음

□ 磨崖 마애　　□ 達磨 달마　　□ 研磨 연마

## 示

**보일시 부 · 5획**

신을 모실 때 쓰는 받침, 또는 무덤 앞에 놓여 있는 제단 모양이니 '제단', 제단은 귀신과 관계 있으니 '귀신', 귀신은 모든 것이 다 보이니 '보이다' 등의 뜻이 있다. 변형자는 礻 이다.

## 示 보일 **시**: ▶ 보이다

5급 | 총획 5

두[二] 무덤 앞에 작은[小] 제물을 올려 조상에게 '**보이다**'.

- □ 示範 시범
- □ 示現 시현
- □ 告示 고시
- □ 公示 공시
- □ 明示 명시
- □ 例示 예시
- □ 表示 표시

## 神 귀신 **신** ▶ 귀신, 정신

6급 | 총획 10 | 동 鬼(귀), 靈(령)

음식을 보기[示] 좋게 펼쳐[申] 놓으니 '**귀신**'이 좋아하며 먹는다.

- □ 神奇 신기
- □ 神童 신동
- □ 神靈 신령
- □ 神明 신명
- □ 神主 신주
- □ 神通 신통
- □ 神話 신화
- □ 精神 정신

## 祀 제사 **사** ▶ 제사, 제사지내다

3-2급 | 총획 8 | 동 祭(제) | 形聲

신[示]을 낮에[巳] 모시고 '**제사**'를 지낸다.

※ 巳는 낮 9~11시, 4月을 가리킨다

- □ 告祀 고사
- □ 祭祀 제사

## 祈 빌 **기** ▶ 빌다

3-2급 | 총획 9 | 會意

신[示] 앞에 도끼[斤]를 놓아두고 '**빈다**'.

- □ 祈雨祭 기우제
- □ 祈願 기원

## 社 모일 **사** ▶ 모이다, 단체

6급 | 총획 8 | 동 會(회)

토지[土]의 신[示]에게 제사를 지내기 위해 '**모이다**'.

- □ 社告 사고
- □ 社交 사교
- □ 社說 사설
- □ 社友 사우
- □ 社員 사원
- □ 社長 사장
- □ 社會 사회
- □ 新聞社 신문사
- □ 會社 회사

## 祝 빌 **축** ▶ 빌다

5급 | 총획 10 | 동 祈(기)

신[示]에게 형[兄]이 소원을 '**빈다**'.

- □ 祝歌 축가
- □ 祝文 축문
- □ 祝福 축복
- □ 祝願 축원
- □ 祝典 축전
- □ 祝賀 축하
- □ 慶祝 경축
- □ 自祝 자축

祖 할아비 조 ▶ 할아버지, 조상
7급 | 총획 10 | 반 孫(손)

신[示]에게 제물을 바치고,
또[且] '조상', '할아버지' 께 절하다.

- 祖國 조국
- 祖母 조모
- 祖父 조부
- 祖上 조상
- 先祖 선조
- 始祖 시조
- 元祖 원조


禪 선 선 ▶ 선, 고요하다
3-2급 | 총획 17 | 形聲

정신[示]을 하나로 단일[單]화 하기 위해
'고요히' '참선' 하다.

- 禪宗 선종
- 坐禪 좌선
- 參禪 참선


福 복 복 ▶ 복
5급 | 총획 14 | 반 禍(화)

식구[口]가 하나[一]인데, 신[示]이 큰 밭[田]을
주니 '복'이 참 많다.

- 福券 복권
- 福德 복덕
- 福利 복리
- 福音 복음
- 多福 다복
- 萬福 만복
- 五福 오복
- 祝福 축복
- 幸福 행복


祥 상서 상 ▶ 상서, 복, 조짐
3급 | 총획 11 | 동 瑞(서) | 形聲

신[示]에게 양[羊]을 잡아 바치니
'상서' 로운 일이요, 또 '복' 이 온다.

- 吉祥 길상
- 不祥事 불상사


禍 재앙 화: ▶ 재화, 불행
3-2급 | 총획 14 | 동 殃(앙), 厄(액), 災(재), 凶
(흉) 반 吉(길), 福(복) | 形聲

신[示]이 사람의 운명을 비뚤게[咼] 하는 것이니
'재앙'.

- 吉凶禍福 길흉화복 : 길함과 흉함과 재앙과 행복
- 轉禍爲福 전화위복 : 화가 복으로 바뀜
- 禍根 화근
- 禍福 화복
- 災禍 재화


祿 녹 록 ▶ 녹, 녹봉, 녹을 주다
3-2급 | 총획 13 | 동 俸(봉) | 形聲

신[示]의 이름을 새겨[彔] 두고 인간에게 '녹' 을
주십사 기원한다.

- 貫祿 관록
- 國祿 국록
- 祿俸 녹봉
- 爵祿 작록


禮 예도 례: ▶ 예도, 절
6급 | 총획 18 | 약 礼

신[示]에게 제물을 풍성하게[豊] 바치고
'예도' 에 맞춰 절을 한다.

- 虛禮虛飾 허례허식 : 겉으로만 꾸며 정성이 없음
- 禮家 예가
- 禮度 예도
- 禮物 예물
- 禮拜 예배
- 禮服 예복
- 禮節 예절
- 缺禮 결례
- 目禮 목례
- 葬禮 장례


祕 숨길 비: ▶ 숨기다
4급 | 총획 10 | 약 秘

신[示]은 반드시[必] 몸을 '숨긴다'.

- 祕訣 비결
- 祕境 비경
- 祕錄 비록
- 祕密 비밀
- 祕話 비화
- 極祕 극비
- 默祕權 묵비권
- 祕資金 비자금

# 祭

**제사 제:** ▶ 제사

4-2급 | 총획 11 | 동 祀(사)

---

고기[月]와 또[又] 제물을 신[示]에게 바치고 **'제사'**를 지낸다.

- 祭壇 제단
- 祭物 제물
- 祭祀 제사
- 祭典 제전
- 祭主 제주
- 祭天 제천
- 祝祭 축제

# 禁

**금할 금:** ▶ 금하다

4-2급 | 총획 13

---

나무 두 그루[木木]를 심어 신[示]전에 부정한 것의 근접을 **'금한다'**.

- 禁忌 금기
- 禁書 금서
- 禁食 금식
- 禁煙 금연
- 禁慾 금욕
- 禁酒 금주
- 禁止 금지
- 禁治産 금치산
- 監禁 감금

# 票

**표표** ▶ 표, 쪽지

4-2급 | 총획 11

---

서[西]쪽에서도 보이는[示] **'표' '쪽지'**.

- 票決 표결
- 開票 개표
- 目標 목표
- 車票 차표

 짐승발자국유 부 · 5획

짐승의 발자국 모양이다.

---

 새 금 ▶ 새, 날짐승, 사로잡다

3-2급 | 총획 13 | 동 鳥(조)

짐승[内]을 모두 다 합해서[合] 총칭하는 것으로,
특히 나는 '새'를 뜻한다

- 禽獸 금수 : 날짐승과 길짐승
- 鳴禽 명금 : 고운 소리로 지저귀는 새

# 禾 벼화 부 · 5획

벼의 모양을 본뜬 글자이다.

---

## 禾 벼 화 ▶ 벼, 곡물

3급 | 총획 5 | 동 稻(도) | 象形

'벼'의 모양을 본뜬 자.

- 禾穀 화곡 : 벼에 딸린 곡식을 통틀어 이름

## 秒 시간 단위 초 ▶ 시간 단위

3급 | 총획 9

벼[禾]가 아직 어리니[少] '시간'이 더 필요하다.

- □ 秒速 초속　□ 秒針 초침　□ 分秒 분초
- □ 閏秒 윤초

## 私 사사 사 ▶ 사사, 사사로이 하다

4급 | 총획 7 | 반 公(공)

내[厶]가 농사지어 거둔 벼[禾]니 '사사로운' 것이다.

- □ 私家 사가　□ 私見 사견　□ 私談 사담
- □ 私立 사립　□ 私服 사복　□ 私席 사석
- □ 私心 사심

## 租 조세 조 ▶ 조세, 세금

3-2급 | 총획 10

벼[禾]농사를 마치고 또[且] 쌓아 두었다가 나라에 '조세'로 바치다.

- □ 租稅 조세　□ 租借 조차

## 秋 가을 추 ▶ 가을

7급 | 총획 9 | 반 春(춘)

벼[禾]를 거둬 불[火]이나 햇빛에 말리는 계절이니 '가을'.

- 秋風落葉 추풍낙엽 : 세력이나 형세가 갑자기 기우는 것

- □ 秋季 추계　□ 秋夕 추석　□ 秋收 추수
- □ 秋意 추의　□ 秋波 추파　□ 春秋服 춘추복
- □ 春夏秋冬 춘하추동

## 種 씨 종(:) ▶ 씨, 심다

5급 | 총획 14

벼[禾]를 거둔 후, 중요하게[重] 보관한 '씨'.

- □ 種類 종류　□ 種目 종목　□ 種別 종별
- □ 種子 종자　□ 種族 종족　□ 別種 별종
- □ 純種 순종　□ 接種 접종　□ 品種 품종

## 稿　원고, 볏짚 고 ▶ 원고, 볏짚

3-2급 | 총획 15 | 形聲

볏단[禾]을 높게[高] 쌓은 '볏짚'.

- □ 稿料 고료
- □ 原稿 원고
- □ 原稿紙 원고지
- □ 草稿 초고
- □ 脫稿 탈고
- □ 投稿 투고

## 科　과정, 과목 과 ▶ 과정, 과목, 조목

6급 | 총획 9

벼[禾]를 말[斗]로 재어 등급을 매기는 '과정'.

- □ 科客 과객
- □ 科擧 과거
- □ 科目 과목
- □ 科學 과학
- □ 教科書 교과서
- □ 內科 내과
- □ 眼科 안과
- □ 前科 전과

## 稻　벼 도 ▶ 벼

3급 | 총획 15 | 동 禾(화) | 會意

절구[臼]에 찧어 손[爪]으로 긁어낸 '벼[禾]'.

- ■ 稻熱病 도열병 : 벼에 생기는 병으로 암갈색의 반점이 퍼져 잎 전체가 갈색으로 되어 마르게 되는 병
- ■ 稻作 도작 : 벼농사

## 秩　차례 질 ▶ 차례, 벼슬

3-2급 | 총획 10 | 동 序(서), 第(제) | 形聲

벼[禾]를 베서 잃지[失] 않도록 '차례' 대로 저장한다.

- □ 秩序 질서

## 積　쌓을 적 ▶ 쌓다

4급 | 총획 16 | 동 貯(저), 築(축) | 반 壞(괴)

볏[禾]단을 책임[責]을 다하여 '쌓다'.

- □ 積極 적극
- □ 積立 적립
- □ 積立金 적립금
- □ 積善 적선
- □ 積載 적재
- □ 面積 면적
- □ 容積 용적

## 移　옮길 이 ▶ 옮기다

4-2급 | 총획 11 | 동 運(운)

이곳에는 벼[禾]가 많아[多] 다른 곳으로 '옮겼다'.

- □ 移動 이동
- □ 移民 이민
- □ 移植 이식
- □ 移秧 이앙
- □ 移轉 이전
- □ 移住 이주
- □ 變移 변이

## 穫　벨 확 ▶ 벼를 베다, 거두다

3급 | 총획 19 | 동 收(수) | 形聲

벼[禾]와 풀[艹]을 '베고' 새[隹]를 손[又]으로 잡아 '거둔다'.

- □ 收穫 수확
- □ 秋穫 추확

## 稅　세금 세: ▶ 세금, 세

4-2급 | 총획 12 | 동 租(조)

벼[禾]농사를 지은 형[兄]이 여덟[八] 가마니를 '세금' 으로 냈다.

- □ 稅關 세관
- □ 稅金 세금
- □ 稅務 세무
- □ 課稅 과세
- □ 關稅 관세
- □ 納稅 납세
- □ 所得稅 소득세
- □ 有名稅 유명세

程 한도, 길 정 ▶ 한도, 길, 길이의 단위
4-2급 | 총획 12 | 동 道(도), 路(로)

화목하게[和] 살아가는 '길'이 있고, 왕[王]의
권세도 '한도'가 있다.

- 程度 정도
- 工程 공정
- 課程 과정
- 過程 과정
- 規程 규정
- 路程 노정
- 日程 일정

稀 드물 희 ▶ 드물다
3-2급 | 총획 12 | 동 薄(박) | 반 密(밀) | 形聲

벼[禾]를 바라는[希] 대로 많은 수확이 나오게
하기 위해 드문드문 심는다 하여 '드물다'.

- 稀貴 희귀
- 稀代 희대
- 稀薄 희박
- 稀釋 희석
- 稀少 희소
- 古稀 고희

稚 어릴 치 ▶ 어리다
3-2급 | 총획 13 | 동 幼(유) | 반 老(로) | 形聲

벼[禾] 이삭이 새[隹] 꼬리처럼 짧으니 아직
'어리다'.

- 稚氣 치기
- 稚拙 치졸
- 幼稚 유치
- 幼稚園 유치원

稱 칭찬할, 부를 칭
▶ 칭찬하다, 부르다, 일컫다
4급 | 총획 14 | 약 称

성[冂] 안 흙[土] 바닥의 벼[禾]를 손톱[爫]으로
모으니 주인이 '불러' '칭찬하다'.

- 稱頌 칭송
- 稱讚 칭찬
- 假稱 가칭
- 俗稱 속칭
- 愛稱 애칭
- 略稱 약칭
- 尊稱 존칭
- 呼稱 호칭

穩 평온할 온 ▶ 평온하다
2급 | 총획 19

벼[禾]를 손[爫]으로 떡도 만들어[工] 먹고
또[彐] 마음[心]에 걱정이 없어 '평온하다'.

- 穩健 온건
- 平穩 평온

秀 빼어날 수 ▶ 빼어나다
4급 | 총획 7 | 동 優(우), 俊(준)

먼저 거두는 벼[禾]는 곧[乃] 다른 것보다
'빼어나다'.

- 秀麗 수려
- 秀才 수재
- 優秀 우수
- 俊秀 준수

穀 곡식 곡 ▶ 곡식
4급 | 총획 15

선비[士]가 덮여[冖]있는 한[一] 벼[禾] 가마니를
쳐서[殳] '곡식'인지 확인한다.

■ 五穀百果 오곡백과 : 온갖 곡식과 과실

- 穀價 곡가
- 穀類 곡류
- 穀物 곡물
- 穀食 곡식
- 糧穀 양곡
- 雜穀 잡곡
- 秋穀 추곡
- 脫穀 탈곡

## 穴 구멍혈 부 · 5획

동굴을 나타낸다.

---

### 穴 굴 혈 ▶ 굴, 구멍, 움

3-2급 | 총획 5 | 會意

흙을 파서 출입[入]구를 뚫은 움집[宀]이 '굴'.

- 經穴 경혈 : 한방에서, 14경맥의 혈을 이르는 말
- 虎穴 호혈 : 호랑이 굴

☐ 穴居 혈거  ☐ 洞穴 동혈  ☐ 墓穴 묘혈

---

### 空 빌 공 ▶ 비다, 하늘

7급 | 총획 8 | 동 虛(허)  반 滿(만)

창조주가 구멍[穴]을 만드니[工], 그것이 '하늘'이 되고, '빈 공간'이 되었다.

- 卓上空論 탁상공론 : 실현성이 없는 헛된 이론

☐ 空間 공간  ☐ 空軍 공군  ☐ 空氣 공기
☐ 空洞 공동  ☐ 空白 공백  ☐ 空席 공석
☐ 空中 공중  ☐ 空虛 공허

---

### 究 연구할 구 ▶ 연구하다, 다하다

4-2급 | 총획 7

구멍[穴]도 없는 굴 속에서 구[九] 년 동안 '연구하다'.

☐ 究明 구명  ☐ 講究 강구  ☐ 窮究 궁구
☐ 研究 연구  ☐ 探究 탐구  ☐ 學究熱 학구열

---

### 突 갑자기 돌
▶ 갑자기, 부딪다, 불룩하게 나오다

3-2급 | 총획 9 | 동 衝(충)

개[犬]가 구멍[穴]에서 '갑자기' 뛰어나와 '부딪쳤다'.

- 左衝右突 좌충우돌 : 닥치는 대로 마구 치고받음

☐ 突擊 돌격  ☐ 突起 돌기  ☐ 突變 돌변
☐ 突進 돌진  ☐ 突出 돌출  ☐ 唐突 당돌
☐ 溫突 온돌  ☐ 衝突 충돌

---

### 窓 창 창 ▶ 창, 창문

6급 | 총획 11

나의[厶] 마음[心]을 밝게 하기 위해 구멍[穴]을 내서 마음의 '창'을 만들었다.

☐ 窓口 창구  ☐ 窓門 창문  ☐ 同窓 동창
☐ 東窓 동창  ☐ 車窓 차창  ☐ 窓戶紙 창호지
☐ 學窓時節 학창시절

---

### 窮 다할, 궁할 궁 ▶ 궁하다, 다하다

4급 | 총획 15 | 동 貧(빈)

몸[身]을 활[弓]처럼 구부리고 구멍[穴]에 들어가 숨으니 운이 '다해' 사는 것이 '궁하다'.

☐ 窮究 궁구  ☐ 窮極 궁극  ☐ 窮理 궁리
☐ 窮狀 궁상  ☐ 窮地 궁지  ☐ 困窮 곤궁
☐ 貧窮 빈궁  ☐ 春窮 춘궁

窒　막을 질 ▶ 막다
2급 | 총획 11

뚫어진 구멍[穴]에 이르러[至] '막다'.

- 窒酸 질산
- 窒塞 질색
- 窒息 질식


窺　훔칠 절 ▶ 훔치다
3급 | 총획 22 | 동 盜(도) 약 窃

벌레가 구멍[穴]을 뚫고 벼[禾]를 '훔치다'.

- 竊盜 절도
- 竊取 절취


窟　굴 굴 ▶ 굴
2급 | 총획 13

허리를 구부리고[屈] 들어간 구멍[穴] 뚫어진 '굴'.

- 洞窟 동굴

立 설립 부 · 5획
꼿꼿이 서 있는 모양이다.

---

## 立 설 **립** ▶ 서다

7급 | 총획 5 | 동 建(건), 起(기)

머리[亠]와 두 다리[ㅛ]에 힘을 주고 꼿꼿이 '서다'.

- □ 立件 입건
- □ 立法 입법
- □ 立身 입신
- □ 立案 입안
- □ 立場 입장
- □ 立證 입증
- □ 獨立 독립
- □ 設立 설립
- □ 樹立 수립

## 竝 나란히 **병:** ▶ 나란히, 아우르다, 함께 하다

3급 | 총획 10 | 약 並 | 會意

함께 두 사람이 서[竝竝] 있으니 '나란히' '아우르다'.

- □ 竝列 병렬
- □ 竝立 병립
- □ 竝行 병행

## 端 끝 **단** ▶ 단정하다, 끝

4-2급 | 총획 14 | 동 極(극), 末(말) | 반 初(초)

서[立] 있는 산[山]신령의 수염[而] '끝'이 '단정하다'.

- □ 端緒 단서
- □ 端役 단역
- □ 端午 단오
- □ 端整 단정
- □ 極端 극단
- □ 末端 말단
- □ 發端 발단
- □ 事端 사단

---

## 童 아이 **동(:)** ▶ 아이

6급 | 총획 12 | 동 兒(아) | 반 丈(장)

마을[里] 주위에서 서서[立] 뛰노는 '아이'.

- □ 童詩 동시
- □ 童心 동심
- □ 童話 동화
- □ 兒童 아동
- □ 惡童 악동
- □ 玉童子 옥동자

## 章 글 **장** ▶ 글, 문체

6급 | 총획 11 | 동 文(문)

열[十] 마디의 소리[音]만 적어도 훌륭한 '글'이 된다.

- □ 國章 국장
- □ 文章 문장
- □ 樂章 악장
- □ 印章 인장
- □ 體力章 체력장
- □ 憲章 헌장

## 竟 마침내 **경:** ▶ 마침내, 끝나다, 극에 이르다

3급 | 총획 11 | 동 畢(필) | 會意

사람[儿]이 소리[音]를 길게 빼니 '마침내' 연주가 '끝나다'.

- ■ 畢竟 필경 : 마침내

# 競 다툴 경: ▶ 다투다

5급 | 총획 20 | 통 爭(쟁), 戰(전), 鬪(투) 반 和(화)

이쪽에 선[立] 큰형[兄]과 저쪽에 선[立]
작은형[兄]이 '다툰다'.

- □ 競技 경기
- □ 競落 경락
- □ 競賣 경매
- □ 競步 경보
- □ 競爭 경쟁
- □ 競走 경주
- □ 競逐 경축
- □ 競合 경합

# 竹 대죽 부 · 6획

대나무의 줄기와 잎모양이다.

## 竹 대 죽 ▶ 대, 대나무

4-2급 | 총획 6 | 象形

'대나무'의 마디와 잎과 줄기 모양을 본뜬 자.

- 竹馬故友 죽마고우 : 어릴 때부터 같이 자라며 놀던 벗
- 破竹之勢 파죽지세 : 대적할 수 없을 정도로 막힘없이 무 찔러 나가는 기세

- 竹刀 죽도
- 竹夫人 죽부인
- 爆竹 폭죽

## 第 차례 제: ▶ 차례

6급 | 총획 11 | 동 序(서), 秩(질)

대나무[竹] 밭에서 형과 아우[弟]가 '차례'로 노래를 부른다.

- 第三國 제삼국
- 第三者 제삼자
- 第一 제일

## 笑 웃을 소: ▶ 웃다, 웃음

4-2급 | 총획 10 | 반 哭(곡), 泣(읍)

대나무[竹] 숲에서 아이들[夭]이 '웃고' 있다.

- 笑話 소화
- 苦笑 고소
- 冷笑 냉소
- 談笑 담소
- 微笑 미소
- 失笑 실소

## 筋 힘줄 근 ▶ 힘줄

4급 | 총획 12

대[竹]나무 마디처럼 몸[月]에 힘[力]을 주면 나타나는 '힘줄'.

- 筋骨 근골
- 筋力 근력
- 筋肉 근육
- 鐵筋 철근

## 笛 피리 적 ▶ 피리

3-2급 | 총획 11 | 形聲

대나무[竹] 통에 구멍으로 말미암아[由] 소리나는 '피리'.

- 警笛 경적
- 鼓笛隊 고적대
- 汽笛 기적
- 胡笛 호적

## 等 무리 등: ▶ 무리, 차례, 가지런하다

6급 | 총획 12 | 동 群(군), 衆(중) 반 孤(고), 獨(독)

절[寺] 주위를 에워싼 대나무[竹] 한 '무리'.

- 等級 등급
- 等分 등분
- 等數 등수
- 等差 등차
- 對等 대등
- 比等 비등
- 優等 우등
- 差等 차등
- 平等 평등

# 答

**대답할 답** ▶ 대답, 갚다

7급 | 총획 12 | (반) 問(문)

---

대나무[竹] 조각을 합쳐[合] 거기에 편지를
썼으나 '대답' 이 없네.

- □ 答歌 답가
- □ 答辯 답변
- □ 名答 명답
- □ 問答 문답
- □ 報答 보답
- □ 誤答 오답
- □ 正答 정답
- □ 花答 화답
- □ 回答 회답

# 簡

**대쪽, 간략할 간(:)** ▶ 대쪽, 간략하다

4급 | 총획 18 | (동) 略(략)

---

대나무[竹] 사이[間]에 쓴 편지니,
내용이 '간략하다'.

- □ 簡潔 간결
- □ 簡單 간단
- □ 簡略 간략
- □ 簡素 간소
- □ 簡便 간편
- □ 書簡 서간

# 筆

**붓 필** ▶ 붓, 글씨

5급 | 총획 12

---

대나무[竹]를 잘 닦아[聿] '붓' 을 만들다.

- □ 筆耕 필경
- □ 筆記 필기
- □ 筆談 필담
- □ 筆答 필답
- □ 筆蹟 필적
- □ 筆體 필체
- □ 手筆 수필
- □ 鉛筆 연필
- □ 執筆 집필

# 篇

**책 편** ▶ 책

4급 | 총획 15 | (동) 冊(책)

---

대나무[竹]로 만든 문[戶]을 쪼개서 만든
'책[冊]'.

- □ 篇首 편수
- □ 短篇 단편
- □ 詩篇 시편
- □ 長篇 장편
- □ 前篇 전편
- □ 後篇 후편

# 管

**관리할 관** ▶ 관리하다, 주관하다, 대롱

4급 | 총획 14

---

대나무[竹]를 벼슬[官]한 집에서 '관리한다'.

- □ 管領 관령
- □ 管理 관리
- □ 管樂 관악
- □ 管掌 관장
- □ 水道管 수도관
- □ 主管 주관
- □ 血管 혈관

# 算

**셈할 산:** ▶ 셈하다

7급 | 총획 14 | (동) 計(계), 數(수)

---

대나무[竹]로 만든 도구[具]인 주산으로
'셈한다'.

- □ 算數 산수
- □ 算定 산정
- □ 算出 산출
- □ 檢算 검산
- □ 決算 결산
- □ 勝算 승산
- □ 豫算 예산
- □ 打算 타산
- □ 換算 환산

# 節

**마디 절** ▶ 마디, 절개

5급 | 총획 15 | (동) 寸(촌)

---

대나무[竹]를 흰[白] 비수[匕]로 잘라 증표[卩]로
만든 것이 손 한 '마디' 만 하다.

- □ 節氣 절기
- □ 節度 절도
- □ 節約 절약
- □ 節次 절차
- □ 絶後 절후
- □ 季節 계절
- □ 禮節 예절
- □ 貞節 정절
- □ 換節期 환절기

# 符

**부호 부(:)** ▶ 부호, 부적, 맞다

3-2급 | 총획 11 | 形聲

---

대나무[竹] 조각에 글을 써서 반 갈라 나눠
한쪽을 주었던[付] '병부' 또는 '부적'.

- ■ 名實相符 명실상부 : 이름과 실상이 서로 꼭 맞음

- □ 符籍 부적
- □ 符合 부합
- □ 符號 부호
- □ 終止符 종지부

## 簿 문서 부: ▶ 문서, 장부

3-2급 | 총획 19 | 동 券(권) | 形聲

넓은[溥] 대[竹]쪽에 글을 써서 기록한 '문서' '장부'.

☐ 簿記 부기　　☐ 家計簿 가계부　　☐ 帳簿 장부
☐ 出席簿 출석부　　☐ 學籍簿 학적부

## 篤 도타울 독 ▶ 도탑다, 병이 위중하다

3급 | 총획 16 | 동 敦(돈), 厚(후) | 形聲

대나무[竹] 말[馬]을 타고 놀던 옛날 친구의 정이 '도탑다'.

※ 厚(후)는 물건이 두꺼운 것

☐ 敦篤 돈독　　☐ 篤厚 독후　　☐ 危篤 위독

## 籍 문서 적 ▶ 문서, 서적

4급 | 총획 20 | 동 券(권)

쟁기[耒]로 밭을 갈던 옛날[昔]에는 대나무[竹]가 '문서'였다.

☐ 國籍 국적　　☐ 本籍 본적　　☐ 史籍 사적
☐ 書籍 서적　　☐ 除籍 제적　　☐ 學籍 학적
☐ 戶籍 호적

## 築 쌓을 축 ▶ 쌓다, 짓다

4-2급 | 총획 16

장인[工]이 아주 비범[凡]하여 나무[木]와 대나무[竹]를 '쌓아' 집을 '짓는다'.

☐ 築臺 축대　　☐ 築城 축성　　☐ 建築物 건축물
☐ 改築 개축　　☐ 構築 구축　　☐ 新築 신축
☐ 增築 증축

## 策 꾀 책 ▶ 꾀, 채찍

3-2급 | 총획 12 | 동 略(략), 謀(모) | 會意

대나무[竹]로 가시[束]를 만들 '꾀'를 내봐.

☐ 策略 책략　　☐ 策勵 책려　　☐ 計策 계책
☐ 對策 대책　　☐ 妙策 묘책　　☐ 術策 술책
☐ 政策 정책　　☐ 劃策 획책

## 箱 상자 상 ▶ 상자

2급 | 총획 15

대나무[竹]로 서로[相] 엮어 만든 '상자'.

☐ 箱子 상자

## 範 법 범: ▶ 법, 본보기

4급 | 총획 15 | 동 規(규), 法(법)

대나무[竹]로 만든 수레[車]에 무릎을 꿇고[巳] 귀양가는 모습을 '본보기'로 보여 '법'을 지키게 한다.

☐ 範圍 범위　　☐ 敎範 교범　　☐ 規範 규범
☐ 模範 모범　　☐ 師範 사범　　☐ 示範 시범

## 籠 새장 롱 ▶ 새장

2급 | 총획 22

대나무[竹]로 용[龍]처럼 비틀어 만든 '새장'.

☐ 籠球 농구

## 米 쌀 미 ▶ 쌀

6급 | 총획 6

팔[八]십[十]팔[八] 번의 손이 가야 비로소
수확되는 '쌀'.

- 米穀 미곡
- 米作 미작
- 白米 백미
- 上米 상미
- 玄米 현미

## 糧 양식 량 ▶ 양식

4급 | 총획 18

쌀[米]을 재어[量] 잘 보관해 '양식'으로 쓴다.

- 糧穀 양곡
- 糧米 양미
- 糧食 양식
- 軍糧米 군량미
- 食糧 식량

## 粉 가루 분(:) ▶ 가루

4급 | 총획 10

쌀[米]을 나누니[分] '가루'가 되었다.

- 粉末 분말
- 粉碎 분쇄
- 粉食 분식
- 粉乳 분유
- 粉筆 분필
- 粉紅色 분홍색
- 製粉 제분
- 花粉 화분

## 糖 엿 당 사탕 탕 ▶ 엿, 사탕

3-2급 | 총획 16

쌀[米]의 전분에 엿기름을 넣어 갑자기[唐]
당분으로 변해 만든 '엿'.

- 糖分 당분
- 堂姪 당질
- 糖水肉 탕수육
- 砂糖 사탕
- 雪糖 설탕
- 血糖 혈당

## 精 깨끗할, 정신 정 ▶ 깨끗하다, 정신

4-2급 | 총획 14

푸른[靑] 물에 쌀[米]을 '깨끗하게' 씻는
어머니의 '정신'.

- 精潔 정결
- 精勤 정근
- 精氣 정기
- 精密 정밀
- 精選 정선
- 精誠 정성
- 精神 정신
- 精華 정화

## 粧 단장 장 ▶ 단장하다

3-2급 | 총획 12 | 形聲

농막[庄]에서 방아를 찧을 때 쌀[米]가루를 뒤집
어 쓴 것이 분을 발라 '단장'한 것 같다.

- 粧鏡 장경
- 粧飾 장식
- 美粧院 미장원
- 治粧 치장
- 化粧紙 화장지

# 粟

조 **속** ▶ 조, 낟알

3급 | 총획 12 | 會意

---

서쪽[西] 쌀[米]은 **'조'**.

- 粟米 속미 : 좁쌀
- 滄海一粟 창해일속 : 큰 바다에 던져진 한 알의 좁쌀이란 뜻
  으로 '보잘것없는 존재'를 비유

# 糸

**실사 부 · 6획**

감아놓은 실타래의 모양이다. 이 부에 속하는 글자는 '실'과 관계가 있다.

## 絲 실 **사** ▶ 실, 실을 잣다

4급 | 총획 12 | 약 糸

실[糸]과 실[糸]을 엮어 만든 '**실**' 꾸리.

- 一絲不亂 일사불란 : 조금도 어지럽지 않고 질서정연함
- 綿絲 면사
- 原絲 원사
- 鐵絲 철사

## 糾 얽힐 **규** ▶ 얽히다, 살피다, 규명하다

3급 | 총획 8

실[糸]로 나[丩]와 네가 '**얽혀**' 우리가 되었다.

- 糾明 규명
- 糾錯 규착
- 糾察 규찰
- 糾彈 규탄
- 糾合 규합

## 系 이을, 혈통 **계:** ▶ 혈통, 이어매다

4급 | 총획 7

실[糸]을 하나[一]로 '**매어**', '**잇다**'.

- 系統 계통
- 直系 직계
- 體系 체계

## 紅 붉을 **홍** ▶ 붉다

4급 | 총획 9 | 동 丹(단), 赤(적)

실[糸]을 가지고 장인[工]이 '**붉은**' 옷을 만들었다.

- 紅旗 홍기
- 紅疫 홍역
- 紅一點 홍일점
- 紅茶 홍차
- 朱紅 주홍

## 紀 벼리 **기** ▶ 실마리, 벼리

4급 | 총획 9 | 동 綱(강)

그물에서 몸[己]통이 되는 굵은 실[糸]은 '**벼리**'.

- 紀念 기념
- 紀元 기원
- 紀行 기행
- 紀行文 기행문
- 西紀 서기
- 世紀 세기

## 約 맺을 **약** ▶ 맺다, 약속하다

5급 | 총획 9 | 동 契(계) 반 解(해)

실[糸] 하나[丶]로 단단히 싸듯[勹], 약속도 굳게 '**맺어야**' 한다.

- 約分 약분
- 約束 약속
- 約定 약정
- 約婚 약혼
- 公約 공약
- 期約 기약
- 要約 요약
- 節約 절약
- 解約 해약
- 協約 협약

# 紛

**어지러울 분** ▶ 어지러워지다

3-2급 | 총획 10 | 동 亂(란) | 形聲

실[糸]이 끊어져[分] 이리저리 흩어지니 **'어지럽다'**.

※ 여러 갈래로 어지러운 것은 紛(분), 어지러운 여러 행동은 亂(란)

□ 紛亂 분란

# 絃

**줄 현** ▶ 줄

3급 | 총획 11

검은[玄] 실[糸]로 만든 **'줄'**.

□ 絃樂器 현악기　　□ 管絃樂器 관현악기

# 紙

**종이 지** ▶ 종이

7급 | 총획 10

실[糸] 뿌리[氏] 같은 섬유를 엮어 만든 **'종이'**.

□ 紙面 지면　　□ 白紙 백지　　□ 色紙 색지
□ 用紙 용지　　□ 便紙 편지　　□ 表紙 표지
□ 韓紙 한지　　□ 休紙 휴지

# 給

**줄 급** ▶ 주다

5급 | 총획 12 | 동 授(수), 與(여), 贈(증)

실[糸]을 합[合]쳐서 다시 **'주다'**.

□ 給料 급료　　□ 給水 급수　　□ 給食 급식
□ 給油 급유　　□ 級足 급족　　□ 基本給 기본급
□ 無給 무급　　□ 補給 보급　　□ 需給 수급
□ 支給 지급

# 紋

**무늬 문** ▶ 무늬

3-2급 | 총획 10 | 동 絢(현)

실[糸]로 문자[文]를 만든 **'무늬'**.

□ 水紋 수문　　□ 指紋 지문　　□ 波紋 파문

# 絡

**이을, 얽을 락** ▶ 잇다, 얽히다

3-2급 | 총획 12

실[糸]을 각자[各] 마음대로 **'이으니' '얽혀'** 버렸다.

□ 經絡 경락　　□ 脈絡 맥락　　□ 連絡 연락

# 細

**가늘 세:** ▶ 가늘다

4-2급 | 총획 11

밭[田]에 넌 그물 실[糸]이 참 **'가늘다'**.

□ 細菌 세균　　□ 細密 세밀　　□ 細部 세부
□ 細分 세분　　□ 細心 세심　　□ 細胞 세포
□ 明細書 명세서　　□ 微細 미세　　□ 詳細 상세

# 線

**줄 선** ▶ 줄, 실

6급 | 총획 15

샘[泉]이 실[糸]처럼 가늘게 **'줄'** 줄 흐른다.

□ 線路 선로　　□ 線輪 선륜　　□ 曲線 곡선
□ 光線 광선　　□ 等高線 등고선　　□ 無線 무선
□ 五線紙 오선지　　□ 車線 차선　　□ 海岸線 해안선

糸

## 組 짤 조 ▶ 짜다

4급 | 총획 11 | 동 紡(방), 織(직)

실[糸]로 또[且] '짠다'.

- □ 組立 조립
- □ 組成 조성
- □ 組織 조직
- □ 組合 조합
- □ 改組 개조


## 續 이을 속 ▶ 잇다

4-2급 | 총획 21 | 동 係(계), 繼(계), 絡(락) 반 斷(단), 絶(절) 약 続

실[糸]을 팔아[賣] 생계를 '이어' 나간다.

- □ 續刊 속간
- □ 續開 속개
- □ 續編 속편
- □ 繼續 계속
- □ 手續 수속
- □ 接續 접속
- □ 存續 존속
- □ 持續 지속


## 編 엮을 편 ▶ 엮다

3-2급 | 총획 15 | 동 構(구) | 形聲

액자[扁]를 걸기 위해 실[糸]을 '엮는다'.

- □ 編曲 편곡
- □ 編成 편성
- □ 編入 편입
- □ 編著 편저
- □ 改編 개편
- □ 續編 속편
- □ 再編 재편


## 繼 이을 계: ▶ 잇다

4급 | 총획 20 | 동 連(련), 續(속), 承(승) 반 斷(단), 絶(절) 약 継

실[糸]이 상자[匚] 속에 네 가닥[幺幺幺幺]으로 '이어' 있다.

- □ 繼母 계모
- □ 繼續 계속
- □ 繼承 계승
- □ 繼走 계주
- □ 引繼 인계
- □ 中繼 중계


## 績 길쌈 적 ▶ 길쌈, 짜다

4급 | 총획 17 | 동 紡(방), 織(직)

실[糸]로 책임[責]을 다하여 '길쌈' 한다.

- □ 功績 공적
- □ 紡績 방적
- □ 成績 성적
- □ 實績 실적
- □ 業績 업적
- □ 治績 치적


## 結 맺을 결 ▶ 맺다

5급 | 총획 12 | 동 契(계)

실[糸]로 묶어 좋은[吉] 사람과 평생의 인연을 '맺다'.

- □ 結果 결과
- □ 結局 결국
- □ 結論 결론
- □ 結氷 결빙
- □ 結成 결성
- □ 結實 결실
- □ 結義 결의
- □ 結託 결탁


## 織 짤 직 ▶ 짜다

4급 | 총획 18 | 동 紡(방), 組(조)

창[戈]이 부딪치는 소리[音]를 들으며 실[糸]을 '짠다'.

- □ 織物 직물
- □ 絹織 견직
- □ 織造 직조
- □ 毛織 모직
- □ 組織 조직


## 絶 끊을 절 ▶ 끊다, 뛰어나다

4-2급 | 총획 12 | 동 斷(단), 切(절)

색[色]이 고르지 않은 실[糸]은 '끊어' 버린다.

■ 抱腹絶倒 포복절도 : 몹시 웃음을 나타내는 말

- □ 絶交 절교
- □ 絶望 절망
- □ 絶色 절색
- □ 絶世 절세
- □ 絶讚 절찬
- □ 絶筆 절필
- □ 根絶 근절
- □ 斷絶 단절

# 緒 실마리 서: ▶ 실마리

3-2급 | 총획 15

실[糸]이 묻어 있는 자[者]가 사건의 **'실마리'**를 제공했다.

- 緒論 서론
- 緒言 서언
- 端緒 단서
- 頭緒 두서
- 情緒 정서

# 純 순수할 순 ▶ 순수하다

4-2급 | 총획 10 | 통 潔(결), 粹(수)

실[糸]도 땅[一]에 묻으면 싹[屮]이 나는 줄 아는 **'순수한'** 아이의 마음.

- 純潔 순결
- 純度 순도
- 純粹 순수
- 純情 순정
- 純眞 순진
- 純化 순화
- 單純 단순
- 淸純 청순

# 終 마칠 종 ▶ 마치다, 끝

5급 | 총획 11 | 통 端(단), 末(말) | 반 始(시), 初(초)

실[糸]로 옷을 짜는 일은 겨울[冬]이 오기 전에 **'마치자'**.

- 終講 종강
- 終結 종결
- 終禮 종례
- 終末 종말
- 終身 종신
- 終映 종영
- 終日 종일
- 終止 종지
- 臨終 임종
- 最終 최종

# 絹 비단 견 ▶ 비단, 명주

3급 | 총획 13 | 통 錦(금) | 形聲

벌레의 몸[月]이지만 입[口]에서 나온 실[糸]로 짜면 **'명주'** **'비단'**이 된다.

- 絹絲 견사
- 絹織物 견직물
- 人造絹 인조견

# 級 등급 급 ▶ 등급, 차례

6급 | 총획 10 | 통 等(등)

실[糸]이 줄줄이 이어지듯[及] 차례대로 **'등급'**이 매겨졌다.

- 級數 급수
- 級友 급우
- 級訓 급훈
- 等級 등급
- 進級 진급
- 初級 초급
- 最上級 최상급
- 特級 특급

# 綱 벼리 강 ▶ 벼리, 사물의 주가 되는 것

3-2급 | 총획 14 | 통 紀(기) | 形聲

산 언덕[岡]에 흩어진 실[糸]을 정리할 **'벼릿'** 줄을 찾는다.

- 三綱五倫 삼강오륜 : 유교 도덕의 기본이 되는 삼강과 오륜
- 綱領 강령
- 綱目 강목
- 要綱 요강

# 納 바칠 납 ▶ 바치다, 들이다

4급 | 총획 10 | 통 入(입)

특산물 실[糸]을 성 안[內]으로 **'바치다'**.

- 納金 납금
- 納得 납득
- 納稅 납세
- 納品 납품
- 分納 분납
- 完納 완납
- 容納 용납
- 出納 출납

# 綿 솜 면 ▶ 솜, 이어지다

3-2급 | 총획 14 | 會意

하얀[白] 천[巾]을 짜는 가늘고 긴 실[糸]인데, 그 실을 만드는 것은 **'솜'**.

- 周到綿密 주도면밀 : 주의가 두루 미치고 자세하여 빈틈이 없음
- 綿羊 면양
- 綿紡績 면방적
- 綿織物 면직물
- 脫脂綿 탈지면

糸

## 維 벼리 유
▶ 매다, 달다, 벼리, 밧줄, 유지하다, 생각하다

3-2급 | 총획 14 | 동 綱(강), 網(망) | 形聲

실[糸]을 새[隹]의 발목에 '매다'.

- □ 維新 유신
- □ 維持 유지
- □ 維持費 유지비
- □ 四維 사유

## 經 경서, 지날 경 ▶ 경서(글), 지나다

4-2급 | 총획 13 | 반 緯(위) | 약 经

실[糸] 같은 한[一] 줄기 냇물[巛]이 '지나며' 만든[工] 마을 서당에 있는 '경서'.

- □ 經過 경과
- □ 經歷 경력
- □ 經書 경서
- □ 經營 경영
- □ 經典 경전
- □ 經濟 경제
- □ 四書三經 사서삼경

## 緩 느릴 완: ▶ 느리다, 늘어지다

3-2급 | 총획 15 | 동 徐(서) | 반 急(급)

실[糸]을 꽉 당긴[爰] 후 '느리게' 풀다.

- □ 緩慢 완만
- □ 緩行 완행
- □ 緩和 완화
- □ 緩衝地帶 완충지대

## 綠 초록빛 록 ▶ 초록빛, 푸르다

6급 | 총획 14 | 동 蒼(창)

실[糸]처럼 얇게 나무를 깎으면[彔] 파르스름 '초록빛'을 띤다.

- ■ 草綠同色 초록동색 : 어울려 같이 지내는 것들은 같은 성격의 무리임

- □ 綠色 녹색
- □ 綠地 녹지
- □ 綠林 녹림
- □ 綠茶 녹차
- □ 常綠樹 상록수
- □ 新綠 신록

## 縮 오그라들 축
▶ 오그라들다, 줄어들다, 다스리다

4급 | 총획 17 | 반 伸(신)

실[糸]이 자고[宿] 일어나니 '오그라들었다'.

- □ 縮地法 축지법
- □ 縮尺 축척
- □ 減縮 감축
- □ 短縮 단축
- □ 伸縮 신축
- □ 壓縮 압축

## 練 익힐 련: ▶ 익히다

5급 | 총획 15 | 동 習(습)

실[糸]로 여덟[八] 번씩 묶으며[柬] '익힌다'.

- □ 練兵 연병
- □ 練習 연습
- □ 洗練 세련
- □ 熟練 숙련
- □ 調練師 조련사
- □ 訓練 훈련

## 統 거느릴 통: ▶ 거느리다, 큰 줄기

4-2급 | 총획 12 | 동 率(솔), 御(어)

실[糸]이 가득하면[充] 여자를 '거느릴' 수 있다.

- □ 統計 통계
- □ 統率 통솔
- □ 統一 통일
- □ 統制 통제
- □ 統治 통치
- □ 統合 통합
- □ 傳統 전통
- □ 正統 정통

## 緣 인연 연 ▶ 인연, 연줄

4급 | 총획 15

실[糸]로 돼지[豕]를 네모[口]나게 묶어 좋은 '인연'을 맺은 것을 축하한다.

- □ 緣故 연고
- □ 緣分 연분
- □ 緣由 연유
- □ 結緣 결연
- □ 惡緣 악연
- □ 因緣 인연
- □ 地緣 지연
- □ 血緣 혈연

# 緯

**씨 위** ▶ 씨, 동서의 방향

3급 | 총획 15 | 반 經(경) | 形聲

가죽[韋]을 잘 다루어 실[糸]로 꿰매니, '**씨실**'
과 날실의 구별이 뚜렷하다.

- □ 緯度 위도
- □ 緯線 위선
- □ 經緯 경위

# 縱

**세로 종** ▶ 세로, 늘어지다, 멋대로

3-2급 | 총획 17 | 반 橫(횡) | 形聲

실[糸] 끈을 따라[從] 놓으면 수직선을 이루는 것
이니, '**세로**' 로 '**늘어진다**'.

- ■ 縱橫無盡 종횡무진 : 행동이 마음 내키는 대로 자유자재임
- □ 縱斷 종단
- □ 縱隊 종대
- □ 縱走 종주
- □ 放縱 방종
- □ 操縱 조종

# 總

**모두, 다 종:** ▶ 모두, 다, 거느리다

4-2급 | 총획 17 | 동 皆(계), 咸(함) | 약 総

실[糸] 하나 丶를 사방[口]으로 마음[心]에 들 때
까지 천천히[夊] '**모두**' 에워싼다.

- □ 總角 총각
- □ 總計 총계
- □ 總論 총론
- □ 總理 총리
- □ 總選 총선
- □ 總員 총원
- □ 總長 총장
- □ 總罷業 총파업

# 紡

**길쌈 방** ▶ 길쌈, 잣다

2급 | 총획 10

실[糸]을 사방[方]에 놓고 '**길쌈한다**'.

- □ 紡績 방적
- □ 紡織 방직

# 紳

**큰 띠 신:** ▶ 큰 띠

2급 | 총획 11

엉킨 실[糸]을 펴서[申] 만든 '**큰 띠**'.

- ■ 紳笏 신홀 : 큰 띠와 홀. 문관(文官)의 치장
- □ 紳士 신사

# 紹

**소개, 이을 소** ▶ 소개, 잇다

2급 | 총획 11

불러서[김] 실[糸]로 묶어준다 하여
'**소개하다**'.

- □ 紹介 소개

# 絞

**목맬 교** ▶ 목매다

2급 | 총획 12

실[糸]을 교차[交]시키며 새끼를 꼬는 것에서,
후에 '**목맨다**' 는 뜻으로 됨.

- ■ 絞帶 교대 : 상복(喪服)에 쓰는 삼띠
- □ 絞殺 교살

# 綜

**모을 종** ▶ 모으다

2급 | 총획 14

큰일이 있을 때 종가[宗]에 친지들이 모이듯
실[糸]을 '**모은다**'.

- ■ 綜練 종련 : 요점을 자세히 연습함
- □ 綜合 종합

# 網 그물 **망** ▶ 그물
2급 | 총획 14

망[罔]은 망인데 실[糸]로 뜬 것이 '**그물**'.

- □ 網太 망태
- □ 法網 법망
- □ 漁網 어망
- □ 鐵網 철망
- □ 電算網 전산망

# 纖 가늘 **섬** ▶ 가늘다
2급 | 총획 23 | 약 繊

사람 둘[人人] 창[戈]으로 자르고 자른 부추[韭] 같은 실[糸]이 '**가늘다**'.

- ■ 纖纖玉手 섬섬옥수 : 가냘프고 고운 여자의 손
- □ 纖細 섬세

# 締 맺을 **체** ▶ 맺다
2급 | 총획 15

실[糸]로 묶듯 임금[帝]이 나라와 나라 사이에 조약을 '**맺다**'.

- □ 締結 체결
- □ 締盟 체맹
- □ 締約 체약

# 縣 고을 **현** ▶ 고을, 매달다
3급 | 총획 16 | 동 群(군), 邑(읍) 약 県

눈[目]을 가리고[ㄴ] 작은[小] 실[糸] 하나로[丶] 묶어 '**고을**' 입구에 '**매달다**'.

- ■ 縣監 현감 : 고려와 조선 시대에 둔, 작은 현(縣)의 원
- ■ 縣令 현령 : 큰 현(縣)의 으뜸 벼슬

# 縫 꿰맬 **봉** ▶ 꿰매다
2급 | 총획 17

천과 천을 만나[逢]게 하듯 실[糸]로 '**꿰맨다**'.

- ■ 天衣無縫 천의무봉 : 문장이 꾸밈이 없이 자연스럽거나, 사물이 완전무결함
- □ 假縫 가봉
- □ 裁縫 재봉

# 素 본디, 흴 **소**(:) ▶ 희다, 본디
4-2급 | 총획 10

흙[土] 속에 묻혀 검어진 한[一] 가닥 실[糸]도 '**본디**' 색은 '**희다**'.

- □ 素望 소망
- □ 素朴 소박
- □ 素服 소복
- □ 素材 소재
- □ 素質 소질
- □ 儉素 검소
- □ 要素 요소
- □ 平素 평소
- □ 活力素 활력소

# 繕 기울 **선**: ▶ 깁다
2급 | 총획 18

실[糸]로 찢어진 곳을 보기 좋게[善] '**깁다**'.

- ■ 繕寫 선사 : 잘못을 바로잡아 다시 고쳐 베낌

# 累 여러, 자주 **루**: ▶ 여러, 자주, 포개다, 쌓이다
3-2급 | 총획 11 | 동 屢(루) 會意

밭[田]에 실[糸]을 '**여러**' 번 '**자주**' '**포개서 쌓다**'.

- □ 累計 누계
- □ 累積 누적
- □ 累進 누진
- □ 連累 연루

# 索

**찾을 색 동아줄 삭** ▶ 동아줄, 찾다

3-2급 | 총획 10 | 동 搜(수), 探(탐) | 會意

열흘[十] 후에 덮어[冖] 두었던 실[糸]을
'찾으니' '동아줄'이 되었다.

- 索引 색인
- 索出 색출
- 檢索 검색
- 探索 탐색
- 索莫 삭막

# 繁

**번성할 번** ▶ 많다, 무성하다, 번성하다

3-2급 | 총획 17 | 동 盛(성), 昌(창) | 會意

매일[每] 실[糸]을 쳐[攵] 옷감을 만드니, 옷감이
'많아지고' 재산이 '번성하다'.

- 繁盛 번성
- 繁榮 번영
- 繁昌 번창
- 繁華街 번화가

# 紫

**자줏빛 자** ▶ 자줏빛

3-2급 | 총획 11 | 形聲

이[此] 실[糸]은 '자줏빛'이 난다.

- 山紫水明 산자수명 : 산수의 경치가 매우 아름다움

- 紫色 자색
- 紫水晶 자수정
- 紫外線 자외선

# 紊

**어지러울 문**
▶ 어지럽다, 문란하다

2급 | 총획 10

글[文] 써 놓는 것이 실[糸]이 엉긴 듯
'어지럽다'.

- 紊亂 문란

# 緊

**긴할 긴** ▶ 긴하다, 굳다, 매우, 긴축하다

3-2급 | 총획 14 | 동 要(요) | 약 緊 | 形聲

신하[臣]가 또[又] 실[糸]을 '긴하게' 찾다.

- 緊急 긴급
- 緊密 긴밀
- 緊迫 긴박
- 緊張 긴장
- 緊縮 긴축
- 要緊 요긴

# 繫

**맬 계:** ▶ 매다, 연잇다

3급 | 총획 19 | 동 縛(박) | 반 解(해)

차[車]가 산[山]에서 창[殳]에 부딪쳐 꼼짝을
못하니, 밧줄[糸]로 묶어 '매자'.

- 繫留 계류 : 붙잡아 매어 놓음
- 連繫 연계 : 서로 밀접하게 관련됨

## 缺 이지러질 **결** ▶ 이지러지다, 깨어지다

4-2급 | 총획 10

질그릇[缶]을 잘못 가르니[夬] 모양이
### '이지러졌다'.

- 缺格 결격
- 缺勤 결근
- 缺席 결석
- 缺點 결점
- 缺員 결원
- 缺航 결항
- 缺陷 결함
- 病缺 병결
- 補缺 보결

# 网 그물망 부 · 6획

그물의 모양이다. 변형자는 '罒' '㓁' 이다.

---

## 罔 없을 망 ▶ 없다, 그물

3급 | 총획 8 | 形聲

성[冂] 안에 기운이 팔팔[八]한 한[一] 젊은이를
가두니 기운을 잃고[亡] 힘이 '없다'.

■ 怪常罔測 괴상망측 : 말할 수 없이 괴이하고 이상함

□ 罔極 망극   □ 罔測 망측   □ 欺罔 기망

---

## 置 둘 치: ▶ 두다

4-2급 | 총획 13

그물[罒]은 곧게[直] '두고' 말려야 한다.

□ 置重 치중   □ 拘置 구치   □ 代置 대치
□ 放置 방치   □ 配置 배치   □ 備置 비치
□ 安置 안치   □ 留置 유치   □ 處置 처치

---

## 羅 벌릴 라 ▶ 벌리다, 새그물

4-2급 | 총획 19 | 동 列(렬), 網(망)

실[糸]로 그물[罒]을 떠서 새[隹]를 잡기 위해
'벌린다'.

■ 阿修羅場 아수라장 : 야단법석이 난 곳

□ 羅城 나성   □ 羅列 나열   □ 羅漢 나한
□ 徐羅伐 서라벌   □ 新羅 신라

---

## 罪 허물 죄: ▶ 허물, 죄를 짓다

5급 | 총획 13

법망[罒]에 걸리지 않는[非] '허물'도 있다.

□ 罪過 죄과   □ 罪名 죄명   □ 罪囚 죄수
□ 罪惡 죄악   □ 罪人 죄인   □ 罪質 죄질
□ 免罪符 면죄부   □ 謝罪 사죄   □ 有罪 유죄
□ 重罪 중죄

---

## 罰 벌할 벌 ▶ 벌, 벌주다, 죄

4-2급 | 총획 14 | 동 罪(죄) 반 賞(상)

법망[罒]에 걸린 자는 말[言]이나 칼[刂]로
'벌한다'.

□ 罰金 벌금   □ 罰責 벌책   □ 罰則 벌칙
□ 賞罰 상벌   □ 懲罰 징벌   □ 處罰 처벌
□ 體罰 체벌   □ 刑罰 형벌

---

## 署 마을, 관청 서: ▶ 마을, 벼슬, 관청

3-2급 | 총획 14 | 동 官(관), 廳(청) | 形聲

그물[罒]을 쳐서 먹고 사는 사람[者]들의
'마을'에 가야 '관청'이 있다.

□ 署理 서리   □ 署名 서명   □ 官署 관서
□ 部署 부서

# 罷

마칠 **파**: ▶ 마치다, 파하다, 그만두다

3급 | 총획 15 | 동 了(료), 終(종)  반 初(초) |
會意

---

능력[能]이 있어도 법망[罒]에 걸리면 그 직위를
'파하다'.

- 罷免 파면
- 罷業 파업
- 罷場 파장
- 罷職 파직

## 羊 양양 부 · 6획

양의 모습을 본뜬 글자이다.

---

### 羊 양 **양** ▶ 양

4-2급 | 총획 6 | 象形

뿔[ `` ] 있고 털[彡]이 많은 한[丨] 마리 '**양**'.

- ▪ 羊頭狗肉 양두구육 : 양의 머리를 내걸어 놓고 개고기를 팖. 곧, 표면에 내세우는 것과 실물이 일치하지 않음. 또는 선전과 내용이 일치하지 않음을 일컫는 말.
- □ 羊毛 양모
- □ 羊皮 양피

---

### 義 옳을 **의:** ▶ 옳다

4-2급 | 총획 13

양[羊]을 나[我]는 '**옳은**' 길로 이끈다.

- □ 義理 의리
- □ 義務 의무
- □ 義父 의부
- □ 義士 의사
- □ 義絶 의절
- □ 正義 정의
- □ 主義 주의

---

### 美 아름다울 **미(:)** ▶ 아름답다

6급 | 총획 9 | 동 麗(려) 반 醜(추)

큰[大] 양[羊]은 털도 '**아름답다**'.

- □ 美感 미감
- □ 美男 미남
- □ 美德 미덕
- □ 美術 미술
- □ 美食 미식
- □ 美容 미용
- □ 美粧院 미장원
- □ 脚線美 각선미
- □ 審美眼 심미안

---

### 群 무리 **군** ▶ 무리, 떼를 짓다

4급 | 총획 13 | 동 衆(중) 반 獨(독)

백성은 임금[君]을 따르는 양[羊] 같은 '**무리**'.

- □ 群居 군거
- □ 群起 군기
- □ 群島 군도
- □ 群落 군락
- □ 群像 군상
- □ 群雄 군웅
- □ 群衆 군중
- □ 症候群 증후군

# 羽

**깃우 부 · 6획**

새의 날개 모양을 본뜬 글자이다.

---

## 羽 깃 우: ▶ 깃, 날개, 돕다

3-2급 | 총획 6 | 象形

새의 두 **'날개'** 의 모양을 본뜬 자.

- 羽毛 우모 : 새의 깃털
- 羽翼 우익 : 새의 날개. 보좌(輔佐)하는 사람

- 羽聲 우성

## 翁 늙은이 옹 ▶ 늙은이

3급 | 총획 10 | 동 老(로) | 形聲

공[公]원에서 깃털[羽]을 줍는 **'늙은이'**.

- 老翁 노옹 : 늙은이

---

## 習 익힐 습 ▶ 익히다

6급 | 총획 11 | 동 慣(관), 練(련)

흰[白] 깃털[羽]을 펄럭이며 나는 법을
**'익히다'**.

- 習慣 습관
- 習得 습득
- 習性 습성
- 見習 견습
- 復習 복습
- 演習 연습
- 自習 자습
- 風習 풍습
- 學習 학습

## 翰 붓, 편지 한: ▶ 붓, 편지

2급 | 총획 16

해가 돋는 순간 깃털[羽]로 만든 **'붓'**.

- 翰毛 한모 : 붓의 털

---

## 翼 날개 익 ▶ 날개, 돕다

3-2급 | 총획 17 | 동 羽(우) | 形聲

각각 다른[異] 두 깃[羽]이 **'날개'** 를 이루어
날다.

- 右翼 우익 : 오른쪽 날개. 보수적이고 점진적인 당파
- 左翼 좌익 : 왼쪽 날개. 사회주의나 공산주의적인 과격한
  혁신 사상

- 羽翼 우익

---

# 老

**늙을로 부 · 6획**

흙 바닥에 지팡이를 짚고 서 있는 허리가 굽게 변한 노인의 모습을 본뜬 글자이다.
변형자는 '耂'이다.

## 老  늙을 로: ▶ 늙다

7급 | 총획 6 | 동 翁(옹), 丈(장) | 반 少(소)

흙[土]바닥에 지팡이를 짚고[丿] 서 있는 허리가
굽게 변한[化→匕] '노인'.

- 老年 노년
- 老鍊 노련
- 老妄 노망
- 老眼 노안
- 老人 노인
- 老後 노후
- 不老草 불로초
- 年老 연로
- 元老 원로
- 長老 장로

## 考  생각할 고(:) ▶ 생각하다

5급 | 총획 6 | 동 念(념), 慮(려), 思(사)

늙어[耂] 등이 굽고[丂] 땅 속에 묻힐 것을
'생각하다'.

- 考古學 고고학
- 考慮 고려
- 考試 고시
- 考案 고안
- 考證 고증
- 論考 논고
- 思考 사고
- 先考 선고
- 再考 재고
- 參考 참고

## 者  사람, 놈 자 ▶ 사람, 놈

6급 | 총획 9

흰[白] 수염의 노인[耂] 이, 좋은 '사람'이
되어야지 나쁜 '놈'이 되지 말라고 타이른다.

- 強者 강자
- 勤勞者 근로자
- 讀者 독자
- 牧者 목자
- 病者 병자
- 富者 부자
- 死者 사자
- 勝者 승자
- 弱者 약자
- 筆者 필자

**而** 말이을이 부 · 6획

수염을 본뜬 글자이다.

---

**而** 말이을 **이** ▶ 말잇다, 순접의 접속사

3급 | 총획 6 | 象形

턱수염을 본뜬 자. 턱수염 사이로 계속 말을 잇는
다 하여 **'말이을'**.

- 而今 이금 : 이제 와서
- 而立 이립 : '서른 살에 인생관이 서다' 라는 공자의 말로
  30세를 지칭함

- 似而非 사이비　　□ 形而上學 형이상학

---

**耐** 견딜 **내:** ▶ 견디다, 감당하다

3-2급 | 총획 9 | 통 忍(인) | 會意

수염[而]이 법도[寸]에 따라 잘리는 고통도 참고
**'견디다'**.

- 耐久性 내구성　　□ 耐熱 내열　　□ 耐寒 내한
- 忍耐 인내

## 耒

쟁기뢰 부 · 6획

삽모양의 쇳조각을 박아 손잡이를 나무로 만든 쟁기의 모양이다.

---

## 耕

**밭갈 경** ▶ 밭을 갈다, 농사에 힘쓰다

3-2급 | 총획 10 | 形聲

---

정[井]자로 구획이 정리된 땅을 쟁기[耒]로
'**밭을 간다**'.

- 晝耕夜讀 주경야독 : '낮에는 밭을 갈고 밤에 책을 읽는
  다' 는 뜻으로, 바쁜 틈을 쪼개어 어렵게 공부함

□ 耕夫 경부　　□ 耕作 경작　　□ 耕地 경지
□ 農耕 농경　　□ 水耕 수경

# 耳

**귀이 부 · 6획**

귀의 모양을 본뜬 글자이다.

## 耳 귀 **이**: ▶ 귀

5급 | 총획 6 | 象形

'**귀**' 의 모양을 본뜬 자.

- 耳目口鼻 이목구비 : 귀 · 눈 · 입 · 코. 얼굴의 생김새
- 馬耳東風 마이동풍 : 남의 의견이나 충고를 귀담아듣지 않고 흘려버림을 이르는 말

- 耳目 이목
- 耳順 이순
- 石耳 석이

## 聘 찾을 **빙** ▶ 찾다, 부르다

3급 | 총획 13 | 통 召(소), 招(초) | 形聲

학문과 덕망이 뛰어나 귀[耳]에 이끌려[甹] '**찾아**' 뵙는다.

- 聘母 빙모 : 장모
- 聘父 빙부 : 장인

- 招聘 초빙

## 職 벼슬, 직분 **직** ▶ 벼슬, 직분

4-2급 | 총획 18 | 통 官(관)

귀[耳]로 창[戈] 만드는 소리[音]를 듣는 '**벼슬(직분)**'.

- 職能 직능
- 職務 직무
- 職分 직분
- 職業 직업
- 職場 직장
- 職責 직책
- 官職 관직
- 就職 취직

## 聯 연이을 **련** ▶ 연이어 있다, 잇달다, 잇다

3-2급 | 총획 17 | 통 繼(계), 係(계), 連(련), 續(속) 약 联 | 會意

귀[耳]에 실[糸]처럼 얇은 귀걸이[丱]가 '**연이어 있다**'.

- 聯盟 연맹
- 聯邦 연방
- 聯想 연상
- 聯合 연합
- 關聯 관련

## 聰 귀 밝은 **총** ▶ 귀가 밝다

3급 | 총획 17 | 形聲

귀[耳]로 듣는 것이 바쁘니[悤] 잘 알아 듣는다 해서 '**귀가 밝다**'.

- 聰氣 총기
- 聰明 총명
- 聰敏 총민

## 耶 어조사 **야**: ▶ 어조사, 그런가

3급 | 총획 9 | 形聲

귀[耳]에 들리는 고을[阝]의 소문이 과연 '**그런가?**'

※ 의문을 나타내는 어조사로 쓰임

- 有耶無耶 유야무야 : 있는지 없는지 흐리멍덩함

# 聖

성인 성: ▶ 성인, 성스럽다

4-2급 | 총획 13

귀[耳]와 입[口]을 왕[王]처럼 다스리니 '성인'이다.

- 聖經 성경
- 聖君 성군
- 聖堂 성당
- 聖恩 성은
- 聖人 성인
- 聖子 성자
- 聖典 성전
- 聖職 성직
- 聖賢 성현
- 聖火 성화

# 聲

소리 성 ▶ 소리

4-2급 | 총획 17 | 약 声

선비[士]가 문[尸]을 창[殳]으로 치니,
귀[耳]에 '소리'가 크게 들린다.

- 聲帶 성대
- 聲量 성량
- 聲名 성명
- 聲援 성원
- 高聲放歌 고성방가
- 名聲 명성
- 發聲 발성
- 歎聲 탄성

# 聽

들을 청 ▶ 듣다

4급 | 총획 22 | 동 聞(문) 반 問(문) 약 聴

왕[王]이 귀[耳]로 십[十]사[四]년 동안
한[一] 마음[心]으로 백성의 소리를 '듣는다'.

- 聽覺 청각
- 聽力 청력
- 聽聞 청문
- 聽衆 청중
- 聽取 청취
- 敬聽 경청
- 盜聽 도청
- 視聽覺 시청각

# 聞

들을 문(:) ▶ 듣다, 알려지다

6급 | 총획 14 | 동 聽(청) 반 問(문)

귀[耳]를 문[門]에 바짝 대고 방 안에서 나는
소리를 '듣는다'.

- 百聞不如一見 백문불여일견 : 백 번 듣는 것보다 한 번 보는 것이 나음

- 見聞 견문
- 見聞錄 견문록
- 所聞 소문
- 新聞 신문
- 醜聞 추문
- 風聞 풍문

## 오직율 부 · 6획

오른손으로 붓을 잡은 모양이다.

---

## 肅 엄숙할 숙 ▶ 엄숙하다

4급 | 총획 13 | 동 嚴(엄) 약 肃

조각[肀]에 붓[肀]으로 '엄숙하게' 글씨를
쓴다.

- 肅然 숙연
- 肅淸 숙청
- 嚴肅 엄숙
- 自肅 자숙
- 靜肅 정숙

# 肉 고기육 부 · 6획

동물의 살을 본뜬 모양이다. 변형부수인 '月'은 '육달월'이라 한다. '달월'과 헷갈리지 않도록 주의하자.

---

## 肉 고기 **육** ▶ 고기

4-2급 | 총획 6 | 象形

동물의 살을 본뜬 자.

- 肉味 육미
- 肉聲 육성
- 肉食 육식
- 肉眼 육안
- 肉體 육체
- 肉彈 육탄
- 苦肉策 고육책
- 筋肉質 근육질
- 糖水肉 탕수육

---

## 肺 허파 **폐:** ▶ 허파, 마음

3-2급 | 총획 9

몸[月]에서 도시[市]의 나쁜 공기를 내보내고 새 공기를 마시는 '허파'.

- 肺氣量 폐기량
- 肺炎 폐렴
- 肺患 폐환

---

## 腐 썩을 **부:** ▶ 썩다, 나쁜 냄새가 나다

3-2급 | 총획 14 | 形聲

창고[广]에서 지금 나눠주는[付] 고기[月]는 '썩을' 수 없다.

- 切齒腐心 절치부심 : 몹시 분하여 이를 갈고 벼름

- 腐蝕 부식
- 腐葉土 부엽토
- 腐敗 부패
- 豆腐 두부
- 陳腐 진부

---

## 胸 가슴 **흉** ▶ 가슴, 가슴속, 마음

3-2급 | 총획 10 | 形聲

몸[月]을 감싸고[勹] 흉허물[凶]을 덮는 '가슴'.

- 胸背 흉배
- 胸部 흉부
- 胸像 흉상
- 胸中 흉중

---

## 肝 간 **간(:)** ▶ 간, 간장

3-2급 | 총획 7 | 形聲

몸[月]에서 방패[干]처럼 독이 들어오는 것을 막는 '간'.

- 肝要 간요 : 매우 긴요함

- 肝炎 간염
- 肝腸 간장

---

## 腸 창자 **장** ▶ 창자

4급 | 총획 13

몸[月] 속의 어느 하나[一]도 바꿀[昜] 수 없는 귀한 '창자'.

- 九折羊腸 구절양장 : 산길 등이 양의 창자처럼 꼬불꼬불함

- 大腸 대장
- 盲腸 맹장
- 小腸 소장
- 心腸 심장
- 十二指腸 십이지장
- 直腸 직장
- 脫腸 탈장

# 腰
### 허리 요 ▶ 허리, 중요한 곳
3급 | 총획 13

몸[月]에 꼭 필요한[要] '허리'.

- □ 腰帶 요대
- □ 腰折 요절
- □ 腰痛 요통

# 胞
### 세포 포(:) ▶ 세포, 태보
4급 | 총획 9

우리의 몸[月]을 싸고[包] 있는 '세포'.

- □ 胞子 포자
- □ 多細胞 다세포
- □ 單細胞 단세포
- □ 同胞 동포
- □ 細胞 세포

# 腹
### 배 복 ▶ 배, 두텁다
3-2급 | 총획 13 | 形聲

몸[月]의 내장을 다시[復→复] 싸고 있는 '배'.

- 抱腹絕倒 포복절도 : 배를 안고 넘어질 정도로 몹시 웃는 것을 나타내는 말

- □ 腹部 복부
- □ 腹痛 복통
- □ 空腹 공복
- □ 心腹 심복
- □ 異腹 이복
- □ 割腹 할복

# 脈
### 맥, 줄기 맥 ▶ 맥, 힘주다, 줄기
4-2급 | 총획 10 | 동 幹(간) 약 脉

바위[厂] 속에 뻗은 뿌리[氐] 처럼 몸[月] 속에 뻗어 있는 '맥'.

- 氣盡脈盡 기진맥진 : 기운과 정력이 다함

- □ 脈搏 맥박
- □ 鑛脈 광맥
- □ 動脈 동맥
- □ 命脈 명맥
- □ 文脈 문맥
- □ 山脈 산맥
- □ 水脈 수맥
- □ 人脈 인맥

# 脚
### 다리 각 ▶ 다리
3-2급 | 총획 11

몸[月]에서 걸어가는[去] 무릎 뒤로 굽혀지는[卩] 곳을 가리켜 '다리'.

- □ 脚光 각광
- □ 脚氣病 각기병
- □ 脚本 각본
- □ 脚色 각색
- □ 失脚 실각
- □ 立脚 입각
- □ 行脚 행각

# 臟
### 오장 장: ▶ 오장, 내장
3-2급 | 총획 22

몸[月] 속에 감추어져[臧] 생리 작용을 하는 '오장'.

※ 오장 : 心(심), 肺(폐,) 肝(간), 腎(신), 脾臟(비장)

- □ 臟器 장기
- □ 肝臟 간장
- □ 內臟 내장
- □ 心臟 심장

# 腦
### 골, 뇌수 뇌 ▶ 골, 뇌, 뇌수
3-2급 | 총획 13 | 약 脳

몸[月]에서 물처럼[巛] 상처[乂] 하나하나[丶] 감싸주는[冂] '골(뇌수)'.

- □ 腦裏 뇌리
- □ 腦死 뇌사
- □ 腦炎 뇌염
- □ 腦出血 뇌출혈
- □ 大腦 대뇌
- □ 頭腦 두뇌
- □ 洗腦 세뇌
- □ 首腦部 수뇌부

# 脫
### 벗을 탈 ▶ 벗다
4급 | 총획 11

형[兄]이 몸[月] 에 걸친 여덟[八] 겹의 옷을 하나씩 '벗는다'.

- □ 脫落 탈락
- □ 脫毛 탈모
- □ 脫線 탈선
- □ 脫營 탈영
- □ 脫衣室 탈의실
- □ 脫出 탈출
- □ 脫退 탈퇴
- □ 離脫 이탈
- □ 解脫 해탈
- □ 虛脫 허탈

胎 **아이밸 태** ▶ 아이배다

2급 | 총획 9

나의[厶] 몸[月]에서 한식구[口]가 성장하고 있음이니 '아이밴' 것.

- 換骨奪胎 환골탈태 : 얼굴이나 모습이 전에 비해서 몰라 보게 좋아졌음을 비유하는 말

□ 胎夢 태몽　　　□ 孕胎 잉태

---

膽 **쓸개 담:** ▶ 쓸개

2급 | 총획 17 | 약 胆

몸[月]에서 쓸개즙을 일시적으로 저장[詹] 농축하는 얇은 막의 주머니로 된 '쓸개'.

- 臥薪嘗膽 와신상담 : 목적을 이루기 위하여 괴로움을 참고 견딤

□ 大膽 대담　　　□ 膽力 담력　　　□ 落膽 낙담

---

脂 **비계 지** ▶ 비계, 기름

2급 | 총획 10

고기[月] 맛[旨]을 내게 하는 것이 '기름', 또는 '비계'.

□ 脂肪 지방

---

肥 **살찔 비:** ▶ 살찌다, 거름

3급 | 총획 8

뱀[巴] 한[一] 마리의 몸[月]이 아주 보기 좋게 '살쪘다'.

- 天高馬肥 천고마비 : 가을을 수식하는 말로, 하늘이 높고 말이 살찜을 이름

□ 肥大 비대　　　□ 肥鈍 비둔　　　□ 肥料 비료
□ 肥滿 비만

---

膜 **꺼풀 막** ▶ 꺼풀, 막

2급 | 총획 15

바싹 말라 살[月]이 없다[莫]하여 '꺼풀'.

- 膜外 막외 : 생각 밖

□ 角膜 각막

---

肖 **닮을, 같을 초** ▶ 닮다, 같다

3급2 | 총획 7

몸[月]이 작은[小] 것은 부모를 '닮은' 것이다.

- 不肖 불초 : 어버이의 이름을 더럽힐 만큼 어리석고 못난 자식

□ 肖像畫 초상화

---

膠 **아교 교** ▶ 아교

2급 | 총획 15

살[月]속에 깃털[羽]과 사람[人] 머리털[彡]이 '아교'로 붙인 듯 붙어 있다.

- 膠柱 교주 : 고지식하여 변통성이 없음

---

肯 **즐길 긍** ▶ 즐기다, 옳게 여기다

3급 | 총획 8 | 會意

몸[月]에 나쁜 것은 그만두고[止] '즐길' 것을 찾는다.

□ 肯定 긍정　　　□ 首肯 수긍

# 育

**기를 육** ▶ 기르다

7급 | 총획 7 | ⑧ 養(양) | ⑭ 育

내[厶] 아이의 머리[亠]에 살[月]이 붙도록 부모가 **'기른다'**.

※ 속자인 育 8획이 더 자주 쓰이므로 함께 알아두어야 함

- 育成 육성
- 育兒 육아
- 育英 육영
- 敎育 교육
- 發育 발육
- 飼育 사육
- 體育 체육
- 訓育 훈육

# 胃

**밥통 위** ▶ 밥통, 위, 마음

3-2급 | 총획 9 | 會意

밭[田]에서 자란 채소가 몸[月]으로 들어가 **'밥통'**에 저장된다.

- 胃酸 위산
- 胃炎 위염
- 胃腸 위장
- 胃痛 위통

# 背

**등 배:** ▶ 등

4-2급 | 총획 9

북[北]쪽으로 몸[月]을 돌려 **'배반하다'**.

- 背恩忘德 배은망덕 : 입은 은덕을 저버리고 배반함

- 背景 배경
- 背反 배반
- 背水陣 배수진
- 背信 배신
- 背任 배임
- 背後 배후
- 二律背反 이율배반

# 脣

**입술 순** ▶ 입술, 언저리

3급 | 총획 11

몸[月]에서 별[辰]처럼 반짝이는 **'입술'**.

- 脣亡齒寒 순망치한 : 입술이 없으면 이가 시리다는 뜻으로, 서로 밀접한 관계에서 한쪽이 망하면 다른 쪽도 어렵다는 것을 나타냄

- 脣音 순음

# 肩

**어깨 견** ▶ 어깨

3급 | 총획 8 | 象形

문[戶]짝처럼 몸[月]에서 양쪽으로 벌어진 **'어깨'**.

- 肩帶 견대 : 헝겊으로 만든, 가운데는 막고 양끝은 튼 긴 자루
- 肩章 견장 : 제복의 어깨에 붙여 계급을 나타내는 표장

- 肩部 견부

# 膚

**살갗 부** ▶ 살갗

2급 | 총획 15 | 形聲

호랑이[虍] 가죽처럼 밭[田] 이랑처럼, 몸[月]을 감싸고 있는 **'살갗'**.

- 皮膚 피부

# 脅

**위협할 협** ▶ 위협하다, 갈빗대

3-2급 | 총획 10 | 形聲

몸[月]에서 힘[力]을 모아 상대의 **'갈빗대'**를 **'위협하다'**

- 脅約 협약 : 위협에 의하여 이루어진 약속
- 脅奪 협탈 : 겁탈함

- 威脅 위협
- 誘脅 유협

# 能

**능할 능** ▶ 능하다, 능력

5급 | 총획 10

내[厶] 몸[月]에 비수 두 개[匕匕]를 숨길 수 있는 **'능력'**이 있다.

- 多才多能 다재다능 : 여러 방면에 재주가 많아 다 능함

- 能動 능동
- 能力 능력
- 能事 능사
- 能通 능통
- 無能 무능
- 性能 성능
- 全能 전능
- 效能 효능

腎　콩팥 신: ▶ 콩팥
2급 | 총획 12

몸[月]속에 굳은[堅] 듯한 창자인 '콩팥'.

□ 腎臟 신장


胡　오랑캐 호 ▶ 턱밑살, 오랑캐, 장수하다
3-2급 | 총획 9 | 形聲

오랜[古] 세월[月] 적대시하던 '오랑캐'.

▩ 胡笛手 호적수 : 군중(軍中)에서 날라리를 불던 사람

□ 胡桃 호도　　　　□ 胡人 호인

肉

## 臣 신하 신 ▶ 신하

5급 | 총획 6 | 반 君(군), 王(왕), 帝(제), 皇(황) | 象形

‘신하’ 가 허리를 구부리고 앉은 모양을 본뜬 자.

- 君臣有義 군신유의 : 임금과 신하의 도리는 의리에 있음

- 臣民 신민
- 臣下 신하
- 家臣 가신
- 使臣 사신
- 小臣 소신
- 忠臣 충신

##  臥 누울 와: ▶ 눕다, 엎드리다, 쉬다

3급 | 총획 8 | 반 起(기) | 會意

신하[臣]는 임금 앞에 엎드리는 사람[人]이라 그 자세를 뜻하여 ‘눕다’ ‘쉬다’.

- 臥龍 와룡 : 엎드려 있는 용. 초야에 묻혀 세상에 알려지지 않은 큰 인물
- 臥病 와병 : 병으로 자리에 누움

## 臨 임할 림 ▶ 임하다

3-2급 | 총획 17 | 形聲

신하[臣]가 가난한 사람[人]에게 물품[品]을 주기 위해 ‘임하다’.

- 臨迫 임박
- 臨時 임시
- 臨床 임상
- 臨終 임종
- 降臨 강림
- 君臨 군림

## 自 스스로자 부 · 6획

사람의 코의 모양을 본뜬 글자이다.

---

### 自 스스로 자 ▶ 스스로, 자기, 코

7급 | 총획 6 | 동 己(기) 반 他(타) | 象形

코[自]는 남의 도움 없이 '자기' '스스로'
숨쉴 수 있다.

- 自己 자기
- 自動 자동
- 自力 자력
- 自立 자립
- 自慢 자만
- 自滅 자멸
- 自我 자아
- 自然 자연
- 自尊心 자존심
- 自閉症 자폐증

### 臭 냄새 취 ▶ 냄새, 나쁜 소문

3급 | 총획 10 | 會意

개[犬]는 스스로[自] '냄새'를 맡는다.

- 口尙乳臭 구상유취 : 입에서 아직 젖내가 난다는 뜻으로
  '어림'을 일컫는 말

- 臭敗 취패
- 惡臭 악취
- 體臭 체취

自

# 至 이를지 부 · 6획

화살이 땅에 이른 모양에서 '이르다'는 의미이다.

## 至 이를 지 ▶ 이르다

4-2급 | 총획 6 | 동 到(도), 致(치)

나[厶] 하나[一]만 땅[土]에 **'이르다'**.

- □ 至恭 지공
- □ 至極 지극
- □ 至今 지금
- □ 至大 지대
- □ 至毒 지독
- □ 至誠 지성
- □ 至尊 지존
- □ 冬至 동지
- □ 夏至 하지

## 臺 대 대 ▶ 대, 누각

3-2급 | 총획 14 | 약 台 | 會意

좋은[吉] 것으로 덮어[冖] 먼 곳에 이르도록[至] 높이 쌓은 **'대'**.

- □ 燈臺 등대
- □ 舞臺 무대
- □ 展望臺 전망대
- □ 天文臺 천문대
- □ 土臺 토대
- □ 平均臺 평균대

## 致 이를 치: ▶ 이르다, 보내다

5급 | 총획 10 | 동 到(도),至(지)

매로 쳐서[攵] 바른 곳에 이르도록[至] 가르쳐, 성공에 **'이르다'**.

- ■ 一致團結 일치단결 : 여럿이 하나로 굳게 뭉침

- □ 致命 치명
- □ 致富 치부
- □ 致死 치사
- □ 致誠 치성
- □ 理致 이치
- □ 一致 일치

 절구구 부 · 6획

통나무나 돌 등이 깊게 파인 모양이다. '절구' 라는 의미가 있다.

---

 與 더불, 줄 여 ▶ 더불어, 참여하다, 주다

4급 | 총획 13 | 약 与

절구[白]를 하나[一]로 싸서[勹] 여덟[八] 명이
'더불어' 사용한다.

- 與件 여건
- 與國 여국
- 與黨 여당
- 與否 여부
- 關與 관여
- 給與 급여
- 寄與 기여
- 附與 부여
- 賞與金 상여금
- 受與 수여

---

興 일, 흥 흥(:) ▶ 일어나다, 일으키다, 흥

4-2급 | 총획 16 | 동 盛(성) 약 兴

절구[白]를 여덟[八] 명이 들고[一] 다 같이[同]
'일어나' '흥' 하다.

- 興起 흥기
- 興味 흥미
- 興盛 흥성
- 興信所 흥신소
- 興趣 흥취
- 興行 흥행
- 復興 부흥
- 餘興 여흥

---

 舊 예 구: ▶ 예(옛), 낡다

5급 | 총획 18 | 동 古(고), 久(구) 반 新(신) 약 旧

풀밭[艹]에서 절구질[白]하며 새[隹]를 쫓던 때는
'옛적'.

- 舊態依然 구태의연 : 발전하지 않고 옛 모습 그대로임

- 舊家 구가
- 舊觀 구관
- 舊面 구면
- 舊習 구습
- 舊正 구정
- 舊形 구형
- 復舊 복구
- 親舊 친구

<table>
<tr><td>

# 舌

**혀설 부 · 6획**

입에서 혀를 나타낸다.

</td></tr>
</table>

## 舌 혀 설 ▶혀

4급 | 총획 6

입[口] 안에서 방패[干] 역할을 하는 '혀'.

- 舌端 설단
- 舌音 설음
- 舌戰 설전
- 舌禍 설화
- 口舌數 구설수
- 毒舌 독설

## 舍 집 사 ▶집

4-2급 | 총획 8 | 동 家(가), 館(관), 堂(당), 宅(댁, 택), 室(실), 屋(옥)

사람[人]이 식구[口]를 위해 방패[干]같이 튼튼하게 지은 '집'.

- 舍監 사감
- 舍宅 사택
- 寄宿舍 기숙사
- 幕舍 막사
- 廳舍 청사
- 畜舍 축사

舛 **어그러질천 부 · 6획**

왼발 오른발을 이리저리 딛고 왔다갔다하며 '어그러지다'는 뜻이다.

---

舞 **춤출 무: ▶ 춤추다**

4급 | 총획 14 | 동 踊(용)

아무도 없는[無] 곳에서 어수선하게[舛]
**'춤춘다'.**

- 舞曲 무곡
- 歌舞 가무
- 劍舞 검무
- 鼓舞 고무
- 群舞 군무
- 亂舞 난무
- 獨舞 독무
- 獨舞臺 독무대
- 僧舞 승무
- 圓舞 원무

舛

<table>
<tr><td colspan="2">

# 舟

배주 부 · 6획

배의 모양을 본뜬 글자이다.

</td></tr>
</table>

**舟** 배 **주** ▶ 배, 싣다

3급 | 총획 6 | 동 船(선), 航(항) | 象形

통나무를 파서 만든 쪽 '**배**'.

- 刻舟求劍 각주구검 : 어리석고 미련하고 융통성이 없음을
  비유하는 말
- 一葉片舟 일엽편주 : 한 척의 작은 배

**般** 가지, 일반 **반** ▶ 가지, 일반, 옮기다

3-2급 | 총획 10

배[舟]에 있는 창[殳]을 실어 '**옮겨**' '**일반**'
사람에게 판다.

- 一般 일반
- 全般 전반
- 諸般 제반

**船** 배 **선** ▶ 배

5급 | 총획 11 | 동 舟(주), 航(항)

한 배[舟]에 여덟[八] 식구[口]가 타고, '**배**'를
젓는다.

- 船客 선객
- 船舶 선박
- 船上 선상
- 船員 선원
- 船長 선장
- 船主 선주
- 救助船 구조선
- 飛行船 비행선
- 旅客船 여객선
- 貨物船 화물선

**舶** 배 **박** ▶ 배

2급 | 총획 11

배[舟]중에 흰[白]색의 돛을 단 '**배**'.

- 船舶 선박

**航** 배 **항**: ▶ 배, 비행하다, 건너다

4-2급 | 총획 10 | 동 船(선), 舟(주)

높게[亢] 돛을 달고 가는 '**배**[舟]'.

- 航空 항공
- 航路 항로
- 航法 항법
- 航行 항행
- 難航 난항
- 渡航 도항
- 密航 밀항
- 直航 직항
- 出航 출항
- 就航 취항

**艇** 거룻배 **정** ▶ 거룻배, 작은배

2급 | 총획 13

배[舟] 중에 조정[廷]에서 관리하는 '**거룻배**'.

- 艇子 정자 : 뱃사공

# 艦

**싸움배 함** ▶ 싸움배, 큰배

2급 | 총획 20

배[舟] 중에 적을 감시[監]하는 '싸움배'.

- 艦隊 함대
- 艦長 함장

 **어질 량** ▶ 어질다, 좋다

5급 | 총획 7 | 동 仁(인), 賢(현)

잘못된[丶] 행동을 그치고[艮] '어질게'
살아간다.

- □ 良家 양가
- □ 良民 양민
- □ 良書 양서
- □ 良心 양심
- □ 良質 양질
- □ 良藥 양약
- □ 良好 양호
- □ 改良 개량
- □ 不良 불량
- □ 善良 선량

**빛색 부 · 6획**

'안색' '빛깔' '모양' 등을 나타낸다.

---

**빛 색 ▶ 빛**

7급 | 총획 6 | 동 彩(채)

남녀 두 사람이 함께 있으니, '빛(얼굴)'이 좋다.

- 色感 색감
- 色調 색조
- 色彩 색채
- 具色 구색
- 氣色 기색
- 無色 무색
- 白色 백색
- 彩色 채색
- 靑色 청색

## 芽 싹 아 ▶ 싹, 싹트다

3-2급 | 총획 8 | 동 萌(맹) | 形聲

어금니[牙]처럼 솟아난 풀[艹] '싹'.

□ 萌芽 맹아　　　□ 發芽 발아　　　□ 胎芽 태아

## 花 꽃 화 ▶ 꽃

7급 | 총획 8

풀[艹]이 아름답게 변하여[化] '꽃'이 되었다.

□ 花柳界 화류계　　□ 花園 화원　　　□ 花草 화초
□ 花環 화환　　　　□ 國花 국화　　　□ 生花 생화
□ 造花 조화

## 苗 모 묘: ▶ 모, 곡식, 싹

3급 | 총획 9

밭[田]에 뿌린 씨앗에서 솟아나는 싹[艹]이니 '모'.

□ 苗木 묘목　　　□ 苗板 묘판　　　□ 種苗 종묘

## 英 꽃부리 영 ▶ 꽃부리, 영웅

6급 | 총획 9

풀[艹] 가운데[央] 가장 아름다운 부분이 '꽃부리'.

□ 英國 영국　　　□ 英美 영미　　　□ 英語 영어
□ 英雄 영웅　　　□ 英才 영재　　　□ 英字 영자
□ 英特 영특

## 草 풀 초 ▶ 풀

7급 | 총획 10

풀[艹] 중 가장 일찍[早] 돋아나는 '풀'을 새싹이라 한다.

■ 草笛 초금 : 풀잎으로 만든 피리
■ 草略 초략 : 몹시 거칠고 간략함

□ 草家 초가　　　□ 草稿 초고　　　□ 草綠 초록
□ 草木 초목　　　□ 草本 초본　　　□ 草原 초원
□ 草地 초지　　　□ 大麻草 대마초

## 蓮 연꽃 련 ▶ 연꽃, 연, 연밥

3-2급 | 총획 15 | 形聲

풀[艹]인데 수레[車]처럼 물속으로 뻗어가는[辶] '연꽃'.

□ 蓮根 연근　　　□ 蓮葉 연엽　　　□ 木蓮 목련

## 葉 잎 엽 ▶ 잎

5급 | 총획 13

세상[世]의 모든 풀[艹]과 나무[木]에는 '잎'이
있다.

- 葉綠素 엽록소
- 葉書 엽서
- 葉錢 엽전
- 葉茶 엽차
- 枯葉 고엽
- 落葉 낙엽
- 末葉 말엽
- 枝葉 지엽

## 苦 쓸 고 ▶ 쓰다, 괴로워하다

6급 | 총획 9 | 반 甘(감), 樂(락)

풀[艹]이 오래[古] 되어 맛이 '쓰다'.

- 苦難 고난
- 苦生 고생
- 苦心 고심
- 苦役 고역
- 苦戰 고전
- 苦痛 고통
- 苦學 고학
- 苦行 고행
- 刻苦 각고
- 勞苦 노고

## 茶 차 다, 차 ▶ 차

3-2급 | 총획 10 | 會意

사람[人]들이 풀[艹]잎이나 나뭇[木]잎을 말려
달여 먹는 '차'.

- 茶器 다기
- 茶道 다도
- 茶禮 다례
- 茶房 다방
- 綠茶 녹차
- 紅茶 홍차

## 菊 국화 국 ▶ 국화

3-2급 | 총획 12 | 形聲

쌀[米] 모양의 풀[艹]을 싸니[勹] '국화'.

- 梅蘭菊竹 매난국죽 : 매화 · 난초 · 국화 · 대나무
- 菊花 국화
- 水菊 수국

## 菜 나물 채: ▶ 나물, 반찬

3-2급 | 총획 12 | 동 蔬(소) | 形聲

손톱[爫]으로 풀[艹]과 나무[木]를 골라 캔
'나물'.

- 菜毒 채독 : 채소에 섞인 독기
- 菜蔬 채소 : 밭에서 자라는 온갖 푸성귀
- 菜食 채식
- 乾菜 건채
- 山菜 산채
- 野菜 야채

## 蔬 나물 소 ▶ 나물, 푸성귀, 풀의 열매

3급 | 총획 15 | 동 菜(채) | 形聲

널리 소통되는[疏] 풀[艹]이니 '나물'.

- 菜蔬 채소

## 蘭 난초 란 ▶ 난초, 목란

3-2급 | 총획 21 | 形聲

풀[艹]잎이 난간[闌←欄]처럼 길게 쭉 뻗은
'난초'.

- 金蘭之交 금란지교 : 우정의 아름다움이 난의 향기와 같
  다는 뜻으로 친구 사이의 사귐을 의미함
- 春蘭 춘란
- 和蘭 화란

## 藥 약 약 ▶ 약

6급 | 총획 19 | 약 薬

아픈 사람을 즐겁게[樂] 하는 풀[艹]이 '약'초다.

- 藥物 약물
- 藥水 약수
- 藥用 약용
- 藥材 약재
- 藥草 약초
- 藥品 약품
- 藥學 약학
- 藥效 약효
- 補藥 보약
- 齒藥 치약

# 藍 쪽 람 ▶ 쪽

2급 | 총획 18 | 形聲

풀[艹]속에서 짙은 푸른색을 띠며 보이는[監] 것이 '쪽'.

- 青出於藍 청출어람 : 제자나 후배가 스승이나 선배보다 더 뛰어남

# 蒼 푸를 창 ▶ 푸르다

3-2급 | 총획 14 | 形聲

풀[艹]을 저장해 두는 창고[倉]는 '푸르다'.

- ☐ 蒼空 창공

# 芳 꽃다울 방 ▶ 꽃답다, 향기롭다, 아름다움의 비유

3-2급 | 총획 8 | 形聲

화초[艹] 밭에서 사방[方]으로 풍기는 향기가 '꽃답다'.

- 綠陰芳草 녹음방초 : 우거진 나무 그늘과 싱그러운 풀
- 流芳百世 유방백세 : 꽃다운 이름을 후세에 길이 전함

☐ 芳年 방년    ☐ 芳名錄 방명록    ☐ 芳香 방향

# 蘇 되살아날 소 ▶ 되살아나다, 그르치다, 풀

3-2급 | 총획 20

물고기[魚]에게 풀[艹]과 벼[禾]를 먹이니 '되살아난다'.

- 蘇生 소생 : 다시 살아남

# 茂 무성할 무: ▶ 무성하다, 우거지다

3-2급 | 총획 9 | 形聲

풀[艹]이 다섯째 천간[戊]까지 '무성하게' '우거지다'.

- 茂林 무림 : 나무가 우거진 숲
- 茂盛 무성 : 초목이 우거져 있음

# 薄 엷을 박 ▶ 엷다, 깔보다, 얇게 하다

3-2급 | 총획 17 | 反 厚(후)

풀[艹]을 물가에 펼[溥] 수 있을 정도로 '엷다'.

- 薄利多賣 박리다매 : 상품을 싸게 많이 팔아 이윤을 남기는 일
- 美人薄命 미인박명 : 아름다운 여자는 수명이 짧거나 운명이 기박한 경우가 많다는 것을 이름

☐ 薄待 박대    ☐ 薄福 박복    ☐ 刻薄 각박
☐ 輕薄 경박    ☐ 野薄 야박    ☐ 稀薄 희박

# 菌 버섯 균 ▶ 버섯, 세균

3-2급 | 총획 12 | 形聲

벼[禾]를 에워싼[囗] 풀[艹]이 썩어 생겨난 '세균' 또는 '버섯'.

☐ 菌根 균근    ☐ 菌類 균류    ☐ 大腸菌 대장균
☐ 滅菌 멸균    ☐ 病菌 병균    ☐ 病原菌 병원균
☐ 保菌者 보균자    ☐ 殺菌 살균    ☐ 細菌 세균
☐ 雜菌 잡균

# 苟 구차할, 진실로 구 ▶ 구차하다, 진실로, 가령

3급 | 총획 9 | 形聲

구[句]불구불 다른 것에 기대에 살아가는 풀[艹]은 구차하다'.

# 若

**같을 약** ▶ 같다

3-2급 | 총획 9 | 동 如(여), 肖(초)

오른[右] 손으로 뽑은 풀[艹]은 모양이 다 '같다'.

- 泰然自若 태연자약 : 태연하고 천연스러움

- 若干 약간
- 萬若 만약

# 莊

**씩씩할 장** ▶ 씩씩하다, 엄숙하다

3-2급 | 총획 11 | 약 荘 | 形聲

풀[艹]이 왕성하게[壯] 자란 모양이 '씩씩하다'.

- 莊嚴 장엄
- 莊園 장원
- 莊子 장자
- 莊重 장중
- 別莊 별장
- 山莊 산장

# 茫

**아득할 망** ▶ 아득하다

3급 | 총획 10 | 形聲

채소[艹] 농사가 망해서[亡] 앞으로 살 길이 '아득하다'.

- 茫茫大海 망망대해 : 아득히 넓고 끝없이 펼쳐진 바다
- 茫然自失 망연자실 : 큰 충격에 멍하니 정신을 잃음

- 茫漠 망막

# 荷

**멜 하:** ▶ 메다, 짊어지다, 짐

3-2급 | 총획 11 | 形聲

풀[艹]을 잘 엮으면 사람[亻]도 가능[可]하게 '멜' 수 있어.

- 荷物 하물
- 荷役 하역
- 荷主 하주
- 荷重 하중
- 荷置場 하치장
- 薄荷 박하
- 負荷 부하
- 出荷 출하

# 荒

**거칠 황** ▶ 거칠다, 황폐하다

3-2급 | 총획 10 | 形聲

채소[艹]농사가 망할[亡] 정도로 물[川]이 없는 '거친' 땅.

- 荒唐 황당
- 荒凉 황량
- 荒野 황야
- 荒廢 황폐
- 虛荒 허황

# 華

**빛날 화** ▶ 빛나다, 화려하다

4급 | 총획 12

풀[艹] 한[一] 포기 풀[艹] 한[一]포기가 시월[十]의 태양에 '빛난다'.

- 華僑 화교
- 華麗 화려
- 華嚴經 화엄경
- 華婚 화혼
- 繁華 번화
- 昇華 승화
- 榮華 영화
- 精華 정화

# 莫

**없을 막** ▶ 없다, 허무하다, 넓다

3-2급 | 총획 11 | 동 無(무) | 會意

해[日]가 없으면 큰[大] 풀[艹]도 '없다'.

- 莫無可奈 막무가내 : 어찌할 수 없음. 융통성이 없음

- 莫强 막강
- 莫大 막대
- 莫論 막론
- 莫甚 막심
- 莫逆 막역

# 落

**떨어질 락** ▶ 떨어지다

5급 | 총획 13 | 동 墮(타) 반 騰(등)

물[氵]이 아래로 흐르듯, 풀[艹]잎도 때가 되면 각각[各] '떨어진다'.

- 落膽 낙담
- 落馬 낙마
- 落望 낙망
- 落選 낙선
- 落水 낙수
- 落葉 낙엽
- 落第 낙제
- 落下 낙하
- 落鄕 낙향

## 萬 일만 만: ▶ 일만
8급 | 총획 13 | 약 万

풀[艹] 밭에 원숭이[禺]가 '일만' 마리.

■ 萬化方暢 만화방창 : 봄날이 따뜻하여 만물이 성장함

□ 萬感 만감　　□ 萬年 만년　　□ 萬無 만무
□ 萬物 만물　　□ 萬物商 만물상　□ 萬民 만민
□ 萬邦 만방　　□ 萬福 만복　　□ 萬全 만전

## 蒙 어두울 몽 ▶ 어둡다
3-2급 | 총획 14

돼지[豕] 한[一] 마리가 풀[艹]을 덮어[冖] 쓰니 앞이 '어둡다'.

□ 蒙昧 몽매

## 葬 장사지낼 장 ▶ 장사지내다, 매장하다
3-2급 | 총획 13 | 동 喪(상) | 會意

죽은[死] 시체를 들고[廾] 풀[艹]밭에 가서 '장사지내다'.

□ 葬禮 장례　　□ 葬送曲 장송곡　□ 葬地 장지
□ 高麗葬 고려장　□ 殉葬 순장　　□ 火葬 화장

## 蒸 찔 증 ▶ 찌다, 덥다
3-2급 | 총획 14 | 會意

풀[艹]을 물[水] 그릇 아래[一]에 불[灬]을 피워 '찌다'.

□ 蒸氣 증기　　□ 蒸發 증발　　□ 水蒸氣 수증기
□ 汗蒸 한증

## 著 나타날 저: ▶ 나타나다, 드러나다
3-2급 | 총획 13 | 동 作(작)

풀[艹]에 사람이[者] 적은 글이 '나타나다'.

□ 著書 저서　　□ 著述 저술　　□ 著者 저자
□ 共著 공저　　□ 編著 편저　　□ 顯著 현저

## 蓄 쌓을, 모을 축 ▶ 쌓다, 두다, 모으다
4-2급 | 총획 14 | 동 蒐(모), 貯(저), 集(집)

짐승[畜]에게 먹일 풀[艹]을 '모아' '쌓다'.

□ 蓄財 축재　　□ 蓄積 축적　　□ 備蓄 비축
□ 貯蓄 저축　　□ 含蓄 함축

## 蓋 덮을 개(:) ▶ 덮다, 뚜껑
3-2급 | 총획 14 | 약 盖 | 會意

풀[艹]을 가지고 가서[去] 그릇[皿]을 '덮었다'.

□ 蓋世 개세　　□ 蓋然性 개연성　□ 頭蓋骨 두개골
□ 無蓋車 무개차　□ 覆蓋 복개

## 蔽 덮을 폐: ▶ 덮다, 가리다
3급 | 총획 16 | 동 蓋(개), 隱(은) | 形聲

해진[敝] 것을 풀[艹]로 '덮어' '가리다'.

※ 蓋는 뚜껑으로 덮는 것

□ 蔽空 폐공　　□ 建蔽率 건폐율　□ 隱蔽 은폐

# 薦

**천거할 천** ▶ 천거하다, 드리다

3급 | 총획 17 | 동 擧(거) | 會意

해태[薦]에게 공손히 풀[艹]을 '드린다'.

※ 해태[薦]는 선악을 잘 구별하고 신령스러운 동물로, 먹이를 줄 때 부드러운 새싹 같은 풀을 두 손으로 들고 있어야 먹는다하여 '드린다' '올린다'의 뜻이 되었다.

- 毛遂自薦 모수자천 : 자기가 자기를 추천하는 일

- 薦擧 천거
- 自薦 자천
- 公薦 공천
- 他薦 타천

# 菓

**과자 과**(:) ▶ 과자, 실과

2급 | 총획 12

풀[艹]도 넣고 과일[果]도 넣어 만든 '과자'.

- 菓子 과자
- 茶菓 다과
- 氷菓 빙과

# 藏

**감출 장:** ▶ 감추다, 우거진 모양

3-2급 | 총획 18 | 形聲

풀[艹]을 잘 덮어서 곳간[臧]에 '감춘다'.

- 藏書 장서
- 死藏 사장
- 所藏 소장
- 收藏 수장
- 愛藏品 애장품

# 葛

**칡 갈** ▶ 칡

2급 | 총획 13

모든 풀[艹]을 다[曷] 휘감으며 뻗어가는 '칡'.

- 葛布 갈포 : 칡의 섬유로 짠 베

- 葛根 갈근

# 藝

**재주 예:** ▶ 재주

4-2급 | 총획 19 | 동 技(기), 術(술), 才(재) | 약 芸

풀[艹]과 흙[土] 여덟[八] 개를 둥글게[丸] 말아 사람처럼 말하게[云] 하는 '재주'.

- 藝妓 예기
- 藝能 예능
- 藝名 예명
- 藝術 예술
- 曲藝 곡예
- 技藝 기예
- 文藝 문예
- 書藝 서예
- 園藝 원예

# 蔑

**업신여길 멸** ▶ 업신여기다

2급 | 총획 15

풀[艹]속에서 네[四]마리의 개[戌] 취급하듯 '업신여긴다'.

- 蔑視 멸시
- 輕蔑 경멸
- 凌蔑 능멸
- 侮蔑 모멸

# 苑

**동산 원** ▶ 동산

2급 | 총획 9

풀[艹]밭에 저녁[夕]이면 무릎[巳] 꿇고 짐승들이 쉴 수 있는 '동산'.

- 苑捧 원유 : 새와 짐승을 놓아 기르는 동산. 원유(園捧)

# 蔘

**인삼 삼** ▶ 인삼

2급 | 총획 15

세[參] 사람을 살릴수 있는 약효 있는 풀[艹]이 '인삼'.

- 山蔘 산삼
- 人蔘 인삼
- 海蔘 해삼
- 紅蔘 홍삼

# 藤 등나무 등 ▶ 등나무

2급 | 총획 19

---

풀[艹]속에 물 솟아[滕] 오르듯 뻗어가는
'등나무'.

■ 藤架 등가 : 네 기둥을 세우고 그 천장에 등의 덩쿨을 올
린 것

## 虎 범호 부 · 6획

입을 크게 벌리고 서 있는 호랑이의 모습이다.

---

### 虎 범 호(ː) ▶ 범, 용맹스럽다

3-2급 | 총획 8

우뚝 서[儿] 있는 호랑이[虍] '범'.

- 虎死留皮 호사유피 : 호랑이는 죽으면 가죽을 남김
- 虎穴 호혈 : 범이 사는 굴. 가장 위험한 곳

□ 虎口 호구　　　□ 猛虎 맹호　　　□ 白虎 백호

---

### 號 이름 호(ː) ▶ 이름, 부르짖다

6급 | 총획 13 | 동 名(명) 약 号

입[口]을 크게 벌리고[丂] 범[虎]이 '이름'을 '부르짖다'.

□ 號哭 호곡　　　□ 號外 호외　　　□ 號泣 호읍
□ 口號 구호　　　□ 記號 기호　　　□ 番號 번호
□ 商號 상호　　　□ 雅號 아호　　　□ 暗號 암호
□ 稱號 칭호

---

### 虛 빌 허 ▶ 비다, 공허하다

4-2급 | 총획 12 | 동 空(공) 반 實(실) 약 虚

호랑이[虍]를 잡으려고 판 두 개의 구덩이[㸚]가 '비었다'.

- 虛禮虛飾 허례허식 : 겉으로만 꾸며 정성이 없음

□ 虛空 허공　　　□ 虛構 허구　　　□ 虛病 허병
□ 虛費 허비　　　□ 虛事 허사　　　□ 虛勢 허세
□ 虛榮心 허영심　□ 虛脫 허탈　　　□ 虛風 허풍

---

### 處 곳 처(ː) ▶ 곳, 살다

4-2급 | 총획 11 | 동 所(소) 약 処

호랑이[虍]가 어슬렁[夂]거리며 책상[几]에
기대 있는 '곳'.

- 陵遲處斬 능지처참 : 지난날 죄인에게 내리던 극형

□ 處理 처리　　　□ 處方 처방　　　□ 處罰 처벌
□ 處所 처소　　　□ 處遇 처우　　　□ 處置 처치
□ 傷處 상처　　　□ 善處 선처　　　□ 出處 출처

---



### 虐 모질, 학대할 학 ▶ 모질다, 학대하다

2급 | 총획 9

호랑이[虍]가 발톱으로 다른 짐승을 공격하듯
아랫사람을 '모질게' '학대하다'.

□ 虐待 학대　　　□ 虐政 학정　　　□ 殘虐 잔학

---

'벌레'의 의미이다.

---

## 蟲 벌레 충 ▶ 벌레, 동물의 총칭, 충해
4-2급 | 총획 18 | 약 虫

세 마리가 모여 있는 '벌레[虫]'.

- 蟲災 충재
- 蟲齒 충치
- 寄生蟲 기생충
- 松蟲 송충
- 益蟲 익충
- 害蟲 해충

---

## 蝶 나비 접 ▶ 나비
3급 | 총획 15

세상[世]의 나무[木]에는 다 가고 싶은 벌레[虫]인 '나비'.

- 蝶舞 접무
- 蝶泳 접영
- 胡蝶 호접

---

## 蛇 긴뱀 사 ▶ 긴뱀
3-2급 | 총획 11 | 동 巳(사)

머리[宀]를 들고 비수[匕] 같은 혀를 날름거리는 벌레[虫]인 '긴뱀'.

- 龍頭蛇尾 용두사미 : 시작은 거창하나 뒤로 갈수록 흐지부지해짐
- 畫蛇添足 화사첨족 : 안 해도 될 일을 하다가 오히려 일을 그르침을 나타내는 말

---

## 蜜 꿀 밀 ▶ 꿀
3급 | 총획 14

벌[虫]집[宀] 속에 반드시[必] 있는 '꿀'.

- 蜜蜂 밀봉
- 蜜水 밀수
- 蜜語 밀어
- 蜜月 밀월

---

## 蜂 벌 봉 ▶ 벌
3급 | 총획 13

산봉우리[夆]에 몰려 있는 벌레[虫]는 '벌'.

- 蜂起 봉기
- 蜜蜂 밀봉
- 養蜂 양봉

---

## 螢 반딧불 형 ▶ 반딧불, 개똥벌레
3급 | 총획 16 | 약 蛍 | 形聲

불빛[火火]으로 덮여[冖] 반짝거리는 벌레[虫]인 '반딧불(개똥벌레)'.

- 螢雪之功 형설지공 : 반딧불과 눈빛으로 고생하면서 공부한 보람
- 螢光 형광
- 螢光燈 형광등
- 螢石 형석

---

蠻　오랑캐 **만** ▶ 오랑캐

2급 | 총획 25 | 약 蛮

얽히고[糸] 설킨[糸] 행실[言]이 벌레[虫] 같은
남쪽 '**오랑캐**'.

□ 蠻行 만행　　　□ 野蠻 야만


融　화할 **융** ▶ 화하다, 녹다

2급 | 총획 16

오지병[鬲] 속에 벌레[虫]들이 서로 왔다갔다
하며 '**화한다**'.

□ 融資 융자　　　□ 融通 융통　　　□ 融解 융해
□ 融化 융화


蠶　누에 **잠** ▶ 누에

2급 | 총획 24 | 약 蚕 | 形聲

입[曰]에서 김이 나오듯 실을 계속
토해내는[旡旡] 벌레[虫虫]들이 '**누에**'.

□ 養蠶 양잠

## 血

**피혈 부 · 6획**

고사를 지낼 때 희생된 짐승의 피를 그릇에 담아 놓은 모양이다.

---

### 血 피 혈 ▶ 피

4-2급 | 총획 6

제물로 바치는 그릇[皿]에 담은 한[丶] 방울의 '피'.

- 血管 혈관
- 血氣 혈기
- 血糖 혈당
- 血書 혈서
- 血壓 혈압
- 血緣 혈연
- 血肉 혈육
- 血族 혈족
- 血淸 혈청
- 貧血 빈혈
- 止血 지혈

### 衆 무리 중: ▶ 무리

4-2급 | 총획 12 | 동 群(군), 徒(도), 等(등), 類(류)

피[血]로 맺어진 세 사람[乑]의 '무리'.

- 衆口難防 중구난방 : 뭇사람의 여러 의견을 하나하나 받아넘기기가 어려움
- 衆妙 중묘 : 여러 자연의 뛰어난 이치

- 衆生 중생
- 衆愚 중우
- 觀衆 관중
- 聽衆 청중
- 出衆 출중
- 合衆國 합중국

# 行

**다닐행 부 · 6획**

왼발 오른발을 내딛으며 걷는 모양이다. '가다'는 뜻이다.

---

## 行 다닐 행(:) 항렬 항
▶ 다니다, 가다, 행실, 항렬

6급 | 총획 6

왼발[彳] 오른발[亍] '항렬'에 따라 잘도 '다닌다'.

- 行路 행로
- 行方 행방
- 行事 행사
- 行色 행색
- 行實 행실
- 行爲 행위
- 代行 대행
- 竝行 병행
- 山行 산행
- 行列 항렬

## 街 거리 가(:) ▶ 거리

4-2급 | 총획 12 | 동 巷(항)

걸어다니는[行] 흙바닥[圭]이니 '거리'.

- 街道 가도
- 街頭 가두
- 街路 가로
- 街路燈 가로등
- 街路樹 가로수
- 街販 가판
- 大學街 대학가
- 商街 상가
- 市街地 시가지
- 歡樂街 환락가

## 衝 부딪칠 충 ▶ 부딪치다, 찌르다, 향하다

3-2급 | 총획 15 | 동 突(돌) | 形聲

가다가[行] 무거운[重] 것과 '부딪치다'.

- 衝擊 충격
- 衝突 충돌
- 相衝 상충
- 衝動 충동
- 折衝 절충
- 要衝地 요충지

## 衛 지킬 위 ▶ 지키다, 호위하다

4-2급 | 총획 16 | 동 防(방), 守(수) | 약 衛

가죽[韋] 옷을 입고 주위를 걸어다니며[行] 국토를 '지킨다'.

※ 속자인 衞를 본자보다 더 많이 쓰니 함께 알아두어야 한다

- 衛兵 위병
- 衛生 위생
- 衛星 위성
- 防衛 방위
- 守衛 수위
- 自衛 자위
- 護衛 호위

## 術 재주 술 ▶ 재주

6급 | 총획 11 | 동 技(기), 藝(예)

나무[朮] 한[丶] 그루를 햇빛이 다니는[行] 곳에 놓으니 '재주' 좋게 잘 자란다.

- 術策 술책
- 技術 기술
- 美術 미술
- 手術 수술
- 心術 심술
- 藝術 예술
- 醫術 의술
- 學術 학술
- 話術 화술

## 衡 저울 형 ▶ 저울, 저울대, 달다

3-2급 | 총획 16 | 동 銓(전), 稱(칭)

다니면서[行] 누구[勹] 밭[田]이 더 큰[大]지 '저울'로 잰다.

- 衡平 형평
- 均衡 균형
- 度量衡 도량형

## 衣 옷의 부 · 6획

옷의 모양을 본뜬 글자이다. 변형자는 '衤'이다.

---

### 衣 옷 의 ▶ 옷

6급 | 총획 6 | 통 服(복) | 象形

저고리의 동정과 옷고름을 동여맨 '옷' 모양을 본뜬 자.

- 衣類 의류
- 衣服 의복
- 衣裳 의상
- 衣食住 의식주
- 衣次 의차
- 上衣 상의
- 囚衣 수의
- 脫衣 탈의
- 下衣 하의

---

### 裝 꾸밀 장 ▶ 꾸미다

4급 | 총획 13 | 통 飾(식) | 약 装

선비[士]가 천 조각[爿]으로 옷[衣]을 '꾸며' 입었다.

- 裝備 장비
- 裝身具 장신구
- 裝置 장치
- 假裝 가장
- 武裝 무장
- 服裝 복장
- 僞裝 위장
- 正裝 정장

---

### 裂 찢어질 렬 ▶ 찢어지다, 찢다, 무너지다

3-2급 | 총획 12 | 통 破(파)

옷[衣]을 늘어[列] 놓고 당기니 '찢어지다'.

- 四分五裂 사분오열 : 여러 갈래로 분열되어 질서가 없어짐
- 支離滅裂 지리멸렬 : 갈가리 흩어지고 찢어져 갈피를 잡을 수 없게 됨
- 決裂 결렬
- 龜裂 균열
- 炸裂 작렬
- 破裂 파열

---

### 製 지을 제: ▶ 짓다

4-2급 | 총획 14 | 통 作(작), 造(조)

옷[衣]을 마름질[制]하여 제대로 '지었다'.

- 製圖 제도
- 製藥 제약
- 製産 제산
- 製作 제작
- 製造 제조
- 製品 제품
- 調製 조제

---

### 裳 치마 상 ▶ 치마

3-2급 | 총획 14

고상[尚]한 여자는 옷[衣] 중에 '치마'를 즐겨 입는다.

- 同價紅裳 동가홍상 : 같은 값이면 다홍치마라는 뜻으로, 이왕이면 보기에 좋은 것을 가진다는 뜻
- 衣裳 의상

---

### 襲 엄습할 습 ▶ 엄습하다, 잇다, 겹치다

3-2급 | 총획 22

용[龍]이 수놓아진 옷[衣]을 입고 '엄습하다'.

- 空襲 공습
- 急襲 급습
- 奇襲 기습
- 踏襲 답습
- 世襲 세습
- 襲擊 습격
- 逆襲 역습
- 因襲 인습
- 被襲 피습

---

# 裁

**옷마를 재** ▶ 옷을 마르다, 마름질하다, 헝겊

3-2급 | 총획 12 | 形聲

창[戈]으로 옷[衣]을 열[十] 조각으로 '**마른다**'.

- 裁可 재가
- 裁斷 재단
- 裁量 재량
- 裁定 재정
- 獨裁 독재
- 裁判 재판
- 仲裁 중재
- 總裁 총재

# 衷

**정성, 속마음 충** ▶ 정성, 속마음

2급 | 총획 10

가운데[中]에다 귀중품을 옷[衣]으로 싸고 싸는 그 마음이니 '**정성**'.

- 衷懇 충간

# 表

**겉 표** ▶ 겉, 거죽

6급 | 총획 8 | 반 裏(리)

흙[土]에도 옷[衣]을 입히니 '**겉**' 모습이 보기 좋다.

- 代表 대표
- 圖表 도표
- 表記 표기
- 表面 표면
- 表情 표정
- 表出 표출
- 無表情 무표정
- 發表 발표
- 地表 지표
- 出師表 출사표

# 被

**입을 피:** ▶ 입다, 이불

3-2급 | 총획 10

피부[皮]에 닿는 옷[衤]이니 '**속옷**' 또는 '**이불**'이며, 좋은 혜택을 '**입어**' 누리고 산다.

- 被擊 피격
- 被服 피복
- 被殺 피살
- 被害 피해
- 被害妄想 피해망상

# 裏

**속, 안 리:** ▶ 속, 안

3-2급 | 총획 13 | 반 表(표) | 形聲

옷[衣] 속[里]에 숨겼다니 그 '**속(안)**'이 궁금하다.

- 表裏不同 표리부동 : 겉과 속이 다름
- 裏面 이면
- 裏書 이서
- 表裏 표리

# 補

**기울 보:** ▶ 깁다, 수놓다, 돕다

3-2급 | 총획 12 | 동 扶(부), 助(조)

옷[衤]을 크게[甫] 펼쳐 놓고 떨어진 곳을 '**깁다**'.

- 補講 보강
- 補缺 보결
- 補給 보급
- 補償 보상
- 補修 보수
- 補藥 보약
- 補完 보완
- 補職 보직
- 補充 보충

# 衰

**쇠할 쇠** ▶ 쇠하다, 늙다

3-2급 | 총획 10 | 동 亡(망) | 반 盛(성), 興(흥)

도롱이[口] 옷[衣]을 입은 농사꾼의 모습이 '**쇠하다**'.

- 興亡盛衰 흥망성쇠 : 흥하고 망하고 성하고 쇠하는 것
- 衰落 쇠락
- 衰亡 쇠망
- 衰弱 쇠약
- 衰退 쇠퇴
- 老衰 노쇠

# 裕

**넉넉할 유:** ▶ 넉넉하다

3-2급 | 총획 12 | 동 富(부) | 반 窮(궁), 貧(빈) | 會意

옷[衤]이 골짜기[谷]를 덮을 만큼 '**넉넉하다**'.

- 裕福 유복
- 裕足 유족
- 富裕 부유
- 餘裕 여유

# 複

**겹칠 복** ▶ 겹치다, 겹옷, 거듭

4급 | 총획 14 | 반 單(단)

사람[人]들은 해[日]가 짧아지면 서서히[夂]
옷[衤]을 '겹쳐' 입는다.

- 複道 복도
- 複姓 복성
- 複寫 복사
- 複線 복선
- 複式 복식
- 複雜 복잡
- 複製 복제
- 複合 복합

# 裸

**벌거숭이 라:** ▶ 벌거숭이

2급 | 총획 13

과일[果] 껍질을 벗기듯 옷[衤]을 벗겨놓은
것이니 '벌거숭이'.

- 裸體 나체
- 半裸 반라
- 全裸 전라

西 　덮을아 부 · 6획

위에서 덮고, 다시 또 그 밑을 덮어 가린다는 의미로 '덮다' '엄폐하다' 의 뜻이다.

## 西　서녘 서 ▶ 서녘

8급 | 총획 6

해가 '서녘'으로 넘어간다.

- 東西古今 동서고금 : 동양과 서양, 옛날과 지금
- 紅東白西 홍동백서 : 제사지낼 때 붉은 과실은 동쪽, 흰 과실은 서쪽에 차림

- □ 西敎 서교　　□ 西歐 서구　　□ 西洋 서양
- □ 西風 서풍

## 要　요긴할 요(:) ▶ 요긴하다, 중요하다

5급 | 총획 9

여자[女]가 잘 덮어[襾] 보관한 물건이
'요긴하게' 쓰인다.

- □ 要綱 요강　　□ 要件 요건　　□ 要求 요구
- □ 要緊 요긴　　□ 要領 요령　　□ 要素 요소
- □ 要約 요약　　□ 要點 요점　　□ 槪要 개요
- □ 主要 주요

## 覆　다시 복 덮을 부
▶ 되풀이하다, 덮다, 뒤집다, 망하다

3-2급 | 총획 18 | 동 蓋(개)

서쪽[西]으로 가던 사람[人]이 날[日]이 어두워지자
서서히[夂] 이불을 '다시' '덮는다'

- □ 覆蓋 복개　　□ 覆面 복면　　□ 飜覆 번복

# 見

**볼견 부 · 7획**

눈[目]과 사람[儿]의 합자로, '보다'는 의미이다.

## 見　볼 견: 뇌올 현: ▶ 보다, 뵈오다

5급 | 총획 7

사람[儿]은 눈[目]으로 **'본다'**.

- 目不忍見 목불인견 : 몹시 딱하거나 처참하여 차마 눈을 뜨고 볼 수 없음
- 先見之明 선견지명 : 앞으로 닥쳐올 일을 미리 앎

☐ 見聞 견문　　☐ 見本 견본　　☐ 見習 견습
☐ 見識 견식　　☐ 豫見 예견　　☐ 謁見 알현

## 規　법 규 ▶ 법, 바르다

5급 | 총획 11 | 동 律(률), 法(법), 式(식), 則(칙)

대장부[夫]는 사물을 볼[見] 때 정의의 **'법'**에 따라야 한다.

☐ 規戒 규계　　☐ 規模 규모　　☐ 規範 규범
☐ 規約 규약　　☐ 規律 규율　　☐ 規定 규정
☐ 規則 규칙　　☐ 法規 법규　　☐ 新規 신규
☐ 正規 정규

## 視　볼 시: ▶ 보다, 살피다

4-2급 | 총획 12 | 동 看(간), 監(감), 見(견), 觀(관), 覽(람)

신[示]은 만물을 **'보고[見]' '살핀다'**.

☐ 視覺 시각　　☐ 視界 시계　　☐ 視力 시력
☐ 視務 시무　　☐ 視野 시야　　☐ 視點 시점
☐ 視差 시차　　☐ 監視 감시　　☐ 無視 무시
☐ 重視 중시

## 觀　볼 관 ▶ 보다

5급 | 총획 25 | 동 看(간), 監(감), 見(견), 覽(람), 視(시) | 약 観

새[隹]들이 풀[艹] 속의 벌레를 먹기 위해 입[口]을 벌리고 살펴[見] **'본다'**.

☐ 觀客 관객　　☐ 觀光 관광　　☐ 觀望 관망
☐ 可觀 가관　　☐ 樂觀 낙관　　☐ 達觀 달관
☐ 美觀 미관　　☐ 悲觀 비관　　☐ 壯觀 장관

## 親　어버이, 친할 친 ▶ 어버이, 친하다

6급 | 총획 16

마을 어귀 나무[木] 옆에 서서[立] 자식이 오는지 보는[見] **'어버이'**.

☐ 親家 친가　　☐ 親交 친교　　☐ 親睦 친목
☐ 親密 친밀　　☐ 親分 친분　　☐ 親喪 친상
☐ 親愛 친애　　☐ 親庭 친정　　☐ 親筆 친필
☐ 兩親 양친

## 覽　볼 람 ▶ 보다

4급 | 총획 21 | 동 看(간), 監(감), 見(견), 觀(관), 視(시)

보고[監] 또 봐[見] 상세히 **'보다'**.

☐ 觀覽 관람　　☐ 博覽會 박람회　　☐ 閱覽 열람
☐ 一覽表 일람표　　☐ 展覽 전람　　☐ 便覽 편람
☐ 回覽 회람

# 覺

**깨달을 각** ▶ 깨닫다, 느끼다, 밝히다

4급 | 총획 20 | 동 悟(오)  약 覚

배우며[𦥑 ←學] 보고[見] 진리를 '깨닫다'.

- 覺書 각서
- 味覺 미각
- 視覺 시각
- 聽覺 청각
- 覺悟 각오
- 發覺 발각
- 視聽覺 시청각
- 感覺 감각
- 先覺 선각
- 知覺 지각

見

# 角 뿔각 부 · 7획

짐승의 뿔 모양을 본뜬 글자이다.

## 角 뿔 각 ▶ 뿔

6급 | 총획 7 | 象形

짐승의 '**뿔**' 모양을 본뜬 자.

- 角者無齒 각자무치 : '뿔 있는 짐승은 이가 없다'로 한 사람이 모든 재주나 복을 가질 수 없음

| | | |
|---|---|---|
| □ 角木 각목 | □ 角度 각도 | □ 頭角 두각 |
| □ 銳角 예각 | □ 直角 직각 | □ 觸角 촉각 |

## 觸 닿을 촉 ▶ 닿다

3-2급 | 총획 20 | 약 触

벌레[蜀]는 뿔[角] 같은 더듬이로 '**닿음**'을 느낀다.

- 一觸卽發 일촉즉발 : 금방이라도 일이 크게 터질 듯한 긴장 상태

| | | |
|---|---|---|
| □ 觸角 촉각 | □ 觸感 촉감 | □ 觸媒 촉매 |
| □ 觸手 촉수 | □ 接觸 접촉 | |

## 解 풀 해: ▶ 풀다, 해부하다

4-2급 | 총획 13 | 동 放(방), 釋(석) 반 結(결) 약 觧

칼[刀]로 소[牛]의 뿔[角]을 잘라 '**풀어**' '**해부하다**'.

| | | |
|---|---|---|
| □ 解決 해결 | □ 解答 해답 | □ 解得 해득 |
| □ 解明 해명 | □ 解産 해산 | □ 解說 해설 |
| □ 解消 해소 | □ 難解 난해 | □ 理解 이해 |

# 言

**말씀언 부 · 7획**

'말' 과 관련된 의미이다.

---

## 言 말씀 언 ▶ 말씀

6급 | 총획 7 | 동 談(담), 辭(사), 語(어), 話(화)

머리[亠]로 두[二] 번 생각하고 입[口]으로
'**말씀**' 하신다.

- 言及 언급
- 言論 언론
- 言語 언어
- 言爭 언쟁
- 格言 격언
- 過言 과언
- 斷言 단언
- 妄言 망언
- 名言 명언
- 發言 발언

## 計 셀 계: ▶ 셈하다, 계산

6급 | 총획 9 | 동 算(산), 數(수)

일부터 십[十]까지의 숫자를 말[言]로 '**세다**'.

- 計略 계략
- 計量 계량
- 計算 계산
- 計定 계정
- 美人計 미인계
- 生計 생계
- 設計 설계
- 集計 집계
- 統計 통계
- 合計 합계

## 討 칠 토(:) ▶ 치다, 토론하다

4급 | 총획 10 | 동 伐(벌), 征(정) 반 防(방), 守(수)

말[言] 한 마디[寸] 잘못했다고 '**토론하며**'
'**친다**'.

- 討論 토론
- 討伐 토벌
- 討索 토색
- 討議 토의
- 檢討 검토
- 聲討 성토

---

## 訂 바로잡을 정 ▶ 바로잡다

3급 | 총획 9 | 동 矯(교)

잘못된 행위를 말[言]로 못[丁]을 박듯
'**바로잡아**' 준다.

- 訂正 정정
- 改訂 개정
- 校訂 교정
- 改訂版 개정판
- 修訂 수정

## 記 기록할 기 ▶ 기록하다, 적다

7급 | 총획 10 | 동 錄(록)

자기[己]가 상대방의 말[言]을 잊지 않으려고
'**기록하다**'.

- 記念 기념
- 記名 기명
- 記事 기사
- 記憶 기억
- 明記 명기
- 手記 수기
- 日記 일기
- 一代記 일대기
- 筆記 필기
- 後記 후기

## 訪 찾을 방: ▶ 찾다

4-2급 | 총획 11 | 동 尋(심)

말[言] 잘하는 사람을 사방[方]에서 '**찾는다**'.

- 訪問 방문
- 訪北 방북
- 訪韓 방한
- 來訪 내방
- 尋訪 심방
- 探訪 탐방

## 訣 이별할 결 ▶ 이별하다, 결단하다

3-2급 | 총획 11 | 동 離(리), 別(별)

말[言]로만 그[夬] 사람[人]과 '이별하다'.

□ 訣別 결별　　□ 永訣 영결　　□ 要訣 요결

## 訓 가르칠 훈 ▶ 가르치다

6급 | 총획 10 | 동 敎(교) 반 學(학)

말[言]을 냇물[川]이 흐르듯 이치대로 잘 '가르친다'.

□ 訓戒 훈계　　□ 訓讀 훈독　　□ 訓手 훈수
□ 訓民正音 훈민정음　□ 訓長 훈장　　□ 家訓 가훈
□ 敎訓 교훈　　□ 級訓 급훈

## 設 베풀, 세울 설 ▶ 베풀다, 세우다

4-2급 | 총획 11 | 동 建(건)

말[言]로 '베풀고' 창[殳]으로 쳐서 나라를 '세운다'.

□ 設計 설계　　□ 設頭 설두　　□ 設立 설립
□ 設問 설문　　□ 設備 설비　　□ 設置 설치
□ 開設 개설　　□ 附設 부설　　□ 施設 시설
□ 增設 증설

## 說 말씀 설 달랠 세 ▶ 말씀, 달래다

5급 | 총획 14 | 동 談(담), 語(어), 言(언), 話(화)

말[言]을 잘 들으라고 형님[兄]이 여덟[八] 번이나 '말씀'으로 '달랜다'.

□ 說敎 설교　　□ 說得 설득　　□ 說明 설명
□ 說法 설법　　□ 說服 설복　　□ 說話 설화
□ 假說 가설　　□ 私說 사설　　□ 演說 연설
□ 辱說 욕설

## 話 말씀 화 ▶ 말씀, 이야기

7급 | 총획 13 | 동 談(담), 語(어), 言(언), 說(설)

혀[舌]를 움직여 말[言]하는 '말씀' 또는 '이야기'.

□ 話頭 화두　　□ 話法 화법　　□ 話術 화술
□ 話題 화제　　□ 對話 대화　　□ 說話 설화
□ 手話 수화　　□ 電話 전화　　□ 會話 회화

## 語 말씀 어: ▶ 말씀

7급 | 총획 14 | 동 談(담), 說(설), 言(언), 話(화)

말[言]은 다섯[五] 번 신중하게 생각하고, 입[口]으로 '말씀' 드린다.

■ 語不成說 어불성설 : 말이 조금도 사리에 맞지 않음

□ 語感 어감　　□ 語錄 어록　　□ 語法 어법
□ 語源 어원　　□ 語套 어투　　□ 語學 어학
□ 國語 국어　　□ 單語 단어　　□ 熟語 숙어

## 談 말씀 담 ▶ 말씀, 이야기

5급 | 총획 15 | 동 說(설), 語(어), 言(언), 話(화)

열정[炎]적으로 이야기[言]를 하는 선생님의 '말씀'을 듣다.

□ 談笑 담소　　□ 談判 담판　　□ 談合 담합
□ 談話 담화　　□ 對談 대담　　□ 弄談 농담
□ 怪談 괴담　　□ 面談 면담　　□ 美談 미담
□ 放談 방담

## 訴 호소할 소 ▶ 호소하다, 고소하다, 하소연하다

3-2급 | 총획 12 | 동 訟(송) | 會意

억울한 일을 배척[斥]하기 위해 법원에 말[言]로 '호소한다'.

□ 訴訟 소송　　□ 訴願 소원　　□ 告訴 고소
□ 公訴 공소　　□ 起訴 기소　　□ 上訴 상소
□ 勝訴 승소　　□ 敗訴 패소　　□ 被訴 피소
□ 呼訴 호소

訟 송사할 송: ▶ 송사하다, 논쟁, 칭송하다
3-2급 | 총획 11 | 동 訴(소)

말[言]다툼하는 것을 공정[公]하게 판가름하기
위해 '송사하다'.

□ 頌歌 송가　　□ 頌祝 송축　　□ 讚頌 찬송
□ 稱頌 칭송

諾 승낙할 낙 ▶ 승낙하다, 대답하다
3-2급 | 총획 16 | 동 許(허) | 반 拒(거) | 形聲

부탁한 말[言]과 같게[若] 하는 것이니
'승낙하다'.

※ 낙, 락의 표기 주의

□ 內諾 내락　　□ 受諾 수락　　□ 承諾 승낙
□ 應諾 응낙　　□ 許諾 허락

詐 속일 사 ▶ 속이다, 말을 꾸미다
3급 | 총획 12 | 동 欺(기) | 形聲

말[言]을 잠깐[乍] 사이에 조작해 남을
'속이다'.

□ 詐欺 사기　　□ 詐稱 사칭

謠 노래 요 ▶ 노래, 노래하다
4-2급 | 총획 17 | 동 歌(가), 曲(곡)

얘기[言]도 하고, 고기[月]도 먹고, 그릇[缶]에
담긴 술도 마시고, '노래'도 한다.

□ 歌謠 가요　　□ 農謠 농요　　□ 童謠 동요
□ 民謠 민요　　□ 俗謠 속요

論 논할 론 ▶ 논하다, 말하다, 논의하다
4-2급 | 총획 15 | 동 議(의), 評(평)

사람[人]이 한[一] 권의 책[冊]에 써 있는
말씀[言]을 '논한다'.

□ 論據 논거　　□ 論決 논결　　□ 論理 논리
□ 論說 논설　　□ 論爭 논쟁　　□ 論題 논제
□ 講論 강론　　□ 激論 격론　　□ 反論 반론

議 의논할 의(:) ▶ 의논하다
4-2급 | 총획 20 | 동 論(론)

말[言]로 누가 옳은지[義] '의논한다'.

□ 議決 의결　　□ 議論 의논　　□ 議事 의사
□ 議案 의안　　□ 議員 의원　　□ 議場 의장
□ 議題 의제　　□ 發議 발의　　□ 相議 상의
□ 抗議 항의

請 청할 청 ▶ 청하다
4-2급 | 총획 15 | 동 願(원)

말[言]로 푸른[靑] 옷을 입고 이리 오라고
'청하다'.

□ 請求 청구　　□ 請約 청약　　□ 請願 청원
□ 請婚 청혼　　□ 懇請 간청　　□ 申請 신청
□ 要請 요청　　□ 自請 자청　　□ 招請 초청

詞 말, 글 사 ▶ 말, 글, 말씀, 말하다
3-2급 | 총획 12 | 동 談(담), 語(어), 言(언), 話(화) | 形聲

맡은 일에 대해서 윗사람[司]에게
'말[言]하여' '고하다'.

□ 歌詞 가사　　□ 感歎詞 감탄사　　□ 冠形詞 관형사
□ 代名詞 대명사　　□ 動詞 동사　　□ 名詞 명사
□ 副詞 부사　　□ 作詞 작사　　□ 助詞 조사

# 許

**허락할 허** ▶ 허락하다, 쯤, 가량

5급 | 총획 11 | 동 諾(낙)

낮[午]에 말씀[言]드린 일을 할아버지께서 **'허락하셨다'**.

- 許可 허가
- 許久 허구
- 許多 허다
- 許身 허신
- 許心 허심
- 許容 허용
- 免許 면허
- 無許可 무허가
- 特許 특허

# 詳

**자세할 상** ▶ 자세하다, 자세함

3-2급 | 총획 13 | 동 瑞(서) | 形聲

말[言]로 양[羊]의 모습을 **'자세하게'** 설명하다.

- 詳報 상보
- 詳述 상술
- 未詳 미상
- 昭詳 소상

# 詠

**읊을 영** ▶ 읊다, 노래하다, 시가

3급 | 총획 12 | 동 吟(음) | 形聲

말[言]을 길게[永] 빼 **'노래하고'** 시를 **'읊는다'**.

- 詠歌 영가
- 詠唱 영창
- 詠嘆 영탄
- 朗詠 낭영
- 吟詠 음영

# 詩

**시 시** ▶ 시

4-2급 | 총획 13

절[寺]에서 말[言]로 **'시'**를 낭송한다.

- 詩想 시상
- 詩聖 시성
- 詩人 시인
- 時題 시제
- 詩集 시집
- 時評 시평
- 詩風 시풍
- 詩會 시회
- 漢詩 한시

# 評

**평할 평:** ▶ 평하다, 품평

4급 | 총획 12 | 동 批(비)

말[言]로 공평[平]하게 **'평한다'**.

- 評價 평가
- 評決 평결
- 評論 평론
- 評說 평설
- 講評 강평

# 試

**시험 시(:)** ▶ 시험, 시험하다

4-2급 | 총획 13 | 동 驗(험)

말[言]을 규정[式]에 맞게 잘 하는지 **'시험하다'**.

- 試食 시식
- 試藥 시약
- 試飮 시음
- 試驗 시험
- 高試 고시
- 應試 응시
- 入試 입시

# 誇

**자랑할 과:** ▶ 자랑하다, 자랑, 자만

3-2급 | 총획 13 | 形聲

말[言]로 크게[大] 떠벌리며[ㅎ] **'자랑한다'**.

- ■ 誇大妄想 과대망상 : 자기의 능력 등을 과대하게 평가하여 마치 사실인 것처럼 믿는 일
- 誇大 과대
- 誇示 과시
- 誇張 과장

# 該

**갖출 해** ▶ 갖추다, 마땅하다

3급 | 총획 13 | 동 博(박) | 形聲

돼지[亥] 뼈대의 짜임처럼 핵심있는 말[言]은 진리를 **'갖춘'** 것이다.

- 該當 해당
- 該博 해박

# 誠
정성 **성** ▶ 정성
4-2급 | 총획 14

성공[成]한 사람은 말[言]을 할 때 '**정성**'을 다한다.

- 誠金 성금
- 誠實 성실
- 誠心 성심
- 誠心誠意 성심성의
- 誠意 성의
- 精誠 정성
- 孝誠 효성

# 誘
꾈 **유** ▶ 꾀다
3-2급 | 총획 14 | 形聲

수려한[秀] 말[言]로 사람을 '**꾀다**'.

- 誘導 유도
- 誘發 유발
- 誘引 유인
- 誘惑 유혹
- 勸誘 권유

# 誦
욀 **송**: ▶ 읽다, 외우다
3급 | 총획 14 | 동 訴(소)

말[言]을 물이 솟듯이[甬] 술술 '**외워**' '**읽다**'.

- 誦讀 송독 : 소리내어 읽음
- 朗誦 낭송
- 暗誦 암송

# 認
알 **인** ▶ 알다
4-2급 | 총획 14 | 동 識(식), 知(지)

말[言]은 참고[忍] 끝까지 들어야 제대로 '**알**' 수 있다.

- 認可 인가
- 認識 인식
- 認定 인정
- 認許 인허
- 承認 승인
- 誤認 오인
- 確認 확인

# 譜
족보 **보**: ▶ 족보, 계보
3-2급 | 총획 19

글[言]로 가문의 모든[並] 관계를 매일[日] 적은 '**족보**'.

- 譜表 보표
- 系譜 계보
- 年譜 연보
- 族譜 족보

# 誌
기록할 **지** ▶ 기록하다
4급 | 총획 14 | 동 記(기), 錄(록)

뜻[志]이 있는 말[言]은 '**기록해야**' 한다.

- 誌面 지면
- 誌文 지문
- 校誌 교지
- 本誌 본지
- 日誌 일지
- 會誌 회지

# 誤
그르칠 **오**: ▶ 그르치다
4-2급 | 총획 14

큰 소리[吳]로 말[言]하면 일을 '**그르치기**' 쉽다.

- 誤國 오국
- 誤記 오기
- 誤答 오답
- 誤算 오산
- 誤認 오인
- 誤用 오용
- 誤差 오차
- 誤判 오판
- 誤解 오해

# 課
공부할, 과정 **과**(:)
▶ 공부하다, 부과하다, 과정
5급 | 총획 15

말[言]을 들어본 결과[果] 그가 '**공부한**' '**과정**'을 알 수 있었다.

- 課工 과공
- 課歲 과세
- 課業 과업
- 課長 과장
- 日課 일과

# 諒 살필 량 ▶ 살피다, 믿다

3급 | 총획 15 | 동 察(찰)

서울[京] 말[言]은 잘 '살펴서' '믿어야' 한다.

- □ 諒知 양지
- □ 諒察 양찰
- 諒解 양해

# 謁 아뢸, 뵐 알 ▶ 아뢰다, 뵙다

3급 | 총획 16 | 동 見(현) | 形聲

어찌하여[曷] 직접 '뵙고' 말씀[言]을 '아뢰지' 않나요?

- ■ 謁見 알현 : 지체 높은 분을 찾아 뵘
- ■ 拜謁 배알 : 높은 분을 만남

# 誰 누구 수 ▶ 누구

3급 | 총획 15 | 동 孰(숙)

새[隹]가 짹짹 하는 말[言]을 '누가' 알겠는가?

- ■ 誰何 수하 : 상대편의 신분을 파악하기 위해 소리쳐 물음

# 謂 이를 위 ▶ 이르다

3-2급 | 총획 16 | 形聲

밭[田]에 달[月]이 떴다고 말[言]로 '이르다'.

- ■ 可謂 가위 : 가히 말한다면. 말 그대로
- ■ 所謂 소위 : 이른바

# 調 고를 조 ▶ 고르다

5급 | 총획 15

사방에 두루[周] 말[言]을 전하니 모두가 '고르게' 안다.

- □ 調理 조리
- □ 調服 조복
- □ 調査 조사
- □ 調整 조정
- □ 調和 조화

# 諸 모두 제 ▶ 모두, 모든

3-2급 | 총획 16 | 동 皆(개), 咸(함)

말[言]하는 자[者]는 '모두' 자신의 말에 책임을 져야 한다.

- □ 諸國 제국
- □ 諸君 제군
- □ 諸位 제위
- □ 諸賢 제현

# 謀 꾀 모 ▶ 꾀, 꾀하다

3-2급 | 총획 16 | 동 略(략), 策(책) | 形聲

아무[某] 말[言]이든지 물어 방법을 '꾀하다'.

- □ 謀略 모략
- □ 謀議 모의
- □ 謀陷 모함
- □ 共謀 공모
- □ 圖謀 도모
- □ 無謀 무모
- □ 逆謀 역모
- □ 陰謀 음모
- □ 主謀 주모
- □ 參謀 참모

# 講 욀 강 ▶ 외다, 강의하다, 익히다

4-2급 | 총획 17 | 동 誦(송)

우물[井]가에서 말[言]로 거듭[再] '외우며' '강의한다'.

- □ 講究 강구
- □ 講堂 강당
- □ 講讀 강독
- □ 講論 강론
- □ 講士 강사
- □ 講書 강서
- □ 講演 강연
- □ 講義 강의

# 謙 겸손할 겸 ▶ 겸손하다, 공손하다

3-2급 | 총획 17 | 동 讓(양) | 반 慢(만), 傲(오) | 形聲

말[言]할 때 정성스런 마음을 겸하니[兼] '겸손하다'.

- 謙德 겸덕
- 謙讓 겸양
- 謙虛 겸허

# 謝 사례할 사: ▶ 사절하다, 사례하다

4-2급 | 총획 17

몸[身]을 굽혀 한 마디[寸] 말[言]을 하며 '사례하다'.

- 謝過 사과
- 謝禮 사례
- 謝恩會 사은회
- 謝絕 사절
- 謝罪 사죄
- 感謝 감사
- 厚謝 후사

# 謹 삼갈 근: ▶ 삼가하다

3급 | 총획 18 | 동 愼(신) | 形聲

말[言]은 진흙[堇] 길을 갈 때처럼 조심조심 '삼가해야' 한다.

- 謹告 근고
- 謹身 근신
- 謹嚴 근엄
- 謹弔 근조

# 識 알 식 기록할 지 ▶ 알다, 기록하다

5급 | 총획 19 | 동 認(인), 知(지)

말[言]과 소리[音]와 창[戈] 다루는 법을 배워 '알아' 서 '기록한다'.

- 識見 식견
- 識別 식별
- 識者 식자
- 無意識 무의식
- 常識 상식
- 良識 양식
- 意識 의식
- 知識 지식
- 學識 학식

# 證 증거 증 ▶ 증거, 증명하다

4급 | 총획 19 | 반 據(거) | 약 証

단상에 오른[登] 사람이 말[言]하는 것을 '증거' 로 삼는다.

- 證據 증거
- 證明 증명
- 證書 증서
- 證人 증인
- 反證 반증
- 保證 보증
- 實證 실증

# 譯 번역할 역 ▶ 번역하다

3-2급 | 총획 20 | 동 飜(번) | 약 訳 | 形聲

말[言]은 네[四] 번 듣고 고생스러워도[辛] 한[一] 번 더 주의깊게 음미한 후 '번역하다'.

- 譯書 역서
- 譯者 역자
- 內譯書 내역서
- 完譯 완역
- 意譯 의역
- 通譯 통역

# 讀 읽을 독 구절 두 ▶ 읽다, 구절

6급 | 총획 22 | 약 読

물건을 팔[賣] 듯 큰 소리로 옛 선인들의 말씀[言]을 '읽는다'.

- 讀書 독서
- 讀者 독자
- 讀祝 독축
- 讀破 독파
- 讀解力 독해력
- 讀後感 독후감
- 多讀 다독
- 速讀 속독
- 判讀 판독
- 解讀 해독

# 讓 사양할 양: ▶ 사양하다, 겸손하다

3-2급 | 총획 24 | 동 謙(겸) | 形聲

성숙[襄]한 말[言]로 '사양하다'.

- 謙讓 겸양
- 分讓 분양
- 讓步 양보
- 讓與 양여
- 移讓 이양

言

## 讚

**기릴 찬:** ▶ 기리다, 칭찬하다

4급 | 총획 26 | 동 頌(송)

남을 돕는[贊] 사람을 말[言]로 칭찬하며 '기리다'.

- □ 讚美 찬미
- □ 讚辭 찬사
- □ 讚頌 찬송
- □ 讚揚 찬양
- □ 激讚 격찬
- □ 極讚 극찬
- □ 稱讚 칭찬

## 諮

**물을 자:** ▶ 묻다

2급 | 총획 16

말[言] 없든 사람이 다음[次] 차례가 누구냐고 입[口]을 열어 '묻는다'.

- □ 諮問 자문

## 護

**도울 호:** ▶ 돕다, 호위하다, 보호하다

4-2급 | 총획 21 | 동 扶(부), 援(원), 助(조)

말[言] 못하는 풀[艹]과 새[隹]들 또한[又] '도와야' 한다.

- □ 護國 호국
- □ 護憲 호헌
- □ 護送 호송
- □ 看護 간호
- □ 救護 구호
- □ 辯護 변호
- □ 保護 보호

## 諜

**염탐할 첩** ▶ 염탐하다

2급 | 총획 16

무슨 말[言]을 하나 세상[世]에 들어나지 않는 것을 알려고 '염탐한다'.

- □ 諜報 첩보
- □ 諜者 첩자
- □ 間諜 간첩

## 託

**부탁할 탁** ▶ 부탁하다

2급 | 총획 10

말[言]을 천[天]번이고 하여 '부탁한다'.

- □ 付託 부탁
- □ 委託 위탁
- □ 請託 청탁

## 謬

**그릇될 류** ▶ 그릇되다

2급 | 총획 18

말[言]이 깃털[羽]이나 사람[人]의 머리[彡]가 엉키듯이 '그릇되다'.

- □ 誤謬 오류

## 診

**진찰할 진** ▶ 진찰하다

2급 | 총획 12

환자의 말[言]을 들어 보고 사람[人]들의 머리[彡]카락을 만져 보며 '진찰한다'.

- □ 診斷 진단
- □ 診療 진료
- □ 診脈 진맥
- □ 診察 진찰
- □ 檢診 검진
- □ 往診 왕진

## 誕

**낳을, 거짓 탄:** ▶ 낳다, 거짓

3급 | 총획 14 | 동 欺(기), 生(생)

말[言]을 길게 늘이는[延] 것은 '거짓'이다.

- □ 誕生 탄생
- □ 誕辰 탄신
- □ 聖誕 성탄

# 警

**경계할 경:** ▶ 경계하다, 깨우치다

4-2급 | 총획 20 | 동 覺(각), 戒(계)

진실하게[苟] 살라고 때리고[攵] 말[言]로
타이르니 항상 '경계하며' 산다.

- 警戒 경계
- 警告 경고
- 警報 경보
- 警備 경비
- 警世 경세
- 警察 경찰

# 謄

**베낄 등** ▶ 베끼다

2급 | 총획 17

몸[月]을 굽혀 여덟[八]명의 사내[夫]들이
윗사람의 말[言]을 '베낀다'.

- 謄本 등본

# 譽

**기릴 예:** ▶ 기리다, 명예

3-2급 | 총획 21 | 동 頌(송) 약 誉 | 形聲

말[言]로 여러 사람이 더불어[與] '기린다'.

- 名譽 명예
- 榮譽 영예

# 誓

**맹세할 서:** ▶ 맹세하다

3급 | 총획 14 | 동 盟(맹)

뜻을 꺾지[折] 않겠다고 말[言]로 '맹세하다'.

- 誓約 서약
- 盟誓 맹서
- 默誓 묵서
- 宣誓 선서

# 變

**변할 변:** ▶ 변하다

5급 | 총획 23 | 동 化(화) 약 変

실[糸]과 실[糸]을 잇는 인내심을 가지고,
말[言]로 타이르고 매로 치면[攵] 아이는
'변한다'.

- 變改 변개
- 變怪 변괴
- 變動 변동
- 變死 변사
- 變化 변화

## 谷 골곡 ▶ 골

3-2급 | 총획 7 | 동 洞(동) | 形聲

여덟[八] 사람[人]이 입[口]을 모아 칭찬하는
경치 좋은 '골(골짜기)'.

■ 進退維谷 진퇴유곡 : 나아갈 수도 물러설 수도 없이 궁지
에 몰린 모습

□ 谷風 곡풍　　　□ 谷泉 곡천　　　□ 溪谷 계곡

# 豆

**콩두 부 · 7획**

'콩'이라는 뜻이다.

---

## 豆 콩 두 ▶ 콩

4-2급 | 총획 7 | 象形

'콩' 꼬투리 모양을 본뜬 자.

- 豆類 두류
- 豆腐 두부
- 豆乳 두유
- 豆泡 두포
- 綠豆 녹두
- 大豆 대두

---

## 豊 풍년 풍 ▶ 풍년, 풍성하다

4-2급 | 총획 13 | 豐의 약자

콩[豆] 줄기가 구부러질[曲] 정도로 '풍년'이다.

- 豊乞 풍걸
- 豊年 풍년
- 豊滿 풍만
- 豊盛 풍성
- 豊富 풍부
- 豊足 풍족

---

## 豈 어찌 기 ▶ 어찌

3급 | 총획 10 | 동 那(나), 奈(내), 何(하) | 會意

산[山] 속에서 콩[豆] 볶는 듯한 총소리가 나니 이 '어찌' 된 일일까?

- 豈敢 기감 : 어찌 감히

**豕** 돼지시 부 · 7획

돼지의 모양을 본뜬 글자이다.

---

## 豚 돼지 돈 ▶ 돼지

3급 | 총획 11 | 동 豕(시) | 會意

고기[月] 살이 많은 '돼지[豕]'.

- 豚舍 돈사
- 豚肉 돈육
- 家豚 가돈
- 養豚 양돈
- 種豚 종돈

## 象 코끼리 상 ▶ 코끼리

4급 | 총획 12 | 象形

돼지[豕]같이 생겨서 머리에 뿔[]이 난 '코끼리'.

- 象牙 상아
- 象徵 상징
- 對象 대상
- 印象 인상
- 現象 현상
- 形象 형상

## 豪 호걸 호 ▶ 호걸

3-2급 | 총획 14

높게[高] 뛰어 오르는 돼지[豕] 같은 기세를 가진 사람이니 '호걸'.

- 豪傑 호걸
- 豪言 호언
- 豪雨 호우
- 豪快 호쾌
- 豪華 호화
- 文豪 문호

## 豫 미리 예: ▶ 미리

4급 | 총획 16 | 약 予

나[予]는 코끼리[象]에게 '미리' 밥을 주었다.

- 豫感 예감
- 豫見 예견
- 豫期 예기
- 豫買 예매
- 豫防 예방
- 豫算 예산
- 豫習 예습
- 豫示 예시
- 豫言 예언
- 豫行 예행

 갖은돼지시 부 · 7획

사나운 짐승이 먹이를 노리고 있는 모양, 혹은 '해태'의 모양이다.

---

 모양 **모** ▶ 모양, 얼굴

3-2급 | 총획 14 | 동 面(면), 顔(안), 容(용)  약 㒵

돼지[豸]랑 얼굴이 흰[白] 사람[儿]을 비교하다니,
둘은 **'모양'** 부터 다르잖아.

▫ 貌樣 모양　　▫ 面貌 면모　　▫ 美貌 미모
▫ 外貌 외모　　▫ 容貌 용모　　▫ 風貌 풍모

# 貝

**조개패 부 · 7획**

조개의 모양을 본뜬 글자이다. 옛날에는 조개껍질을 화폐 대용으로 사용하였기 때문에
이 부수가 붙으면 돈과 관계 있다.

## 貝　조개 패: ▶ 조개, 재물, 돈

3급 | 총획 7 | 象形

물 속에 있는 '조개'를 본뜬 자.

※ 옛날에는 조개로서 화폐를 썼으므로, '돈'이나 '재물'의 뜻도 있다

■ 貝物 패물 : 산호나 호박 · 수정 따위로 만든 물건

## 貯　쌓을 저: ▶ 쌓다

5급 | 총획 12 | 동 積(적), 蓄(축), 築(축)

재물[貝]을 집[宀] 안 깊은 곳에 풍성하게[丁]
'쌓아' 놓았다.

- 貯金 저금
- 貯水 저수
- 貯藏 저장
- 貯蓄 저축

## 財　재물 재 ▶ 재물

5급 | 총획 10 | 동 資(자), 貨(화)

돈[貝]을 가지고 재주[才]를 부려 모은 '재물'.

- 財界 재계
- 財團 재단
- 財物 재물
- 財數 재수
- 財貨 재화

## 賦　조세 부: ▶ 조세, 주다, 구실

3-2급 | 총획 15 | 동 讓(양) 반 慢(만), 傲(오)
| 形聲

무력[武]으로 거둬들인 돈[貝]이 '조세'.

- 賦課 부과
- 賦金 부금
- 賦與 부여
- 月賦 월부
- 雜賦金 잡부금
- 割賦 할부

## 販　팔 판 ▶ 팔다

3급 | 총획 11 | 동 賣(매) 반 買(매)

돈[貝]벌이가 되면 되돌려[反] '판다'.

- 販賣 판매
- 販促 판촉
- 市販 시판
- 外販 외판
- 直販 직판
- 總販 총판

## 賤　천할 천: ▶ 천하다

3-2급 | 총획 15| 동 卑(비) 반 貴(귀) 약 賎

창[戈]을 판 돈[貝]으로 노름을 하다니,
'천하다'.

- 賤待 천대
- 貴賤 귀천
- 微賤 미천
- 賤民 천민
- 賤視 천시

## 賜 줄 사: ▶ 주다
3급 | 총획 15 | 동 授(수)

윗사람이 아랫사람에게 돈[貝]을 쉽게[易] '주다'.

- 賜藥 사약
- 下賜 하사
- 厚賜 후사

## 購 살 구 ▶ 사다
2급 | 총획 17

돈[貝]주고 우물[井]틀 두[再] 개를 '사다'.

- 購買 구매
- 購入 구입

## 贈 줄 증 ▶ 주다, 보내다
3급 | 총획 19

사람[人]이 마음의 창[罒]을 열고 매일[日] 돈[貝]을 '주다'.

- 贈與 증여
- 寄贈 기증

## 貫 꿸 관(:) ▶ 꿰다
3-2급 | 총획 11 | 동 徹(철), 通(통) | 形聲

옛날에는 돈[貝]을 넣을 지갑이 없어[毋] 꾸러미를 '꿰어' 관리했다.

- 始終一貫 시종일관 : 처음부터 끝까지 똑같은 태도나 방침으로 밀고 나감
- 貫徹 관철
- 貫通 관통
- 本貫 본관

## 賊 도둑 적 ▶ 도둑
4급 | 총획 13 | 동 盜(도)

돈[貝]과 열[十] 개의 창[戈]을 훔쳐 달아난 '도둑'.

- 賊漢 적한
- 盜賊 도적
- 馬賊 마적
- 山賊 산적
- 義賊 의적
- 海賊 해적

## 貧 가난할 빈 ▶ 가난하다
4-2급 | 총획 11 | 동 困(곤), 窮(궁) 반 富(부), 優(우)

재물[貝]을 다 나누어[分] 주어 '가난하다'.

- 貧困 빈곤
- 貧窮 빈궁
- 貧民 빈민
- 貧富 빈부
- 貧益貧 빈익빈
- 貧村 빈촌
- 貧血 빈혈
- 極貧 극빈
- 淸貧 청빈

## 賠 물어줄 배 ▶ 물어주다
2급 | 총획 15

돈[貝]으로 사람[口]들을 세워[立] 놓고 '물어주다'.

- 賠償 배상

## 貪 탐낼 탐 ▶ 탐하다
3급 | 총획 11 | 동 慾(욕)

지금[今] 돈[貝]을 바라보며 '탐내다'.

- 貪官汚吏 탐관오리 : 탐욕이 많고 행실이 부정한 벼슬아치
- 貪利 탐리
- 貪慾 탐욕
- 食貪 식탐

# 貨 재물 화: ▶ 재물, 화폐, 화물

4-2급 | 총획 11 | 통 資(자), 財(재)

사람[亻]들은 비수[匕]와 조개[貝]를 '재물' 로 생각한다.

- 金貨 금화
- 百貨店 백화점
- 外貨 외화
- 財貨 재화
- 滯貨 체화
- 貨物 화물
- 貨主 화주
- 通貨 통화

---

# 費 쓸 비: ▶ 쓰다

5급 | 총획 12 | 통 用(용)

자기 돈[貝]이 아니어도[弗] 아껴 '써야' 한다.

- 費用 비용
- 經費 경비
- 浪費 낭비
- 消費者 소비자
- 旅費 여비
- 人件費 인건비

---

# 買 살 매: ▶ 사다

5급 | 총획 12 | 통 購(구) 반 賣(매), 販(판)

그물[罒]이 가득 찰 때까지 물건을 돈[貝]으로 '산다'.

- 買氣 매기
- 買賣 매매
- 買收 매수
- 買食 매식
- 買入 매입

---

# 賃 품삯 임 ▶ 품삯, 품팔이

3-2급 | 총획 13 | 形聲

어떤 일을 맡아[任] 그 대가로 돈[貝]을 받고 '품팔이' 한 '품삯'.

- 賃金 임금
- 賃借 임차
- 賃借人 임차인
- 無賃 무임
- 運賃 운임
- 低賃金 저임금

---

# 賣 팔 매(:) ▶ 팔다

5급 | 총획 15 | 통 販(판) 반 買(매) 약 売

선비[士]가 돈이 없어 산[買] 물건을 다시 '판다'.

- 賣家 매가
- 賣國 매국
- 賣店 매점
- 賣出 매출
- 強賣 강매
- 競賣 경매
- 都賣 도매
- 密賣 밀매
- 非賣品 비매품

---

# 貿 무역할 무: ▶ 무역하다, 바꾸다

3-2급 | 총획 12 | 形聲

양쪽 문을 열어[卯] 재물[貝]을 서로 '무역하다'.

- 貿易 무역
- 密貿易 밀무역

---

# 貸 빌릴 대: ▶ 빌리다

3-2급 | 총획 12 | 통 借(차) | 形聲

어떤 대가[代]를 받기 위해 돈[貝]을 '빌려주다'.

- 貸物 대물
- 貸損 대손
- 貸用 대용
- 貸切 대절
- 貸出 대출

---

# 資 재물 자 ▶ 재물

4급 | 총획 13 | 통 財(재), 貨(화)

건강 다음[次]으로 중요한 것은 돈[貝]과 '재물'.

- 資格 자격
- 資金 자금
- 資力 자력
- 資料 자료
- 資本 자본
- 資質 자질
- 物資 물자

---

# 貴

**귀할 귀: ▶ 귀하다**

5급 | 총획 12 | 동 稀(희) 반 賤(천)

가운데[中] 구멍 하나[一]를 뚫어 돈[貝]을 꿴 후,
'귀하게' 보관한다.

- 貴客 귀객
- 貴公子 귀공자
- 貴國 귀국
- 貴賓 귀빈
- 貴族 귀족
- 貴重 귀중
- 貴重品 귀중품
- 貴下 귀하
- 高貴 고귀

# 責

**꾸짖을 책 ▶ 꾸짖다, 책임**

5급 | 총획 11 | 반 讚(찬)

땅[土] 주인 한[一] 명이 와서,
돈[貝]을 갚지 않는다고 '꾸짖는다'.

- 責望 책망
- 責務 책무
- 責任 책임
- 問責 문책

# 負

**질 부: ▶ 지다**

4급 | 총획 9 | 동 敗(패) 반 勝(승)

사람[⺈]이 재물[貝]을 '지고' 간다.

- 負擔 부담
- 負傷 부상
- 負約 부약
- 負債 부채
- 勝負 승부
- 自負心 자부심
- 請負 청부
- 抱負 포부

# 賀

**하례할 하: ▶ 하례하다**

3-2급 | 총획 12 | 形聲

이웃집 경사에 재물[貝]을 가지고 가서 더해[加]
주면서 '하례하다'.

- 謹賀新年 근하신년 : 새해를 축하한다는 뜻으로, 연하장
  이나 새해 인사를 할 때 쓰는 말

- 賀客 하객
- 賀禮 하례
- 慶賀 경하
- 年賀狀 연하장
- 祝賀 축하

# 貞

**곧을 정 ▶ 곧다**

3-2급 | 총획 9 | 동 直(직) 반 曲(곡) | 會意

돈[貝]을 내고 점[卜]을 치니 점괘가 '곧다'.

- 貞潔 정결
- 貞節 정절
- 貞操 정조
- 童貞 동정
- 不貞 부정

# 賢

**어질 현 ▶ 어질다**

4-2급 | 총획 15 | 동 良(량), 仁(인) 반 惡(악)
약 贤

신하[臣]가 또한[又] 나라의 돈[貝]을 아껴 쓰니
'어질다'.

- 賢明 현명
- 賢淑 현숙
- 賢者 현자
- 先賢 선현
- 聖賢 성현

# 貢

**바칠 공: ▶ 바치다, 공물**

3-2급 | 총획 10 | 동 獻(헌) | 形聲

장인[工] 정신으로 만든 재물[貝]을 윗사람에게
'바치다'.

- 貢物 공물
- 貢獻 공헌
- 朝貢 조공

# 質

**바탕 질 ▶ 바탕**

5급 | 총획 15 | 동 本(본), 素(소)

새로 산 도끼[斤斤] 두 자루는 가격[貝]이 비싼
만큼 '바탕' '질'이 좋다.

- 質量 질량
- 質問 질문
- 質言 질언
- 質疑 질의
- 質責 질책

## 賞

**상줄 상** ▶ 상주다, 칭찬하다

5급 | 총획 15 | 동 罰(벌)

공로를 높이[尙] 평가하여 돈[貝] 으로
'상을 주었다'.

- 賞金 상금
- 賞狀 상장
- 賞春客 상춘객
- 賞品 상품
- 大賞 대상
- 副賞品 부상품
- 受賞 수상
- 施賞 시상
- 玩賞 완상
- 懸賞 현상

## 貳

**두 이:** ▶ 둘, 二의 갖은자

2급 | 총획 12 | 약 弍 | 形聲

돈[貝]이 거듭 싸여 있으니 '둘'.
둘째니 '버금'.

- 壹貳參 일이삼

## 贊

**도울 찬:** ▶ 돕다

3-2급 | 총획 19 | 동 讓(양) 반 慢(만), 傲(오)

둘이 먼저[先先] 재물[貝]을 가지고 가서
'돕다'.

- 贊成 찬성
- 贊意 찬의
- 贊助 찬조
- 協贊 협찬

## 賴

**의뢰할 뢰:** ▶ 의뢰하다, 힘입다

3-2급 | 총획 16 | 약 頼 | 會意

묶어[束] 놓은 재물[貝]을 칼[刀]로 끊어
'의뢰하니' 이에 '힘입어' 승낙했다.

- 無賴漢 무뢰한
- 信賴 신뢰
- 依賴 의뢰

## 賓

**손 빈** ▶ 손님

3급 | 총획 14 | 동 客(객) 반 主(주) | 會意

집[宀]에 찾아온 한[一] 어리고[少] 돈[貝] 많은
'손님'.

- 賓客 빈객
- 貴賓 귀빈
- 內賓 내빈
- 迎賓館 영빈관

## 貰

**세낼 세** ▶ 세내다

2급 | 총획 12

집을 지어 세상[世] 사람들에게 돈[貝]을 받기
위해 '세내다'.

- 貰家 세가 : 셋집

**赤** 붉을적 부 · 7획

'붉다'는 뜻이다.

---

**赤** 붉을 **적** ▶ 붉다

5급 | 총획 7 | 동 朱(주), 紅(홍)

흙[土] 위에 불[火]이 타니 그 빛이 더욱 '**붉다**'.

- 赤龍皮 적룡피
- 赤色 적색
- 赤手 적수
- 赤心 적심
- 赤蟲 적충

---

**赦** 용서할 **사** : ▶ 용서하다, 놓아주다

2급 | 총획 11

적[赤]색 분자를 쳐서[攵] 몰아내
'**놓아주고**' '**용서하다**'.

- 赦例 사례 : 죄인을 사(赦)하는 전례
- 赦免 사면
- 特赦 특사

---

## 走

**달아날주 부 · 7획**

손을 사방으로 휘저으며 발을 빨리 옮겨 달아난다는 뜻이다.

---

### 走 달릴 **주** ▶ 달아나다, 달리다

4-2급 | 총획 7 | 동 奔(분)

땅[土]에서 점[卜]을 보던 사람[人]이 갑자기 **'달린다'**.

- □ 走法 주법
- □ 走破 주파
- □ 走筆 주필
- □ 走行 주행
- □ 競走 경주
- □ 奔走 분주
- □ 完走 완주
- □ 暴走 폭주

### 超 뛰어넘을 **초** ▶ 뛰어넘다

3-2급 | 총획 12 | 동 過(과), 越(월) | 形聲

어른이 부르는데[召] 도망[走]가다니, 상식을 **'뛰어넘다'**.

- □ 超過 초과
- □ 超滿員 초만원
- □ 超非常 초비상
- □ 超越 초월
- □ 超音波 초음파
- □ 超自然 초자연

### 起 일어날 **기** ▶ 일어나다

4-2급 | 총획 10 | 반 伏(복), 臥(와), 寢(침)

달리기[走] 전에 먼저 몸[己]을 **'일으킨다'**.

- □ 起動 기동
- □ 起立 기립
- □ 起床 기상
- □ 起案 기안
- □ 起源 기원
- □ 起點 기점
- □ 起枕 기침
- □ 發起 발기

### 越 넘을 **월** ▶ 넘다

3-2급 | 총획 12 | 形聲

도끼[戉]를 들고 적을 치기 위해 달려가[走] 국경을 **'넘다'**.

- □ 越尺 월척
- □ 優越 우월
- □ 越冬 월동
- □ 越班 월반
- □ 越北 월북
- □ 追越 추월

### 赴 다다를, 갈 **부:** ▶ 다다르다, 나아가다

3급 | 총획 9 | 동 告(고) | 形聲

점[卜]을 친 다음 급히 달려가서[走] **'다다르다'**.

- □ 赴役 부역
- □ 赴任 부임
- □ 走赴 주부

### 趣 뜻 **취:** ▶ 재미, 취미, 빨리가다

4급 | 총획 15 | 동 意(의), 志(지), 向(향)

달아나는[走] 것을 갖고[取] 싶은 것이 인간의 **'뜻'**.

- □ 趣味 취미
- □ 趣旨 취지
- □ 趣向 취향
- □ 情趣 정취
- □ 風趣 풍취
- □ 興趣 흥취

趨 달아날 **추** ▶ 달아나다

2급 | 총획 17

꼴[芻] 베 오라 하니 '달아나다[走]'.

▫ 趨進 추진

<table>
<tr><td colspan="2">

足 **발 족** ▶ 발, 족하다

7급 | 총획 7 | 동 豐(풍), 恰(흡) | 반 手(수) | 象形

</td><td colspan="2">

踐 **밟을 천:** ▶ 밟다

3-2급 | 총획 15 | 동 踏(답) | 약 践 | 形聲

</td></tr>
</table>

足 **발 족** ▶ 발, 족하다

7급 | 총획 7 | 동 豐(풍), 恰(흡) | 반 手(수) | 象形

입[口]의 기운이 마지막까지 미치는[止] 곳이
'**발**'이다.

- 足跡 족적
- 過不足 과부족
- 不足 부족
- 四足 사족
- 手足 수족
- 力不足 역부족
- 自足 자족
- 足掌 족장
- 充足 충족

踐 **밟을 천:** ▶ 밟다

3-2급 | 총획 15 | 동 踏(답) | 약 践 | 形聲

발[足]로 창[戈]을 '**밟다**'.

- 實踐 실천

跡 **발자취 적** ▶ 발자취

3-2급 | 총획 13 | 동 蹟(적) | 形聲

발[足]로 밟고 가니 역시[亦] '**발자취**'가
남는다.

- 遺跡 유적
- 人跡 인적
- 潛跡 잠적
- 足跡 족적
- 追跡 추적

蹟 **자취 적** ▶ 자취, 좇다

3-2급 | 총획 18 | 동 跡(적) | 形聲

성실히 걸어가[足] 책임[責]을 다하니,
그 '**자취**'와 '**행적**'을 기리다.

- 古蹟 고적
- 奇蹟 기적
- 史蹟 사적

躍 **뛸 약** ▶ 뛰다

3급 | 총획 21 | 동 跳(도)

새[佳]가 날개[羽]를 펴서 날아가니, 발[足]로
'**뛰어서는**' 못 따라간다.

- 躍進 약진
- 跳躍 도약
- 飛躍 비약
- 活躍 활약

踏 **밟을 답** ▶ 밟다

3-2급 | 총획 15 | 形聲

물[水] 흐르듯 말하고[曰] 발[足]로 그 뜻을
'**밟아**' 행하다.

- 踏査 답사
- 踏襲 답습
- 高踏的 고답적

# 跳 뛸 도 ▶ 뛰다

3급 | 총획 13 | (동) 躍(약) | 形聲

좋은 징조[兆]가 보이니 발[足]로 '뛸' 듯 기쁘다.

 跳躍 도약

# 距 떨어질 거: ▶ 떨어지다

3-2급 | 총획 12 | (동) 隔(격), 離(리) | 形聲

닭 발[足] 뒤쪽에 붙어 있는 큰[巨] 발톱은 다른 발톱과 '떨어져' 있다.

□ 距離 거리　　　□ 短距離 단거리　　　□ 長距離 장거리

# 路 길 로: ▶ 길

6급 | 총획 13 | (동) 道(도)

각자[各] 제 발[足]로 갈 '길'을 가다.

□ 路線 노선　　　□ 高速道路 고속도로　　　□ 經路 경로
□ 道路 도로　　　□ 路上 노상

# 蹴 찰 축 ▶ 차다

2급 | 총획 19

발[足]로 뛰어 나아가[就] 공을 '찬다'.

□ 蹴球 축구　　　□ 一蹴 일축

足

 **몸신 부 · 7획**

임신하여 배가 볼록한 모습을 본뜬 글자이다.

---

 **몸 신** ▶ 몸

6급 | 총획 7 | 동 體(체) 반 心(심) | 象形

임신한 여자의 '**몸**'을 본뜬 자.

- 身命 신명
- 身熱 신열
- 變身 변신
- 身分 신분
- 文身 문신
- 心身 심신
- 身手 신수
- 保身 보신
- 身體 신체

**車** 수레거 부 · 7획

고대 중국의 전차 모양이다.

---

**車** 수레 **거, 차** ▶ 수레

7급 | 총획 7 | 象形

위[一] 아래[一] 나무판 사이에 바퀴[日] 모양을 꽂으니[丨] '수레' 가 되었다.

- 車馬 거마
- 車內 차내
- 車道 차도
- 馬車 마차
- 列車 열차

---

**軟** 연할 **연:** ▶ 연하다, 부드럽다

3-2급 | 총획 11 | 동 柔(유) 반 堅(견), 硬(경), 固(고)

수레[車]를 모는 사람이 지쳐서 하품[欠]을 하니 윗사람이 '연하게(부드럽게)' 타이른다.

- 軟骨 연골
- 軟水 연수
- 軟弱 연약
- 軟質 연질
- 軟體動物 연체동물
- 柔軟 유연

---

**軌** 바퀴자국 **궤:** ▶ 바퀴자국

3급 | 총획 9 | 形聲

아홉[九] 대의 차[車]가 '바퀴자국' 을 내며 간다.

- 軌道 궤도
- 軌跡 궤적

---

**較** 비교, 견줄 **교** ▶ 비교, 견주다

3-2급 | 총획 13 | 동 比(비) | 形聲

수레[車] 위에 교차[交]해 있는 막대기도 '비교' 해 '견주다'.

- 比較 비교
- 日較差 일교차

---

**軒** 집 **헌** ▶ 집, 난간

3급 | 총획 10 | 동 閣(각), 館(관), 堂(당), 舍(사), 室(실)

수레[車]에 물건을 싣기 위해 방패[干]처럼 '난간' 을 둘러 막으니 '집' 이 되었다.

-  東軒 동헌 : 지방 관야에서 감사 · 병사 · 수사 등이 공사 (公事)를 처리하던 집

---

**輕** 가벼울 **경** ▶ 가볍다, 경솔하다

5급 | 총획 14 | 반 重(중) | 약 軽

수레[車]가 지하수[巠] 흐르듯 '가볍게' 움직인다.

- 輕減 경감
- 輕擧 경거
- 輕蔑 경멸
- 輕石 경석
- 輕音樂 경음악
- 輕重 경중

# 輪 바퀴 륜 ▶ 바퀴

4급 | 총획 15

차[車] 안에 사람[人] 한[一] 명이 책[冊]을 가득 쌓아 '바퀴'가 움직이지 않는다.

- □ 輪廓 윤곽
- □ 輪納 윤납
- □ 輪番 윤번
- □ 輪作 윤작
- □ 年輪 연륜
- □ 五輪旗 오륜기
- □ 輪轉機 윤전기

# 輛 수레 량 ▶ 수레

2급 | 총획 15

양쪽[兩]에 쭉 늘어서 있는 '수레[車]'.

- □ 車輛 차량

# 輸 보낼 수 ▶ 보내다, 나르다

3-2급 | 총획 16 | 동 送(송) 반 受(수) | 形聲

수레[車]와 거룻배[兪]를 이용해 짐을 실어 '보낸다'.

- □ 輸送 수송
- □ 輸入 수입
- □ 輸出 수출
- □ 輸血 수혈
- □ 空輸 공수
- □ 禁輸品 금수품

# 輯 모을 집 ▶ 모으다

2급 | 총획 16

수레[車]를 타고 식구[口]들이 귀[耳]를 잡고 '모인다'.

- □ 編輯 편집

# 轉 구를 전: ▶ 구르다, 바꾸다

4급 | 총획 18 | 약 転

차[車]에서 오로지[專] '구를' 수 있는 것은 바퀴뿐이다.

- □ 轉筋 전근
- □ 轉業 전업
- □ 轉學 전학
- □ 空轉 공전
- □ 自轉 자전
- □ 回轉 회전

# 載 실을 재(:) ▶ 싣다

3-2급 | 총획 13 | 形聲

마차[車]에 짐이 땅[土]으로 떨어지지 않게 창[戈]으로 받쳐두고 '싣다'.

- ■ 千載一遇 천재일우 : 좀처럼 얻기 힘든 좋은 기회

- □ 記載 기재
- □ 滿載 만재
- □ 連載 연재
- □ 全載 전재

# 軸 굴대 축 ▶ 굴대

2급 | 총획 12

수레[車]가 자유[由]스럽게 굴러 가는 것은 '굴대' 때문이다.

- □ 主軸 주축
- □ 地軸 지축

# 輿 수레 여: ▶ 차상, 가마

3급 | 총획 17 | 동 車(거) | 形聲

절구[臼] 같은 손으로 받들고[廾] 가는 마차[車]가 '수레'이다.

- □ 輿論 여론
- □ 喪輿 상여

## 軍 군사 군 ▶ 군사

8급 | 총획 9 | 동 兵(병), 士(사)

전차[車]를 무기로 덮어[冖] 무장을 하고 싸우는 '군사'.

- 軍歌 군가
- 國軍 국군
- 軍機 군기
- 軍隊 군대
- 軍略 군략
- 軍士 군사
- 軍樂隊 군악대
- 强行軍 강행군
- 敵軍 적군
- 進軍 진군

## 輩 무리 배: ▶ 무리

3급 | 총획 15

날지 못[非]하는 차[車]의 '무리'.

- 同年輩 동년배
- 謀利輩 모리배
- 不良輩 불량배
- 後輩 후배

## 輝 빛날 휘 ▶ 빛나다

3급 | 총획 15 | 동 革(화), 煥(환)

군사[軍] 진영에 횃불[光]이 환히 '빛난다'.

- 顔輝 안휘
- 輝光 휘광

車

## 辛

**매울신 부 · 7획**

'죄인' 이라는 뜻에서, 죄인이 '고생' 하고, 고생이 심히 '맵다' '힘들다' 는 뜻이 있다.

---

### 辛 · 매울 신 ▶ 맵다

3급 | 총획 7 | 동 烈(렬) | 會意

물구나무 서서[丷] 열[十]까지 세니,
눈이 '맵다'.

■ 千辛萬苦 천신만고 : 마음과 몸을 수고로이 하여 끝내 뜻을 이룸

□ 辛苦 신고　　□ 辛味 신미　　□ 香辛料 향신료

---

### 辨 · 분별할 변: ▶ 분별하다, 나누다

3급 | 총획 16

두 죄인이 양쪽에서 다투는 것[辛辛]을 칼[刂]로
자르듯 잘잘못을 '분별하다'.

□ 辨理士 변리사　　□ 辨別 변별　　□ 辨償 변상

---

### 辯 · 말씀 변: ▶ 말씀, 따지다

4급 | 총획 21 | 동 語(어), 言(언)

말[言]로 큰 죄[辛辛]를 지은 사람은 어른의
'말씀' 을 잘 따라야 한다.

□ 辯論 변론　　□ 辯舌 변설　　□ 辯護 변호
□ 辯護士 변호사　　□ 言辯 언변　　□ 雄辯 웅변
□ 達辯 달변　　□ 答辯 답변　　□ 代辯 대변
□ 代辯人 대변인

---

### 辭 · 말씀 사 ▶ 말씀, 말, 물러나다

4급 | 총획 19 | 동 說(설), 語(어), 言(언)　약 辞

죄인[辛]들이 손[爪]에 창[マ←矛]을 버리고
내[厶] 성[冂]에서 또[又] 물러나게 할 만큼
그의 '말씀' 은 설득력이 있다.

□ 辭氣 사기　　□ 辭色 사색　　□ 辭任 사임
□ 辭典 사전　　□ 辭表 사표　　□ 答辭 답사
□ 修辭 수사　　□ 祝辭 축사　　□ 讚辭 찬사

辰 **별진 부 · 7획**

조개가 입을 벌리고 살을 내놓고 움직이는 모양, 혹은 별의 모양이다.

辰 **별 진 때 신** ▶ 별, 때

3-2급 | 총획 7 | 동 庚(경), 星(성) | 象形

조개가 껍데기를 벌려 속살을 내놓고 있는 모양을 본뜬 자.

- 辰方 진방
- 辰宿 진숙
- 生辰 생신

農 **농사 농** ▶ 농사

7급 | 총획 13

별[辰]을 보고 일어나 허리가 굽도록[曲] 일해야 수확할 수 있는 '농사'.

- 農夫 농부
- 農事 농사
- 農産物 농산물
- 農業 농업
- 農作 농작
- 農場 농장
- 農村 농촌
- 農土 농토
- 士農工商 사농공상

辱 **욕될 욕** ▶ 욕되게 하다

3-2급 | 총획 10 | 동 恥(치) | 반 榮(영) | 會意

농사 철[辰]을 놓친 자에게 몇 마디[寸] 하니 '욕되다'.

- 辱說 욕설
- 辱知 욕지
- 困辱 곤욕
- 屈辱 굴욕
- 雪辱 설욕
- 恥辱 치욕

辰

## 辵 책받침 부 · 7획

辵에 점을 하나 더 찍어 '가다'는 의미이다. 변형자는 '辶'이다.

---

### 近 가까울 근: ▶ 가깝다

6급 | 총획 8 | 반 遠(원)

큰 나무는 도끼[斤]를 들고 가[辶] 나무 '**가까이**' 부터 베어야 한다.

- 近年 근년
- 近來 근래
- 近方 근방
- 接近 접근
- 最近 최근

---

### 逝 갈 서: ▶ 가다

3급 | 총획 11 | 동 往(왕) 반 來(래)

가는[辶] 길마다 나뭇가지를 꺾어[折] 다음에 '**갈**' 사람을 배려하다.

- 逝去 서거
- 急逝 급서
- 仙逝 선서
- 永逝 영서
- 遠逝 원서
- 遷逝 천서

---

### 逃 달아날 도 ▶ 달아나다, 도망가다

4급 | 총획 10 | 동 亡(망), 避(피)

수 조[兆]의 돈을 훔쳐 뛰어[辶] '**달아났다**'.

- 逃亡 도망
- 逃走 도주
- 逃避 도피

---

### 進 나아갈 진: ▶ 나아가다

4-2급 | 총획 12

폴짝폴짝 새[隹]가 뛰어 가며[辶] '**나아가다**'.

- 進擊 진격
- 進路 진로
- 進步 진보
- 進出 진출
- 急進 급진

---

### 退 물러날 퇴: ▶ 물러나다

4-2급 | 총획 10

앞으로 뛰어 가다[辶] 잠시 머물러[艮] '**물러나다**'.

- 退勤 퇴근
- 退步 퇴보
- 退院 퇴원
- 退場 퇴장
- 退職 퇴직
- 退治 퇴치
- 退化 퇴화
- 辭退 사퇴
- 隱退 은퇴
- 脫退 탈퇴

---

### 道 길 도: ▶ 도리, 길

7급 | 총획 13 | 동 途(도), 路(로)

머리[首]로는 생각하고 발로 걸어[辶] '**길**'을 가는 나그네.

- 道家 도가
- 道具 도구
- 道德 도덕
- 道路 도로
- 道理 도리
- 街道 가도
- 正道 정도
- 車道 차도

## 途 길 도: ▶ 길

3-2급 | 총획 11 | 동 道(도), 路(로) | 會意

나[余]도 다른 사람들도 걸어다닐[辶] 수 있도록 만들어 놓은 '길'.

- 途中下車 도중하차 : 어떤 일이나 행위를 중간에 그만둠
- 前途洋洋 전도양양 : 앞날이나 앞길이 훤히 열려 희망적임

☐ 方途 방도    ☐ 別途 별도


## 迷 미혹할 미(:) ▶ 미혹하다, 헤매다

3급 | 총획 10 | 동 惑(혹) | 形聲

쌀[米]을 구하러 어디로 갈지[辶] 정하지 못하고 '헤매다'.

☐ 迷宮 미궁    ☐ 迷路 미로    ☐ 迷夢 미몽
☐ 迷信 미신    ☐ 迷兒 미아    ☐ 昏迷 혼미


## 速 빠를 속 ▶ 빠르다

6급 | 총획 11 | 동 急(급)  반 徐(서)

머리를 묶고[束] 달리니[辶] 훨씬 '빠르다'.

- 速戰速決 속전속결 : 싸움을 오래 끌지 않고 빨리 끝을 봄

☐ 速攻 속공    ☐ 速決 속결    ☐ 速記 속기
☐ 速斷 속단    ☐ 速度 속도    ☐ 速成 속성
☐ 加速 가속    ☐ 高速 고속    ☐ 急速 급속


## 送 보낼 송: ▶ 보내다

4-2급 | 총획 10

여덟[八] 대의 하늘[天]을 날아 가는[辶] 비행기에 물건을 실어 '보냈다'.

☐ 送金 송금    ☐ 送達 송달    ☐ 送別 송별
☐ 送信 송신    ☐ 發送 발송    ☐ 郵送 우송
☐ 運送 운송    ☐ 虛送 허송    ☐ 歡送 환송


## 返 돌이킬 반: ▶ 돌이키다, 돌아오다

3급 | 총획 8 | 동 歸(귀), 還(환) | 形聲

가다[辶]가 반대[反] 방향으로 '돌아오다'.

☐ 返納 반납    ☐ 返送 반송    ☐ 返品 반품
☐ 返還 반환


## 追 쫓을 추 ▶ 쫓다

3-2급 | 총획 10 | 동 遵(준), 從(종) | 會意

흙이 쌓인 언덕[自]으로 넘어 간[辶] 사람을 '쫓다'.

☐ 追加 추가    ☐ 追擊 추격    ☐ 追究 추구
☐ 追窮 추궁    ☐ 追慕 추모    ☐ 追想 추상
☐ 追伸 추신    ☐ 追憶 추억    ☐ 追跡 추적
☐ 追徵 추징

## 迎 맞을 영 ▶ 맞이하다

4급 | 총획 8 | 반 送(송)

토끼[卯]가 뛰어 가[辶] 거북이를 '맞이한다'.

☐ 迎接 영접    ☐ 迎合 영합    ☐ 奉迎 봉영
☐ 歡迎 환영


## 逐 쫓을 축 ▶ 쫓다

3급 | 총획 11

돼지[豕]를 따라 가[辶] '쫓는다'.

☐ 逐條 축조    ☐ 逐出 축출    ☐ 角逐戰 각축전

<table>
<tr><td>

## 遂 드디어 **수** ▶ 이루다

3급 | 총획 13

여덟[八] 마리의 돼지[豕]를 쫓아 가서[辶]
'**드디어**' 잡았다.

□ 遂行 수행　　□ 完遂 완수

</td><td>

## 遞 갈마들 **체** ▶ 갈마들다, 갈다

3급 | 총획 14 | 동 驛(역), 郵(우)

호랑이[虎]가 가서[辶] 바위[厂] 속 사자와
'**갈마들며**' 왕노릇하다.

□ 遞信 체신　　□ 遞增 체증　　□ 郵遞局 우체국

</td></tr>
<tr><td>

## 連 이을 **련** ▶ 잇다

4-2급 | 총획 11 | 동 繼(계), 絡(락), 續(속) 반
絶(절), 斷(단)

차[車]가 가면[辶] 바퀴 자국이 '**이어진다**'.

□ 連結 연결　　□ 連帶 연대　　□ 連發 연발
□ 連盟 연맹　　□ 連續 연속　　□ 連勝 연승
□ 連載 연재　　□ 連打 연타　　□ 連休 연휴

</td><td>

## 違 어긋날 **위** ▶ 어긋나다, 어기다

3급 | 총획 13

가죽[韋]을 그냥 가져 가면[辶] 법에 '**어긋난다**'.

□ 違反 위반　　□ 違背 위배　　□ 違法 위법
□ 違和感 위화감　　□ 非違 비위

</td></tr>
<tr><td>

## 運 옮길 **운:** ▶ 옮기다, 운전하다

6급 | 총획 13 | 동 移(이)

군사[軍]가 걸어서[辶] 무기를 '**옮기다**'.

□ 運動 운동　　□ 運命 운명　　□ 運搬 운반
□ 氣運 기운　　□ 幸運 행운

</td><td>

## 避 피할 **피:** ▶ 피하다

4급 | 총획 17 | 동 逃(도)

죽을[尸] 죄[辛]를 지은 죄인의 식구[口]들이
뛰어 가[辶] '**피한다**'.

□ 避難民 피난민　　□ 避暑 피서　　□ 避身 피신
□ 忌避 기피　　□ 待避 대피　　□ 逃避 도피

</td></tr>
<tr><td>

## 逮 잡을 **체** ▶ 잡다, 미치다

3급 | 총획 12 | 동 及,(급), 捕(포)

쫓아 가서[辶] 작은[小] 두 손[⺕]으로 '**잡다**'.

□ 逮捕 체포　　□ 及逮 급체　　□ 連逮 연체

</td><td>

## 遠 멀 **원:** ▶ 멀다

6급 | 총획 14 | 동 遙(요) 반 近(근)

흙[土] 길을 입[口]을 다물고 말없이 걸어가는[辶]
두 사람[人人]은 서로 사이가 '**멀다**'.

□ 遠客 원객　　□ 遠近 원근　　□ 遠洋 원양
□ 永遠 영원

</td></tr>
</table>

# 遙

**멀 요 ▶ 멀다, 아득하다**

3급 | 총획 14 | 동 遠(원) 반 近(근) | 形聲

반 달[月] 모양의 질그릇[缶]을 두드리면
그 소리가 '멀리' '아득하게' 들린다.

- 遙望 요망 : 멀리 바라봄
- 遙遠 요원

# 過

**지날 과: ▶ 지나다, 지나치다, 과오**

5급 | 총획 13 | 동 去(거), 誤(오)

입이 삐뚠[咼] 도둑이 유유히 지나간[辶] 게
어제니, 이미 '지난' 일이다.

- 過去 과거
- 過激 과격
- 過年 과년
- 過度 과도
- 過分 과분
- 過信 과신
- 過失 과실
- 過言 과언
- 過熱 과열
- 過程 과정

# 遵

**좇을 준: ▶ 좇다, 따라가다**

3급 | 총획 16 | 동 從(종), 追(추) | 形聲

높은[尊] 사람 뒤를 따라가[辶] '좇는다'.

- 遵法 준법
- 遵法精神 준법정신
- 遵守 준수
- 遵行 준행

# 遣

**보낼 견: ▶ 보내다**

3급 | 총획 14 | 동 送(송) | 會意

귀한[貴] 일로서 가게[辶] 하는 것이니
'보낸다'.

※ 送(송)은 가는 것을 보내는 것이다.

- 派遣 파견

# 遷

**옮길 천: ▶ 옮기다**

3-2급 | 총획 16 | 동 徙(사), 運(운), 移(이)

서쪽[西]의 큰[大] 사람을 향해 무릎[巴]을 꿇고,
천천히 가며[辶] 자리를 '옮긴다'.

- 改過遷善 개과천선 : 잘못을 고쳐서 바로잡아 선한 사람이 됨
- 遷都 천도
- 遷延 천연
- 變遷 변천
- 左遷 좌천
- 播遷 파천

# 還

**돌아올 환 ▶ 돌아오다**

3-2급 | 총획 17 | 동 歸(귀), 回(회) | 形聲

눈[目] 하나[一], 입[口] 하나[一], 작은[小]
걸음으로 가던[辶] 사람이 다시 '돌아오다'.

- 錦衣還鄉 금의환향 : 성공하여 집으로 돌아옴
- 還給 환급
- 還拂 환불
- 還生 환생
- 還元 환원
- 歸還 귀환
- 返還 반환
- 償還 상환
- 召還 소환
- 送還 송환

# 遺

**남길 유 ▶ 남기다**

4급 | 총획 16

귀한[貴] 것은 가져 가지[辶] 않고 '남겨' 둔다.

- 遺憾 유감
- 遺物 유물
- 遺産 유산
- 遺失 유실
- 遺言 유언
- 遺族 유족
- 遺品 유품

# 逢

**만날 봉 ▶ 만나다**

3-2급 | 총획 11 | 동 遇(우) | 形聲

서로 이끌려서[夆] 가니[辶] 곧 '만날' 것이다.

- 逢着 봉착
- 相逢 상봉

遊 놀 유 ▶ 놀다
4급 | 총획 13

사람[人]들이 아이[子]들을 데리고 사방[方]으로
뛰어다니며[辶] '논다'.

□ 遊覽 유람　　□ 遊離 유리　　□ 遊園地 유원지
□ 遊學 유학　　□ 遊興 유흥


逸 편안할, 달아날 일
▶ 편안하다, 달아나다, 잃다
3-2급 | 총획 12 | 동 安(안) | 會意

토끼[兔]가 숲속으로 도망가니[辶],
'편안하게' 앉아 있던 포수가
'달아나는' 토끼를 잡는다.

□ 逸事 일사　　□ 逸脫 일탈　　□ 逸品 일품
□ 安逸 안일　　□ 隱逸 은일


適 맞을 적 ▶ 맞다, 가다, 알맞다
4급 | 총획 15

산머리[亠] 꼭대기에 있는 여덟[八] 개의
오래된[古] 성[冂]에 갈[辶] 때에는 '알맞은'
시기에 '가야' 한다.

□ 適格 적격　　□ 適期 적기　　□ 適當 적당
□ 適應 적응　　□ 適任 적임　　□ 最適 최적


通 통할 통 ▶ 통하다
6급 | 총획 11 | 동 達(달), 徹(철)

이 길[甬]을 걸으면[辶] 마을로 '통한다'.

□ 通路 통로　　□ 通知 통지　　□ 通行 통행
□ 通話 통화　　□ 通患 통환


遇 만날 우: ▶ 만나다
4급 | 총획 13 | 동 逢(봉)

가서[辶] 원숭이[禺]를 '만나' 보자.

□ 境遇 경우　　□ 待遇 대우　　□ 不遇 불우
□ 禮遇 예우　　□ 遇害 우해　　□ 處遇 처우


透 통할 투 ▶ 통하다
3-2급 | 총획 11 | 동 徹(철), 通(통) | 形聲

가는[辶] 모습도 빼어나게[秀] 예쁘니,
모두에게 '통하는' 미모다.

□ 透明 투명　　□ 透視 투시　　□ 浸透 침투
□ 透明體 투명체　　□ 透視圖 투시도　　□ 透徹 투철


遲 더딜 지 ▶ 더디다, 늦다
3급 | 총획 16 | 동 晩(만), 延(연) | 반 急(급) |
形聲

꼬리 짧은 소[牛]는 무소[犀]니,
걸어가는[辶] 것도 '더디다'.

■ 遲遲不進 지지부진 : 몹시 더디어서 제대로 나아가지 못함
■ 陵遲處斬 능지처참 : 지난날 대역 죄인에게 내리던 극형

□ 遲刻 지각　　□ 遲延 지연


遍 두루 편 ▶ 두루, 고루 미치다
3급 | 총획 13 | 동 普(보) | 반 特(특) | 形聲

가서[辶] 액자[扁]을 거니 모두 '두루' 본다.

□ 遍踏 편답　　□ 遍歷 편력　　□ 普遍性 보편성

# 邊

**가 변** ▶ 가, 변

4-2급 | 총획 19 | 약 辺. 边

자기[自]의 집[宀]을 지을 때는 팔[八]방[方]으로
뛰어다니며[辶] '**가장자리**' 까지 잘 살핀다.

- 邊境 변경
- 邊方 변방
- 江邊 강변
- 多邊化 다변화
- 身邊 신변
- 周邊 주변

# 選

**가릴 선:** ▶ 가리다, 뽑다

5급 | 총획 16 | 동 拔(발), 別(별), 擇(택)

무릎[민]과 무릎[민]을 스치며 함께[共] 가서[辶]
좋고 나쁨을 '**가린다**'.

- 選擧 선거
- 選良 선량
- 選手 선수
- 選出 선출
- 選擇 선택

# 迫

**닥칠 박** ▶ 닥치다, 핍박하다

3-2급 | 총획 9 | 동 脅(협) | 形聲

명백[白]하게 모든 일이 가면[辶] 또 다른 일이
'**닥쳐온다**'.

- 迫害 박해
- 驅迫 구박
- 急迫 급박
- 緊迫感 긴박감
- 壓迫 압박
- 臨迫 임박
- 切迫 절박
- 促迫 촉박
- 脅迫 협박

# 週

**주일 주** ▶ 주일, 돌다

5급 | 총획 12

주위[周]를 뛰어[辶] 도는 데 일 '**주일**'이 걸렸다.

- 週間 주간
- 週期 주기
- 週報 주보
- 週休 주휴
- 今週 금주

# 造

**지을 조:** ▶ 짓다, 만들다

4-2급 | 총획 11

먼저 말하고[告] 달려가[辶] '**만든다**'.

- 造景 조경
- 造林 조림
- 造物主 조물주
- 造成 조성
- 造作 조작
- 造淸 조청
- 造形 조형
- 造化 조화
- 改造 개조

# 述

**말할 술** ▶ 말하다, 짓다, 펴다

3-2급 | 총획 9 | 形聲

삽주뿌리[朮]가 뻗어가듯[辶] 차례대로
'**말하다**'.

- 述語 술어
- 口述 구술
- 記述 기술
- 論述 논술
- 詳述 상술
- 著述 저술

# 達

**이를 달** ▶ 이르다, 통달하다

4-2급 | 총획 13 | 동 通(통)

흙[土]에 뛰어다니던[辶] 양[羊]떼들이 마침내
우리에 '**이르다**'.

- 達見 달견
- 達磨 달마
- 達辯 달변
- 達成 달성
- 達人 달인
- 未達 미달
- 發達 발달
- 速達 속달
- 熟達 숙달
- 通達 통달

# 逆

**거스를 역** ▶ 거스르다, 배반하다

4-2급 | 총획 10

싹[屮] 하나[丶]가 자라가는[辶] 방향이
머리[亠]의 의지를 '**거스른다**'.

- 逆境 역경
- 逆流 역류
- 逆謀 역모
- 逆說 역설
- 逆順 역순
- 逆情 역정
- 逆風 역풍
- 拒逆 거역

# 遮 막을, 가릴 차

2급 | 총획 15

---

여러[庶] 사람이 뛰어[辶] 공격해 오는 적을
'막는다'.

- □ 遮光 차광
- □ 遮斷 차단
- □ 遮陽 차양
- □ 遮絕 차절



여러[庶] 사람이 뛰어[辶] 공격해 오는 적을
'막는다'.

# 邑

**고을읍 부 · 7획**

사방을 두르고 있는 땅인 행정 구역으로 '고을'을 뜻한다. 변형자는 ' ß '이다.

---

## 邑 고을 읍 ▶ 고을

7급 | 총획 7 | (동) 郡(군), 洞(동)

사방으로 둘러싸인[口] 일정한 영토 안에 있는
땅[巴]인 '고을'.

- 邑內 읍내
- 邑民 읍민
- 邑長 읍장
- 邑誌 읍지
- 邑村 읍촌

## 鄕 시골 향 ▶ 시골

4-2급 | 총획 13 | (약) 郷

어릴[幺] 적 하얀[白] 장난감 칼[匕]을 들고 놀던
마을[阝]은 '시골'.

- 鄕校 향교
- 鄕愁 향수
- 鄕土色 향토색
- 故鄕 고향
- 歸鄕 귀향
- 落鄕 낙향
- 望鄕 망향

## 郡 고을 군: ▶ 고을

6급 | 총획 10 | (동) 洞(동), 邑(읍)

작은 마을[阝]까지 임금[君]이 잘 살피니, 모든
'고을'이 편안하다.

- 郡界 군계
- 郡內 군내
- 郡民 군민

## 邦 나라 방 ▶ 나라

3급 | 총획 7 | (동) 國(국) | 形聲

풀이 무성[丰]해지듯 고을[阝]이 발전된 것이
'나라'.

- 邦國 방국
- 友邦 우방
- 異邦人 이방인
- 合邦 합방

## 都 도읍 도 ▶ 도읍, 모두

5급 | 총획 12 | (약) 都

사람[者]이 가장 많은 고을[阝]이 '도읍'이다.

- 都賣 도매
- 都城 도성
- 都市 도시
- 都心 도심
- 都邑 도읍
- 都合 도합
- 都會地 도회지
- 首都 수도
- 王都 왕도

## 郊 들 교 ▶ 들, 성밖

3급 | 총획 9 | (동) 野(야) | 形聲

고을[阝]과 고을에 교립[交]해 있는 '들'.

- 郊外 교외
- 近郊 근교

部 떼 부 ▶ 떼, 무리, 나누다. 거느리다

6급 | 총획 11 | 동 隊(대) 반 孤(고), 單(단), 獨(독)

어느 고을[阝]이나 앞장 서지[立]는 않고
입[口]으로만 떠드는 '무리' '떼' 가 있다.

- □ 部隊 부대
- □ 部類 부류
- □ 部門 부문
- □ 部分 부분
- □ 部屬 부속
- □ 部數 부수
- □ 部品 부품
- □ 部下 부하
- □ 南部 남부

郎 사내 랑 ▶ 사나이

3-2급 | 총획 10 | 동 男(남) 반 娘(낭), 女(녀) | 形聲

고을[阝]을 선하게[良] 다스리는 '사내'.

- □ 郎君 낭군
- □ 新郎 신랑
- □ 花郎 화랑

郭 둘레, 외성 곽 ▶ 성곽, 둘레

3급 | 총획 11 | 形聲

고을[阝]을 향유[享]하기 위해 '둘레' 에
'외성' 을 쌓다.

- □ 城郭 성곽

郵 우편 우 ▶ 우편

4급 | 총획 11

천[千]리 밖 초목[艹]이 우거진 두[二] 집밖에
없는 마을[阝]에도 배달되는 '우편'.

- □ 郵送 우송
- □ 郵政局 우정국
- □ 郵便 우편
- □ 郵票 우표

那 어찌 나: ▶ 어찌, 어떻게

3급 | 총획 7 | 동 豈(기), 奈(내), 何(하)

마을[阝] 잔치에서 칼[刀]을 쓰다 두[二] 번이나
상처를 입었으니 '어찌' 할까?

- □ 利那 찰나 : 매우 짧은 순간

邪 간사할 사 ▶ 간사하다

3-2급 | 총획 7

마을[阝]의 이[牙]가 하나도 없는 그 늙은이는
아주 '간사하다'.

- □ 邪敎 사교
- □ 邪心 사심
- □ 邪惡 사악
- □ 邪慾 사욕
- □ 奸邪 간사
- □ 妖邪 요사

# 酉

**닭유 부 · 7획**

술을 담아 놓는 술동이 모양이다. '닭' 을 뜻하기도 한다.

---

## 酉 열째 지지 유 ▶ 열째 지지, 닭

3급 | 총획 7 | (동) 鷄(계)

서쪽[酉]으로 한[一] 번 해가 졌으니,
내일 아침이면 다시 '**닭**' 이 울겠지.

- 酉時 유시 : 십이시의 하나. 하오 5시부터 7시까지의 사이
- 癸酉 계유 : 육십갑자의 열 번째

□ 辛酉 신유

---

## 配 나눌 배: ▶ 나누다, 짝

4-2급 | 총획 10 | (동) 侶(려), 伴(반), 分(분), 偶 (우), 匹(필)

술[酉]을 따르는 자신[己]의 '**짝(배필)**'.

□ 配給 배급    □ 配達 배달    □ 配慮 배려
□ 配列 배열    □ 配車 배차    □ 配置 배치
□ 配匹 배필

---

## 酌 따를 작 ▶ 따르다

3급 | 총획 10

작은 잔[勺]에 술[酉]을 '**따르다**'.

- 情狀參酌 정상참작 : 재판관이 범죄의 사정을 헤아려서 형벌을 가볍게 하는 일

□ 酌定 작정    □ 無酌定 무작정    □ 淸酌 청작

---

## 醜 추할 추 ▶ 추하다, 흉하다

3급 | 총획 17 | (반) 美(미) | 形聲

술[酉]에 취해 행동이 귀신[鬼] 같으니 '**추하다**'.

□ 醜男 추남    □ 醜惡 추악    □ 醜雜 추잡
□ 醜態 추태    □ 醜行 추행

---

## 醉 취할 취: ▶ 취하다

3-2급 | 총획 15 | (반) 醒(성) (약) 醉 | 形聲

술[酉]을 마셔 졸도[卒]할 듯하니 '**취한**' 것.

□ 醉客 취객    □ 醉氣 취기    □ 漫醉 만취
□ 醉興 취흥    □ 心醉 심취

---

## 酸 초, 실 산 ▶ 초, 시다

2급 | 총획 14 | 形聲

술[酉]이 점점 오래가면 술맛이 '**시다**'.
더 시간이 가면 '**초**' 가 된다.

□ 酸性 산성    □ 鹽酸 염산    □ 黃酸 황산

# 酷

**독할 혹** ▶ 독하다, 심하다

2급 | 총획 14

윗사람이 매섭게 고[告]하는 것 같은 술[酉]이니
'**독하다**'.

- 酷寒 혹한

# 醫

**의원 의** ▶ 의원

6급 | 총획 18 | 약 医

상자[匸]에서 술[酉]을 꺼내 화살[矢]과 창[殳]
맞은 곳을 소독하고 치료하는 '**의원**'.

- 醫師 의사
- 醫書 의서
- 醫術 의술
- 名醫 명의

# 酒

**술 주(:)** ▶ 술

4급 | 총획 10

맑은 물[氵]로 서쪽[西]의 한[一] 사람이 만든
'**술**'.

- 酒客 주객
- 酒量 주량
- 酒類 주류
- 禁酒 금주
- 飮酒 음주

분별할변 부 · 7획

'분별하다'는 뜻이다.

---

釋 풀 **석** ▶ 풀다, 해석하다

3-2급 | 총획 20 | 동 放(방), 解(해) 약 釈 | 形聲

다행히[幸] 눈[目]으로 분별[釆]하여 **'풀어' '해석하다'**.

- 釋放 석방
- 釋尊 석존
- 保釋 보석
- 稀釋 희석

# 里

**마을리 부 · 7획**

田과 土의 합자로, 밭이 될 만한 땅이 있으면 마을을 이룬다 하여 '마을'이란 뜻이다.

## 里　마을 리: ▶ 마을

7급 | 총획 7 | 동 洞(동), 村(촌)

밭[田]을 이룰 수 있는 농토[土] 만 있으면 '마을'을 이룬다.

- 千里眼 천리안 : 먼 데서 일어난 일을 직감적으로 맞히는 능력이나 사물의 이면을 꿰뚫어 보는 능력
- 里人 이인 : 마을 사람. 촌사람

- 洞里 동리
- 三千里 삼천리

## 野　들 야: ▶ 들

6급 | 총획 11 | 반 與(여)

내[予]가 사는 마을[里]은 온통 '들' 판이다.

- 野談 야담
- 野望 야망
- 野生 야생
- 野外 야외
- 野人 야인

## 重　무거울 중 ▶ 무겁다, 겹치다, 거듭

7급 | 총획 9 | 반 輕(경)

천[千] 가마니의 곡식을 혼자서 마을[里]로 옮기려니 '무겁다'.

- 重大 중대
- 重力 중력
- 重事 중사
- 重要 중요
- 尊重 존중

## 量　헤아릴 량 ▶ 헤아리다

5급 | 총획 12 | 동 料(료), 商(상)

해[日]가 뜨면 마을[里] 사람 한[一] 명이 쌀 가마니를 '헤아린다'.

- 量知 양지
- 減量 감량
- 計量 계량
- 多量 다량
- 數量 수량
- 雅量 아량
- 熱量 열량
- 容量 용량
- 雨量 우량
- 定量 정량

# 金 쇠금 부 · 8획

'쇠', '성씨' 의 뜻이다.

---

## 金 쇠금 성김 ▶ 쇠, 성(姓)의 하나

8급 | 총획 8 | 동 仝(전)

지금[今] 흙[土] 속의 '금'을 모으라고
김씨 '성(姓)'을 가진 사람에게 시키다.

- 金庫 금고
- 金髮 금발
- 金額 금액
- 金錢 금전
- 金氏 김씨
- 黃金 황금

## 銅 구리 동 ▶ 구리

4-2급 | 총획 14

쇠[金]와 같은[同] 빛을 내는 것은 '구리'.

- 銅鏡 동경
- 銅像 동상
- 銅賞 동상
- 銅錢 동전
- 靑銅器 청동기

## 針 바늘 침(:) ▶ 바늘, 바느질하다

4급 | 총획 10

쇠[金]로 만든 열[十] 개의 '바늘'.

- 針工 침공
- 檢針 검침
- 方針 방침
- 指針 지침

## 銀 은은 ▶ 은

6급 | 총획 14

금[金]보다 못한 자리에 머물러[艮] 있는 '은'.

- 銀杯 은배
- 銀錢 은전
- 銀行 은행
- 金銀 금은
- 水銀 수은

## 鉛 납연 ▶ 납

4급 | 총획 13

여덟[八] 식구[口]가 모은 쇠[金] '납'.

- 亞鉛 아연
- 鉛粉 연분
- 鉛筆 연필
- 黑鉛 흑연

## 鐵 쇠철 ▶ 쇠

5급 | 총획 21 | 동 金(금) | 약 鉄

쇠[金] 중에 가장 으뜸[王]인 것으로 비로소[哉]
열 '쇠' 를 만들다.

- 鐵甲 철갑
- 鐵道 철도
- 鐵物 철물
- 鐵石 철석
- 鐵則 철칙

# 鋼

**강철 강** ▶ 강철

3-2급 │ 총획 16 │ 통 鐵(철) │ 形聲

쇠[金]가 산등성이[岡]에 묻혀 있어 '강철'이 되었다.

- □ 鋼船 강선
- □ 鋼鐵 강철
- □ 製鋼 제강
- □ 鐵鋼 철강

# 鑛

**쇳돌 광:** ▶ 쇳돌, 광석

4급 │ 총획 23 │ 약 鉱

쇠[金]가 땅 속에 넓게[廣] 퍼져 있으니 '쇳돌'이 흥하다.

- □ 鑛脈 광맥
- □ 鑛物 광물
- □ 鑛夫 광부
- □ 鑛山 광산
- □ 鑛業 광업
- □ 鑛泉 광천
- □ 採鑛 채광
- □ 炭鑛 탄광

# 鍾

**쇠북 종** ▶ 쇠북, 종

4급 │ 총획 17

마을[里]마다 매달려 서[立] 있는 쇠[金]로 만든 '쇠북'.

- □ 警鍾 경종
- □ 打鍾 타종

# 銃

**총 총** ▶ 총

4-2급 │ 총획 14

쇠[金]로 만든 화약을 채운[充] '총'.

- □ 銃架 총가
- □ 銃劍 총검
- □ 銃擊 총격
- □ 銃器 총기
- □ 銃殺 총살
- □ 銃聲 총성
- □ 銃彈 총탄

# 鍊

**쇠불릴 련:** ▶ 쇠불리다, 단련하다

3-2급 │ 총획 17 │ 形聲

쇠[金]를 분별[柬]하여 풀무에 녹여 '불리다'.

- □ 鍊金術 연금술
- □ 鍊磨 연마
- □ 老鍊 노련
- □ 試鍊 시련

# 銳

**날카로울 예:** ▶ 날카롭다

3급 │ 총획 15 │ 통 利(리) │ 반 鈍(둔) │ 形聲

쇠[金]를 깎아 모양을 바꾼[兌] 창이 '날카롭다'.

- ■ 銳意注視 예의주시 : 날카롭게 어떤 것에 대해서 계속적인 관심을 갖고 살펴봄
- □ 銳角 예각
- □ 銳利 예리
- □ 銳敏 예민
- □ 銳智 예지
- □ 新銳 신예

# 鎖

**쇠사슬 쇄:** ▶ 쇠사슬, 자물쇠

3-2급 │ 총획 18 │ 形聲, 會意

쇠[金]에 작은[小] 조개[貝] 껍데기를 붙여 단단한 '쇠사슬'을 만들다.

- □ 鎖國 쇄국
- □ 封鎖 봉쇄
- □ 連鎖 연쇄

# 鈍

**무딜 둔:** ▶ 무디다, 둔하다

3급 │ 총획 12 │ 반 敏(민), 銳(예) │ 形聲

쇠[金] 칼날이 두꺼워[屯]졌으니 날이 '무디다'.

- □ 鈍感 둔감
- □ 鈍器 둔기
- □ 鈍濁 둔탁
- □ 愚鈍 우둔

# 鑑 거울 감 ▶ 거울

3-2급 | 총획 22 | 동 鏡(경) | 形聲

쇠[金]를 얼굴을 볼[監] 수 있도록 갈아서 만든
'거울'.

- 鑑戒 감계
- 鑑別 감별
- 鑑賞 감상
- 鑑定 감정
- 圖鑑 도감

# 銘 새길 명 ▶ 새기다

3-2급 | 총획 14 | 동 刻(각), 刊(간) | 形聲

쇠[金]그릇이나 종에 이름[名]을 '새기다'.

- 銘文 명문
- 銘心 명심
- 感銘 감명
- 座右銘 좌우명

# 鑄 쇠 불릴 주 ▶ 쇠를 부어 만들다

3-2급 | 총획 22 | 동 鍊(련)

쇠[金]의 수명[壽]도 그것을 어떻게
'불렸느냐'에 달려 있다.

- 鑄工 주공
- 鑄造 주조
- 鑄鐵 주철

# 錢 돈 전: ▶ 돈

4급 | 총획 16 | 동 幣(폐) | 약 銭

쇠[金]로 만든 창 두[戔] 개를 팔아 번 '돈'.

- 錢穀 전곡
- 錢癖 전벽
- 錢主 전주
- 錢票 전표
- 金錢 금전
- 急錢 급전
- 銅錢 동전
- 本錢 본전

# 鏡 거울 경: ▶ 거울

4급 | 총획 19 | 동 鑑(감) | 形聲

쇠[金]를 끝[竟]까지 갈면 '거울'이 된다.

- 明鏡止水 명경지수 : 맑고 고요한 심경을 이르는 말
- 望遠鏡 망원경
- 眼鏡 안경
- 破鏡 파경

# 鎭 누를 진(:) ▶ 누르다, 진압하다

3-2급 | 총획 18 | 동 壓(압) | 形聲

무거운 쇠[金]로 가벼운 것을 '누르듯'
화나는 마음을 참[眞]되게 '진정시키다'.

- 鎭壓 진압
- 鎭靜 진정
- 鎭火 진화
- 重鎭 중진



# 錄 기록할 록 ▶ 기록하다

4-2급 | 총획 16 | 동 記(기) | 약 録

쇠[金]를 뾰족하게 깎아서[彔] 글을
'기록하다'.

- 錄名 녹명
- 錄音 녹음
- 錄畵 녹화
- 記錄 기록
- 登錄 등록
- 目錄 목록
- 附錄 부록
- 收錄 수록
- 實錄 실록
- 語錄 어록

# 錯 어긋날 착 ▶ 어긋나다, 섞이다

3-2급 | 총획 16 | 동 謬(류), 誤(오)

옛날[昔] 쇠[金]는 녹이 슬고 찌그러져
'어긋나' 쓸 수 없다.

- 試行錯誤 시행착오 : 실행을 하면서 생긴 실패를 인식하여 지식을 습득하는 것
- 錯覺 착각
- 錯視 착시
- 錯雜 착잡
- 倒錯 도착
- 精神錯亂 정신착란

錦 　비단 금: ▶ 비단

3-2급 | 총획 16 | 동 絹(견) | 形聲, 會意

비단[帛]에 금[金]실로 수를 놓으니 더욱
아름다운 '비단'.

- 錦上添花 금상첨화 : '비단의 꽃을 더한다' 라는 뜻으로
　　　　　　　　　좋은 일이 겹쳐 일어남
- 錦衣夜行 금의야행 : '비단옷을 입고 밤길을 걷는다' 는 뜻
　　　　　　　　　으로 아무도 보지 않는데, 혼자서 자랑스러워함


鋪 　펼, 가게 포 ▶ 펴다, 가게

2급 | 총획 15

찌그러진 큰[甫] 쇠[金]를 두드려 쭉 '펴다'.

▫ 店鋪 점포


釣 　낚시 조: ▶ 낚시, 낚다

2급 | 총획 11

쇠[金]를 갈고리[勹]처럼 날카롭게[丶] 만든
'낚시'.

- 釣竿 조간 : 낚싯대


鍛 　쇠불릴 단 ▶ 쇠를 불리다

2급 | 총획 17

쇠[金]를 단[段]단하게 하기 위해
'쇠를 불리다'.

▫ 鍛鍊 단련

길장 부 · 8획

머리가 길고 하얀 노인이 지팡이를 짚고 서 있는 것에서 긴 세월을 살았다 하여 '긴'
'어른'을 뜻한다.

## 길, 어른 **장**(:) ▶ 길다, 어른

8급 | 총획 8 | 반 短(단) 약 长

수염과 머리가 '**길게**' 자란 노인은 '**어른**'.

- 長久 장구
- 長期 장기
- 長男 장남
- 長女 장녀
- 長大 장대
- 長生 장생

# 門

**문문 부 · 8획**

양쪽 문짝이 꽉 닫힌 모양이다.

## 門 문 **문** ▶ 문

8급 | 총획 8 | 동 戶(호) | 象形

양쪽 문[門]을 다 닫아 놓으니, '문'이 잠겼다.

- ☐ 門閥 문벌
- ☐ 門中 문중
- ☐ 門齒 문치
- ☐ 校門 교문
- ☐ 大門 대문

## 間 사이 **간(:)** ▶ 사이, 틈

7급 | 총획 12 | 동 隔(격)

햇빛[日]이 들어오는 두 문[門]짝 '사이'.

- ☐ 間隔 간격
- ☐ 間食 간식
- ☐ 時間 시간
- ♩ 年間 연간

## 閉 닫을 **폐:** ▶ 닫다

4급 | 총획 11 | 동 廢(폐) 반 開(개)

문[門]을 재주[才] 좋게 만들어 '닫을' 때 편하다.

- ☐ 閉講 폐강
- ☐ 閉口 폐구
- ☐ 閉門 폐문
- ☐ 閉鎖 폐쇄
- ☐ 閉店 폐점
- ☐ 閉會 폐회
- ☐ 開閉 개폐
- ☐ 密閉 밀폐
- ☐ 自閉 자폐

## 閑 한가할 **한** ▶ 한가하다

4급 | 총획 12 | 반 忙(망)

문[門]에 기대어 나무[木]를 바라보는 '한가한' 시절.

- ☐ 閑暇 한가
- ☐ 閑客 한객
- ☐ 閑散 한산
- ☐ 等閑視 등한시
- ☐ 農閑期 농한기

## 開 열 **개** ▶ 열다

6급 | 총획 12 | 반 閉(폐)

문[門]이 닫혀 있어 양손으로[廾] 빗장[一]을 '연다'.

- ☐ 開始 개시
- ☐ 開業 개업
- ☐ 開學 개학
- ☐ 開花 개화
- ☐ 開化 개화

## 閏 윤달 **윤:** ▶ 윤달, 윤년, 여분의

3급 | 총획 12 | 會意

왕[王]은 '윤달'에는 종묘의 출입문[門]을 넘지 않는다.

- ☐ 閏年 윤년
- ☐ 閏月 윤월

閨 **안방 규** ▶ 안방

2급 | 총획 14 | 形聲

홀[圭]처럼 위는 둥글고 아래는 모가 난 독립된 작은 문[門]을 뜻하여, 이 문 안에 부인용 거실이 있으니 그것이 '안방'.

- 閨房 규방
- 閨秀 규수
- 閨中 규중


閥 **문벌 벌** ▶ 문벌, 가문

2급 | 총획 14

적을 쳐서[伐] 공을 이룬 그 대문[門]의 집안을 뜻하여 '가문'.

- 軍閥 군벌
- 門閥 문벌
- 財閥 재벌
- 派閥 파벌
- 學閥 학벌


閣 **누각 각** ▶ 누각, 집

3-2급 | 총획 14 | 图 家(가), 屋(옥), 宅(택), 戶(호) | 形聲

각[各] 방향으로 문[門]이 있는 '누각'.

- 沙上樓閣 사상누각 : '모래 위에 집을 짓는다' 는 뜻으로 기초가 부실하여 오래가지 못함
- 樓閣 누각
- 入閣 입각


闕 **대궐 궐** ▶ 대궐

2급 | 총획 18

큰 성문[門]안에서 신하들이 우두머리를 향해 나약한 싹[屮]처럼 입도 벌리지[欠] 못하고 엎드려 있는 '대궐'.

- 闕內 궐내 : 대궐 안. 궁내(宮內)
- 宮闕 궁궐
- 入闕 입궐


關 **관계할 관** ▶ 관계하다, 빗장

5급 | 총획 19 | 약 関

소인국[幺幺]은 깃발[卝 ]을 문에[門] 달아 신분 '관계' 를 나타낸다.

- 關鍵 관건
- 關門 관문
- 關心 관심
- 關節 관절
- 通關 통관.


閱 **볼, 검열할 열** ▶ 보다, 검열하다

3급 | 총획 15 | 图 檢(검), 査(사)

문[門] 여덟[八] 개를 형[兄]이 차례로 열어 '보고' '검열하다'.

- 閱讀 열독
- 閱覽 열람
- 閱兵 열병
- 檢閱 검열

흙이 쌓여 언덕을 이룬 모양이다. 변형자는 'ß'이다.

---

## 阿 언덕 아 ▶ 언덕, 아첨하다

3-2급 | 총획 8 | 동 丘(구), 岸(안), 厓(애)

언덕[阝]이 높으니 가히[可] 높은 '언덕'이라 할 수 있다.

- ☐ 阿附 아부
- ☐ 阿片 아편

## 陸 뭍 륙 ▶ 뭍, 육지

5급 | 총획 11 | 동 地(지) 반 海(해)

흙[土土]과 언덕[阝] 여덟[八] 개로 이루어진 '뭍(육지)'.

- ■ 陸陸 육륙 : 평범한 모양
- ☐ 陸橋 육교
- ☐ 陸軍 육군
- ☐ 陸路 육로
- ☐ 陸地 육지

## 陵 언덕 릉 ▶ 큰 언덕, 무덤

3-2급 | 총획 11 | 동 丘(구), 岸(안), 原(원) | 形聲

언덕[阝] 흙[土]에서 여덟[八] 번 천천히[夊] 구르며 노는 '언덕'.

- ■ 武陵桃源 무릉도원 : 도연명의 '도화원기'에 나오는 사람들이 행복하게 살 수 있는 이상향
- ☐ 陵谷 능곡
- ☐ 丘陵 구릉
- ☐ 王陵 왕릉

## 防 막을 방 ▶ 막다, 둑

4-2급 | 총획 7 | 동 守(수), 衛(위) 반 攻(공), 放(방)

언덕[阝]처럼 높게 성을 쌓아 사방[方]의 적을 '막는다'.

- ■ 衆口難防 중구난방 : 뭇사람의 여러 가지 의견을 하나나 받아넘기기 어려움
- ☐ 防犯 방범
- ☐ 防壁 방벽
- ☐ 防備 방비
- ☐ 防水 방수
- ☐ 防風 방풍

## 障 막을 장 ▶ 막다, 가로막다

4-2급 | 총획 14 | 동 拒(거), 防(방), 碍(애), 抵(저)

언덕[阝]에 서서 열[十] 손가락을 펴 햇빛[日]을 '막는다'.

- ☐ 障壁 장벽
- ☐ 障害 장해
- ☐ 故障 고장
- ☐ 保障 보장
- ☐ 支障 지장

## 陣 진칠 진 ▶ 진치다

4급 | 총획 10

언덕[阝]에 전차[車]를 배치하고 '진치다'.

- ■ 背水陣 배수진 : 물을 등지고 치는 진으로서 한나라의 한신의 전술
- ☐ 陣營 진영
- ☐ 陣地 진지
- ☐ 陣痛 진통
- ☐ 退陣 퇴진

# 附

붙을 **부**(:) ▶ 붙다

3-2급 | 총획 8 | 동 加(가), 寄(기), 着(착) | 形聲

언덕[阝]에서 도움을 청하니[付], '붙어' 도와 주다.

■ 附和雷同 부화뇌동 : 아무런 의견없이 남의 의견이나 행동에 덩달아 따름

□ 附近 부근 □ 附錄 부록 □ 附設 부설
□ 附與 부여 □ 附着 부착 □ 附合 부합

---

# 限

한정 **한**: ▶ 한정, 한계, 한하다

4-2급 | 총획 9

언덕[阝]에 머무는[艮] 사람으로 '한정' 한다.

□ 限度 한도 □ 限定 한정 □ 局限 국한
□ 權限 권한 □ 極限 극한 □ 期限 기한

---

# 降

내릴 **강**: 항복할 **항**

▶ 내리다, 항복하다

4급 | 총획 9 | 동 昇(승)

언덕[阝]에서 서서히[夂] 내려와 발[4]을 구부려 '항복하다'.

□ 降等 강등 □ 降臨 강림 □ 降雪 강설
□ 降水量 강수량 □ 降雨 강우 □ 降下 강하
□ 昇降 승강 □ 下降 하강 □ 降伏 항복

---

# 院

집 **원** ▶ 집

5급 | 총획 10 | 동 家(가), 屋(옥), 宙(주), 宅(택)

언덕[阝] 위에 완전하게[完] 지어진 '집'.

□ 院內 원내 □ 院生 원생 □ 院長 원장
□ 法院 법원 □ 病院 병원

---

# 除

덜 **제** ▶ 덜다, 나눗셈, 섬돌

4-2급 | 총획 10 | 동 減(감), 削(삭) | 반 加(가), 添(첨)

언덕[阝]의 흙을 두[二] 사람[人]이 조금씩[小] '덜어' 낸다.

□ 除去 제거 □ 除隊 제대 □ 除名 제명
□ 除法 제법 □ 除外 제외 □ 除籍 제적
□ 除草 제초 □ 解除 해제

---

# 陳

베풀 **진**: 묵을 **진**

▶ 베풀다, 묵다, 늘어놓다

3-2급 | 총획 11 | 동 設(설), 施(시) | 形聲

언덕[阝] 위에 나무[木]를 펴서[申] '묵어' 필요한 이에게 '베풀다'.

□ 陳謝 진사 □ 陳述 진술 □ 陳列 진열
□ 陳情 진정 □ 新陳代謝 신진대사

---

# 陶

질그릇 **도** ▶ 질그릇

3-2급 | 총획 11 | 形聲

언덕[阝] 밑에 흙으로 에워싸[勹] 구워낸 장군[缶]을 나타내며 '질그릇', '굽다'.

□ 陶工 도공 □ 陶器 도기 □ 陶藝 도예
□ 陶醉 도취

---

# 陽

볕 **양** ▶ 볕

6급 | 총획 12 | 동 景(경) | 반 陰(음)

높은 언덕[阝]에는 밝은[昜] '볕'이 잘 든다.

□ 陽氣 양기 □ 陽傘 양산 □ 陽地 양지
□ 漢陽 한양

阜

# 陰 그늘 음 ▶ 그늘, 응달

4-2급 | 총획 11 | 반 景(경), 陽(양)

지금[今] 내가 말하고[云] 있는 언덕[阝]은
'그늘'이 져서 시원하다.

- □ 陰散 음산
- □ 陰陽 음양
- □ 陰月 음월
- □ 陰地 음지
- □ 陰凶 음흉
- □ 寸陰 촌음

# 隆 높을 륭 ▶ 높다, 크다

3-2급 | 총획 12 | 동 盛(성), 崇(숭), 興(흥)

언덕[阝]을 천천히[夊] 오르니, 일생[一生]에
이렇게 '높은' 언덕은 처음이야.

- □ 隆盛 융성
- □ 隆恩 융은
- □ 隆興 융흥

# 陷 빠질 함: ▶ 빠지다

3-2급 | 총획 11 | 동 沒(몰) | 形聲

언덕[阝] 같은 곳에 사람[人]이 절구[白] 모양으로
파놓은 함정에 '빠졌다'.

- □ 陷落 함락
- □ 陷沒 함몰
- □ 缺陷 결함
- □ 謀陷 모함

# 隔 사이 뜰 격

3-2급 | 총획 13 | 동 間(간) | 반 接(접)

언덕[阝]과 언덕 사이에 간격[鬲]이 있으니,
이웃 관계도 '사이가 뜨다'.

- 隔世之感 격세지감 : 많은 발전과 진보를 겪어서 딴 세상
  처럼 느껴짐

- □ 隔離 격리
- □ 隔日 격일
- □ 隔意 격의
- □ 隔差 격차
- □ 間隔 간격

# 階 계단 계 ▶ 계단, 섬돌

4급 | 총획 12 | 동 段(단)

언덕[阝]을 모두[皆] 편하게 오를 수 있게
'계단'을 만들자.

- □ 階級 계급
- □ 階段 계단
- □ 階次 계차
- □ 階層 계층
- □ 段階 단계
- □ 位階 위계

# 際 사이 제: ▶ 사이, 즈음, 가

4-2급 | 총획 14 | 동 交(교)

언덕[阝]에서 함께 제사[祭]를 지내는 '사이'.

- □ 交際 교제
- □ 國際 국제
- □ 實際 실제
- □ 此際 차제

# 隊 무리 대 ▶ 무리

4-2급 | 총획 12 | 동 群(군), 衆(중)

언덕[阝]에 있는 여덟[八] 마리 돼지[豕] '무리'.

- □ 隊商 대상
- □ 隊列 대열
- □ 隊五 대오
- □ 隊員 대원
- □ 軍隊 군대
- □ 部隊 부대
- □ 入隊 입대
- □ 除隊 제대

# 隣 이웃 린 ▶ 이웃

3급 | 총획 15

언덕[阝]에서 쌀[米]을 나눠 먹으며
어그러지지[舛] 않으며 사니 좋은 '이웃'이다.

- □ 隣近 인근
- □ 隣接 인접
- □ 隣村 인촌
- □ 交隣 교린

# 險

**험할 험:** ▶ 험하다

4급 | 총획 16 | 동 危(위) 약 㑘

언덕[阝]이 있는 곳은 다[僉] 지형이 '**험하다**'.

- 險難 험난
- 險談 험담
- 險惡 험악
- 險行 험행
- 探險 탐험

# 隱

**숨을 은** ▶ 숨다, 숨기다

4급 | 총획 17 | 반 顯(현), 現(현) 약 隠

손톱[爫]으로 언덕[阝]을 파고 급하게[急] '**숨는다**'.

- 隱居 은거
- 隱密 은밀
- 隱士 은사
- 隱身 은신
- 隱然中 은연중
- 隱退 은퇴

# 隨

**따를 수** ▶ 따르다

3-2급 | 총획 16 | 동 從(종) 약 随

수나라[隋]로 가니[辶] 수임금을 '**따르는**' 것이다.

- 隨勢 수세
- 隨時 수시
- 隨筆 수필
- 隨行 수행
- 附隨的 부수적

## 미칠이 부 · 8획

오른손으로 꼬리를 잡기 위해 뒤에서 미친다는 데서 '미치다'는 뜻을 나타낸다.

---

### 隷

**종 례:** ▶ 종, 노예

3급 | 총획 16 | 동 奴(노), 婢(비)

선비[士]가 보는[示] 바가 미쳐[隶]
'종'을 가르친다.

- 隷事 예사
- 隷書 예서
- 隷屬 예속
- 隷人 예인
- 奴隷 노예

# 佳

**새추 부 · 8획**

꼬리가 짧은 새의 모양이다.

---

## 隻 하나 **척** ▶ 하나, 외짝

2급 | 총획 10

손[又]위에 새[隹] 한 마리가 앉아 있으니 '하나' 또는 홀로.

- 隻身 척신 : 홀몸

---

## 雁 기러기 **안:** ▶ 기러기

3급 | 총획 12 | 동 鴻(홍) 약 鴈

집[厂]에서 사람[亻]에 의해 길러지는 새[隹]는 '기러기' 만큼 적응력이 없다.

- 雁書 안서 : 편지
- 木雁 목안 : 나무 기러기

---

## 雇 품팔 **고** ▶ 품팔다

2급 | 총획 12

집[戶]에 갇혀 있는 새[隹]처럼 남의 집에 갇혀 '품살이' 한다.

- 雇傭 고용
- 解雇 해고

---

## 雄 수컷 **웅** ▶ 수컷, 뛰어나다

5급 | 총획 12

내[厶]가 가진 열[十] 마리의 새[隹]는 모두 '수컷' 이다.

- 雄辯 웅변
- 雄壯 웅장
- 雄志 웅지
- 雄據 웅거
- 英雄 영웅
- 雌雄 자웅

---

## 雅 맑을 **아(:)** ▶ 맑다

3-2급 | 총획 12 | 동 淡(담), 淸(청) 반 濁(탁)

새[隹]의 이[牙]가 빠지면 '맑은' 소리를 낼 수 없다.

- 雅淡 아담
- 雅量 아량
- 雅樂 아악
- 優雅 우아
- 雅號 아호
- 端雅 단아
- 淸雅 청아

---

## 集 모을 **집** ▶ 모으다, 모이다

6급 | 총획 12 | 동 社(사), 會(회) 반 離(리), 散(산)

나무[木] 가까이로 새[隹]를 '모아' 주세요.

- 集計 집계
- 集團 집단
- 集大成 집대성
- 集會 집회
- 結集 결집
- 募集 모집
- 文集 문집
- 召集 소집
- 詩集 시집
- 全集 전집
- 採集 채집

## 雙 두, 쌍 **쌍** ▶ 한 쌍

3-2급 | 총획 18 | 동 兩(량) 약 双

새[隹]가 있는데 또[又] 새[隹]가 날아오니 '**쌍**'을 이룬다.

- 變化無雙 변화무쌍 : 변화가 아주 많음

- 雙曲線 쌍곡선
- 雙方 쌍방
- 雙壁 쌍벽
- 雙墳 쌍분
- 雙眼鏡 쌍안경

## 雜 섞일 **잡** ▶ 섞이다, 얽히다

4급 | 총획 18 | 동 混(혼) 약 雑

머리[亠]에 나뭇[木]가지를 얹은 사람 둘[人人]이 새[隹]와 '**섞여**' 있다.

- 酒色雜技 주색잡기 : 술과 여자와 온갖 노름

- 雜居 잡거
- 雜穀 잡곡
- 雜念 잡념
- 雜談 잡담
- 雜商人 잡상인
- 雜音 잡음
- 雜誌 잡지
- 雜貨 잡화
- 混雜 혼잡

## 雌 암컷 **자** ▶ 암컷

2급 | 총획 13

이[此] 새[隹]는 '**암컷**'이다.

- 雌性 자성
- 雌雄 자웅

## 難 어려울 **난(:)** ▶ 어렵다

4-2급 | 총획 19 | 반 易(이)

큰[大] 가죽[革] 띠로 묶어 놓은 새[隹]는 날기가 '**어렵다**'.

- 難産 난산
- 難色 난색
- 難易度 난이도
- 難題 난제
- 難處 난처
- 難航 난항
- 難解 난해
- 苦難 고난

## 雖 비록 **수** ▶ 비록

3급 | 총획 17

새[隹]의 입[口]으로 들어간 벌레[虫]는 '**비록**' 죽지 않았지만 살아서 나올 수 없다.

- 雖然 수연 : 그렇지만. 비록 ~ 하더라도

## 離 떠날 **리:** ▶ 떠나다

4급 | 총획 19 | 동 別(별), 散(산)

머리[亠]가 흉한[凶] 짐승[内]이 나타나면 새[隹]가 머리를 떨구고 '**떠난다**'.

- 離合集散 이합집산 : 헤어짐과 모임

- 離陸 이륙
- 離別 이별
- 離散 이산
- 離脫 이탈
- 離婚 이혼
- 分離 분리

# 雨

**비우 부 · 8획**

하늘 밑의 구름에서 물방울이 떨어지는 모양이다.

---

## 雨 비 우: ▶ 비

5급 | 총획 8 | 象形

구름에서 내리는 '비'의 모습을 본뜬 자.

- □ 雨期 우기
- □ 雨備 우비
- □ 雨傘 우산
- □ 雨天 우천
- □ 降雨量 강우량
- □ 祈雨祭 기우제
- □ 暴雨 폭우

## 零 떨어질 령 ▶ 떨어지다

3급 | 총획 13 | 동 落(락)

비[雨]가 온 후 하늘의 명령[令]에 의해 날씨가 영하로 '떨어지다'.

- □ 零落 영락
- □ 零上 영상
- □ 零細民 영세민
- □ 零時 영시
- □ 零點 영점
- □ 零下 영하

---

## 雪 눈 설 ▶ 눈

6급 | 총획 11

비[雨]인 줄 알고 손[크]을 내밀었더니, '눈'.

- ■ 雪上加霜 설상가상 : '눈 위에 서리가 덮혔다'는 뜻으로 어려운 일이 연거푸 일어남
- ■ 嚴冬雪寒 엄동설한 : 심한 추위

- □ 雪景 설경
- □ 雪辱 설욕
- □ 雪中梅 설중매
- □ 雪糖 설탕
- □ 暴雪 폭설

## 雷 우레 뢰 ▶ 우레

3-2급 | 총획 13

비[雨] 내리는 밭[田]에서는 '우레'를 조심해야 한다.

- ■ 附和雷同 부화뇌동 : 자신의 의견없이 무턱대고 남의 의견에 동조함

- □ 雷管 뇌관
- □ 落雷 낙뢰
- □ 魚雷 어뢰
- □ 地雷 지뢰
- □ 避雷 피뢰
- □ 避雷針 피뢰침

---

## 雲 구름 운 ▶ 구름

5급 | 총획 12

비[雨]가 올 것이라고 말[云]하자마자 '구름'이 잔뜩 모여들었다.

- ■ 雲泥之差 운니지차 : 구름과 진흙의 차이라는 뜻으로 매우 큰 차이

- □ 雲集 운집
- □ 雲海 운해
- □ 白雲 백운
- □ 靑雲 청운
- □ 風雲兒 풍운아

## 電 번개 전: ▶ 번개

7급 | 총획 13

비[雨]가 올 때 햇빛[日]처럼 번쩍번쩍[乚] 빛을 내는 '번개'.

- □ 電球 전구
- □ 電氣 전기
- □ 電流 전류
- □ 電算 전산
- □ 電壓 전압
- □ 電蓄 전축
- □ 電話 전화
- □ 感電 감전
- □ 漏電 누전
- □ 無電 무전
- □ 送傳 송전
- □ 畜電池 축전지

## 需　쓰일 수 ▶ 쓰이다

3-2급 | 총획 14 | 동 要(요) 반 給(급)

비[雨]가 오면 곧[而] '쓰이는' 우산.

- 需給 수급
- 需要 수요
- 需用 수용
- 盛需期 성수기
- 必需品 필수품

## 露　이슬 로(:) ▶ 이슬

3-2급 | 총획 20

비[雨]가 온 길[路]에 맺힌 '이슬'.

- 露骨的 노골적
- 露宿 노숙
- 露宿者 노숙자
- 露店 노점
- 露天 노천
- 露出 노출
- 暴露 폭로

## 震　우레 진: ▶ 우레, 벼락

3-2급 | 총획 15 | 동 雷(뢰)

비[雨] 오는 밤 별[辰]을 보면 마치 '우레' 같다.

- 震怒 진노
- 震檀 진단
- 震動 진동
- 震雷 진뢰
- 腦震蕩 뇌진탕
- 地震 지진

## 靈　신령 령 ▶ 신령

3-2급 | 총획 24 | 동 魂(혼) 약 灵

비[雨]를 내려달라고 입[ㅁㅁㅁ]을 모아
주술[巫]을 외니 '신령'도 감복하다.

- 靈感 영감
- 靈物 영물
- 靈安室 영안실
- 靈前 영전
- 靈魂 영혼
- 亡靈 망령
- 神靈 신령
- 心靈 심령
- 慰靈祭 위령제
- 魂靈 혼령

## 霜　서리 상 ▶ 서리

3-2급 | 총획 17

비[雨] 맞은 나무[木] 눈[目]이 이번에는 '서리'
를 맞다.

- 雪上加霜 설상가상 : 어려운 일이 언거푸 일어남

- 霜降 상강
- 霜菊 상국
- 霜葉 상엽
- 霜害 상해
- 星霜 성상
- 秋霜 추상
- 風霜 풍상

## 霸　두목 패: ▶ 두목, 으뜸

2급 | 총획 21

비[雨]에 젖은 가죽[革] 옷을 입고 달[月]밤에
부하를 지키는 '두목'.

- 霸權 패권
- 霸氣 패기
- 制霸 제패

## 霧　안개 무: ▶ 안개

3급 | 총획 19

비[雨]를 힘써[務] 피하고 나니,
이번에는 '안개'가 괴롭힌다.

- 五里霧中 오리무중 : 어디에 있는지 갈피를 잡을 수 없음

- 霧散 무산
- 雲霧 운무

# 青

**푸를청 부 · 8획**

초목의 생물이 우물가에서 물줄기의 힘으로 힘차고 푸르게 자라는 것을 뜻한다.

---

## 靑 푸를 **청** ▶ 푸르다

8급 | 총획 8 | 동 綠(록), 碧(벽), 蒼(창)

---

식물은 '푸른' 색을 띤다.

- 靑果 청과
- 靑軍 청군
- 靑銅 청동
- 靑龍 청룡
- 靑雲 청운
- 靑瓷 청자
- 靑春 청춘

## 靜 고요할 **정** ▶ 조용하다, 고요하다

4급 | 총획 16 | 동 肅(숙), 寂(적) 반 動(동) 약 静

---

싸움[爭]이 끝난 뒤 보는 푸른[靑] 하늘은 더없이 '고요하다'.

- 靜脈 정맥
- 靜物 정물
- 靜肅 정숙
- 靜寂 정적
- 動靜 동정

# 非

## 아닐비 부 · 8획

나는 새의 모양으로, 양쪽 날개가 서로 엇갈려 날아간다 하여 '어긋나다' '아니다' 의 뜻이다.

## 非　아닐 비(:) ▶ 아니다

4-2급 | 총획 8 | 동 否(부) 반 可(가), 是(시) | 象形

나는 새의 모양으로, 양쪽 날개가 서로 엇갈려 날아간다 하여 '어긋나다' '아니다'.

■ 非一非再 비일비재 : 한두 번이 아니고 많음

- 非公開 비공개
- 非難 비난
- 非理 비리
- 非望 비망
- 非命 비명

낯면 부 · 9획

사람의 얼굴을 정면에서 본 모양이다.

---

낯 면: ▶ 낯, 얼굴

7급 | 총획 9 | 통 顔(안), 容(용)

얼굴[面]을 정면에서 쳐다보니 '낯'이 붉어졌다.

- □ 面目 면목
- □ 面接 면접
- □ 內面 내면
- □ 外面 외면
- □ 正面 정면
- □ 表面 표면

# 革

**가죽혁 부 · 9획**

짐승 가죽을 벗겨 놓은 모양이다.

---

## 革 가죽 **혁** ▶ 가죽

4급 | 총획 9 | 동 皮(피) | 象形

소 **'가죽'**을 벗겨 벌려 놓은 모양을 본뜬 자.

- □ 革故 혁고
- □ 革帶 혁대
- □ 革命 혁명
- □ 軍事革命 군사혁명

## 靴 신 **화** ▶ 신

2급 | 총획 13

가죽[革]을 발모양으로 변화[化]시켜 만든 **'신'**.

- □ 靴工 화공
- □ 軍靴 군화
- □ 製靴 제화

## 韋 다룸가죽위 부 · 9획

짐승의 가죽은 잘 말아지고 구겨져 서로 어긋나므로 '다룸가죽' 이라는 뜻이다.

---

## 韓 한국, 나라 이름 한(:) ▶ 나라 이름

8급 | 총획 17

아침[卓] 햇살이 잘 들고 손질한 가죽[韋]처럼
아름다운 '한국'.

- 韓國 한국
- 韓服 한복
- 韓人 한인
- 南韓 남한
- 北韓 북한

<table>
<tr><td>韭</td><td>부추구 부 · 9획<br>부추가 땅 위에 나 있는 모양이다.</td></tr>
</table>

해당 한자 없음

<table>
<tr><td>音</td><td>소리음 부 · 9획<br>소리와 음악을 뜻한다.</td></tr>
</table>

## 音 소리 음 ▶ 소리

6급 | 총획 9 | 동 聲(성)

매일[日] 서서[立] 노래를 연습하니,
그 '소리'가 참으로 아름답다.

□ 音信 음신　　□ 音樂 음악　　□ 高音 고음
□ 和音 화음

## 響 울릴 향: ▶ 울리다

3-2급 | 총획 22 | 形聲

고향[鄕]으로 돌아오듯 소리[音]가 돌아오며
'울린다'.

□ 交響樂 교향악　　□ 影響 영향　　□ 音響 음향

## 韻 운 운: ▶ 운, 울리다

3-2급 | 총획 19

여러 사람[員]이 일제히 '야호' 하고 소리지르니,
소리[音]가 '울린다'.

□ 韻文 운문　　□ 韻律 운율　　□ 韻致 운치
□ 餘韻 여운　　□ 音韻 음운

# 頁 머리혈 부 · 9획

목에서부터 머리 끝 모양을 본뜬 글자이다.

---

## 頂 꼭대기 정 ▶ 꼭대기, 정수리

3-2급 | 총획 11 | 形聲

못[丁] 대가리[頁]니 '꼭대기' '정수리'.

- 頂上 정상
- 登頂 등정
- 山頂 산정
- 絕頂 절정

---

## 額 이마 액 ▶ 이마, 수량

4급 | 총획 18 | 동 頁(혈)

집[宀]으로 각자[各] 찾아오는 손님의 머리[頁]에서 먼저 보이는 것이 '이마'.

- 額面 액면
- 額字 액자
- 巨額 거액
- 廣額 광액
- 金額 금액
- 殘額 잔액
- 差額 차액
- 總額 총액

---

## 項 항목 항: ▶ 항목, 목덜미

3-2급 | 총획 12 | 形聲

머리[頁] 뒤쪽 양어깨 사이에 공[工]자 형태로 이어져 있는 '목덜미'.

- 項目 항목
- 各項 각항
- 同類項 동류항
- 事項 사항
- 條項 조항

---

## 頭 머리 두 ▶ 머리, 우두머리

6급 | 총획 16 | 동 首(수), 頁(혈) 반 尾(미)

콩[豆]과 뇌[頁]의 모양이 비슷하다니 '머리'로 상상이 된다

- 頭角 두각
- 頭目 두목
- 頭痛 두통
- 先頭 선두

---

## 顔 얼굴 안: ▶ 얼굴

3-2급 | 총획 18 | 동 面(면), 容(용) | 形聲

머리[頁]에 갓을 쓴 선비[彦]의 '얼굴'.

- 破顔大笑 파안대소 : 즐겁게 크게 웃는 모습
- 顔面 안면
- 顔色 안색
- 童顔 동안
- 無顔 무안
- 紅顔 홍안

---

## 領 거느릴 령 ▶ 거느리다, 우두머리, 옷깃

5급 | 총획 14 | 동 率(솔), 御(어), 統(통)

우두머리[頁]는 명령[令]하며 아랫사람을 '거느린다'.

- 領事 영사
- 領首 영수
- 領有 영유
- 領議政 영의정
- 領主 영주
- 領土 영토
- 大統領 대통령
- 受領 수령

題 **제목 제** ▶ 제목, 표제

6급 | 총획 18

이[是] 곳에 글의 머리[頁]를 쓰니 '제목'이 되었다.

- 題目 제목　　問題 문제　　主題 주제


頌 **칭송할, 기릴 송:** ▶ 칭송하다, 기리다

4급 | 총획 13 | 동 稱(칭)

여덟[八] 명의 사람이 나[厶]를 진정한 우두머리[頁]라 '칭송한다'.

- 頌歌 송가　　頌德 송덕　　頌詩 송시
- 頌祝 송축　　稱訟 칭송


頃 **이랑, 잠깐 경** ▶ 이랑, 잠깐

3-2급 | 총획 11 | 동 瞬(순) | 會意

비수[匕]의 머리[頁]가 한쪽으로 구부러지니 '잠깐' 고쳐야겠다.

- 頃刻 경각 : 아주 짧은 동안
- 萬頃蒼波 만경창파 : 한없이 넓고 푸른 바다의 물결


頗 **자못 파** ▶ 자못, 치우치다

3급 | 총획 14 | 동 偏(편)

얼굴[頁]의 피부[皮]가 늘어져 한쪽으로 '자못' '치우쳤다'.

- 頗多 파다　　偏頗 편파


須 **모름지기 수** ▶ 모름지기

3급 | 총획 12 | 동 必(필) | 會意

머리[頁]에 털[彡]이 있는 것은 '모름지기' 당연하다.

- 須知 수지 : 마땅히 알아야 하는 일
- 必須 필수 : 반드시 있어야 하는 것


頻 **자주 빈** ▶ 자주, 빈번하다

3급 | 총획 16 | 동 屢(루), 繁(번) | 形聲

걸음[步]을 배울 때는 넘어져 머리[頁]를 '자주' 다친다.

- 頻度 빈도　　頻發 빈발　　頻繁 빈번


順 **순할 순:** ▶ 순하다, 따르다

5급 | 총획 12 | 동 潔(결), 粹(수)

냇물[川]이 흐르듯 우두머리[頁]의 명령에 '순하게' 복종한다.

- 順良 순량　　順理 순리　　順序 순서
- 順風 순풍


願 **원할 원:** ▶ 원하다

5급 | 총획 19 | 동 望(망)

아이의 머리[頁]를 쓰다듬으며, 근본[原]이 바르게 자라기를 '원한다'.

- 願望 원망　　願書 원서　　願意 원의
- 所願 소원

# 類

**무리 류(:)** ▶ 무리, 비슷하다

5급 | 총획 19 | 동 群(군), 等(등), 衆(중) 반 孤(고), 獨(독)

쌀[米]밥을 먹으려고 개[犬]들이 머리[頁]를 모으고 '무리' 지어 있다.

- 類例 유례
- 類別 유별
- 類似 유사
- 類書 유서
- 同類 동류

# 顯

**나타날 현:** ▶ 나타나다, 밝다, 현저하다

4급 | 총획 23 | 동 現(현) 약 顕

태양[日]이 머리[頁] 위를 비추니 작고[幺] 작은[幺] 불[灬]빛이 '나타난다'.

- 顯官 현관
- 顯貴 현귀
- 顯示 현시
- 顯忠日 현충일

# 顧

**돌아볼 고** ▶ 돌아보다

3급 | 총획 21 | 동 回(회) | 形聲

뻐꾹새[雇]가 남의 둥지에 알을 낳고 머리[頁]를 돌려 자주 '돌아본다'.

- 四顧無親 사고무친 : 의지할 만한 데가 전혀 없음을 뜻함
- 顧客 고객
- 顧慮 고려
- 回顧錄 회고록

# 預

**미리 예:** ▶ 미리

2급 | 총획 13

나[予]는 내일 할 일을 머리[頁]속으로 '미리' 생각한다.

- 預金 예금
- 豫言 예언

頁

## 風 바람풍 부 · 9획

'바람'을 뜻한다.

---

### 風 바람 풍 ▶ 바람

6급 | 총획 9

무릇[凡] 벌레[虫]는 '바람'이 부는 가을에
처량하게 운다.

- 風力 풍력
- 風霜 풍상
- 風俗 풍속
- 風習 풍습
- 家風 가풍

### 颱 태풍 태 ▶ 태풍

2급 | 총획 14

바람[風] 중 내[厶] 입[口]을 싸늘하게 하는
'태풍'.

- 颱風 태풍

 **날비 부 · 9획**

새가 날아가는 모양을 본뜬 글자이다.

---

 **날 비** ▶ 날다

4·2급 | 총획 9 | 象形

날개[羽]를 펴고 하늘로 오르며[升] '난다'.

- □ 飛禽 비금
- □ 飛上 비상
- □ 秘語 비어
- □ 飛行 비행
- □ 飛行機 비행기

---

 **번역할 번** ▶ 번역하다, 펄럭이다, 뒤치다

3급 | 총획 21 | 동 譯(역) | 形聲

날개를 차례[番]로 뒤집으며 날[飛] 듯 말을 뒤집어 '번역하다'.

- □ 飜覆 번복
- □ 飜案 번안

## 食 밥식 부 · 9획

'밥' '먹다' 라는 뜻이다.

---

### 食 밥, 먹을 식 ▶ 밥, 먹다

7급 | 총획 9 | 동 飯(반)

사람[人]에게 가장 필요한 것은 좋은[良] '밥' 을 '먹는' 것이다.

- □ 食口 식구
- □ 食事 식사
- □ 食貪 식탐
- □ 外食 외식
- □ 飲食 음식

---

### 餓 주릴 아: ▶ 굶주리다

3급 | 총획 16 | 동 飢(기) 반 飽(포) | 形聲

먹을[食] 것이 없어 내[我] 배가 '주리다'.

- □ 餓鬼 아귀
- □ 餓死 아사
- □ 飢餓 기아

---

### 飯 밥 반 ▶ 밥

3-2급 | 총획 13 | 동 食(식) | 形聲

반[反]복해서 늘 먹는[食] 것은 '밥'.

- ■ 茶飯事 다반사 : '항다반사' 의 준말로, 극히 일반적이고 당연한 일
- □ 飯店 반점
- □ 白飯 백반
- □ 朝飯 조반

---

### 飽 배부를 포: ▶ 배부르다

3급 | 총획 14 | 반 飢(기), 餓(아) | 形聲

먹을[食] 것으로 배를 싸니[包] '배부르다'.

- □ 飽滿 포만
- □ 飽食 포식
- □ 飽和 포화

---

### 飢 주릴 기 ▶ 굶주리다

3급 | 총획 11 | 동 餓(아) 반 飽(포)

상[几] 위에 먹을[食] 것이 없어 배를 '주리다'.

- □ 飢渴 기갈
- □ 飢餓 기아
- □ 飢寒 기한
- □ 虛飢 허기

---

### 飲 마실 음(:) ▶ 마시다

6급 | 총획 13

하품[欠]하듯 입을 크게 벌리고 먹고[食] '마신다'.

- □ 飲料 음료
- □ 飲食 음식
- □ 飲酒 음주
- □ 米飲 미음
- □ 食飲 식음

---

餘 **남을 여** ▶ 남다

4–2급 | 총획 16 | 동 裕(유), 剩(잉), 殘(잔)
약 余

나[余]는 먹고[食] '**남은**' 밥을 먹는다.

- 餘暇 여가
- 餘念 여념
- 餘力 여력
- 餘白 여백
- 餘生 여생
- 餘他 여타
- 餘波 여파
- 殘餘 잔여

---

飼 **기를 사** ▶ 기르다

2급 | 총획 14

짐승의 먹이[食]를 맡아[司] 먹이면서
'**기르다**'.

- 飼料 사료
- 飼育 사육

---

飾 **꾸밀 식** ▶ 꾸미다

3–2급 | 총획 14 | 동 裝(장) | 形聲

사람[人]들이 수건[巾]이나 식[食]탁보에 예쁘게
수를 놓아 '**꾸미다**'.

- 虛禮虛飾 허례허식 : 겉으로만 꾸미지 실상은 정성이 없음

- 假飾 가식
- 服飾 복식
- 修飾 수식
- 裝飾 장식

---

養 **기를 양:** ▶ 기르다, 봉양하다

5급 | 총획 15 | 동 詞(사), 育(육)

양[羊]을 잘 먹여[食] '**기르다**'.

- 養女 양녀
- 養老 양로
- 養母 양모
- 養子 양자

---

館 **객사 관** ▶ 객사, 집

3–2급 | 총획 17 | 동 家(가), 閣(각), 庫(고), 堂(당), 屋(옥) | 약 舘 | 形聲

관리[官]들이 밥[食]도 먹고 묵을 수 있는
'**객사**'.

- 開館 개관
- 大使館 대사관
- 美術館 미술관
- 博物館 박물관
- 別館 별관
- 新館 신관
- 旅館 여관
- 領事館 영사관
- 休館 휴관

---

餐 **먹을 찬** ▶ 먹다, 밥

2급 | 총획 16

죽지[歹] 않으려고 또[又] 밥[食]을 '**먹는다**'.

- 晩餐 만찬
- 午餐 오찬
- 朝餐 조찬

食

머리수 부 · 9획

털이 난 머리 모양으로 머리는 곧 우두머리를 뜻한다.

---

## 머리 **수** ▶ 머리, 으뜸

5급 | 총획 9 | 동 頭(두), 頁(혈)

머리[亠]를 하나[丶]로 질끈 묶고 스스로[自]
'우두머리' 라 한다.

- 首肯 수긍
- 首都 수도
- 首領 수령
- 首相 수상
- 自首 자수

香 향기향 부·9획

'향기'를 뜻한다.

香 **향기 향 ▶** 향기

4-2급 │ 총획 9

날[日]이 갈수록 익어가는 벼[禾]의 **'향기'**.

- □ 香氣 향기
- □ 香料 향료
- □ 香水 향수
- □ 香草 향초
- □ 香花 향화

香

# 馬

**말마 부 · 10획**

말이 성내어 앞다리를 쳐들고 있는 모습이다.

---

## 馬 말 마: ▶ 말

5급 | 총획 10 | 象形

'말'이 앞다리를 쳐들고 있는 모양을 본뜬 자.

- 馬上客 마상객 : 말을 탄 사람
- 馬耳東風 마이동풍 : 남의 말을 귀담아듣지 않고 곧 흘려 버림

- ☐ 馬夫 마부
- ☐ 馬車 마차
- ☐ 落馬 낙마

## 驛 역 역 ▶ 역, 역말

3-2급 | 총획 23 | 약 駅 | 形聲

말[馬]을 타고 가다가 말을 보살피기[睪] 위해 머무르던 '역'.

- ☐ 驛馬 역마
- ☐ 驛長 역장
- ☐ 驛前 역전
- ☐ 簡易驛 간이역
- ☐ 終着驛 종착역

## 騎 말탈 기 ▶ 말을 타다

3-2급 | 총획 18 | 形聲

신기하게[奇] 달리는 말[馬]에서 떨어지지 않으니, '말타는' 재주가 뛰어나다.

- ☐ 騎馬 기마
- ☐ 騎馬戰 기마전
- ☐ 騎兵隊 기병대
- ☐ 騎士 기사
- ☐ 騎手 기수

## 騷 떠들 소 ▶ 떠들다, 시끄럽다

3급 | 총획 20 | 形聲

말[馬]이 벼룩[蚤]에 물린 듯 소동을 피우니 '시끄럽다'.

- ☐ 騷動 소동
- ☐ 騷亂 소란
- ☐ 騷音 소음
- ☐ 騷人 소인

## 驅 몰 구 ▶ 몰다

3급 | 총획 21 | 약 駆 | 形聲

말[馬]을 한 구역[區]으로 '쫓아' '몬다'.

- 乘勝長驅 승승장구 : 싸움에서 이긴 여세를 타고 계속 몰 아침

- ☐ 驅迫 구박
- ☐ 驅逐 구축
- ☐ 驅蟲 구충
- ☐ 先驅者 선구자

## 驗 시험할 험: ▶ 시험하다

4-2급 | 총획 23 | 약 験

좋은 말[馬]인지 다[僉] '시험하고' 결정한다.

- ☐ 經驗 경험
- ☐ 試驗 시험
- ☐ 實驗 실험
- ☐ 證驗 증험
- ☐ 體驗 체험
- ☐ 效驗 효험

# 駐

**머무를 주:** ▶ 머무르다

2급 | 총획 15

---

말[馬]타고 역마을에 도착하여 주인[主]에게 맡기고 '머문다'.

- 駐屯 주둔
- 駐在 주재
- 駐車 주차
- 常駐 상주

# 騰

**오를 등** ▶ 오르다

3급 | 총획 20 | 동 登(등) 반 落(락)

---

살[月]찐 팔팔[八]한 사내[夫]가 말[馬]에 '오르다'.

- 騰貴 등귀
- 騰落 등락
- 反騰 반등
- 飛騰 비등
- 暴騰 폭등

# 驚

**놀랄 경** ▶ 놀라다

4급 | 총획 23

---

공경하는[敬] 마음이 말[馬]에게도 있으니 '놀랄' 따름이다.

- 驚天動地 경천동지 : 하늘이 놀라고 땅이 흔들린다는 뜻으로, 세상을 크게 놀라게 함

- 驚氣 경기
- 驚起 경기
- 驚愕 경악
- 驚異 경이
- 驚歎 경탄

馬

# 骨

**뼈골 부 · 10획**

살 속의 뼈의 모양을 본뜬 글자이다.

## 骨 뼈 골 ▶ 뼈

4급 | 총획 10 | 반 肉(육) | 象形

살[月] 속에 들어 있는 '뼈[冎]' 모양을 본뜬 자.

- 骨肉相殘 골육상잔 : 혈연 관계에 있는 사람끼리 서로 싸우고 해치는 일

- 骨格 골격
- 骨盤 골반
- 骨子 골자
- 骨折 골절
- 骨組 골조
- 眞骨 진골

## 體 몸 체 ▶ 몸

6급 | 총획 23 | 동 身(신) | 반 心(심) | 약 体

뼈[骨]와 살이 풍성[豊]하게 이루어진 '몸'.

- 體力 체력
- 體面 체면
- 體育 체육
- 體驗 체험
- 液體 액체

高 높을고 부 · 10획

높은 누각의 모양을 본뜬 글자이다.

---

 높을 **고** ▶ 높다

6급 | 총획 10 | 동 崇(숭)  반 低(저), 下(하) |
象形

'**높은**' 누각의 모양을 본뜬 자.

- 高價 고가
- 高級 고급
- 高度 고도
- 高手 고수
- 高地 고지
- 高低 고저

## 髮

**터럭 발** ▶ 터럭, 머리털

4급 | 총획 15 | 동 毛(모)

긴[長] 머리[彡]를 휘날리며 달릴[犮] 때 떨어지는 **'터럭'**.

■ 危機一髮 위기일발 : 눈 앞에 닥친 위기의 순간

- 髮毛 발모
- 假髮 가발
- 金髮 금발
- 怒髮 노발
- 斷髮 단발
- 毛髮 모발
- 散髮 산발
- 銀髮 은발
- 理髮 이발

鬥 싸울투 부 · 10획
양쪽에서 두 사람이 주먹으로 때리며 싸우는 모양이다.

## 鬪 싸울 투 ▶ 싸움, 싸우다

4급 | 총획 20 | 통 競(경), 爭(쟁), 戰(전)

콩[豆]한 마디[寸]를 갖고자 시작한 작은
다툼[鬥]이 큰 '싸움'이 되었다.

※ 옥편에는 鬪가 속자로 되어 있으나 실제로는 본자처럼 쓰인다.

- 鬪志 투지
- 鬪病 투병
- 鬪牛 투우
- 鬪爭 투쟁
- 健鬪 건투
- 激鬪 격투

鬥

 답답할 울 ▶ 답답하다

2급 | 총획 29 | 약 欝

장군[缶]에 술[鬯]을 담아 옥수수 수염[彡]이
'빽빽하게' 숲[林]을 이룬 밭에 묻으니
그 속이 '답답하다'.

- 鬱憤 울분
- 鬱寂 울적
- 鬱火 울화
- 憂鬱 우울

<table>
<tr><td>

## 鬲

**다리굽은솥력 부 · 10획**

중앙에 무늬가 있고, 다리가 세 개 달린 솥모양이다.

</td></tr>
</table>

해당 한자 없음

<table>
<tr><td>

## 鬼

**귀신귀 부 · 10획**

사람을 해치는 '망령' '귀신'을 뜻한다.

</td></tr>
</table>

 **귀신 귀: ▶ 귀신**

3-2급 | 총획 10 | 동 神(신) | 會意

흉악한 머리가 '귀신'의 형상을 본뜬 자.

- 鬼神 귀신
- 鬼才 귀재
- 客鬼 객귀
- 惡鬼 악귀
- 雜鬼 잡귀
- 吸血鬼 흡혈귀

**魅 도깨비, 홀릴 매 ▶ 도깨비, 홀리다**

2급 | 총획 15

귀신[鬼]이 아직 안[未] 된 것이 '도깨비'.

- 魅力 매력

 **넋 혼 ▶ 넋**

3-2급 | 총획 14 | 동 靈(령)

구름[云]처럼 떠다니는 귀신[鬼]의 '넋'.

- 魂靈 혼령
- 招魂 초혼

 **마귀 마 ▶ 마귀**

2급 | 총획 21

사람의 마음을 대마[麻]처럼 혼란하게 하는 귀신[鬼]이 '마귀'.

- 好事多魔 호사다마 : 좋은 일에는 탈이 생기기 마련임

- 魔鬼 마귀
- 魔法 마법
- 魔術 마술

# 魚

**물고기어 부 · 11획**

물고기의 모양이다.

---

## 魚 물고기 **어** ▶ 물고기, 고기

5급 | 총획 11 | 象形

‘물고기’의 입[⺈]과 몸[田]과 지느러미[灬] 모양을 본뜬 자.

- □ 魚類 어류
- □ 魚網 어망
- □ 魚物 어물
- □ 魚族 어족
- □ 漁戶 어호

## 鮮 고울 **선** ▶ 곱다, 깨끗하다, 싱싱하다

5급 | 총획 17 | 동 麗(려), 美(미)

물고기[魚]와 양[羊] 의 빛깔이 참 ‘곱다’.

- □ 鮮度 선도
- □ 鮮明 선명
- □ 鮮魚 선어
- □ 新鮮 신선

# 鳥

**새조 부 · 11획**

꽁지가 긴 예쁜 숫새 모양이다.

---

## 鳥 새 조 ▶ 새

4-2급 | 총획 11 | 동 禽(금), 乙(을) | 象形

꽁지가 긴 예쁜 숫새 모양을 본뜬 자.

※ 隹(추)는 '암새'를 가리킨다

- 一石二鳥 일석이조 : 동시에 두 가지 이득을 봄
- 鳥足之血 조족지혈 : 새 발의 피. 분량이 아주 적음

□ 鳥類 조류　　　□ 鳥獸 조수　　　□ 吉鳥 길조
□ 白鳥 백조

---

## 鳴 울 명 ▶ 울다

4급 | 총획 14 | 동 哭(곡), 泣(읍) | 반 笑(소)

새[鳥]가 입[口]을 벌려 '운다'.

□ 鳴琴 명금　　　□ 鳴動 명동　　　□ 共鳴 공명
□ 悲鳴 비명

---

## 鴻 기러기 홍 ▶ 기러기

3급 | 총획 17 | 동 雁(안) | 形聲

큰 강[江] 가에 있는 새[鳥] '기러기'.

□ 鴻名 홍명　　　□ 鴻雁 홍안　　　□ 鴻恩 홍은
□ 鴻學 홍학

---

## 鷄 닭 계 ▶ 닭

4급 | 총획 21 | 약 鶏

손톱[爪] 같은 작은[幺] 발톱을 가진
큰[大] 새[鳥]는 '닭'.

- 鷄口 계구 : 닭의 입. 작은 단체의 우두머리를 비유함
- 鷄卵有骨 계란유골 : 늘 일이 안 되는 사람이 모처럼 좋은 기회를 만났으나 역시 잘 안 됨

□ 鷄冠 계관　　　□ 鷄林 계림　　　□ 鷄鳴 계명

---

## 鶴 학 학 ▶ 학

3-2급 | 총획 21 | 形聲

높이 나는[寉] 새[鳥]는 '학'.

- 群鷄一鶴 군계일학 : '여러 마리 닭 중에 학'이라 하여 여러 사람 가운데 뛰어난 사람
- 鶴首苦待 학수고대 : '학처럼 목을 빼고 있다'고 하여 몹시 기다림

□ 鶴髮 학발

---

## 鷗 갈매기 구 ▶ 갈매기

2급 | 총획 22 | 形聲

일정한 구역[區] 바닷가에 모여드는 새[鳥]는
'갈매기'.

 봉새 봉: ▶ 봉새, 봉황

3-2급 | 총획 14

---

무릇[凡] 새[鳥] 중에 으뜸이니 **'봉황'**.

- 鳳仙花(봉선화): 일년초 관상용 꽃으로 화분에 심는 화초의 한 가지. (봉숭아라고도 불림)

鹵 짠땅로 부 · 11획

망태기에 담긴 소금의 모양이다.

---

## 鹽 소금 염 ▶ 소금

3-2급 | 총획 24 | 약 塩 | 形聲

소금밭[鹵]에 바닷물을 끌어들여 햇빛과 배수를
잘 살펴[監] 만든 '소금'.

- 鹽素 염소
- 鹽基性 염기성
- 鹽分 염분
- 竹鹽 죽염
- 食鹽 식염
- 天日鹽 천일염

## 鹿 사슴 **록** ▶ 사슴

3급 | 총획 11 | 象形

'사슴'의 뿔, 몸통과 네발의 형상을 본뜬 자.

■ 指鹿爲馬 지록위마 : 윗사람을 농락하여 권세를 휘두름.
　　　　　　　　모순된 것으로 남을 속이는 짓

□ 鹿角 녹각　　□ 鹿血 녹혈　　□ 逐鹿 축록

## 麗 고울 **려** ▶ 곱다, 빛나다

4-2급 | 총획 19

사슴[鹿]의 양쪽 뿔[丽]이 '곱다'.

■ 美辭麗句 미사여구 : 듣기 좋게 아름답게 꾸민 말과 글

□ 麗日 여일　　□ 美麗 미려　　□ 秀麗 수려
□ 華麗 화려

## 보리맥 부 · 11획

보리 이삭의 모양을 본뜬 글자이다.

---

## 보리 **맥** ▶ 보리

3-2급 | 총획 11 | 약 麦 | 象形

---

'**보리**' 이삭의 모양을 본뜬 자.

- 麥飯 맥반
- 麥芽 맥아
- 麥酒 맥주
- 麥秋 맥추
- 小麥 소맥
- 精麥 정맥

麻 삼 마(:) ▶ 삼
3-2급 | 총획 11 | 形聲

집에서 삼껍질을 엮어 만든 '삼'.

▫ 麻布 마포      ▫ 大麻草 대마초

밭의 빛이 황토색이어서 '누르다'는 뜻을 나타낸다.

## 黃 누를 황 ▶ 누르다

6급 | 총획 12

이십[卄]일[一] 년이 지나니 이유[由]없이
사방[八]의 땅이 '누렇게' 변했다.

- 黃金 황금
- 黃色 황색
- 黃鳥 황조
- 黃土 황토

 黍 기장서 부 · 12획

벼[禾]와 같은 곡식으로, 기장을 의미한다.

해당 한자 없음

黑 검을흑 부 · 12획

'검다'는 뜻이다.

---

## 黑 검을 흑 ▶ 검다

5급 | 총획 12 | 통 暗(암), 昏(혼) | 반 白(백)

불[灬]을 때니 흙[土]으로 만든 창[囧]이 '검게' 그을렸다.

□ 黑氣 흑기　　□ 黑白 흑백　　□ 黑心 흑심
□ 黑人 흑인

## 點 점 점(:) ▶ 점

4급 | 총획 17 | 약 点

검은[黑]색이 모두 점한[占] 큰 '점'.

□ 點檢 점검　　□ 點燈 점등　　□ 點線 점선
□ 點數 점수　　□ 點呼 점호　　□ 點火 점화

## 默 잠잠할 묵 ▶ 잠잠하다, 묵묵하다

3-2급 | 총획 16

칠흑[黑]같이 어두운 밤에는 개[犬]도
'입을 다물고' '잠잠하다'.

□ 默契 묵계　　□ 默念 묵념　　□ 默秘權 묵비권
□ 默殺 묵살　　□ 默示錄 묵시록　　□ 寡默 과묵

## 黨 무리 당 ▶ 무리

4-2급 | 총획 20 | 통 群(군), 徒(도), 衆(중)
약 党

높은[尚] 곳에 새카맣게[黑] 모여든 까마귀 
'무리'.

□ 黨權 당권　　□ 黨論 당론　　□ 黨員 당원
□ 黨派 당파　　□ 朋黨 붕당　　□ 惡黨 악당
□ 野黨 야당　　□ 與黨 여당　　□ 政黨 정당

## 바느질할치 부 · 12획

바늘로 꿰매는 모습이다.

해당 한자 없음

## 맹꽁이맹 부 · 13획

맹꽁이의 모양이다.

해당 한자 없음

鼎 솥정 부 · 13획

발이 셋, 귀가 둘 달린 쇠솥의 모양이다.

해당 한자 없음

鼠 쥐서 부 · 13획

쥐의 모양이다.

해당 한자 없음

## 鼓

북고 부 · 13획

장식이 달린 악기를 오른손으로 친다는 의미에서 북을 나타내게 되었다.

---

## 鼓

북 고 ▶ 북

3-2급 | 총획 13 | 會意

---

손에 나뭇가지[攴]를 들고 치는 악기[壴] '북'.

- 鼓角 고각
- 鼓動 고동
- 鼓舞 고무
- 鼓手 고수
- 申聞鼓 신문고

鼻 코비 부 · 14획

코로 냄새를 맡는 모양을 본뜬 글자이다.

---

鼻 코비 ▶ 코

5급 | 총획 14 | 象形

---

밭[田]에서 수확된 벼를 들고[廾]
자기[自] '코' 로 냄새를 맡는다.

- 耳目口鼻 이목구비 : 귀 · 눈 · 입 · 코

- 鼻笑 비소　　　　□ 鼻音 비음　　　　□ 鼻祖 비조

## 齊 가지런할제 부 · 14획

벼나 보리 이삭이 패어 가지런한 모습이다.

---

### 齊 가지런할 제 ▶ 가지런하다

3-2급 | 총획 14 | 동 整(정) 약 斉

벼가 패서 이삭이 고르고 **'가지런하다'**.

- 齊家 제가
- 齊唱 제창
- 整齊 정제

입 안의 이의 모습을 본뜬 글자이다.

---

## 齒 이 치 ▶ 이

4-2급 | 총획 15 | 동 牙(아) 약 歯 | 象形

입 안[니]에 머물러[止] 있는 윗니[쓰]와 아랫니 [쓰]와 혀[–]의 모양을 보니 '이'의 건강 상태를 알겠다.

- 齒科 치과
- 齒石 치석
- 齒牙 치아
- 齒列 치열
- 齒痛 치통
- 蟲齒 충치

龍　용룡 부 · 16획
꾸불꾸불 서 있는 용의 모습을 본뜬 글자이다.

---

龍　용 룡 ▶ 용

4급 | 총획 16 | 약 竜 | 象形

꾸불꾸불[㔾]서[立] 있는 '용'의 몸[月]을 본뜬 자.

- 龍頭蛇尾 용두사미 : 시작은 좋으나 뒤끝이 점점 나빠짐
  을 이르는 말

- 龍宮 용궁　　　□ 龍顔 용안　　　□ 白龍 백룡
- 登龍門 등용문　　□ 靑龍 청룡

# 거북귀 부 · 16획

거북의 모양을 본뜬 글자이다.

---

## 龜 거북 **구, 귀** ▶ 거북

3급 | 총획 16 | 약 亀 | 象形

'**거북**'의 모양을 본뜬 자.

- 龜鑑 귀감
- 龜甲 귀갑
- 龜卜 귀복

## 피리약 부 · 17획

피리의 모습을 본뜬 글자이다.

해당 한자 없음

# 인명자, 지명자 350

2급에는 인명자와 지명자 350여 자가 있습니다.
이들을 따로 묶어 한눈에 알 수 있도록 정리하였습니다.

軻 수레, 사람이름 **가**
총획 12 | 부수 車

'수레[車]'에 사람을 태우는 것이 가능[可]하다.

▶ 孟軻 맹가


賈 성 **가** 장사 **고**
총획 13 | 부수 貝

덮어[襾] 놓은 재물[貝]을 파는 '장사'.

▶ 賈船 고선
▶ 賈怨 고원


迦 부처이름 **가**
총획 9 | 부수 辶

힘을 더해[加] 달라고 가서[辶] '부처이름'을 부르다.

▶ 迦藍 가람
▶ 釋迦牟尼 석가모니


柯 가지 **가**
총획 9 | 부수 木

나무[木] 여기저기서 뻗은 가히[可] 많은 줄기와 '가지'.

▶ 柯葉 가엽
▶ 柯條 가조


伽 절 **가**
총획 7 | 부수 人

사람[亻]의 마음에 평화를 더해[加] 주는 '절'.

▶ 伽藍 가람
▶ 伽倻琴 가야금


珏 쌍옥 **각**
총획 9 | 부수 玉

똑같은 구슬 두 개[玉玉]니 '쌍옥'.


杆 몽둥이 **간**
총획 7 | 부수 木

나무[木] 방패[干]로 만든 '몽둥이'.

▶ 杆城 간성
▶ 欄干 난간


艮 머무를, 괘이름 **간**
총획 6 | 부수 艮

머물러 서서 뒤돌아 보는 모양에서 '머무르다'.

▶ 艮卦 간괘
▶ 艮峴 간현


鞨 종족이름 **갈**
총획 18 | 부수 革

가죽[革]으로 다[曷] 옷을 해 입은 '말갈족'을 뜻하여 '종족이름'.

▶ 靺鞨 말갈


鉀 갑옷 **갑**
총획 13 | 부수 金

쇠[金]로 만든 '갑옷[甲]'.

▶ 鉀衣 갑의
▶ 貫鉀 관갑


岬 곶 **갑**
총획 8 | 부수 山

바다에 갑옷[甲] 산[山]같이 내민 반도보다 작은 육지니 '곶'.

▶ 岬角 갑각
▶ 岬岫 갑수


疆 지경 **강**
총획 19 | 부수 田

활[弓]을 들고 영토[土]의 밭[田]과 밭[田] 가운데 경계선[三]을 지키는 '지경'.

▶ 疆土 강토
▶ 新疆省 신강성


彊 굳셀 **강**
총획 16 | 부수 弓

활[弓]을 들고 국경선[畺]에서 싸우는 군인들이 '굳세다'.

▶ 自彊 자강


崗 언덕 **강**
총획 11 | 부수 山

산[山] 등성이[岡]가 '언덕'이 되다.

▶ 花崗巖 화강암


岡 산등성이 **강**
총획 8획 | 부수 山

성[冂] 하나[一]를 지키는 여덟[八] 개의 '산[山]등성이'.

▶ 岡陵 강릉
▶ 福岡 복강

姜 성 강
총획 9 | 부수 女

양[羊] 같은 여자[女]에게 붙여준 '성'.

▶ 姜邯贊 강감찬
▶ 姜太公 강태공


杰 뛰어날 걸
총획 8 | 부수 木

나무[木]가 불[灬]에 타오르듯 치솟은 듯한 것이니 '뛰어나다'.

傑의 속자


璟 옥빛 경:
총획 16 | 부수 玉

햇볕[景]처럼 빛나는 구슬[玉]이니 '옥빛'.

▶ 順璟 순경
▶ 沈璟 심경


价 착할 개
총획 6 | 부수 人

사람[人 亻] 둘[二]을 소개하는 '착한' 사람.

▶ 价人 개인
▶ 价川郡 개천군


甄 질그릇 견
총획 14 | 부수 瓦

서쪽[西] 산기슭에 가마를 만들어 놓고 흙[土]을 구워 만든 기와[瓦]와 '질그릇'.

▶ 甄工 견공


皐 언덕 고
총획 11 | 부수 白

사람이 죽은 뒤 그가 입던 흰[白] 옷을 들고 큰[大] 소리로 돌아오라고 '언덕'에 올라 혼을 부른다.

▶ 皐復 고복


塏 높은 땅 개:
총획 13 | 부수 土

어찌[豈] 흙[土]이 쌓이고 쌓여 이렇게 '높은 땅'이 되었는가?

▶ 李塏 이개


瓊 옥 경
총획 19 | 부수 玉

옥[玉] 중에서 사람 머리에 장식하는 아름다운 '옥'.

▶ 瓊樓 경루
▶ 瓊玉 경옥


琯 옥피리 관
총획 12 | 부수 玉

벼슬[官]한 사람들이 구슬[玉]을 장식하여 만든 '옥피리'.

▶ 玉琯 옥관
▶ 李琯 이관


鍵 열쇠 건:
총획 17 | 부수 金

쇠[金]로 만든 자물통을 열기 위해 세워[建] 꽂는 '열쇠'.

▶ 鍵盤 건반
▶ 關鍵 관건


炅 빛날 경
총획 8 | 부수 火

태양[日]이 불[火]처럼 '빛난다'.

▶ 申炅 신경
▶ 趙炅 조경


串 꿸 관 땅이름 곶
총획 7 | 부수 丨

두 개의 널판을 송곳[丨]으로 뚫어 '꿴다'.

▶ 長山串 장산곶
▶ 石串洞 석관동


桀 사나울, 걸임금 걸
총획 10 | 부수 木

어긋난[舛] 짓을 한 죄인을 나무[木] 형틀에 묶어 형을 가함이 '사납다'.

▶ 桀惡 걸악
▶ 桀王 걸왕


儆 경계할 경:
총획 15 | 부수 人

공경[敬]하는 사람[亻] 앞에서 조심하듯 '경계한다'.

▶ 儆戒 경계
▶ 儆備 경비


槐 홰나무 괴
총획 14 | 부수 木

귀신[鬼] 같은 나무[木]는 '홰나무'.

▶ 槐木 괴목
▶ 槐門 괴문

# 邱 언덕 구
총획 8 | 부수 阝

'언덕[丘]'이 있는 마을[阝].

▶ 大邱 대구
▶ 靑邱 청구

# 圭 홀 규
총획 6 | 부수 土

천자가 넓은 땅[土]을 다스리도록 제후에게 내려준 '홀'.

▶ 圭田 규전
▶ 圭表 규표

# 箕 키 기
총획 14 | 부수 竹

대나무[竹]로 만든 그[其] '키', 또는 삼태기.

▶ 箕踞 기거
▶ 箕坐 기좌

# 玖 옥돌 구
총획 7 | 부수 玉

오래된[久] 흙 속에 묻혀 있는 구슬[王]이 '옥돌'.

▶ 玖馬 구마
▶ 李玖 이구

# 奎 별이름 규
총획 9 | 부수 大

크고[大] 넓은 하늘의 영토[圭]에서 빛나는 '별'.

▶ 奎文 규문
▶ 奎章閣 규장각

# 耆 늙은 기
총획 10 | 부수 耂

많은 날[日], 즉 세월이 흘러 늙어[老]버린 '늙은이'.

▶ 耆年 기년
▶ 耆老 기로

# 鞠 기를 국
총획 17 | 부수 革

가죽[革]으로 싸서[勹] 쌀[米]밥을 지어주며 자식을 '기른다'.

▶ 鞠躬 국궁
▶ 鞠問 국문

# 槿 무궁화나무 근:
총획 15 | 부수 木

진흙[土] 속에 서 있는 나무[木]는 '무궁화나무'.

▶ 木槿 목근
▶ 槿花 근화

# 琦 옥이름 기
총획 12 | 부수 玉

왕[王]이 가진 기이한[奇] '옥'.

# 珪 홀 규
총획 10 | 부수 玉

왕[王]이 넓은 땅[圭]을 다스리도록 제후에게 내려준 '홀'.

▶ 珪素 규소
▶ 珪弊 규폐

# 瑾 아름다운 옥 근:
총획 15 | 부수 玉

진흙[堇] 속에 묻혀 있는 구슬[王]도 '아름다운 옥'.

▶ 柳瑾 유근

# 沂 물이름 기
총획 7 | 부수 水

도끼[斤] 모양을 그리며 흐르는 '물[氵] 이름'.

▶ 沂水 기수

# 揆 헤아릴 규
총획 12 | 부수 手

손[扌]을 굽혀 천간[癸]을 따지듯 '헤아린다'.

▶ 一揆 일규

# 兢 조심할 긍:
총획 14 | 부수 儿

옛날[古] 옛날[古] 사람들[儿儿]은 항상 '조심하고' '삼가하는' 자세로 살았다.

▶ 兢懼 긍구
▶ 兢兢業業 긍긍업업

# 岐 갈림길 기
총획 7 | 부수 山

산[山] 속에 이리저리 가지[支] 뻗은 듯 나 있는 '갈림길'.

▶ 岐路 기로
▶ 分岐 분기

麒 기린 기
총획 19 | 부수 鹿

사슴[鹿]과 비슷한 초원 지대에 떼지어 사는 키가 가장 큰 그[其] '기린'.

▶ 麒麟 기린
▶ 麒麟兒 기린아

---

冀 바랄 기
총획 16 | 부수 八

북쪽[北] 밭[田]을 함께[共] 농사 지으며 풍년 들기를 '바란다'.

▶ 冀望 기망
▶ 冀願 기원

---

燾 비출 도
총획 18 | 부수 火

목숨[壽]이 붙어 있는 듯 불[灬]이 세상을 '비추다'.

▶ 燾育 도육
▶ 宋相燾 송상도

---

淇 물이름 기
총획 11 | 부수 水

그[其] 물[氵]에도 '물이름'이 있다.

▶ 淇水 기수

---

琪 옥이름 기
총획 12 | 부수 玉

구슬[玉]로 만들어 그[其] 이름을 붙여 준 것이니 '옥이름'.

▶ 琪樹 기수
▶ 琪花 기화

---

燉 불빛 돈
총획 16 | 부수 火

불[火]이 도타우니[敦], 불빛이 '밝다'.

▶ 徐燉珏 서돈각

---

璣 구슬 기
총획 16 | 부수 玉

구슬[玉] 몇 개[幾]씩 꿰매달아 놓은 '구슬'.

▶ 璣衡 기형

---

湍 여울 단
총획 12 | 부수 水

산[山] 꼭대기에서 물[氵]이 '여울져' 흘러간다.

▶ 急湍 급단

---

惇 두터울 돈
총획 11 | 부수 心

항상 자식은 행복을 누려야[享]한다고 하는 부모의 사랑하는 마음[忄]이 '두텁다'.

▶ 惇德 돈덕
▶ 惇惇 돈돈

---

騏 준마 기
총획 18 | 부수 馬

말[馬] 중에 그[其] 놈이 바로 '준마'.

▶ 騏驥 기기

---

塘 못 당
총획 13 | 부수 土

당나라[唐] 같은 넓은 집뜰에 흙[土]을 파서 만든 '연못'.

▶ 盆塘 분당

---

頓 조아릴 돈
총획 13 | 부수 頁

밖으로 나온 싹[屯]처럼 머리[頁]를 '조아리다'.

▶ 異次頓 이차돈
▶ 整頓 정돈

---

驥 천리마 기
총획 27 | 부수 馬

말[馬]타고 북[北]쪽인 다른[異] 지방을 순찰하기 위해 골라 탄 '천리마'.

▶ 驥足 기족
▶ 理驥 이기

---

悳 큰 덕
총획 12 | 부수 心

마음[心]이 곧으니[直] 큰 '덕'이 있다.

▶ 德의 古字

---

乭 이름 돌
총획 6 | 부수 乙

모든 돌[石]과 새[乙]들에게도 '이름'이 있다.

▶ 甲乭 갑돌

## 董 바로잡을 동
총획 13 | 부수 艸

이 풀[艸]이 약초로 중요[重]하여 잘 자라도록 **바로잡다**.

▶ 董督 동독
▶ 董率 동솔

## 杜 막을 두
총획 7 | 부수 木

나무[木] 말뚝을 박고 흙[土]을 쌓아 물이 넘치는 것을 **막는다**.

▶ 杜門不出 두문불출
▶ 杜絕 두절

## 鄧 나라이름 등
총획 15 | 부수 阝

등[登]이 음, 고을[阝]이 뜻부분으로 **나라이름**.

▶ 鄧小平 등소평

## 萊 명아주 래
총획 12 | 부수 艸

풀[艹]이라고 가지고 와[來]서 보니 **명아주**.

▶ 萊蕪 내무

## 樑 들보 량
총획 15 | 梁의 속자 | 부수 木

나무[木] 중 나무[木]를 베어 물[氵]에 불려 칼[刀]로 다듬어 만든 **들보**.

▶ 棟樑 동량

## 亮 밝을 량
총획 9 | 부수 亠

높은[高] 학문을 마친 사람[儿]은 사리가 **밝다**.

▶ 亮明 양명

## 礪 숫돌 려:
총획 20 | 부수 石

바위[厂] 돌[石]같이 단단하여 많은[萬] 낫이니 칼을 기는 **숫돌**.

▶ 礪石 여석

## 驪 검은 말 려
총획 29 | 부수 馬

말[馬]중에 특히 화려[麗]한 말이 **검은 말**.

▶ 驪珠 여주

## 廬 농막집 려
총획 19 | 부수 广

집[广]은 집인데 굴뚝이 낮아 검게[盧] 그을은 **농막집**.

▶ 廬幕 여막
▶ 三顧草廬 삼고초려

## 呂 음률 려:
총획 7 | 부수 口

마디마디 등뼈[呂]처럼 높낮이가 있는 **음률**.

▶ 律呂 율려

## 漣 잔물결 련
총획 14 | 부수 水

물[氵]이 아래로 계속 이어져[連] 흘러가니 **잔물결**이 인다.

▶ 漣然 연연

## 濂 물이름 렴
총획 16 | 부수 水

깨끗[廉]한 물[氵]에도 붙여진 **물이름**.

## 玲 금옥소리 령
총획 9 | 부수 玉

구슬[玉]로 하여금[令] 나는 아름다운 소리가 **금옥소리**.

▶ 玲瓏 영롱
▶ 五色玲瓏 오색영롱

## 醴 단술 례:
총획 20 | 부수 酉

술[酉]을 손님에게 대접하기 위해 풍성[豊]하게 빚은 **단술**.

▶ 醴酒 예주
▶ 醴泉 예천

## 魯 미련할, 노둔할 로
총획 15 | 부수 魚

물고기[魚]처럼 매일[日] 생각없이 사는 모습이 **미련하다**.

▶ 魯迅 노신
▶ 魚魯不辨 어로불변

鷺 해오라기 **로**
총획 23 | 부수 鳥

정해진 길[路]따라 질서있게 이동하는
새[鳥]는 '해오라기'.

▶ 鷺梁津 노량진
▶ 白鷺 백로

崙 산 이름 **륜**
총획 11 | 부수 山

산[山]이 둥글면[侖] '산 이름'도 둥글다.

▶ 崑崙山 곤룬산

覓 찾을 **멱**
총획 11 | 부수 見

손톱[爫]으로 하나씩 가려 내며 보고
[見] 썩은 곡식을 '찾는다'.

▶ 覓去 멱거
▶ 覓來 멱래

蘆 갈대 **로**
총획 20 | 부수 艸

검은[盧] 흙바닥에 나부끼는 풀[艹]이
'갈대'.

▶ 蘆笠 노립
▶ 蘆笛 노적

楞 네모질 **릉**
총획 13 | 부수 木

나무[木]를 사[四]방[方]으로 깎아 '네모
지게' 한다.

▶ 楞嚴經 능엄경

俛 머리숙일 **면:**
총획 9 | 부수 人

어떤 어려운 일을 면하기[免] 위해 '머리
숙인다'.

▶ 俛首 면수
▶ 俛仰 면앙

盧 검을, 성 **로**
총획 16 | 부수 皿

범[虍]과 밭[田]의 무늬가 있는 그릇[皿]
의 색이 '검다'.

▶ 盧弓盧矢 노궁노시
▶ 盧天命 노천명

麟 기린 **린**
총획 23 | 부수 鹿

사슴[鹿] 비슷한 몸에 쌀[米]톨 같은 무
늬가 여기저기[舛] 흩어져 있는 '기린'.

▶ 麟角 인각
▶ 麟孫 인손

沔 물이름 **면**
총획 7 | 부수 水 | 약 沔

흙담[丏] 같은 '물[氵]이름'.

▶ 沔水 면수
▶ 沔川 면천

遼 멀 **료**
총획 16 | 부수 辶

햇불을 들고 뛰어간[辶] 곳이 '멀다'.

▶ 遼東 요동

靺 오랑캐이름 **말**
총획 14 | 부수 革

가죽[革]옷을 입고 변방 끝[末]에 서 있
는 '오랑캐'.

▶ 靺鞨 말갈
▶ 靺鞨族 말갈족

冕 면류관 **면:**
총획 11 | 부수 冂

가난을 면[免]하기 위해 성[冂]문처럼 머
리에 쓴 '면류관'.

▶ 冕旒冠 면류관
▶ 冕服 면복

劉 죽일 **류**
총획 15 | 부수 刀

쇠[金] 칼[刂]로 토끼[卯]를 잡아
'죽이다'.

▶ 劉備 유비

貊 오랑캐 **맥**
총획 13 | 부수 豸

사나운 짐승[豸] 백[百]여 마리가 달려
들듯 쳐들어 오는 '오랑캐'.

▶ 貊弓 맥궁
▶ 蠻貊 만맥

謨 꾀 **모**
총획 18 | 부수 言

말[言] 없이[莫] 깊히 생각하여 계책을 세
운 '꾀'.

▶ 謨訓 모훈
▶ 嘉謨 가모

牟 성, 보리 모
총획 6 | 부수 牛

내[厶]가 소[牛] 먹이로 준 것이 '보리'.

▶ 牟利 모리

---

彌 오랠 미
총획 17 | 부수 弓

활[弓]을 들고 있는 너[爾]의 모습이 '오래도록' 지속된다.

▶ 彌久 미구
▶ 彌勒 미륵

---

珉 옥돌 민
총획 9 | 부수 玉

백성[民]들이 가지고 노는 구슬[玉]은 '옥돌'.

▶ 刻珉 각민
▶ 堅珉 견민

---

茅 띠 모
총획 9 | 부수 艸

풀[艹] 중에 창[矛]처럼 여기저기 솟아난 '띠'.

▶ 茅根 모근
▶ 茅沙 모사

---

玟 아름다운 돌 민
총획 8 | 부수 玉

글자[文] 무늬가 있는 구슬[玉] 같은 '아름다운 돌'.

▶ 玟瑰 민괴
▶ 安玟英 안민영

---

潘 성, 뜨물 반
총획 15 | 부수 水

쌀을 여러번[番] 물[氵]에 씻으니 '뜨물'이 생기다

▶ 潘沐 반목

---

穆 화목할 목
총획 16 | 부수 禾

벼[禾]농사가 풍년이 들어 '화목하다'.

▶ 穆然 목연
▶ 和穆 화목

---

旼 온화할 민
총획 8 | 부수 日

글[文] 읽는 선비의 마음은 따뜻한 태양[日]처럼 '온화하다'.

▶ 洪吉旼 홍길민
▶ 和旼 화민

---

磻 반계, 강이름 반
총획 17 | 부수 石

태공망이 낚시질을 하였다는 돌[石]이 차례[番]대로 늘어선 반계니 '강이름'.

▶ 磻溪 반계

---

昴 별 이름 묘:
총획 9 | 부수 日

해[日]에 의해 빛나는 '별'.

▶ 昴星 묘성

---

閔 우환, 성 민
총획 12 | 부수 門

대문[門]에 꽂혀 있는 조문[文]을 보고 '우환'을 가엾게 여긴다.

▶ 閔妃 민비
▶ 閔惜 민석

---

渤 바다이름 발
총획 12 | 부수 水

산동 반도와 요동 반도 사이의 물[氵]의 파도가 일어나는[勃] '바다이름'.

▶ 渤海 발해

---

汶 내 이름, 더럽힐 문
총획 7 | 부수 水

오염된 물[氵] 같은 글[文]은 사람에 마음을 '더럽힌다'.

▶ 汶汶 문문
▶ 汶山 문산

---

旻 하늘 민
총획 8 | 부수 日

해[日]가 떠 있는 '하늘'.

▶ 旻天 민천
▶ 九旻 구민

---

鉢 바리때 발
총획 13 | 부수 金

쇠[金]가 아닌 나무[木]로 깎아[一] 만든 중의 '바리때'.

▶ 周鉢 주발
▶ 托鉢 탁발

## 龎 높은 집 **방**
총획 19 | 부수 龍

용[龍]이 사는 집[广]이니 높고 '높은 집'.

▶ 龎錯 방착

## 卞 조급할, 성 **변:**
총획 4 | 부수 卜

점[丶] 하나가 아래[下]로 떨어졌다고 '조급해하다'.

▶ 卞急 변급
▶ 卞正 변정

## 炳 밝을 **병**
총획 9 | 부수 火

불[火]빛 처럼 남쪽[丙]은 '밝다'.

▶ 炳然 병연
▶ 炳映 병영

## 旁 곁 **방**
총획 10 | 부수 方

머리[亠]에 갓[宀]을 쓴[丨] 선비들이 사방[方] 내 '곁'에 있다.

▶ 旁近 방근
▶ 旁側 방측

## 弁 고깔 **변:**
총획 5 | 부수 廾

내[厶]가 들고[廾] 있는 이것이 '고깔'.

▶ 弁服 변복
▶ 弁言 변언

## 柄 자루 **병:**
총획 9 | 부수 木

남쪽[丙]에 서 있는 나무[木]를 베서 만든 도끼 '자루'.

▶ 柄用 병용
▶ 斗柄 두병

## 裵 옷치렁치렁할, 성 **배**
총획 14 | 부수 衣

옷[衣] 아닌듯[非] '옷이 치렁치렁하다'.

## 昞 밝을 **병:**
총획 9 | 부수 日

남쪽[南]은 해[日]가 더욱 '밝다'.

## 甫 클 **보**
총획 7 | 부수 用

열[十] 두 개[二]의 성[冂]문이 '크다'.

▶ 甫田 보전
▶ 杜甫 두보

## 筏 뗏목 **벌**
총획 12 | 부수 竹

적을 치러[伐] 가기 위해 대나무[竹]로 만든 '뗏목'.

▶ 筏橋 벌교
▶ 筏夫 벌부

## 昺 밝을 **병:**
총획 9 | 부수 日

남쪽[丙] 하늘 위에 해[日]가 '밝다'.
昞과 同字

▶ 昺日 병일

## 輔 도울 **보:**
총획 14 | 부수 車

수레[車]를 보내 큰[甫]일에 '도움'을 주다.

▶ 輔佐 보좌
▶ 輔弼 보필

## 范 풀이름, 성 **범**
총획 9 | 부수 艸

넘치는[氾] 풀[艹]에 붙여준 '풀이름'.

## 秉 잡을 **병:**
총획 8 | 부수 禾

벼[禾]를 베기 위해 손[彐]으로 '잡고' 있다.

▶ 秉權 병권
▶ 秉法 병법

## 潽 물이름 **보:**
총획 15 | 부수 水

넓게[普] 퍼져 있는 물[氵]에도 붙여진 '물이름'.

▶ 尹潽善 윤보선

馥 향기 **복**
총획 18 | 부수 香

향기[香]가 뜻부분이고 복[復]이 음부분
으로 '향기'.

▶ 馥郁 복욱
▶ 香馥 향복

---

芬 향내날 **분**
총획 8 | 부수 艹

풀[艹]이 여기저기 나누어[分]져 '향내
를 풍긴다'.

▶ 芬芳 분방
▶ 芬皇寺 분황사

---

丕 클 **비**
총획 5 | 부수 一

하늘[一]이 아니[不] 보일 정도로
'크다'.

▶ 丕業 비업
▶ 丕績 비적

---

蓬 쑥 **봉**
총획 15 | 부수 艹

풀[艹]밭을 거닐다 보면 만나는[逢] 것은
'쑥'.

▶ 蓬萊山 봉래산
▶ 蓬廬 봉려

---

鵬 붕새 **붕**
총획 19 | 부수 鳥

벗[朋]과 벗이 뭉쳐있듯 큰 상상의 새
[鳥]인 '붕새'.

▶ 鵬翼 붕익
▶ 鵬程 붕정

---

彬 빛날 **빈**
총획 11 | 부수 彡

비온 후 터럭[彡]처럼 수풀[林]이 우거져
'빛나다'.

▶ 彬彬 빈빈
▶ 彬蔚 빈울

---

阜 언덕 **부:**
총획 8 | 부수 阜

흙이 수북히 쌓여 있는 '언덕' 모양.

▶ 曲阜 곡부

---

毘 도울 **비**
총획 9 | 부수 比

밭[田] 농사일을 나란[比]히 '돕는다'.

▶ 毘盧峯 비로봉
▶ 毘輔 비보

---

泗 물이름 **사:**
총획 8 | 부수 水

물[氵]이 사방[四]으로 흘러가면 붙여지
는 '물이름'.

▶ 泗上弟子 사상제자

---

傅 스승 **부:**
총획 12 | 부수 人

지식을 펴서[尃] 여러 사람[亻]에게 전달
하는 '스승'.

▶ 傅育 부육
▶ 傅儀 부의

---

毖 삼갈 **비**
총획 9 | 부수 比

사람을 비교[比] 하는 것은 반드시[必]
'삼가 해야 한다'.

▶ 懲毖 징비

---

庠 학교 **상**
총획 9 | 부수 广

집[广]을 지어 양[羊]같이 착한 어린이를
가르치는 '학교'.

▶ 庠序 상서
▶ 庠學 상학

---

釜 가마솥 **부**
총획 10 | 부수 金

아버지[父] 같은 큰 쇠[金]로 만든
'가마솥'.

▶ 釜山 부산
▶ 釜煮 부자

---

泌 분비할 **비:** 스며흐를 **필**
총획 8 | 부수 水

반드시[必] 물[氵]은 '스며든다'.

▶ 分泌 분비
▶ 分泌物 분비물

---

舒 펼 **서:**
총획 12 | 부수 舌

집[舍]에 구겨져 있는 물건들을 내[予]
가 '펴' 놓았다.

▶ 舒遲 서지
▶ 振舒 진서

## 錫
주석 석
총획 16 | 부수 金

쇠[金] 중에서 서민들이 그래도 쉽게
[易] 구해 쓸 수 있는 '주석'.

▶錫鑛 석광
▶朱錫 주석

## 璇
옥 선
총획 15 | 부수 玉

구슬[玉]이 뜻이요, 선[旋]이 음으로
'옥' 선.

▶璇瑰 선괴

## 暹
햇살치밀 섬
총획 16 | 부수 日

해[日]가 비쳐 나아간대[進] 하여
'햇살'.

▶暹羅 섬라

## 晳
밝을 석
총획 12 | 부수 日

해[日]를 쪼개[析]서 보면 더욱 '밝을'
까?

▶明晳 명석

## 薛
대쑥 설
총획 17 | 부수 艸

언덕에 신[辛]씨들이 심어놓은 풀[艹]이
맑은 '대쑥'.

▶薛聰 설총

## 燮
화할, 불꽃 섭
총획 17 | 부수 火

불꽃[火]처럼 말[言]하고 불[火]처럼 따
뜻하게 손[又] 잡고 '화한다'.

▶燮和 섭화
▶李仲燮 이중섭

## 奭
클 석
총획 15 | 부수 大

이백[百百]근이나 되는 물건을 한[一] 번
에 드는 사람[大]의 몸집이 '크다'.

## 卨
사람이름 설
총획 11 | 부수 卜

'사람 이름'.

▶李相卨 이상설

## 晟
밝을 성
총획 11 | 부수 日

해[日]를 모으니[成] '밝다'.

▶李晟 이성

## 瑄
도리옥 선
총획 13 | 부수 玉

정일품 벼슬아치에게 베풀어[宣] 주던
옥[玉]으로 만든 관자인 '도리옥'.

## 陝
땅이름 섬
총획 10 | 부수 阝

언덕[阝] 안으로 들어가[入]고 들어가
[入] 보니 큰[大] '땅'.

▶陝西省 섬서성

## 邵
고을이름, 성 소
총획 8 | 부수 阝

불러들여[召] 마을[阝]에서 같이 살며 같
은 '성'을 쓴다.

▶德邵 덕소

## 璿
옥 선
총획 18 | 부수 玉

밝은[叡] 빛을 내는 구슬[玉]은 '옥'.

▶璿宮 선궁
▶璿璣玉衡 선기옥형

## 蟾
두꺼비 섬
총획 19 | 부수 虫

굴[广] 같은 습한 곳에서 숨어 살다 저녁
에 나와 벌레[虫]를 잡아 먹는 '두꺼비'.

▶蟾津江 섬진강

## 巢
새집 소
총획 11 | 부수 巛

냇가[巛] 옆 밭[田]과 나무[木]에 지은
'새집'.

▶巢居 소거
▶卵巢 난소

## 沼 못소
총획 8 | 부수 水

물[氵]을 불러[召] 모은 곳이 '못'.

▶ 德沼 덕소

## 宋 송나라, 성 송:
총획 7 | 부수 宀

집[宀]을 나무[木]로 짓고 사는 '송' 나라 사람.

▶ 宋書 송서
▶ 宋時烈 송시열

## 隋 수나라 수 떨어질 타
총획 12 | 부수 阝

언덕[阝] 왼쪽[左]에 붙어 있는 고기 같은 돌덩이가 밑으로 '떨어진다'.

▶ 隋遊 타유

## 洙 물이름 수
총획 9 | 부수 水

물[氵]의 색이 붉은[朱] 곳에 붙여준 '물이름'.

▶ 洙泗 수사

## 銖 저울눈 수
총획 14 | 부수 金

무게를 달기 위해 쇠[金]막대기 같은 붉은[朱]색의 선을 그어 만든 '저울눈'.

▶ 銖兩 수량
▶ 銖寸 수촌

## 舜 순임금 순
총획 12 | 부수 舛

손톱[爫] 같은 꽃잎이 이그러져[舛] 덮이니[冖] '순임금' 이 화가 나다.

▶ 舜華 순화
▶ 堯舜 요순

## 珣 옥이름 순
총획 10 | 부수 玉

열흘[旬]에 걸쳐 구슬[王]을 만들어 붙여준 '옥이름'.

▶ 珣玉 순옥
▶ 李珣 이순

## 荀 풀이름 순
총획 10 | 부수 艸

열흘[旬]동안 자란 풀[艹]에게 붙여준 '풀이름'.

▶ 荀子 순자

## 洵 참으로 순
총획 9 | 부수 水

열흘[旬]동안 물[氵]방울 같은 '눈물을 흘린다'.

▶ 洵美 순미

## 淳 순박할 순
총획 11 | 부수 水

오염되지 않은 깨끗한 물[氵] 그대로 누리니[享] '순박하다'.

▶ 淳朴 순박
▶ 淳厚 순후

## 瑟 큰거문고 슬
총획 13 | 부수 玉

반드시[必] 구슬 두 개[王王]를 붙여 '큰 거문고'를 만든다.

▶ 琴瑟 금슬

## 繩 줄, 노 승
총획 19 | 부수 糸

맹꽁이처럼 좀 굵게 꼰 실[糸] 같은 '줄' '노'.

▶ 自繩自縛 자승자박
▶ 捕繩 포승

## 柴 섶 시
총획 9 | 부수 木

가까운 이[此] 나무[木]는 땔나무감인 '섶'.

▶ 柴門 시문
▶ 柴炭 시탄

## 軾 수레앞턱 가로나무 식
총획 13 | 부수 車

수레[車]도 만드는 식[式]이 있으니 '가로나무'가 필요하다.

▶ 金富軾 김부식

## 湜 물맑을 식
총획 12 | 부수 水

물[氵]이 태양[日]의 발[疋]처럼 '맑다'.

▶ 湜湜 식식
▶ 金湜 김식

## 瀋 물이름 심:
총획 18 | 부수 水

물[氵]을 살펴서[審] 붙여준 '물이름'.

▶ 瀋水 심수
▶ 瀋陽 심양

## 閼 막을 알
총획 16 | 부수 門

문[門]을 닫아 사방[方]에서 들어오려 하는 사람[人] 둘[二]을 '막는다'.

▶ 閼塞 알색
▶ 金閼智 김알지

## 鴨 오리 압
총획 16 | 부수 鳥

갑옷[甲]같은 껍데기를 뒤집어 쓴 듯 주둥이가 넓죽하게 생긴 새[鳥]가 '오리'.

▶ 鴨綠江 압록강
▶ 家鴨 가압

## 艾 쑥 애
총획 6 | 부수 艸

잡초[艸]속에 이리저리 얽혀[乂] 자라는 '쑥'.

▶ 艾安 애안
▶ 艾葉 애엽

## 埃 티끌 애
총획 10 | 부수 土

어조사[矣] 같은 흙[土]이 '티끌'.

▶ 埃及 애급
▶ 塵埃 진애

## 倻 가야 야
총획 11 | 부수 人

아버지[耶]의 조상인 사람[人]들이 '가야'족이다.

▶ 伽倻山 가야산

## 襄 도울 양
총획 17 | 부수 衣

식구들[口口]까지 옷[衣]을 만들고 우물[井] 파는 일을 '돕는다'.

▶ 襄禮 양례
▶ 襄襄 양양

## 彦 선비 언:
총획 9 | 부수 彡

머리[彡]도 깎지 않고 집[厂]에서 글[文] 읽는 '선비'.

▶ 彦士 언사
▶ 彦陽面 언양면

## 衍 퍼질, 넘칠 연:
총획 9 | 부수 行

물[氵]이 사방으로 퍼져 간다[行]하여 '퍼지다'.

▶ 衍文 연문
▶ 衍義 연의

## 淵 못 연
총획 12 | 부수 水

물[氵]을 한곳에 모아 두기 위해 조각[片]과 같은 조각[爿]을 하나[一]로 묶어 놓듯 뚝을 쌓아 만든 '못'.

▶ 深淵 심연

## 妍 고울 연:
총획 9 | 부수 女

여자[女]의 피부가 간[幵→硏] 것처럼 매끈매끈 '곱다'.

▶ 妍芳 연방
▶ 妍華 연화

## 閻 마을 염
총획 16 | 부수 門

대문[門]을 해 달고 절구[臼]를 갖다 놓고 이 사람 저 사람 모여 사는 '마을'.

▶ 閻羅 염라
▶ 閻閻 여염

## 燁 빛날 엽
총획 16 | 부수 火

불[火]처럼 화려[華]하게 '빛난다'.

▶ 燁然 엽연

## 瑛 옥빛, 비칠 영
총획 13 | 부수 玉

꽃부리[英] 같은 구슬[玉]이 '빛난다'.

▶ 瑛瑤 영요

## 盈 찰 영
총획 9 | 부수 皿

또[又] 물을 부으니 곧[乃] 그릇[皿]에 가득 '차다'.

▶ 盈德 영덕
▶ 盈虛 영허

暎 비칠 영:
총획 13 | 부수 日

해[日]가 꽃부리[英]를 '비친다' .
映과 同字

▶ 黃晳暎 황석영


堨 물가 오:
총획 16 | 부수 土

깊이[奧] 흙[土]바닥이 파여 있는
'물가' .

▶ 堨地利 오지리


雍 화할 옹
총획 13 | 부수 佳

머리[亠]가 어린[幺] 새[佳]를 기르듯하
니 '화목하다' .

▶ 雍容 옹용
▶ 雍和 옹화


瑩 밝을 영 옥빛 형
총획 15 | 부수 玉

불[火] 같은 구슬[玉]은 '옥돌' .

▶ 崔瑩 최영
▶ 瑩澤 영택


吳 오나라 오
총획 7 | 부수 口

목에 힘주고 입[口]으로 큰[大] 소리치고
'오나라' .

▶ 吳吟 오음


甕 항아리 옹:
총획 18 | 부수 瓦

아래 부분이 막힌[雍] 기왓장[瓦]처럼
가마에서 구워낸 '항아리' .

▶ 甕器 옹기
▶ 甕津 옹진


芮 물가, 성 예
총획 8 | 부수 艸

안쪽[內]에는 풀[艹]이 많고 그 주위는
'물가' .

▶ 芮芮 예예


沃 기름질 옥
총획 7 | 부수 水

물[氵]이 젊다[夭] 하여 윤택하고
'기름지다' .

▶ 沃土 옥토
▶ 肥沃 비옥


莞 왕골, 웃을 완
총획 11 | 부수 艸

풀[艹] 중에 완전히[完] 다 자란 '골' 풀.

▶ 莞島 완도
▶ 莞爾 완이


睿 슬기로울, 밝을 예:
총획 4 | 부수 目

윗[上]사람이 무지로 덮인[冖] 한[一] 사
람을 불[火] 같은 밝은 눈[目]으로 보니
'슬기롭다' .

▶ 睿智 예지


鈺 보배 옥
총획 13 | 부수 金

금[金]과 옥[玉]으로 만든 '보배' .

▶ 李鈺 이옥


旺 왕성할 왕:
총획 8 | 부수 日

태양[日] 빛이 왕[王] 같으니 모든 생물
이 '왕성하게' 자란다.

▶ 旺盛 왕성
▶ 興旺 흥왕


濊 흐릴 예:
총획 16 | 부수 水

물[氵]이 세월[歲]이 갈수록 오염이 되어
'흐려지다' .

▶ 汚濊 오예


邕 막을, 화할 옹
총획 10 | 부수 邑

내[巛]에 고을[邑]이 잠기지 않게 하기
위해 '막는다' .

▶ 邕睦 옹목
▶ 邕邕 옹옹


汪 넓을 왕
총획 7 | 부수 水

물[氵]이 왕[王] 같다 하여 깊고 '넓다' .

▶ 汪茫 왕망
▶ 汪洋 왕양

倭 왜국 **왜**
총획 10 | 부수 人

위임[委]장을 내린 사람[人]이 '왜' 나라.

▶ 倭國 왜국
▶ 倭風 왜풍

瑢 패옥소리 **용**
총획 14 | 부수 玉

얼굴[容] 같은 구슬[玉]에서 나는 '패옥소리'.

佑 도울 **우:**
총획 7 | 부수 人

우측[右]에 서서 사람[人]을 돕는다.

▶ 佑命 우명
▶ 天佑神助 천우신조

耀 빛날 **요**
총획 20 | 부수 羽

해만 뜨면 빛[光]이 펄럭이며 날개[羽] 치는 새[隹]처럼 '빛난다'.

▶ 耀德 요덕

鎔 녹일, 거푸집 **용**
총획 18 | 부수 金

얼굴[容] 모형을 만들기 위해 쇠[金]를 녹여 만든 '거푸집'.

▶ 鎔接 용접
▶ 鎔和 용화

旭 아침 해 **욱**
총획 6 | 부수 日

오전 아홉[九]시쯤 하늘에 떠 있는 해[日]니 '아침 해'.

▶ 旭光 욱광
▶ 旭日 욱일

姚 예쁠 **요**
총획 9 | 부수 女

조짐[兆]을 좋게 하는 여자[女]가 '예쁘다'.

▶ 姚冶 요야

鏞 쇠북, 큰종 **용**
총획 19 | 부수 金

쇠[金] 소리를 뚜렷하게[庸] 내는 '쇠북'.

▶ 鏞鼓 용고

煜 빛날, 불꽃 **욱**
총획 13 | 부수 火

불[火]처럼 하늘 가운데 태양[日]이 서서[立] '빛난다'.

▶ 煜煜 욱욱

堯 요임금 **요**
총획 12 | 부수 土

사람[儿]들이 하나[一]씩 많은 흙[垚]을 쌓아 올려 '높다'.

▶ 堯舜 요순
▶ 堯王 요왕

祐 도울 **우**
총획 10 | 부수 示

신[示]이 모든 만물 오른[右]쪽에 서서 '돕는다'.

▶ 祐福 우복
▶ 祐助 우조

頊 삼갈, 멍할 **욱**
총획 13 | 부수 頁

맑은 구슬[玉]처럼 머리[頁] 속을 텅 비우니 '멍하다'.

▶ 頊頊 욱욱



溶 녹을 **용**
총획 13 | 부수 水

굴[容] 모양을 만들기 위해 물[氵]처럼 쇠를 '녹인다'.

▶ 溶液 용액
▶ 溶解 용해

禹 성 **우**
총획 9 | 부수 内

하늘[丿] 아래 짐승[内]처럼 생긴 영토[口]를 다스린 '하우씨'.

▶ 禹步 우보
▶ 禹王 우왕

郁 성할 **욱**
총획 9 | 부수 阝

많은 돈이 있는[有] 고을[阝]이 발전하여 '성하다'.

▶ 郁郁靑靑 욱욱청청

| 昱 | 빛날 욱<br>총획 9 \| 부수 日 |
|---|---|

서[立] 있는 머리 위에 해[日]가 '빛나다'.

▶ 昱昱 욱욱

---

| 瑗 | 구슬 원<br>총획 13 \| 부수 玉 |
|---|---|

손[爪]으로 구슬[玉] 한[一] 개를 친구[友]에게 주니 그 '구슬'이 더 빛난다.

---

| 庾 | 곳집 유<br>총획 12 \| 부수 广 |
|---|---|

곡식을 움집[广]처럼 쌓아둔 '곳집'.

▶ 庾積 유적
▶ 金庾信 김유신

---

| 芸 | 향초 운<br>총획 8 \| 부수 艹 |
|---|---|

풀[艹] 중에 좀을 막아 준다고 말하는[云] '향초'.

▶ 芸香 운향
▶ 芸芸 운운

---

| 媛 | 예쁠 원<br>총획 12 \| 부수 女 |
|---|---|

손[爪]으로 한[一] 번씩 만져주는 여자[女] 친구[友]가 '예쁘다'.

▶ 才媛 재원

---

| 楡 | 느릅나무 유<br>총획 13 \| 부수 木 |
|---|---|

나무[木] 중 유[兪]씨 집 근처에 있는 '느릅나무'.

▶ 楡柳 유류
▶ 楡塞 유새

---

| 蔚 | 풀이름 울<br>총획 15 \| 부수 艹 |
|---|---|

벼슬[尉]에도 이름이 있듯 풀[艹]에도 붙여준 '풀이름'.

▶ 蔚山 울산
▶ 蔚珍郡 울진군

---

| 魏 | 높을, 나라이름 위<br>총획 18 \| 부수 鬼 |
|---|---|

모든 것을 맡겨[委]준 귀신[鬼]의 지위가 '높다'.

▶ 魏魏 위위

---

| 兪 | 대답할 유<br>총획 9 \| 부수 入 |
|---|---|

사람[人] 하나[一]가 달[月]에게 '대답하다'.

▶ 俞應孚 유응부
▶ 俞泓 유홍

---

| 熊 | 곰 웅<br>총획 14 \| 부수 火 |
|---|---|

다리[灬]를 능수능란[能]하게 움직이는 '곰'.

▶ 熊膽 웅담
▶ 熊津 웅진

---

| 韋 | 다룸가죽 위<br>총획 9 \| 부수 韋 |
|---|---|

가죽을 발로 밟고 땡겨 기름을 뺀 '다룸가죽'.

▶ 韋帶 위대

---

| 踰 | 넘을 유<br>총획 16 \| 부수 足 |
|---|---|

발[足]을 재촉하여 유씨[兪]성을 가진 사람이 산을 '넘는다'.

▶ 踰年 유년
▶ 水踰里 수유리

---

| 袁 | 옷 길 원<br>총획 10 \| 부수 衣 |
|---|---|

한[一] 바퀴[口]를 돌 정도로 옷[衣]이 '길다'.

---

| 渭 | 물이름 위<br>총획 12 \| 부수 水 |
|---|---|

위[胃]에 물[氵]이 들어 있는 듯 많은 물이 있는 강을 뜻하여 '물이름'.

▶ 渭陽丈 위양장

---

| 鈗 | 병기 윤<br>총획 12 \| 부수 金 |
|---|---|

쇠[金]로 만든 '병기'를 사용하도록 허락[允]하다.

胤 자손 윤
총획 9 | 부수 肉

사람[儿]들의 피를 이어받은
그 작은[幺] 몸[月]이 '자손'.

▶ 胤玉 윤옥

---

垠 땅끝 은
총획 9 | 부수 土

흙[土] 바닥에 밭과 밭 사이에 머문[艮]
'땅가장자리'.

▶ 垠界 은계
▶ 垠際 은제

---

翊 도울 익
총획 11 | 부수 羽

서[立]서 날개[羽]짓하는 새를 날 수 있
도록 '돕는다'.

▶ 翊戴功臣 익대공신
▶ 翊贊 익찬

---

允 진실로 윤:
총획 4 | 부수 儿

사심[厶]을 버린 사람[儿]의 삶은 '진실
하다'.

▶ 允可 윤가
▶ 允許 윤허

---

鷹 매 응
총획 24 | 부수 鳥

집[广]에서 사람[亻]들이 새[隹]를 잡기
위해 기른 새[鳥]가 '매'.

▶ 鷹視 응시
▶ 鷹爪 응조

---

佾 춤 일
총획 8 | 부수 人

사람[亻] 여덟[八] 명이 줄지어 몸[月]을
흔들며 '춤춘다'.

▶ 八佾舞 팔일무

---

尹 다스릴, 성 윤
총획 4 | 부수 尸

손[⺕]에 지휘봉[丿]을 들고 아랫사람
을 '다스리다'.

▶ 尹瓘 윤관
▶ 尹奉吉 윤봉길

---

伊 저 이
총획 6 | 부수 人

다른 사람[亻]을 다스리는[尹] 그를 뜻하
여 '저'.

▶ 伊吾 이오
▶ 伊太利 이태리

---

鎰 중량 일
총획 18 | 부수 金

쇠[金]의 무게를 더하니[益] '중량'이
늘다.

---

誾 향기 은
총획 15 | 부수 言

자기 집 문[門] 안에서는 식구들에게 말
[言]을 온화하게 한다.

▶ 誾誾 은은

---

珥 귀고리 이:
총획 10 | 부수 玉

귀[耳]에 매달려 있는 구슬[玉]이
'귀고리'.

▶ 李珥 이이

---

滋 불을 자
총획 13 | 부수 水

물[氵]이 이[茲] 한곳으로 모여들어 점점
'불어난다'.

▶ 滋蔓 자만
▶ 滋生 자생

---

殷 은나라 은
총획 10 | 부수 殳

몸[身]을 비틀며 북 치고[殳] 노래하는
'은나라'.

▶ 殷鑑 은감
▶ 殷盛 은성

---

怡 기쁠 이
총획 8 | 부수 心

마음[忄]에 들어 내[厶] 입[口]을 벌리고
'기뻐한다'.

▶ 怡神 이신
▶ 怡顔 이안

---

獐 노루 장
총획 14 | 부수 犬

개[犭]와 다른 무늬[章]의 '노루'.

▶ 獐頭鼠目 장두서목
▶ 獐皮 장피

庄 전장, 농막 장
총획 6 | 부수 广

집[广] 처럼 흙[土]을 발라 지은 '농막'.

▶ 田庄 전장


瑆 옥이름 정
총획 11 | 부수 玉

조정[廷]에서 구슬[王]에 붙혀준 '옥이름'.


汀 물가 정
총획 5 | 부수 水

물[氵]이 고무래[丁] 형태로 흘러 가는 '물가'.

▶ 汀沙 정사
▶ 汀渚 정저


璋 홀 장
총획 15 | 부수 玉

구슬[王]로 끝의 반을 깎아 뾰족하게 만든 '홀'.

▶ 弄璋之慶 농장지경
▶ 朱元璋 주원장


鄭 나라 정:
총획 15 | 부수 阝

추장[酋]이 다스리는 큰[大] '나라[阝]'.

▶ 鄭夢周 정몽주
▶ 鄭重 정중


楨 광나무 정
총획 13 | 부수 木

나무[木] 중에 곧게[貞] 세워 담 쌓을 때 세우는 '광나무'.

▶ 楨幹 정간


蔣 줄풀, 성 장(:)
총획 15 | 부수 艸

장수[將]처럼 쭉 뻗은 풀[艹]이 '줄풀'.

▶ 蔣茅 장모


晶 맑을 정
총획 12 | 부수 日

흐렸다가 해 세 개[晶]가 한번에 비치면 세상이 더욱 '맑다'.

▶ 晶光 정광
▶ 結晶 결정


趙 조나라 조:
총획 14 | 부수 走

走와 肖 의 합성으로 '조나라'.

▶ 趙光祖 조광조


甸 경기, 다스릴 전
총획 7 | 부수 田

왕도의 주위 오백 리 이내에 싸여[勹] 있는 영토나 밭[田]이니 '경기'.

▶ 甸服 전복
▶ 畿甸 기전


禎 상서로울 정
총획 14 | 부수 示

곧은[貞] 사람에게 신[示]이 내려주는 복이니 '상서로운' 것이다.

▶ 禎祥 정상
▶ 禎瑞 정서


曺 성 조
총획 10 | 부수 日

曹[무리조]를 변형시켜 曺 는 우리나라 '성(姓)씨'에만 쓰인다.


鼎 솥 정
총획 13 | 부수 鼎

세 개의 발이 달린 '솥' 의 모양.

▶ 鼎爐 정로


旌 기 정
총획 11 | 부수 方

군인들의 사기가 나게[生] 하기 위해 만든 사방[方]에서 펄럭[人]이는 '기'.

▶ 旌善 정선
▶ 銘旌 명정


祚 복조 조
총획 10 | 부수 示

신[示]이 하늘과 땅[二] 사이에 존재하여 좋은일 하는 사람들[人人]에게 내려[ㅣ]주는 '복조'.

▶ 登祚 등조

## 琮

옥홀 **종**
총획 12 | 부수 玉

종가[宗] 집에 모아 놓은 구슬[玉]이 '옥홀'.

▶ 琮花 종화

## 疇

밭이랑 **주**
총획 19 | 부수 田

목숨[壽] 같은 밭[田]이랑.

▶ 羅錫疇 나석주
▶ 範疇 범주

## 埈

높을 **준:**
총획 10 | 부수 土

흙[土]산을 천천히[夋] 오를 수 있도록 허락하는[允] '높은' 산.

## 晙

밝을 **준:**
총획 11 | 부수 日

가서 해[日]를 보니 더욱 '밝다'.

## 浚

깊을 **준:**
총획 10 | 부수 水

높이 [夋] 쌓아 놓은 둑에 물[氵]이 고여 있는 것이니 수심이 '깊다'.

▶ 浚渫 준설
▶ 許浚 허준

---

## 駿

준마 **준:**
총획 17 | 부수 馬

말[馬] 중에 잘 뛰는 놈이 '준마'.

▶ 駿馬 준마
▶ 駿敏 준민

## 峻

높을 **준:**
총획 10 | 부수 山

다른 것보다 특히 뛰어난[夋] 산[山]이 '높다'.

▶ 峻拒 준거
▶ 峻嚴 준엄

## 濬

깊을 **준:**
총획 17 | 부수 水

물[氵]속까지 밝게[睿] 안다 하여 그 앎이 '깊다'.

▶ 濬水 준수
▶ 濬川 준천

## 芝

영지, 지초 **지**
총획 8 | 부수 艸

풀[艹] 속에 가[之]서 보니 여기저기 '영지'.

▶ 芝蘭之交 지란지교
▶ 芝草 지초

## 址

터 **지**
총획 7 | 부수 土

전혀 쓰지 않고 그쳐[止] 있는 땅[土]이니 공 '터'.

▶ 址臺 지대
▶ 城址 성지

---

## 稙

올벼 **직**
총획 13 | 부수 禾

벼[禾]중에 곧게[直] 잘 자라는 것이 일찍 심은 '벼'.

▶ 稙禾 직화

## 稷

기장 **직**
총획 15 | 부수 禾

벼과[禾]에 속하며 밭[田]에 심는 팔[八]월에 서서히[夂] 익는 '기장'.

▶ 稷神 직신
▶ 社稷 사직

## 晋

진나라 **진:**
총획 10 | 부수 日

하늘과 땅[二] 사이에 태양[日] 아래 나[厶]와 더불어 사는 '진나라'.

▶ 晋州市 진주시

## 秦

진나라 **진**
총획 10 | 부수 禾

벼[禾]농사 짓는 세[三] 사람[人]이 '진나라' 사람.

▶ 秦始皇 진시황

## 燦

빛날 **찬:**
총획 17 | 부수 火

하얀 뼈[歺=歹]와 또[又]한 쌀[米]이 불[火]빛에 '빛난다'.

▶ 燦爛 찬란
▶ 燦然 찬연

璨 옥빛 찬:
총획 17 | 부수 玉

찬[粲]이 음, 구슬[玉]이 뜻.

蔡 풀숲, 성 채:
총획 15 | 부수 艸

풀[艹]이 제사[祭] 상에 음식처럼 많은 곳이 '풀숲'.

澈 맑을 철
총획 15 | 부수 水

철저히[徹] 정수된 물[氵]이라 '맑다'.

▶ 鄭澈 정철

鑽 뚫을 찬
총획 27 | 부수 金

막힌 곳을 쇠[金]로 도와주어[贊] '뚫었다'.

▶ 研鑽 연찬

采 캘 채
총획 8 | 부수 采

손톱[爫]으로 나무[木] 밑에서 나물을 '캔다'.

▶ 喝采 갈채
▶ 風采 풍채

喆 밝을 철
총획 12 | 부수 口

길[吉]하고 길[吉]하니 앞날이 '밝다'.

瓚 옥잔 찬
총획 23 | 부수 玉

찬[贊]이 음, 구슬[玉]이 뜻.

▶ 崔瓚植 최찬식

埰 사패땅 채:
총획 11 | 부수 土

손[爫]으로 나무[木]도 심고 먹고 살도록 임금이 내려준 땅[土]이 '사패땅'.

▶ 賜牌地 사패지

瞻 볼 첨
총획 18 | 부수 目

눈[目]으로 말[言]할 수 없이 위험[危]한 곳을 바라 '본다'.

▶ 瞻望 첨망
▶ 瞻星臺 첨성대

昶 해길 창:
총획 9 | 부수 日

여름의 해[日]는 길다[永]하여 '해길다'.

陟 오를 척
총획 10 | 부수 阝

언덕[阝] 위로 걸어서[步] '올라간다'.

▶ 三陟 삼척
▶ 進陟 진척

楚 초나라 초
총획 13 | 부수 木

수풀[林] 속에서 발[疋]소리를 죽이고 '초나라' 동태를 살피다.

▶ 楚撻 초달
▶ 四面楚歌 사면초가

敞 높을 창:
총획 12 | 부수 攴

높은[尙] 성 위에서 창으로 적을 치는 [攵] 그 곳이 '높다'.

▶ 高敞 고창
▶ 寬敞 관창

釧 팔찌 천
총획 11 | 부수 金

금[金]으로 만든 '팔찌'.

▶ 釧路 천로

蜀 나비애벌레, 나라 촉
총획 13 | 부수 虫

그물[罒] 같은 데 싸여[勹] 있는 벌레 [虫]는 '애벌레'.

▶ 蜀魄 촉백
▶ 蜀漢 촉한

崔 높을, 성 **최**
총획 11 | 부수 山

날아 올라간 새[隹]처럼 산[山]이 '높다'.

▶ 崔致遠 최치원

---

聚 모일 **취:**
총획 14 | 부수 耳

사람들[人人人]은 남에 이야기를 들으려[耳] 또[又] '모인다'.

▶ 聚落 취락
▶ 聚合 취합

---

台 별 **태** 나 **이**
총획 5 | 부수 口

내[厶] 입[口]이 '별' 같다.

▶ 台德 이덕
▶ 天台宗 천태종

---

鄒 추나라 **추**
총획 13 | 부수 阝

추[芻]가 음, 고을[阝]이 뜻부분으로 '나라이름'.

---

雉 꿩 **치**
총획 13 | 부수 隹

화살[矢]처럼 하늘을 나는 새[隹]가 '꿩'.

▶ 雉鷄 치계
▶ 雉岳山 치악산

---

兌 바꿀 **태**
총획 7 | 부수 八

입[口] 벌리고[八] 웃는 사람[儿]이 인상이 '바뀐다'.

▶ 兌管 태관

---

楸 가래나무 **추**
총획 13 | 부수 木

가을[秋] 나무[木]가 '가래나무'.

▶ 楸木 추목

---

峙 언덕 **치**
총획 9 | 부수 山

그 산[山]에는 절[寺]이 '언덕'에 있어.

▶ 大峙洞 대치동

---

坡 고개 **파**
총획 8 | 부수 土

흙[土]이 쌓이고 쌓여 가죽[皮]처럼 단단하게 된 '고개'.

▶ 坡岸 파안
▶ 坡州市 파주시

---

椿 참죽나무 **춘**
총획 13 | 부수 木

봄[春]에 더욱 생기가 있는 나무[木]가 '참죽나무'.

▶ 椿堂 춘당
▶ 椿(春)府丈 춘부장

---

灘 여울 **탄**
총획 22 | 부수 水

돌 같은 것이 솟아 물[氵]이 흐르기 어려운[難] '여울'.

▶ 灘聲 탄성

---

阪 산비탈 **판**
총획 7 | 부수 阝

언덕[阝] 반대[反]편에 낭떠러지 같은 경사진 곳이나 '산비탈'.

▶ 阪田 판전

---

沖 화할 **충**
총획 7 | 부수 水

모든 물[氵]은 가운데[中]서 서로 섞여 '화한다'.

▶ 沖氣 충기
▶ 沖年 충년

---

耽 즐길 **탐**
총획 10 | 부수 耳

귀[耳]는 사람[人]들에 덮여[冖] 있는 비밀 듣기를 '즐긴다'.

▶ 耽溺 탐닉
▶ 耽讀 탐독

---

彭 성, 띵띵할 **팽**
총획 12 | 부수 彡

털[彡]도 많고 콩[豆]을 많이 먹어 몸이 '띵띵하다'.

▶ 彭排 팽배

扁 넓적할 편
총획 9 | 부수 戶

집[戶]의 책[冊]이 '작고' '넓적하다'.

▶ 扁額 편액
▶ 扁平 편평


弼 도울 필
총획 12 | 부수 弓

어려운 처지에 놓인 수백[百] 명에게 많은 활[弓弓]을 주어 '도와준다'.

▶ 輔弼 보필
▶ 徐載弼 서재필


赫 붉을, 빛날 혁
총획 14 | 부수 赤

붉은[赤]색에 붉은[赤]색을 더하니 더욱 '붉다'.

▶ 赫怒 혁노
▶ 朴赫居世 박혁거세


鮑 절인 어물 포
총획 16 | 부수 魚

물고기[魚]에 소금을 싸[包] 발라 놓은 것이니 '절인 어물'.

▶ 鮑魚 포어
▶ 鮑尺 포척


邯 땅이름 한 사람이름 감
총획 8 | 부수 阝

단[甘]맛의 물이 나는 마을[阝]의 '땅이름'이 궁금하다.
▶ 姜邯贊 강감찬


爀 불빛 혁
총획 18 | 부수 火

불[火]이 빛나는[赫] 것이니 '불빛'.


葡 포도 포
총획 13 | 부수 艹

풀[艹] 덩굴 처럼 기어가는[匍] '포도'.

▶ 葡萄 포도
▶ 葡萄糖 포도당


亢 목, 올라갈 항
총획 4 | 부수 亠

책상[几] 같은 머리[亠] 받침이 '목'.

▶ 亢羅 항라
▶ 亢進 항진


峴 고개 현:
총획 10 | 부수 山

산[山]같이 보이는[見] 높은 '고개'.

▶ 阿峴洞 아현동


杓 자루 표
총획 7 | 부수 木

나무[木] 하나[一]를 잘라 구부려[勺] 만든 도끼 '자루'.


沆 넓을 항
총획 7 | 부수 水

높게[亢] 파도가 이는 물[氵]이 많은 '넓은' 바다.

▶ 崔沆 최항


炫 밝을, 빛날 현:
총획 9 | 부수 火

불[火]빛이 비치니 검은[玄]색도 '밝게' 보인다.

▶ 炫耀 현요
▶ 炫惑 현혹


馮 성(姓) 풍 탈 빙
총획 12 | 부수 馬

얼음[冫] 위에서 썰매타듯 말[馬]을 탄다.

▶ 馮夷 풍이
▶ 馮虛 빙허


杏 살구 행:
총획 7 | 부수 木

나무[木]에 달린 둥근[o] 열매가 '살구'.

▶ 杏花 행화
▶ 銀杏 은행


鉉 솥귀고리 현
총획 13 | 부수 金

쇠[金] 중 그을음에 검게[玄] 타는 '솥귀고리'.

▶ 三鉉 삼현

| 陝 | 좁을 협 땅이름 합<br>총획 10 \| 부수 阝 |
| --- | --- |

狹(협)과 同字

▶ 陝川 합천

---

| 皓 | 흴, 밝을 호:<br>총획 12 \| 부수 白 |
| --- | --- |

희[白]다고 고[告]하는 것이니 '희다'.

▶ 皓白 호백
▶ 皓月 호월

---

| 扈 | 따를 호:<br>총획 11 \| 부수 戶 |
| --- | --- |

도읍[邑]에 천자가 행차하면 문[戶] 안의 모든 백성과 신하가 뒤를 '따른다'.

▶ 扈駕 호가
▶ 扈衛 호위

---

| 邢 | 성, 나라이름 형<br>총획 7 \| 부수 阝 |
| --- | --- |

고을[邑]을 새로 여니[开] '나라이름'을 정하자.

---

| 澔 | 넓을 호:<br>총획 15 \| 부수 水 |
| --- | --- |

浩(호)와 同字

---

| 鎬 | 냄비 호:<br>총획 18 \| 부수 金 |
| --- | --- |

쇠[金]로 만든 높은[高] 곳에 있는 '냄비'.

▶ 鎬鎬 호호

---

| 炯 | 밝을, 빛날 형<br>총획 9 \| 부수 火 |
| --- | --- |

불[火]빛이 성[冂] 입구[口]를 비추니 '밝다'.

▶ 炯眼 형안
▶ 炯然 형연

---

| 晧 | 밝을 호:<br>총획 11 \| 부수 日 |
| --- | --- |

해[日]가 세상에 고[告]하듯 떠오르니 '밝다'.

---

| 祜 | 복 호<br>총획 10 \| 부수 示 |
| --- | --- |

옛날[古]부터 착한 사람에게 신[示]이 내려주는 '복'.

▶ 祜休 호휴

---

| 馨 | 향기 형<br>총획 20 \| 부수 香 |
| --- | --- |

향기[香]가 뜻, 성[磬]의 변성으로 '향기'.

▶ 馨氣 형기
▶ 馨香 형향

---

| 昊 | 하늘 호:<br>총획 8 \| 부수 日 |
| --- | --- |

태양[日]이 떠 있는 그 높고 넓은 하늘[天] 중 '하늘'.

▶ 昊天 호천
▶ 昊天罔極 호천망극

---

| 泓 | 물깊을 홍<br>총획 8 \| 부수 水 |
| --- | --- |

큰[弘] 못에 고여 있는 물[氵]이 '깊다'.

▶ 泓量 홍량
▶ 深泓 심홍

---

| 瀅 | 물맑을 형:<br>총획 18 \| 부수 水 |
| --- | --- |

밝은[瑩] 물[氵]이니 '물이 맑다'.

---

| 壕 | 해자 호<br>총획 17 \| 부수 土 |
| --- | --- |

영웅호걸[豪]들이 영토[土]를 지키기 위해 성 둘레에 파놓은 못이 '해자'.

▶ 防空壕 방공호
▶ 塹壕 참호

---

| 嫭 | 탐스러울 화<br>총획 15 \| 부수 女 |
| --- | --- |

빛나는[華] 여자[女]가 '탐스러워' 보인다.

樺 자작나무 화
총획 16 | 부수 木

화려[華]한 나무[木]가 '자작나무'.

▶ 樺榴欌 화류장
▶ 樺皮 화피


檜 전나무 회:
총획 17 | 부수 木

한곳에 모여[會] 있는 나무[木]는
'전나무'.

▶ 檜木 회목
▶ 檜皮 회피


薰 향풀 훈
총획 18 | 부수 艸

풀[艹]에서 불길[熏]처럼 향이 나는
'향풀'.

▶ 薰煙 훈연
▶ 薰風 훈풍


桓 굳셀 환
총획 10 | 부수 木

비바람 속에서도 끄떡없이 나무[木]가
뻗쳐[亘] 나가는 것이 '굳세다'.

▶ 桓雄 환웅
▶ 桓因 환인


淮 물이름 회
총획 11 | 부수 水

새[隹] 처럼 모여 있는 '물[氵]이름'.

▶ 淮陽郡 회양군


徽 아름다울 휘
총획 17 | 부수 彳

가늘고[微] 빨간 실[糸]이 '아름답다'.

▶ 徽言 휘언
▶ 徽號 휘호


煥 빛날 환:
총획 13 | 부수 火

불[火]이 크게[奐] 타오르면서
'빛나다'.

▶ 煥爛 환란
▶ 煥然 환연


后 임금 후:
총획 6 | 부수 口

큰 집[厂]에서 하늘[一] 같은 명령[口]을
내리는 '임금'.

▶ 后妃 후비
▶ 后王 후왕


烋 아름다울 휴
총획 10 | 부수 火

쉬는[休] 듯 조용히 타오르는 불[灬]빛이
'아름답다'.


晃 밝을 황
총획 10 | 부수 日

해[日]가 떠 빛[光]나니 온 세상이 더욱
'밝다'.

▶ 晃耀 황요


壎 질나팔 훈
총획 17 | 부수 土

불[灬]에 흙[土]을 구워 만든 '질나팔'.

▶ 壎篪 훈지
▶ 壎篪相和 훈지상화


匈 오랑캐 흉
총획 6 | 부수 勹

남의 나라를 침범하려고 흉한[凶] 마음
을 항상 싸[勹] 가지고 있는 '오랑캐'.

▶ 匈奴族 흉노족
▶ 匈匈 흉흉


滉 깊을 황
총획 13 | 부수 水

해[日]빛[光] 같은 물[氵]이 맑고 '깊다'.

▶ 李滉 이황


熏 불길 훈
총획 14 | 부수 火

천[千] 갈래의 검은[黑] 연기 속의
'불길'.

▶ 熏夕 훈석


欽 공경할 흠
총획 12 | 부수 欠

금[金]덩이나 많은 돈 가진 사람을 입 벌
려[欠] '공경하다'.

▶ 欽求 흠구
▶ 欽命 흠명

| 嬉 | 즐길 희 |
| --- | --- |
|  | 총획 15 \| 부수 女 |

여자[女]들이 기뻐하며[喜] '즐긴다'.

▶ 嬉遊 희유
▶ 嬉嬉 희희

| 熹 | 빛날, 성할 희 |
| --- | --- |
|  | 총획 16 \| 부수 火 |

기뻐[喜]하듯 불[灬]이 '빛난다'.

▶ 朱熹 주희

| 羲 | 황제이름 희 |
| --- | --- |
|  | 총획 16 \| 부수 羊 |

창[戈]을 든 양[羊]과 같은 중국신화에
나오는 희황을 뜻하여 '황제이름'.

▶ 羲皇 희황
▶ 王羲之 왕희지

| 憙 | 기뻐할 희 |
| --- | --- |
|  | 총획 16 \| 부수 心 |

기쁜[喜] 일이 생겨 마음[心]속으로 더욱
'기뻐한다'.

| 禧 | 복 희 |
| --- | --- |
|  | 총획 17 \| 부수 示 |

신[示]을 기쁘게[喜]하여 받는 '복'.

▶ 禧年 희년
▶ 新禧 신희

실전테스트

## 1 다음 漢字語의 讀音을 쓰시오.

(1) 恣放　　(2) 繕補　　(3) 尤悔

(4) 障碍　　(5) 虐民　　(6) 憩息

(7) 雇用　　(8) 石串　　(9) 掘穴

(10) 厭症　　(11) 僻巷　　(12) 治績

(13) 覓索　　(14) 彫琢　　(15) 皓月

(16) 師傅　　(17) 滿溢　　(18) 敷設

(19) 炭坑　　(20) 和暢　　(21) 篤志

(22) 騷客　　(23) 陣勢　　(24) 沿域

(25) 濯足　　(26) 註釋　　(27) 毫髮

(28) 掠奪　　(29) 膠瑟　　(30) 丹楓

(31) 彈丸　　(32) 僑胞　　(33) 自刃

(34) 武勳　　(35) 轉勤　　(36) 贈呈

(37) 哭聲　　(38) 周邊　　(39) 妖妄

(40) 姑婦　　(41) 舞姬　　(42) 尉官

(43) 表彰　　(44) 按摩　　(45) 楊柳

## 2 다음 漢字의 訓과 音을 쓰시오.

(46) 勳　　(47) 漁　　(48) 札

(49) 尙　　(50) 綜　　(51) 箱

(52) 阿　　(53) 颱　　(54) 揭

(55) 逮　　(56) 汝　　(57) 鬱

(58) 濯　　(59) 耐　　(60) 贈

(61) 徹　　(62) 臥　　(63) 佐

(64) 裕　　(65) 呈　　(66) 紡

(67) 諮　　(68) 趨　　(69) 丘

(70) 价　　(71) 甄　　(72) 捨

**3** 다음의 밑줄친 漢字語를 漢字로 쓰시오.

*(73)병원에서 (74)처방한 (75)환약은 무척 써서 먹기 힘들다.

*(76)기타 다른 (77)의견이 없으면, (78)즉각 (79)실행에 옮기도록 합시다.

*(80)가급적 시간에 맞춰서 와야 해. (81)항간에 네가 시간 (82)약속을 어긴다는 (83)소문이 있거든.

*(84)자애로운 사람은 상대를 (85)홀대하지 않고 (86)배척하지 않으며 (87)추호도 (88)자만하지 않는다.

*(89)사원 모집 (90)공고 봤니? (91)종교, (92)학력, (93)연령 (94)전부 (95)제한 없이 누구나 (96)응시 가능해.

*(97)한가한 날 (98)삼림욕하러 가자.

*일과 (99)가정생활을 (100)병행하는 것이 어렵지만, 자신의 (101)선택과 무관하게 둘 다 완벽하기를 (102)요구하는 세상이다.

**4** 다음 漢字語 중에서 첫소리가 長音으로 발음되는 것을 골라 그 번호를 쓰시오.

(103) ① 期間　　② 踏襲
　　　 ③ 亂局　　④ 落雷
(104) ① 某種　　② 冥府
　　　 ③ 宣誓　　④ 雪景
(105) ① 鮮明　　② 說伏
　　　 ③ 舌禍　　④ 性格
(106) ① 少年　　② 昭詳
　　　 ③ 蘇生　　④ 疏遠
(107) ① 松林　　② 刷新
　　　 ③ 秀才　　④ 守衛

**5** 다음 漢字語의 反對語를 쓰시오.

(108) 急行 ↔ (       )

(109) 忘却 ↔ (       )

(110) 依他 ↔ (       )

(111) 供給 ↔ (       )

(112) 平凡 ↔ (       )


**6** 다음 漢字語와 뜻이 反對 또는 相
對되는 漢字語를 쓰시오.

(113) 恩 ↔ (     )

(114) (     ) ↔ 卑

(115) 縱 ↔ (     )

(116) 虛 ↔ (     )

(117) 取 ↔ (     )


**7** 다음 漢字語의 (       ) 속에 알맞은
漢字를 쓰시오.

(118) 初志不(     )

(119) 推(     )及人

(120) 泰(     )自若

(121) 破顔大(     )

(122) 飽食(     )衣

(123) 風前(     )火

(124) 鶴(     )苦待

(125) (     )禮虛飾

(126) 螢雪(     )功

(127) 阿(     )叫喚


**8** 다음 漢字의 부수를 쓰시오.

(128) 腐　(     )

(129) 夢　(     )

(130) 夷　(     )

(131) 喪　(     )

(132) 懃　(     )

**9** 다음 漢字와 같은 뜻의 漢字를 (   )에 넣어 漢字語를 만드시오.

(133) 壽(   )

(134) 聽(   )

(135) (   )加

(136) 顯(   )

(137) 捕(   )

**10** 다음 漢字語와 音은 같으나 뜻이 다른 漢字語를 쓰시오. (長短音과 관계없음)

(138) 電送 – (        ) : 대대로 전하여 외움

(139) 說京 – (        ) : 눈의 쌓인 경치

(140) 五欲 – (        ) : 더럽히고 욕되게 함

(141) 公田 – (        ) : 전에는 없었음

(142) 知性 – (        ) : 지극한 정성

**11** 다음 漢字語의 뜻을 쓰시오.

(143) 巡廻

(144) 溺死

(145) 膽力

(146) 塵土

(147) 酷評

**12** 다음 漢字의 略字를 쓰시오.

(148) 灣　(   )

(149) 龍　(   )

(150) 麥　(   )

**1** 다음 漢字語의 讀音을 쓰시오.

(1) 酷似　　(2) 峽農　　(3) 抛棄

(4) 傭夫　　(5) 閱覽　　(6) 部隊

(7) 溺沒　　(8) 模寫　　(9) 敷衍

(10) 掠奪　　(11) 繩戲　　(12) 弁冕

(13) 掛曆　　(14) 煉獄　　(15) 姚崇

(16) 災厄　　(17) 收穫　　(18) 湍流

(19) 蟾蛇　　(20) 柔軟　　(21) 招聘

(22) 邕穆　　(23) 傅訓　　(24) 碩坐

(25) 碧梧桐　　(26) 歐美　　(27) 約款

(28) 歪曲　　(29) 移植　　(30) 殿閣

(31) 汎濫　　(32) 蓮池　　(33) 濃縮

(34) 浮漂　　(35) 滑降　　(36) 滅菌

(37) 添削　　(38) 燭光　　(39) 裸體

(40) 蹴球　　(41) 踏査　　(42) 主軸

(43) 車輛　　(44) 編輯　　(45) 槐木

**2** 다음 漢字의 訓과 音을 쓰시오.

(46) 吟　　(47) 悼　　(48) 灣

(49) 超　　(50) 絡　　(51) 核

(52) 藍　　(53) 畢　　(54) 迫

(55) 刀　　(56) 診　　(57) 傀

(58) 炎　　(59) 珏　　(60) 朔

(61) 牧　　(62) 杆　　(63) 崙

(64) 膽　　(65) 堤　　(66) 萊

(67) 驅　　(68) 亮　　(69) 憲

(70) 纖　　(71) 紹　　(72) 滄

**3** 다음의 밑줄친 漢字語를 漢字로 쓰시오.

*좋은 (73)묘책이라고 있는 거야? 이 사건은 꼭 (74)규명해서 그의 (75)무죄를 밝혀야 해. 그의 (76)지문은 분명 (77)조작된 걸 거야.

*아무리 저를 (78)위협하더라도, (79)진실만을 말할 뿐입니다. 저는 결코 (80)신뢰를 저버리고 (81)배은망덕한 행동을 할 수 없어요.

*(82)모리배와 어울리며 남에게 (83)욕설을 하면, 아무도 너를 위해 (84)변호해 주지 않아.

*그는 (85)용모가 (86)준수하고 (87)품행도 (88)방정하며, (89)신중한 성격이라 (90)인기가 많다.

*그의 메마른 (91)정서는 (92)삭막하고 (93)황량한 도시에서 그리 이상할 것도 아니다.

*(94)인내를 가지고 (95)각본을 다시 읽도록 해. (96)만약 너라면 끝을 어떻게 하겠니?

*(97)쇠약한 사람은 (98)보약보다는 (99)수영을 하기를 권합니다.

*(100)하객들은 그의 (101)활약에 자기 일처럼 축하하며 (102)박수쳤다.

**4** 다음 漢字語 중에서 첫소리가 長音으로 발음되는 것을 골라 그 번호를 쓰시오.

(103) ① 寶物　② 服裝
　　　③ 卜債　④ 樓閣
(104) ① 權威　② 宮女
　　　③ 窮色　④ 矯正
(105) ① 空間　② 區域
　　　③ 共鳴　④ 規格
(106) ① 叫喚　② 貴賓
　　　③ 羅列　④ 連絡
(107) ① 利潤　② 隆起
　　　③ 隣近　④ 臨床

**5** 다음 漢字語의 反對語를 쓰시오.

(108) 愚鈍 ↔ (　　　)

(109) 穩健 ↔ (　　　)

(110) 開放 ↔ (　　　)

(111) 苦痛 ↔ (　　　)

(112) 所得 ↔ (　　　)

**6** 다음 漢字語와 뜻이 反對 또는 相對되는 漢字語를 쓰시오.

(113) 抑 ↔ (　　)

(114) (　　) ↔ 石

(115) 浮 ↔ (　　)

(116) (　　) ↔ 淺

(117) 逆 ↔ (　　)

**7** 다음 漢字語의 (　　) 속에 알맞은 漢字를 쓰시오.

(118) 惡戰(　　)鬪

(119) (　　)下無人

(120) 吾鼻三(　　)

(121) 愚公(　　)山

(122) 雲(　　)之差

(123) 柔(　　)制剛

(124) 唯我獨(　　)

(125) 人面(　　)心

(126) 一(　　)相通

(127) 一(　　)萬波

**8** 다음 漢字의 부수를 쓰시오.

(128) 成 (　　)

(129) 殿 (　　)

(130) 獲 (　　)

(131) 熙 (　　)

(132) 辰 (　　)

**9** 다음 漢字와 같은 뜻의 漢字를 ( )에 넣어 漢字語를 만드시오.

(133) 畢( )

(134) 承( )

(135) 墳( )

(136) 貧( )

(137) 崩( )

**10** 다음 漢字語와 음은 같으나 뜻이 다른 漢字語를 쓰시오. (長短音과 관계없음)

(138) 奪取 – ( ) : 냄새를 없앰

(139) 悔色 – ( ) : 잿빛

(140) 港口 – ( ) : 변하지 않고 오래 감

(141) 後園 – ( ) : 뒤에서 도와줌

(142) 說話 – ( ) : 말로 입은 화

**11** 다음 漢字語의 뜻을 쓰시오.

(143) 殘虐

(144) 一蹴

(145) 過失

(146) 期限

(147) 詐欺

**12** 다음 漢字의 略字를 쓰시오.

(148) 假 ( )

(149) 藝 ( )

(150) 鹽 ( )

## 1 다음 漢字語의 讀音을 쓰시오.

(1) 自彊　　(2) 靺鞨　　(3) 遼東

(4) 揚名　　(5) 互惠　　(6) 亞鉛

(7) 享受　　(8) 陽傘　　(9) 俳優

(10) 俸給　　(11) 閣僚　　(12) 卜債

(13) 匪賊　　(14) 厭世　　(15) 絶叫

(16) 哨艦　　(17) 建坪　　(18) 墳墓

(19) 堤防　　(20) 坑道　　(21) 駐屯

(22) 迂廻　　(23) 遺憾　　(24) 運搬

(25) 敍述　　(26) 斬首　　(27) 趣旨

(28) 棋譜　　(29) 毁慕　　(30) 矛盾

(31) 蓋輪　　(32) 閨怨　　(33) 購讀

(34) 甄陶　　(35) 貊弓　　(36) 璿派

(37) 逝世　　(38) 敞麗　　(39) 扈從

(40) 鑄鐵　　(41) 魅惑　　(42) 默契

(43) 伽藍　　(44) 葛藤　　(45) 炊事

## 2 다음 漢字의 訓과 音을 쓰시오.

(46) 悽　　(47) 輯　　(48) 刹

(49) 膚　　(50) 阮　　(51) 儉

(52) 陶　　(53) 溪　　(54) 葛

(55) 座　　(56) 枚　　(57) 閥

(58) 宴　　(59) 癌　　(60) 抛

(61) 膜　　(62) 寡　　(63) 卓

(64) 匪　　(65) 憩　　(66) 洛

(67) 鷗　　(68) 含　　(69) 帽

(70) 謬　　(71) 拉　　(72) 汎

**3** 다음의 밑줄친 漢字語를 漢字로 쓰시오.

*(73)악취가 나는 (74)원인이 있을 거야. (75)승객이 모두 내린 후, (76)조사하도록 하자.

*(77)역시 그는 (78)검술이 대단해. (79)비천한 신분인 것이 (80)애석하군.

*(81)타락한 삶을 사는 사람이나 (82)천박한 사람에게도 삶은 (83)가치가 있어. 그것을 네가 쉽게 (84)판단해서는 안 돼. (85)소위 자신의 삶이 편하다고 (86)과시하거나, 지식이 (87)해박하다고 하는 사람도, 삶 앞에서는 모두 (88)겸허한 자세여야 하며, 누구도 (89)무임승차할 수 없어.

*자신의 (90)명예를 위해서, 옳은 일을 (91)실천하고, 남과 (92)비교하지 않으며, 일이 (93)지연되도라도 핑계를 대지 않고 최선을 다해 목표를 (94)달성해야 한다.

*(95)노력도 하지 않고 (96)무작정 다른 사람을 이용할 생각만 하는 사람은 (97)추잡하다.

*그는 아주 (98)예민해서, 작은 실수가 자신에게 큰 (99)오점이 될 수도 있다며, 밖에서의 생활을 (100)점차 줄이고, 자신의 (101)결함이 뭔지를 찾으며 인생을 (102)허송했다.

**4** 다음 漢字語 중에서 첫소리가 長音으로 발음되는 것을 골라 그 번호를 쓰시오.

(103) ① 莫大　　② 幕間
　　　③ 晩年　　④ 罔極

(104) ① 漫談　　② 末尾
　　　③ 妄靈　　④ 盟約

(105) ① 脈搏　　② 麥酒
　　　③ 盲目　　④ 猛犬

(106) ① 命令　　② 明堂
　　　③ 滅菌　　④ 募金

(107) ① 武功　　② 門中
　　　③ 默契　　④ 墨香

**5** 다음 漢字語의 反對語를 쓰시오.

(108) 差別 ↔ (　　)

(109) 疏遠 ↔ (　　)

(110) 消費 ↔ (　　)

(111) 創造 ↔ (　　)

(112) 利益 ↔ (　　)

**6** 다음 漢字語와 뜻이 反對 또는 相對되는 漢字語를 쓰시오.

(113) 貧 ↔ (　)

(114) (　) ↔ 縮

(115) 眞 ↔ (　)

(116) (　) ↔ 晩

(117) 乾 ↔ (　)

**7** 다음 漢字語의 (　　) 속에 알맞은 漢字를 쓰시오.

(118) 日(　)月將

(119) 自初(　)終

(120) (　)代未聞

(121) 煎(　)洋洋

(122) 烏合之(　)

(123) (　)骨仙風

(124) 自(　)自棄

(125) (　)衣還鄉

(126) 賊(　)荷杖

(127) 轉(　)爲福

**8** 다음 漢字의 부수를 쓰시오.

(128) 啓 (　)

(129) 融 (　)

(130) 陵 (　)

(131) 獸 (　)

(132) 典 (　)

**9** 다음 漢字와 같은 뜻의 漢字를
( )에 넣어 漢字語를 만드시오.

(133) 扶(　　)
(134) (　　)濯
(135) (　　)頌
(136) (　　)爭
(137) 逃(　　)

**10** 다음 漢字語와 음은 같으나 뜻
이 다른 漢字語를 쓰시오. (長短
音과 관계없음)

(138) 時刻 – (　　　　) : 보는 각도
(139) 豚毒 – (　　　　) : 인정이 두터움
(140) 圖式 – (　　　　) : 놀고 먹음
(141) 動機 – (　　　　) : 구리로 만든 그릇
(142) 可燃 – (　　　　) : 아름다운 인연

**11** 다음 漢字語의 뜻을 쓰시오.

(143) 煉瓦
(144) 揭揚
(145) 飼育
(146) 傭兵
(147) 悽然

**12** 다음 漢字의 略字를 쓰시오.

(148) 勵　(　　)
(149) 獨　(　　)
(150) 龜　(　　)

수험번호 □□□-□□-□□□□   성명 □□□□□

주민등록번호 □□□□□□-□□□□□□□   *유성 사인펜, 붉은색 필기구 사용 불가.

*답안지는 컴퓨터로 처리되므로 구기거나 더럽히지 마시고, 정답 칸 안에만 쓰십시오.
*글씨가 채점란으로 들어오면 오답처리가 됩니다.

# 한자능력검정시험2급 실전테스트 1회 답안지(1)

| 번호 | 답안란 정답 | 채점란 1검 | 2검 | 번호 | 답안란 정답 | 채점란 1검 | 2검 | 번호 | 답안란 정답 | 채점란 1검 | 2검 |
|---|---|---|---|---|---|---|---|---|---|---|---|
| 1 | | | | 24 | | | | 47 | | | |
| 2 | | | | 25 | | | | 48 | | | |
| 3 | | | | 26 | | | | 49 | | | |
| 4 | | | | 27 | | | | 50 | | | |
| 5 | | | | 28 | | | | 51 | | | |
| 6 | | | | 29 | | | | 52 | | | |
| 7 | | | | 30 | | | | 53 | | | |
| 8 | | | | 31 | | | | 54 | | | |
| 9 | | | | 32 | | | | 55 | | | |
| 10 | | | | 33 | | | | 56 | | | |
| 11 | | | | 34 | | | | 57 | | | |
| 12 | | | | 35 | | | | 58 | | | |
| 13 | | | | 36 | | | | 59 | | | |
| 14 | | | | 37 | | | | 60 | | | |
| 15 | | | | 38 | | | | 61 | | | |
| 16 | | | | 39 | | | | 62 | | | |
| 17 | | | | 40 | | | | 63 | | | |
| 18 | | | | 41 | | | | 64 | | | |
| 19 | | | | 42 | | | | 65 | | | |
| 20 | | | | 43 | | | | 66 | | | |
| 21 | | | | 44 | | | | 67 | | | |
| 22 | | | | 45 | | | | 68 | | | |
| 23 | | | | 46 | | | | 69 | | | |

| 감독위원 성명 | 채점위원(1) 득점 | 성명 | 채점위원(2) 득점 | 성명 | 채점위원(3) 득점 | 성명 |
|---|---|---|---|---|---|---|
| | | | | | | |

## 한자능력검정시험2급 실전테스트 1회 답안지(2)

| 번호 | 정 답 | 1검 | 2검 | 번호 | 정 답 | 1검 | 2검 | 번호 | 정 답 | 1검 | 2검 |
|---|---|---|---|---|---|---|---|---|---|---|---|
| 70 | | | | 97 | | | | 124 | | | |
| 71 | | | | 98 | | | | 125 | | | |
| 72 | | | | 99 | | | | 126 | | | |
| 73 | | | | 100 | | | | 127 | | | |
| 74 | | | | 101 | | | | 128 | | | |
| 75 | | | | 102 | | | | 129 | | | |
| 76 | | | | 103 | | | | 130 | | | |
| 77 | | | | 104 | | | | 131 | | | |
| 78 | | | | 105 | | | | 132 | | | |
| 79 | | | | 106 | | | | 133 | | | |
| 80 | | | | 107 | | | | 134 | | | |
| 81 | | | | 108 | | | | 135 | | | |
| 82 | | | | 109 | | | | 136 | | | |
| 83 | | | | 110 | | | | 137 | | | |
| 84 | | | | 111 | | | | 138 | | | |
| 85 | | | | 112 | | | | 139 | | | |
| 86 | | | | 113 | | | | 140 | | | |
| 87 | | | | 114 | | | | 141 | | | |
| 88 | | | | 115 | | | | 142 | | | |
| 89 | | | | 116 | | | | 143 | | | |
| 90 | | | | 117 | | | | 144 | | | |
| 91 | | | | 118 | | | | 145 | | | |
| 92 | | | | 119 | | | | 146 | | | |
| 93 | | | | 120 | | | | 147 | | | |
| 94 | | | | 121 | | | | 148 | | | |
| 95 | | | | 122 | | | | 149 | | | |
| 96 | | | | 123 | | | | 150 | | | |

# 한자능력검정시험2급 실전테스트 2회 답안지(1)

| 번호 | 정 답 | 1검 | 2검 | 번호 | 정 답 | 1검 | 2검 | 번호 | 정 답 | 1검 | 2검 |
|---|---|---|---|---|---|---|---|---|---|---|---|
| 1 | | | | 24 | | | | 47 | | | |
| 2 | | | | 25 | | | | 48 | | | |
| 3 | | | | 26 | | | | 49 | | | |
| 4 | | | | 27 | | | | 50 | | | |
| 5 | | | | 28 | | | | 51 | | | |
| 6 | | | | 29 | | | | 52 | | | |
| 7 | | | | 30 | | | | 53 | | | |
| 8 | | | | 31 | | | | 54 | | | |
| 9 | | | | 32 | | | | 55 | | | |
| 10 | | | | 33 | | | | 56 | | | |
| 11 | | | | 34 | | | | 57 | | | |
| 12 | | | | 35 | | | | 58 | | | |
| 13 | | | | 36 | | | | 59 | | | |
| 14 | | | | 37 | | | | 60 | | | |
| 15 | | | | 38 | | | | 61 | | | |
| 16 | | | | 39 | | | | 62 | | | |
| 17 | | | | 40 | | | | 63 | | | |
| 18 | | | | 41 | | | | 64 | | | |
| 19 | | | | 42 | | | | 65 | | | |
| 20 | | | | 43 | | | | 66 | | | |
| 21 | | | | 44 | | | | 67 | | | |
| 22 | | | | 45 | | | | 68 | | | |
| 23 | | | | 46 | | | | 69 | | | |

| 감독위원 | 채점위원(1) | | 채점위원(2) | | 채점위원(3) | |
|---|---|---|---|---|---|---|
| 성 명 | 득 점 | 성 명 | 득 점 | 성 명 | 득 점 | 성 명 |

# 한자능력검정시험2급 실전테스트 2회 답안지(2)

| 번호 | 정 답 | 1검 | 2검 | 번호 | 정 답 | 1검 | 2검 | 번호 | 정 답 | 1검 | 2검 |
|---|---|---|---|---|---|---|---|---|---|---|---|
| 70 | | | | 97 | | | | 124 | | | |
| 71 | | | | 98 | | | | 125 | | | |
| 72 | | | | 99 | | | | 126 | | | |
| 73 | | | | 100 | | | | 127 | | | |
| 74 | | | | 101 | | | | 128 | | | |
| 75 | | | | 102 | | | | 129 | | | |
| 76 | | | | 103 | | | | 130 | | | |
| 77 | | | | 104 | | | | 131 | | | |
| 78 | | | | 105 | | | | 132 | | | |
| 79 | | | | 106 | | | | 133 | | | |
| 80 | | | | 107 | | | | 134 | | | |
| 81 | | | | 108 | | | | 135 | | | |
| 82 | | | | 109 | | | | 136 | | | |
| 83 | | | | 110 | | | | 137 | | | |
| 84 | | | | 111 | | | | 138 | | | |
| 85 | | | | 112 | | | | 139 | | | |
| 86 | | | | 113 | | | | 140 | | | |
| 87 | | | | 114 | | | | 141 | | | |
| 88 | | | | 115 | | | | 142 | | | |
| 89 | | | | 116 | | | | 143 | | | |
| 90 | | | | 117 | | | | 144 | | | |
| 91 | | | | 118 | | | | 145 | | | |
| 92 | | | | 119 | | | | 146 | | | |
| 93 | | | | 120 | | | | 147 | | | |
| 94 | | | | 121 | | | | 148 | | | |
| 95 | | | | 122 | | | | 149 | | | |
| 96 | | | | 123 | | | | 150 | | | |

수험번호 □□□-□□-□□□□     성명 □□□□□
주민등록번호 □□□□□□-□□□□□□□     *유성 사인펜, 붉은색 필기구 사용 불가.

*답안지는 컴퓨터로 처리되므로 구기거나 더럽히지 마시고, 정답 칸 안에만 쓰십시오.
*글씨가 채점란으로 들어오면 오답처리가 됩니다.

## 한자능력검정시험2급 실전테스트 3회 답안지(1)

| 번호 | 정답 | 1검 | 2검 | 번호 | 정답 | 1검 | 2검 | 번호 | 정답 | 1검 | 2검 |
|---|---|---|---|---|---|---|---|---|---|---|---|
| 1 | | | | 24 | | | | 47 | | | |
| 2 | | | | 25 | | | | 48 | | | |
| 3 | | | | 26 | | | | 49 | | | |
| 4 | | | | 27 | | | | 50 | | | |
| 5 | | | | 28 | | | | 51 | | | |
| 6 | | | | 29 | | | | 52 | | | |
| 7 | | | | 30 | | | | 53 | | | |
| 8 | | | | 31 | | | | 54 | | | |
| 9 | | | | 32 | | | | 55 | | | |
| 10 | | | | 33 | | | | 56 | | | |
| 11 | | | | 34 | | | | 57 | | | |
| 12 | | | | 35 | | | | 58 | | | |
| 13 | | | | 36 | | | | 59 | | | |
| 14 | | | | 37 | | | | 60 | | | |
| 15 | | | | 38 | | | | 61 | | | |
| 16 | | | | 39 | | | | 62 | | | |
| 17 | | | | 40 | | | | 63 | | | |
| 18 | | | | 41 | | | | 64 | | | |
| 19 | | | | 42 | | | | 65 | | | |
| 20 | | | | 43 | | | | 66 | | | |
| 21 | | | | 44 | | | | 67 | | | |
| 22 | | | | 45 | | | | 68 | | | |
| 23 | | | | 46 | | | | 69 | | | |

| 감독위원 | | 채점위원(1) | | 채점위원(2) | | 채점위원(3) | |
|---|---|---|---|---|---|---|---|
| 성 명 | 득 점 | 성 명 | 득 점 | 성 명 | 득 점 | 성 명 | |

# 한자능력검정시험2급 실전테스트 3회 답안지(2)

| 번호 | 정답 | 1검 | 2검 | 번호 | 정답 | 1검 | 2검 | 번호 | 정답 | 1검 | 2검 |
|---|---|---|---|---|---|---|---|---|---|---|---|
| 70 | | | | 97 | | | | 124 | | | |
| 71 | | | | 98 | | | | 125 | | | |
| 72 | | | | 99 | | | | 126 | | | |
| 73 | | | | 100 | | | | 127 | | | |
| 74 | | | | 101 | | | | 128 | | | |
| 75 | | | | 102 | | | | 129 | | | |
| 76 | | | | 103 | | | | 130 | | | |
| 77 | | | | 104 | | | | 131 | | | |
| 78 | | | | 105 | | | | 132 | | | |
| 79 | | | | 106 | | | | 133 | | | |
| 80 | | | | 107 | | | | 134 | | | |
| 81 | | | | 108 | | | | 135 | | | |
| 82 | | | | 109 | | | | 136 | | | |
| 83 | | | | 110 | | | | 137 | | | |
| 84 | | | | 111 | | | | 138 | | | |
| 85 | | | | 112 | | | | 139 | | | |
| 86 | | | | 113 | | | | 140 | | | |
| 87 | | | | 114 | | | | 141 | | | |
| 88 | | | | 115 | | | | 142 | | | |
| 89 | | | | 116 | | | | 143 | | | |
| 90 | | | | 117 | | | | 144 | | | |
| 91 | | | | 118 | | | | 145 | | | |
| 92 | | | | 119 | | | | 146 | | | |
| 93 | | | | 120 | | | | 147 | | | |
| 94 | | | | 121 | | | | 148 | | | |
| 95 | | | | 122 | | | | 149 | | | |
| 96 | | | | 123 | | | | 150 | | | |

# 정답

## 2급 실전테스트 1회
|||| 본문 464p

(1)자방 (2)선보 (3)우회 (4)장애 (5)학민 (6)게식 (7)고용 (8)서관 (9)굴혈 (10)염증 (11)벽항 (12)치적 (13)먹색 (14)조탁 (15)호월 (16)사부 (17)만일 (18)부설 (19)탄갱 (20)화창 (21)독지 (22)소객 (23)진세 (24)연역 (25)탁족 (26)주석 (27)호발 (28)약탈 (29)교슬 (30)단풍 (31)탄환 (32)교포 (33)자인 (34)무훈 (35)전근 (36)증정 (37)곡성 (38)주변 (39)요망 (40)고부 (41)무희 (42)위관 (43)표창 (44)안마 (45)양류 (46)공 훈 (47)고기잡을 어 (48)편지 찰 (49)오히려 상 (50)모을 종 (51)상자 상 (52)언덕 아 (53)태풍 태 (54)높이들 게 (55)잡을 체 (56)너 여 (57)답답할 울 (58)씻을 탁 (59)견딜 내 (60)줄 증 (61)통할 철 (62)누울 와 (63)도울 좌 (64)넉넉할 유 (65)드릴 정 (66)길쌈 방 (67)물을 자 (68)달아날 추 (69)언덕 구 (70)착할 개 (71)질그릇 견 (72)버릴 사 (73)病院 (74)處方 (75)丸藥 (76)其他 (77)意見 (78)即刻 (79)實行 (80)可及的 (81)巷間 (82)約束 (83)所聞 (84)慈愛 (85)忽待 (86)排斥 (87)秋毫 (88)自慢 (89)社員 (90)公告 (91)宗敎 (92)學歷 (93)年齡 (94)全部 (95)制限 (96)應試 (97)閑暇 (98)森林浴 (99)家庭 (100)竝行 (101)選擇 (102)要求 (103)③ (104)① (105)④ (106)① (107)②

(108)緩行 (109)記憶 (110)自立 (111)需要 (112)非凡 (113)怨 (114)尊 (115)橫 (116)實 (117)捨 (118)變 (119)己 (120)然 (121)笑 (122)暖 (123)燈 (124)首 (125)虛 (126)之 (127)鼻 (128)月 (129)夕 (130)大 (131)口 (132)心 (133)命 (134)聞 (135)增 (136)著 (137)獲 (138)傳誦 (139)雪景 (140)汚辱 (141)空前 (142)至誠 (143)여러 곳을 돌아다님 (144)물에 빠져 죽음 (145)겁이 없고 용감한 기운 (146)먼지와 흙 (147)가혹한 비평 (148)湾 (149)竜 (150)麦

## 2급 실전테스트 2회
|||| 본문 468p

(1)혹사 (2)협농 (3)포기 (4)용부 (5)열람 (6)부대 (7)익몰 (8)모사 (9)부연 (10)약탈 (11)승희 (12)변면 (13)괘력 (14)연옥 (15)요승 (16)재액 (17)수확 (18)단류 (19)섬사 (20)유연 (21)초빙 (22)옹목 (23)부훈 (24)석좌 (25)벽오동 (26)구미 (27)약관 (28)왜곡 (29)이식 (30)전각 (31)범람 (32)연지 (33)농축 (34)부표 (35)활강 (36)멸균 (37)첨삭 (38)촉광 (39)나체 (40)축구 (41)답사 (42)주축 (43)차량 (44)편집 (45)괴목 (46)읊을 음 (47)슬퍼할 도 (48)물굽이 만 (49)넘을 초 (50)이을, 얽을 락 (51)씨 핵 (52)쪽 람 (53)마칠 필

(54)핍박할 박  (55)칼날 인  (56)볼 진  (57)허수아비 괴  (58)불꽃 염  (59)쌍옥 각  (60)초하루 삭  (61)칠 목  (62)몽둥이 간  (63)산이름 륜  (64)쓸개 담  (65)둑 제  (66)명아주 래  (67)몰 구  (68)밝을 량  (69)큰 덕  (70)가늘 섬  (71)소개, 이을 소  (72)큰 바다 창  (73)妙策  (74)糾明  (75)無罪  (76)指紋  (77)造作  (78)威脅  (79)眞實  (80)信賴  (81)背恩忘德  (82)謀利輩  (83)辱說  (84)辯護  (85)容貌  (86)俊秀  (87)品行  (88)方正  (89)愼重  (90)人氣  (91)情緖  (92)索莫  (93)荒凉  (94)忍耐  (95)脚本  (96)萬若  (97)衰弱  (98)補藥  (99)水泳  (100)賀客  (101)活躍  (102)拍手  (103)①  (104)④  (105)③  (106)②  (107)①  (108)聰明  (109)過激  (110)閉鎖  (111)快樂  (112)損失  (113)揚  (114)玉  (115)沈  (116)深  (117)順  (118)苦  (119)眼  (120)尺  (121)移  (122)泥  (123)能  (124)尊  (125)獸  (126)脈  (127)波  (128)戈  (129)夊  (130)彡  (131)灬  (132)辰  (133)竟  (134)繼  (135)墓  (136)窮  (137)壞  (138)脫臭  (139)灰色  (140)恒久  (141)後援  (142)舌禍  (143)잔인하고 포악함  (144)단번에 물리침  (145)잘못  (146)마감  (147)남을 속임  (148)仮  (149)芸  (150)塩

갈  (55)자리 좌  (56)낱 매  (57)문벌 벌  (58)잔치 연  (59)암 암  (60)던질 포  (61)꺼풀 막  (62)적을 과  (63)높을 탁  (64)도둑 비  (65)쉴 게  (66)강이름 락  (67)갈매기 구  (68)머금을 함  (69)모자 모  (70)그릇될 류  (71)끌고갈 랍  (72)뜰 범  (73)惡臭  (74)原因  (75)乘客  (76)調査  (77)亦是  (78)劍術  (79)卑賤  (80)哀惜  (81)墮落  (82)淺薄  (83)價値  (84)判斷  (85)所謂  (86)誇示  (87)該博  (88)謙虛  (89)無賃  (90)名譽  (91)實踐  (92)比較  (93)遲延  (94)達成  (95)努力  (96)無酌定  (97)醜雜  (98)銳敏  (99)汚點  (100)漸次  (101)缺陷  (102)虛送  (103)③  (104)①  (105)④  (106)①  (107)①  (108)平等  (109)親近  (110)生産  (111)模倣  (112)損失  (113)富  (114)伸  (115)僞  (116)早  (117)坤  (118)就  (119)至  (120)前  (121)途  (122)卒  (123)玉  (124)暴  (125)錦  (126)反  (127)禍  (128)口  (129)虫  (130)阝  (131)犬  (132)八  (133)助  (134)洗  (135)稱  (136)戰  (137)避  (138)視角  (139)敦篤  (140)徒食  (141)銅器  (142)佳緣  (143)벽돌  (144)높이 걺  (145)가축이나 짐승을 먹여 기름  (146)돈을 주고 병사를 고용하는 일  (147)슬픈 모양  (148)励  (149)独  (150)亀

## 2급 실전테스트 3회

|||| 본문 472p

(1)자강  (2)말갈  (3)요동  (4)양명  (5)호혜  (6)아연  (7)향수  (8)양산  (9)배우  (10)봉급  (11)각료  (12)복채  (13)비적  (14)염세  (15)절규  (16)초함  (17)건평  (18)분묘  (19)제방  (20)갱도  (21)주둔  (22)우회  (23)유감  (24)운반  (25)서술  (26)참수  (27)취지  (28)기보  (29)훼모  (30)모순  (31)개륜  (32)규원  (33)구독  (34)견도  (35)맥궁  (36)선파  (37)서세  (38)창려  (39)호종  (40)주철  (41)매혹  (42)묵계  (43)가람  (44)갈등  (45)취사  (46)슬퍼할 처  (47)모을 집  (48)절 찰  (49)살갗 부  (50)집 원  (51)검소할 검  (52)질그릇 도  (53)시내 계  (54)참

# index

| 坐 앉을 좌 | 99 |
| 佐 도울 좌 | 49 |
| 罪 허물 죄 | 293 |
| 主 임금, 주인 주 | 33 |
| 住 살 주 | 50 |
| 晝 낮 주 | 187 |
| 注 부을 주 | 216 |
| 州 고을 주 | 129 |
| 週 주일 주 | 371 |
| 走 달릴 주 | 356 |
| 周 두루 주 | 90 |
| 朱 붉을 주 | 192 |
| 酒 술 주 | 376 |
| 宙 집 주 | 114 |
| 柱 기둥 주 | 196 |
| 洲 물가 주 | 224 |
| 奏 아뢸 주 | 106 |
| 株 뿌리 주 | 195 |
| 珠 구슬 주 | 242 |
| 舟 배 주 | 314 |
| 鑄 쇠 불릴 주 | 381 |
| 駐 머무를 주 | 411 |
| 疇 밭이랑 주 | 455 |
| 竹 대 죽 | 279 |
| 準 법도 준 | 219 |
| 俊 준걸 준 | 48 |
| 遵 좇을 준 | 369 |
| 准 승인할 준 | 64 |
| 埈 높을 준 | 455 |
| 晙 밝을 준 | 455 |
| 浚 깊을 준 | 455 |
| 駿 준마 준 | 455 |
| 峻 높을 준 | 455 |
| 濬 깊을 준 | 455 |
| 中 가운데 중 | 32 |
| 重 무거울 중 | 378 |
| 衆 무리 중 | 328 |
| 仲 버금 중 | 47 |
| 卽 곧 즉 | 79 |
| 增 더할 증 | 97 |
| 證 증거 증 | 343 |
| 憎 미울 증 | 152 |
| 曾 일찍 증 | 188 |
| 症 증세 증 | 253 |
| 蒸 찔 증 | 322 |
| 贈 줄 증 | 351 |
| 地 땅 지 | 95 |
| 紙 종이 지 | 285 |
| 知 알 지 | 264 |
| 止 그칠 지 | 204 |
| 志 뜻 지 | 153 |

| 指 손가락 지 | 167 |
| 支 지탱할 지 | 176 |
| 至 이를 지 | 310 |
| 持 가질 지 | 169 |
| 智 슬기, 지혜 지 | 186 |
| 誌 기록할 지 | 341 |
| 之 갈 지 | 34 |
| 池 못 지 | 220 |
| 只 다만 지 | 91 |
| 枝 가지 지 | 193 |
| 遲 더딜 지 | 370 |
| 旨 뜻 지 | 187 |
| 脂 비계 지 | 305 |
| 芝 영지, 지초 지 | 455 |
| 址 터 지 | 455 |
| 直 곧을 직 | 261 |
| 職 벼슬 직 | 300 |
| 織 짤 직 | 286 |
| 稙 올벼 직 | 455 |
| 稷 기장 직 | 455 |
| 眞 참 진 | 262 |
| 進 나아갈 진 | 366 |
| 珍 보배 진 | 241 |
| 盡 다할 진 | 259 |
| 陣 진칠 진 | 386 |
| 振 떨칠 진 | 164 |
| 辰 별 진 / 때 신 | 365 |
| 鎭 누를 진 | 381 |
| 陳 베풀 진 / 묵을 진 | 387 |
| 震 우레 진 | 394 |
| 塵 먼지 진 | 100 |
| 診 진찰할 진 | 344 |
| 津 나루 진 | 226 |
| 晋 진나라 진 | 455 |
| 秦 진나라 진 | 455 |
| 質 바탕 질 | 353 |
| 疾 병 질 | 253 |
| 秩 차례 질 | 273 |
| 姪 조카 질 | 108 |
| 窒 막을 질 | 276 |
| 集 모을 집 | 391 |
| 執 잡을 집 | 99 |
| 輯 모을 집 | 362 |
| 徵 부를 징 | 148 |
| 懲 징계할 징 | 157 |

### ㅊ

| 次 다음 차 | 202 |
| 差 다를 차 | 130 |

| 此 이 차 | 204 |
| 且 또 차 | 31 |
| 借 빌 차 | 50 |
| 遮 막을, 가릴 차 | 372 |
| 着 붙을 착 | 261 |
| 捉 잡을 착 | 164 |
| 錯 어긋날 착 | 381 |
| 讚 기릴 찬 | 344 |
| 贊 도울 찬 | 354 |
| 餐 먹을 찬 | 407 |
| 燦 빛날 찬 | 455 |
| 璨 옥빛 찬 | 456 |
| 鑽 뚫을 찬 | 456 |
| 瓚 옥잔 찬 | 456 |
| 察 살필 찰 | 116 |
| 札 편지 찰 | 198 |
| 刹 절 찰 | 68 |
| 參 참여할 참 | 84 |
| 慘 참혹할 참 | 150 |
| 慙 부끄러울 참 | 155 |
| 斬 벨 참 | 179 |
| 窓 창 창 | 275 |
| 唱 부를 창 | 87 |
| 創 비롯할 창 | 68 |
| 倉 곳집 창 | 43 |
| 昌 창성할 창 | 184 |
| 蒼 푸를 창 | 320 |
| 暢 화창할 창 | 187 |
| 彰 밝을 창 | 145 |
| 滄 큰 바다 창 | 220 |
| 昶 해길 창 | 456 |
| 敞 높을 창 | 456 |
| 採 캘 채 | 167 |
| 彩 채색 채 | 145 |
| 菜 나물 채 | 319 |
| 債 빚 채 | 50 |
| 蔡 풀숲, 성 채 | 456 |
| 采 캘 채 | 456 |
| 埰 사패땅 채 | 456 |
| 責 꾸짖을 책 | 353 |
| 冊 책 책 | 60 |
| 策 꾀 책 | 281 |
| 處 곳 처 | 325 |
| 妻 아내 처 | 110 |
| 悽 슬퍼할 처 | 150 |
| 尺 자 척 | 123 |
| 戚 친척 척 | 160 |
| 拓 넓힐 척 | 164 |
| 斥 물리칠 척 | 179 |
| 隻 하나 척 | 391 |
| 陟 오를 척 | 456 |

# ㅋ



# ㅌ

| | | | | | |
|---|---|---|---|---|---|
| 懸 달 현 | 158 | 或 혹 혹 | 161 | 廻 돌 회 | 139 |
| 玄 검을 현 | 243 | 惑 미혹할 혹 | 155 | 檜 전나무 회 | 460 |
| 絃 줄 현 | 285 | 酷 독할 혹 | 376 | 淮 물이름 회 | 460 |
| 縣 고을 현 | 290 | 婚 혼인할 혼 | 109 | 劃 그을 획 | 67 |
| 弦 활시위 현 | 142 | 混 섞을 혼 | 219 | 獲 얻을 획 | 239 |
| 峴 고개 현 | 458 | 魂 넋 혼 | 417 | 橫 가로 횡 | 196 |
| 炫 밝을, 빛날 현 | 458 | 昏 날저물 혼 | 186 | 孝 효도 효 | 113 |
| 鉉 솥귀고리 현 | 458 | 忽 갑자기 홀 | 155 | 效 본받을 효 | 174 |
| 血 피 혈 | 328 | 紅 붉을 홍 | 284 | 曉 새벽 효 | 186 |
| 穴 굴 혈 | 275 | 洪 넓을 홍 | 221 | 後 뒤 후 | 146 |
| 嫌 싫어할 혐 | 110 | 弘 클 홍 | 142 | 候 기후 후 | 45 |
| 協 합할 협 | 75 | 鴻 기러기 홍 | 419 | 厚 두터울 후 | 83 |
| 脅 위협할 협 | 306 | 泓 물깊을 홍 | 459 | 侯 제후 후 | 44 |
| 峽 골짜기 협 | 127 | 火 불 화 | 228 | 喉 목구멍 후 | 87 |
| 陜 좁을 협 땅이름 합 | 459 | 花 꽃 화 | 318 | 后 임금 후 | 460 |
| 兄 맏, 형 형 | 55 | 話 말씀 화 | 338 | 訓 가르칠 훈 | 338 |
| 形 모양 형 | 145 | 和 화할 화 | 91 | 勳 공 훈 | 71 |
| 刑 형벌 형 | 66 | 畫 그림 화 / 그을 획 | 251 | 塤 질나팔 훈 | 460 |
| 亨 형통할 형 | 41 | 化 될 화 | 76 | 熏 불길 훈 | 460 |
| 螢 반딧불 형 | 326 | 貨 재물 화 | 352 | 薰 향풀 훈 | 460 |
| 衡 저울 형 | 329 | 華 빛날 화 | 321 | 毁 헐 훼 | 208 |
| 型 거푸집 형 | 99 | 禍 재앙 화 | 269 | 揮 휘두를 휘 | 165 |
| 邢 성, 나라이름 형 | 459 | 禾 벼 화 | 272 | 輝 빛날 휘 | 363 |
| 炯 밝을, 빛날 형 | 459 | 嬅 탐스러울 화 | 459 | 徽 아름다울 휘 | 460 |
| 馨 향기 형 | 459 | 樺 자작나무 화 | 460 | 休 쉴 휴 | 45 |
| 瀅 물맑을 형 | 459 | 靴 신 화 | 398 | 携 이끌 휴 | 166 |
| 惠 은혜 혜 | 157 | 確 굳을 확 | 266 | 烋 아름다울 휴 | 460 |
| 慧 슬기로울 혜 | 157 | 擴 넓힐 확 | 166 | 凶 흉할 흉 | 61 |
| 兮 어조사 혜 | 58 | 穫 벨 확 | 273 | 胸 가슴 흉 | 303 |
| 號 이름 호 | 325 | 患 근심 환 | 154 | 匈 오랑캐 흉 | 460 |
| 湖 호수 호 | 215 | 歡 기뻐할 환 | 202 | 黑 검을 흑 | 426 |
| 呼 부를 호 | 87 | 環 고리 환 | 242 | 欽 공경할 흠 | 460 |
| 好 좋을 호 | 107 | 換 바꿀 환 | 168 | 吸 마실 흡 | 86 |
| 戸 문 호 | 162 | 還 돌아올 환 | 369 | 興 일, 흥 흥 | 311 |
| 護 도울 호 | 344 | 丸 둥글 환 | 33 | 希 바랄 희 | 132 |
| 浩 넓을 호 | 221 | 幻 헛보일 환 | 135 | 喜 기쁠 희 | 89 |
| 胡 오랑캐 호 | 307 | 桓 굳셀 환 | 460 | 稀 드물 희 | 274 |
| 虎 범 호 | 325 | 煥 빛날 환 | 460 | 戲 놀이 희 | 161 |
| 豪 호걸 호 | 348 | 活 살 활 | 217 | 姬 계집 희 | 110 |
| 乎 어조사 호 | 34 | 滑 미끄러울 활 | 227 | 熙 빛날 희 | 231 |
| 互 서로 호 | 38 | 黃 누를 황 | 425 | 噫 탄식할 희 하품 애 | 87 |
| 毫 터럭 호 | 211 | 況 상황 황 | 218 | 嬉 즐길 희 | 461 |
| 濠 해자 호 | 227 | 皇 임금 황 | 256 | 憙 기뻐할 희 | 461 |
| 晧 흴, 밝을 호 | 459 | 荒 거칠 황 | 321 | 熹 빛날, 성할 희 | 461 |
| 滈 넓을 호 | 459 | 晃 밝을 황 | 460 | 禧 복 희 | 461 |
| 晧 밝을 호 | 459 | 滉 깊을 황 | 460 | 羲 황제이름 희 | 461 |
| 昊 하늘 호 | 459 | 會 모일 회 | 188 | | |
| 壕 해자 호 | 459 | 回 돌아올 회 | 93 | | |
| 扈 따를 호 | 459 | 灰 재 회 | 228 | | |
| 鎬 냄비 호 | 459 | 悔 뉘우칠 회 | 149 | | |
| 祜 복 호 | 459 | 懷 품을 회 | 151 | | |